MÜNCHNER STUDIEN
ZUR
SOZIAL- UND WIRTSCHAFTSGEOGRAPHIE

in

MÜNCHNER UNIVERSITÄTS-SCHRIFTEN

im Fachbereich 04 Betriebswirtschaft

MÜNCHNER STUDIEN ZUR SOZIAL- UND WIRTSCHAFTSGEOGRAPHIE

Herausgeber:

Wirtschaftsgeographisches Institut der Universität München

KARL RUPPERT
München

FRANZ SCHAFFER
Augsburg

Schriftleitung: Jörg Maier

BAND 17

Zur Geographie verkehrsräumlicher Aktivitäten

Theoretische Konzeption und empirische Überprüfung an ausgewählten Beispielen in Südbayern

von

Jörg Maier

VERLAG MICHAEL LASSLEBEN KALLMÜNZ/REGENSBURG

1976

im Fachbereich 04 Betriebswirtschaft

Als Habilitationsschrift auf Empfehlung der gemeinsamen Habilitations-Kommission der ehemaligen Staatswirtschaftlichen Fakultät der Ludwig-Maximilians-Universität München gedruckt mit Unterstützung der Deutschen Forschungsgemeinschaft.

Alle Rechte vorbehalten
Ohne ausdrückliche Genehmigung des Verlages in Übereinkunft mit dem Herausgeber ist es nicht gestattet, das Werk oder Teile daraus nachzudrucken oder auf photomechanischem Wege zu vervielfältigen.
© 1976 by Verlag Michael Laßleben, Kallmünz/Regensburg

ISBN 3 7847 6517 3

Satz und Druck: Buchdruckerei Michael Laßleben, 8411 Kallmünz über Regensburg

VORWORT

Die Zahl der Forschungsarbeiten über Gegenstand und Methoden der Geographie ist in den letzten Jahren stark angewachsen. Für viele gilt — unabhängig von unterschiedlichen gesellschaftspolitischen und wissenschaftstheoretischen Standorten —, was LEHMANN 1973 in seiner Abschiedsrede formulierte, daß sich „der Schwerpunkt der Forschung . . . von der Herausbeitung der räumlich dinglichen Erscheinungsformen, denen heute wie ehedem eine wichtige Bedeutung zuzumessen ist, auf eine Untersuchungsebene (verschiebt), in der die Ordnungsprinzipien, die Baupläne, die Systemzusammenhänge eines geographischen Raumausschnittes im Mittelpunkt stehen"[1]. Auch die vorliegende Arbeit versucht, ausgehend von den Methoden sozialgeographischer Strukturforschung und kleinräumiger Erhebungsmethoden einen Beitrag zur Erfassung räumlicher Aktivitäten und ihrer Einflußgrößen zu leisten. Ihr Ziel ist insbesondere auf drei Aspekte empirischer Untersuchungen ausgerichtet:

— Aufgrund des komplexen Inhalts regionaler Feldstudien und daraus sich ergebender Problemstellung wird die bisher häufig angewandte, wissenschaftsdisziplinär isolierte Betrachtungsweise mancher Untersuchungen als nicht befriedigend angesehen. Die folgende Arbeit will deshalb neben den im Zentrum stehenden Methoden und Erkenntnissen der Anthropogeographie auch Verfahrensweisen der verschiedensten verkehrswissenschaftlichen Fachbereiche (insbesondere der Verkehrsökonomie, der Verkehrssoziologie und Verkehrstechnik) sowie mikroökonomische Gedanken miteinander verbinden.

— Innerhalb der — vom Standort des Verfassers her bedingten — Dominanz der geographischen Ausführungen galt es, die heute noch teilweise vorhandene, aus den 20er Jahren dieses Jahrhunderts übernommene, sich an formal-statistische bzw. morphogenetische Aspekte anlehnende Verkehrsgeographie durch die inzwischen in unserer funktional orientierten Gesellschaft auftretenden Gedanken der Sozialgeographie i. S. von RUPPERT und SCHAFFER[2] zu erweitern. Das partielle Ziel dieser Bemühungen lag in der Formulierung einer Geographie verkehrsräumlicher Aktivitäten, in deren Mittelpunkt nicht in erster Linie Verkehrsmittel und -wege stehen sollten, sondern der Mensch bzw. menschliche Gruppen und deren räumliche Verhaltensmuster.

— Der sozialgeographische Ansatz machte es notwendig, die im ausgewählten Themenbereich der räumlichen Verkehrsbewegungen auftretenden Fragen einer Gliederung nach Grundfunktionen menschlicher Daseinsäußerung (den "fundamental needs" der amerikanischen Verkehrswissenschaftler) quantifizierend weiter zu entwickeln. Ebenso sollte das Vorhandensein eventuell bestehender regional- und schichtenspezifischer Verhaltensmuster innerhalb der verschiedenen Verkehrsaktivitäten überprüft und — soweit mit den Verfahren der Strukturforschung möglich — belegt bzw. auf stochastische Zusammenhänge mit sozioökonomischen Einflußgrößen getestet werden. Einen daran anschließenden Versuch zur Bestimmung sozialgeographischer Gruppen als „Gruppen gleichartigen verkehrsräumlichen Verhaltens" ergibt sich als Konsequenz aus dem sozialgeographischen Konzept.

Herrn Prof. Dr. Karl RUPPERT, meinem Lehrer und Förderer dieser Untersuchung, gilt mein aufrichtiger Dank für die vielfältige Unterstützung und die Diskussionen, die nicht zuletzt auch in einer Reihe gemeinsamer Publikationen vorab schon ihren Niederschlag fanden. Er hat es, zusammen mit Herrn Prof. Dr. Karl OETTLE, dem ich ebenso großen Dank schulde, auch ermöglicht, daß ich für mehrere Monate von meinen Dienstaufgaben beurlaubt und das mir dankenswerter-

---

[1] Lehmann, E., Wandlungen im Gegenstand und in der Methode der Geographie in Beziehung zur Entwicklung des Geographischen Instituts der Akademie der Wissenschaften, in: Entwicklungstendenzen der Geographie, H. 2 d. Veröffentl. d. Forschungsbereiche Kosmische Physik, Berlin 1973, S. 7.

[2] Ruppert, K., Schaffer, F., Zur Konzeption der Sozialgeographie, in: Geographische Rundschau, 1969, H. 6, S. 205—214.

weise von der Deutschen Forschungsgemeinschaft gewährte Stipendium in Anspruch nehmen konnte. Ohne die finanzielle Beihilfe dieser Institution wäre die vorliegende Studie infolge des hohen Aufwandes empirischer Arbeiten und der notwendigen kartographischen Ausstattung nicht durchführbar gewesen.

In den Dank einbeziehen möchte ich ferner Herrn Prof. Dr. F. WILHELM, der mit seinem Gutachten als zweiter Vertreter des Faches Geographie ebenso zum Gelingen dieser Arbeit beitrug.

Was die Beschaffung und Auswertung statistischen Datenmaterials betrifft, so muß einmal dem Bayer. Statistischen Landesamt, insbesondere den Herren Vizepräsident Dr. Eichinger, ORR Dr. Berger und RD Giehl für ihre Unterstützung gedankt werden, war es doch möglich, eine Reihe nicht veröffentlichter statistischer Unterlagen für die vorliegende Arbeit auszuwerten. Ebenso soll hier auch das Bayer. Staatsministerium für Landesentwicklung und Umweltfragen, insbesondere Herr Min.-Dirigent Dr. Mayer in den Dank einbezogen werden, konnten auf seine Fürsprache hin mehrere Erhebungen des Ministeriums für Zwecke dieser Untersuchung herangezogen werden.

Da eine geographische Studie in der vorliegenden Art und Weise nur zum Teil Daten der amtlichen Statistik verwenden kann, zum anderen aber eigene Erhebungen (u. a. Befragungen, Beobachtungen, Gespräche mit den zu untersuchenden Objekten) notwendig macht, müssen in den Dank auch die Bürgermeister der Testgemeinden sowie die „heimgesuchten" Haushalte eingeschlossen werden.

Wenn auch selbstverständlich, so soll doch betont werden, daß die umfangreiche Datenerhebung, Auswertung und teilweise Übertragung in kartographische Darstellungen nur über die Mitarbeit eines kleinen Teams von Studenten möglich war. Erwähnt seien hier besonders H. Chudnochowsky, H. Esterhammer, E. und J. Gantner, J. Kiesl, G. Mack, G. Muthsam, G. Schäffler, R. Spindler, J. Stiegler sowie J. Bauer, H. Feiler, M. Feneberg und E. Frößl.

Für die Bearbeitung des kartographischen Teils, insbesondere die Reinzeichnung der Karten und Abbildungen, möchte ich den Herren H. Deger, F. Eder, G. Koch und H. Sladkowsky danken.

Nicht zuletzt soll noch meiner Familie für die Bereitschaft, die Hausse- und Baisse-Stadien der Arbeit hinzunehmen, insbesondere meiner Frau für die zahlreichen Auswertungs- und Schreibarbeiten sowie Frau A. Zorn für das Anfertigen des Maschinenmanuskripts herzlicher Dank gesagt werden.

München, im Oktober 1974

Jörg Maier

INHALTSVERZEICHNIS

Vorwort	5
Verzeichnis der Tabellen	9
Verzeichnis der Abbildungen	9
Verzeichnis der Karten	10

I. Die Entwicklung eines empirisch-theoretischen Bezugsrahmens ... 11
   1. Allgemeine Geographie des Menschen und sozialgeographische Konzeption ... 11
      a) Elemente eines Systems räumlicher Analyse ... 12
      b) Grundfunktionen aktionsräumlicher Betätigung ... 14
      c) Soziale Gruppen als Träger der Verkehrsbewegungen ... 16
      d) Reichweiten als räumliches Dimensionskriterium ... 18
   2. Der Bezugsrahmen der „Verkehrsgeographie" ... 20
      a) Ansätze für eine selbständige „Verkehrsgeographie": von KOHL bis HETTNER ... 20
      b) Die Blütezeit der „Verkehrsgeographie" im ersten Drittel dieses Jahrhunderts: possibilistische Ansätze und morphogenetische Studien ... 22
      c) Der Übergang zu einer funktionalen „Verkehrsgeographie" ... 23
      d) Die Anwendung der sozialgeographischen Betrachtungsweise: die Geographie verkehrsräumlicher Aktivitäten ... 26
   3. Zur Diskussion des aktivitätsräumlichen Aspekts in anderen sozialwissenschaftlichen Disziplinen ... 28
      a) Die Notwendigkeit interdisziplinärer Zusammenarbeit ... 28
      b) Der Ansatz makroökonomischer Verkehrserzeugungsmodelle einfachen Flächenbezugs ... 29
      c) Die Modifizierung dieser Modelle durch haushaltsspezifische Verhaltenstypen und Modal-Split-Analysen ... 30
      d) Der mikroökonomische Ansatz aus der Theorie des Haushalts ... 31
   4. Zusammenfassung ausgewählter Fragestellungen über verkehrsräumliche Aktivitäten für die empirische Überprüfung (Hypothesenbildung) ... 32

II. Der methodisch-empirische Ansatz der Untersuchungen in Südbayern ... 34
   1. Verkehrslage, Verkehrsbedienung und Informationskreise als Rahmenbedingungen für die räumlichen Aktivitätenmuster ... 34
      a) Verkehrslage und -bedienung als Basis für die Erschließung und Entwicklung von Räumen ... 34
      b) Regionale Differenzierung in der Ausstattung privater Haushalte mit Pkw ... 37
      c) Regionale Differenzierung in der Verkehrsanbindung der Gemeinden mit öffentlichen Verkehrsmitteln ... 39
      d) Umfang und Richtung von Verkehrsströmen ausgewählter Verkehrsmittel ... 41
      e) Telefonbesatz, Zeitungsabonnement und Mitgliedschaft in Vereinigungen als Indikatoren von Informations- und Kommunikationskreisen ... 45
   2. Auswahlkriterien und Verfahrenstechnik des empirischen Untersuchungsablaufs ... 54
      a) Wahl des Untersuchungsgebietes ... 54
      b) Ermittlung der Testgebiete (Gemeinden bzw. -teile) ... 55
      c) Durchführung der Datenerfassung ... 58

III. Analyse der verkehrsräumlichen Verhaltensmuster, der Reichweitensysteme und der Verkehrsmittelwahl in ihrer regional- und gruppenspezifischen Differenzierung 61
  A. Die quantitative Gewichtung der einzelnen Funktionskreise nach ihrem Anteil an den verkehrsräumlichen Aktivitäten ausgewählter Haushalte 61
    1. Auswertung vorliegender verkehrswissenschaftlicher Studien 61
    2. Veränderung der Aktivitätenmuster bei unterschiedlichen regionalen Standorten 63
  B. Analyse verkehrsräumlicher Aktivitätenmuster 66
    1. Die erwerbs- oder arbeitsorientierten Verkehrsbewegungen 66
      a) Zur Bedeutung des Berufspendelns in Theorie und Empirie geographischer Untersuchungen 66
      b) Schichten- und regionalspezifische Reichweitensysteme 67
        α) Regionalspezifische Distanzen und ihre Veränderung im Zeitvergleich 1961 und 1970 67
        β) Bestehende räumliche Verflechtungsmuster in der Quell- und Zielgebietsbetrachtung 70
        γ) Analyse sozioökonomischer Einflußgrößen 77
      c) Struktur der benutzten Verkehrsmittel in Abhängigkeit ausgewählter Determinanten 86
    2. Die versorgungsorientierten Verkehrsbewegungen 92
      a) Zum aktivitätsräumlichen Ansatz innerhalb der Diskussion zentralörtlicher Systeme . 92
      b) Schichten- und regionalspezifische Reichweitensysteme 95
        α) Distanzrelationen bei der Versorgung mit Gütern das kurz-, mittel- und längerfristigen Bedarfs 95
        β) Analyse der Abhängigkeitsbeziehungen schichtenspezifischer Reichweiten 102
        γ) Bestehende räumliche Verflechtungsmuster in der Quell- und Zielgebietsbetrachtung 107
      c) Struktur der benutzten Verkehrsmittel bei unterschiedlichen Versorgungsansprüchen und schichtenspezifischen Verhaltensmustern 115
    3. Die freizeitorientierten Verkehrsbewegungen 116
      a) Ansätze für eine Analyse räumlichen Freizeitverhaltens 116
      b) Schichten- und regionalspezifische Reichweitensysteme 118
        α) Beteiligungsquoten und Distanzrelationen bei der Bedürfnisbefriedigung unterschiedlicher Freizeitformen 118
        β) Ansätze für eine Darstellung vorhandener Verflechtungsmuster im Quell- und Zielgebiet 125
        γ) Analyse sozioökonomischer Einflußgrößen auf die Reichweitensysteme im Naherholungsverkehr 130
      c) Struktur der benutzten Verkehrsmittel innerhalb verschiedener Formen freizeitorientierter Verkehrsbewegungen 135
    4. Die ausbildungsorientierten Verkehrsbewegungen 137
      a) Zu aktivitätsräumlichen Fragen innerhalb der Geographie des Bildungsverhaltens . . 137
      b) Schichten- und regionalspezifische Reichweitensysteme 138
        α) Distanzrelationen von Schülern unterschiedlicher Schularten (Fall-Studien) . . . 138
        β) Räumliche Verflechtungsmuster der Ausbildungspendler 140
        γ) Ansätze für eine Bestimmung von Einflußgrößen 145
      c) Struktur der benutzten Verkehrsmittel unter den Schülern unterschiedlicher Schularten 148
  C. Bestimmung und Interpretation von sozialgeographischen Gruppen als Gruppen gleichartigen verkehrsräumlichen Verhaltens 150
    1. Bestimmung der sozialgeographischen Gruppen und ihre regionale Verteilungsvarianz . 150
    2. Ermittlung sozioökonomischer Einflußgrößenbündel 155

VI. Zusammenfassung in deutscher, englischer, französischer und russischer Sprache 158

Literaturverzeichnis 169

Anhang — angewandte Fragebogen 185

VERZEICHNIS DER TABELLEN

Tab. 1 Struktur der Fahrtzwecke in ausgewählten verkehrswirtschaftlichen Untersuchungen
Tab. 2 Der benötigte Zeitaufwand der Berufspendler in Bayern 1961 und 1970
Tab. 3 Die benutzten Verkehrsmittel der Berufspendler in Bayern 1961 und 1970
Tab. 4 Die hauptsächlich benutzten Verkehrsmittel der Berufspendler in ausgewählten Erhebungsbezirken Münchens und Kemptens zwischen 1968 und 1972
Tab. 5 Zusammenhang zwischen Fristigkeit und Häufigkeit der Berufspendler in Gröbenzell 1973
Tab. 6 Verkehrsmittelstruktur der Nachfrager bei verschiedenen Freizeitformen
Tab. 7 Anteile der benutzten Verkehrsmittel im bildungsorientierten Verkehrsbereich in Bayern 1970
Tab. 8 Differenzierungsschema von Haushaltstypen verkehrsräumlichen Verhaltens nach ausgewählten Aktivitätsbereichen und Distanzzonen
Tab. 9 Typen verkehrsräumlichen Verhaltens unter den Privathaushalten ausgewählter Gemeinden in Südbayern 1971—73

VERZEICHNIS DER ABBILDUNGEN

Abb. 1 Sozialgeographisches Betrachtungssystem zwischen verursachenden Faktoren und landschaftsgestaltenden Prozeßabläufen
Abb. 2 Regionale Differenzierung in der Ausstattung privater Haushalte mit ausgewählten Konsumgütern sowie Mitgliedschaft in Vereinigungen als Indikator für aktionsräumliches Verhalten in südbayerischen Gemeinden 1971—73
Abb. 3 Zusammenhänge zwischen PKW-Besitz und sozioökonomischen Einflußgrößen privater Haushalte in ausgewählten Gemeinden Südbayerns 1971—73
Abb. 4 Zusammenhänge zwischen Telephonbesitz und sozioökonomischen Einflußgrößen privater Haushalte in ausgewählten Gemeinden Südbayerns 1971—73
Abb. 5 Regionale Differenzierung verkehrsräumlicher Aktivitätenmuster von Privathaushalten in ausgewählten Gemeinden Südbayerns 1971—73
Abb. 6 Regionalspezifische Reichweitensysteme ausgewählter Einpendlerzentren in Südbayern 1961 und 1970
Abb. 7 Regionale Differenzierung der Beteiligungsquoten und Zeitdistanzen im berufs- oder arbeitsfunktionalen Pendelverkehr in ausgewählten Gemeinden Südbayerns 1971—73
Spezifische Reichweiten und Verkehrsmittelwahl im berufsorientierten Verkehr unter der Bevölkerung in ausgewählten Gemeinden Südbayerns 1971—73
Abb. 8 Verhaltensmuster verschiedener Altersschichten
Abb. 9 Verhaltensmuster verschiedener Integrationsschichten
Abb. 10 Verhaltensmuster verschiedener Berufsschichten
Abb. 11 Verhaltensmuster verschiedener Einkommensschichten
Abb. 12 Relative Bedeutung der öffentlichen Verkehrsmittel im berufsorientierten Verkehr ausgewählter Gemeinden Südbayerns 1971—73
Abb. 13 Regionale Differenzierung der Beteiligungsquoten im versorgungsorientierten Verkehrsbereich in ausgewählten Gemeinden Südbayerns 1971—73
Abb. 14 Regionale Differenzierung der Einkaufsort-/ Arbeitsort-Identifikation sowie der Rolle des Versandhandels in ausgewählten Gemeinden Südbayerns 1971—73
Abb. 15 Regionale Differenzierung der Reichweiten und der Verkehrsmittelwahl im versorgungsorientierten Verkehrsbereich in ausgewählten Gemeinden Südbayerns 1971—73
Spezifische Reichweiten und Verkehrsmittelwahl im versorgungsorientierten Verkehr unter der Bevölkerung in ausgewählten Gemeinden Südbayerns 1971—73
Abb 16. Verhaltensmuster verschiedener Altersschichten
Abb. 17 Verhaltensmuster verschiedener Integrationsschichten
Abb. 18 Verhaltensmuster verschiedener Berufsschichten
Abb. 19 Verhaltensmuster verschiedener Einkommensschichten
Abb. 20 Funktionale Abhängigkeiten im innerstädtischen Fußgängerverkehr
Abb. 21 Differenzierung der Käuferschichten an Werk- und Samstagen bei 1 Kauf- und 3 Warenhäusern in der City Münchens 1973
Abb. 22 Regionale Differenzierung der Beteiligungsquoten von Privathaushalten an verschiedenen Formen des freizeitorientierten Verkehrsbereichs in ausgewählten Gemeinden Südbayerns 1971—73

Abb. 23 Regionale Differenzierung der Reichweiten von Privathaushalten in verschiedenen Formen des freizeitorientierten Verkehrsbereichs in ausgewählten Gemeinden Südbayerns 1971—73
Abb. 24 Reichweiten im Naherholungsverkehr von Privathaushalten ausgewählter Gemeinden in Südbayern 1971—73 nach Entfernungszonen und Frequenzen (Kumulierte Werte)
Spezifische Reichweiten und Verkehrsmittelwahl im freizeitorientierten Verkehr unter der Bevölkerung in ausgewählten Gemeinden Südbayerns 1971—73
Abb. 25 Verhaltensmuster verschiedener Altersschichten
Abb. 26 Verhaltensmuster verschiedener Integrationsschichten
Abb. 27 Verhaltensmuster verschiedener Berufsschichten
Abb. 28 Verhaltensmuster verschiedener Einkommensschichten
Abb. 29 Regionale Differenzierung der Beteiligungsquoten und Zeitdistanzen im bildungsorientierten Verkehrsbereich von Privathaushalten in ausgewählten Gemeinden Südbayerns 1971—73
Abb. 30 Regionale Differenzierung der Struktur unterschiedlicher verkehrsräumlicher Verhaltenstypen unter den Privathaushalten ausgewählter Gemeinden Südbayerns 1971—73

VERZEICHNIS DER KARTEN

Karte 1 Regionale Differenzierung des PKW-Besatzes in Bayern 1936
Karte 2 Regionale Differenzierung des PKW-Besatzes in Bayern 1970
Karte 3 Zahl öffentlicher Verkehrsverbindungen pro Tag als Teilaspekt für die Erschließung und Attraktivität eines Gebietes
Karte 4 Straßennetz- und Verkehrsdichte in den bayerischen Landkreisen 1971
Karte 5 Der Telephonbesatz in der Region München 1970
Karte 6 Das regionale Verbreitungsgebiet der Tageszeitungen in Südbayern 1973
Karte 7 Verbreitungsbereich der „Süddeutschen Zeitung" in der Region Münchens 1973
Karte 8 Dynamische Gemeindetypisierung im Untersuchungsgebiet anhand ausgewählter sozioökonomischer Daten
Karte 9 Typisierung der Gemeinden nach dem benötigten Zeitaufwand der Auspendler 1970
Karte 10 Typisierung der Gemeinden nach dem benötigten Zeitaufwand der Auspendler 1961
Karte 11 Räumliche Muster sozioökonomischer Verflechtung, Beispiel: Einzugsbereiche der Berufspendler im Jahre 1961
Karte 12 Räumliche Muster sozioökonomischer Verflechtung, Beispiel: Einzugsbereiche der Berufspendler im Jahre 1970
Karte 13 Umfang und relative Veränderung der Berufsauspendler in den Gemeinden zwischen 1961 und 1970
Karte 14 Innerstädtische Verflechtung im Bereich „Berufswege" in München 1970
Karte 15 Regionale Differenzierung der Berufsauspendler in den Gemeinden 1970
Karte 16 Typisierung der Gemeinden nach den Altersgruppen der Auspendler 1970
Karte 17 Typisierung der Gemeinden nach den Wirtschaftsbereichen der Auspendler 1970
Karte 18 Typisierung der Gemeinden nach den hauptsächlich benutzten Verkehrsmitteln der Auspendler 1961
Karte 19 Typisierung der Gemeinden nach den hauptsächlich benutzten Verkehrsmitteln der Auspendler 1970
Karte 20 Pendlereinzugsbereiche ausgewählter Industriebetriebe im Werkbusverkehr 1971
Karte 21 Innerstädtische Verflechtung im Bereich „Private Besorgungen" in München 1970
Karte 22 Innerstädtische Differenzierung der Einzugsbereiche ausgewählter Kauf- und Warenhäuser in München 1973
Karte 23 Einzugsbereich des Ulmer Theaters in der Region Ulm/Neu-Ulm 1973/74
Karte 24 Veränderung des Einzugsbereiches der Realschule Moosburg aufgrund der Neugründung von Realschulen in Freising und Erding
Karte 25 Räumliche Muster sozioökonomischer Verflechtung, Beispiel: Einzugsbereiche der Ausbildungspendler im Jahre 1970
Karte 26 Innerstädtische Verflechtung im Bereich „Schulbesuch" in München 1970
Karte 27 Regionale Differenzierung der Bedeutung von Realschulen und Gymnasien in Südbayern 1972/73
Karte 28 Regionale Differenzierung des Schülereinzugsbereiches des Gymnasiums Oberstdorf 1970/71 nach Berufsschichten des Familienvorstands

I. DIE ENTWICKLUNG EINES EMPIRISCH-THEORETISCHEN BEZUGSRAHMENS

1. Allgemeine Geographie des Menschen und sozialgeographische Konzeption

Nach den jahrelangen intensiven Diskussionen um Begriff und Inhalt von „Landschaft" ist nach einer Zwischenphase nun in den letzten Jahren erneut eine breite Auseinandersetzung in der Geographie entstanden, dieses Mal unter dem Zielbereich „Aufgaben und Stellung der Geographie im allgemeinen bzw. innerhalb der Raumwissenschaften im besonderen". Durch die unterschiedlichen wissenschaftshistorischen Bindungen bzw. wissenschaftstheoretischen Positionen der Diskutanden bedingt, reichen die vorgeschlagenen Konzepte von der Forderung nach ganzheitlicher Erfassung aller Geofaktoren bis hin zu einer quantitativen Geographie, die in enger Verwandtschaft zur nordamerikanischen Regional Science steht. Die Thesen und Gegenthesen aus den neueren Arbeiten von BAHRENBERG, BOBEK, HARD, STÄBLEIN oder WAGNER seien hierzu nur einmal stellvertretend für eine Reihe von Ansätzen genannt[1]. Wenn auch mit dem gewählten Thema dieser Untersuchung nicht in erster Linie die Absicht verbunden wird, einen zusätzlichen Beitrag zu der allgemeinen Diskussion zu leisten, sondern vielmehr einen Teilausschnitt aus dem Bereich der Anthropogeographie — unter sozialgeographischer Konzeption — zu beleuchten, so ist es doch notwendig, zu Beginn der Ausführungen den Standort sowie den theoretischen Bezugsrahmen der Untersuchung darzustellen.

Als eine der Prämissen ist zu nennen, daß die Aufgabe einer Geographie des Menschen in der Analyse der Verbreitung menschlicher Gruppen *mit* ihren raumrelevanten Aktivitäten *und* deren Auswirkungen im Prozeßfeld Landschaft (RUPPERT) angesehen wird[2]. Darüberhinaus wird es ebenso als Aufgabe der Geographie angesehen, regelhafte Muster räumlichen Verhaltens zu erfassen und sie in eine Theorienbildung einzubringen. Daraus läßt sich sowohl die Erfassung und Interpretation der Strukturmuster und Prozeßabläufe innerhalb eines Raumausschnittes (der vertikale Zusammenhang der Geofaktoren i. S. von BARTELS[3]) als auch die Untersuchung des horizontalen Zusammenhangs, der raumrelevanten funktionalen Aktionsbereiche (interconnection bei NEEF oder DÜRR[4]) ableiten, die beide im Mittelpunkt der vorliegenden — auf verkehrsräumliche Aktivitäten — konzentrierten Untersuchung stehen sollen. Der Bezugsrahmen wäre jedoch unvollständig, würde man neben den vom sozialgeographischen Konzept ausgehenden Gedanken und Vorstellungen nicht auch die von der klassischen Verkehrsgeographie herrührenden Entwicklungen sowie die von anderen Raumwissenschaftsdiszipli-

---

[1] Bahrenberg, G., Räumliche Betrachtungsweise und Forschungsziele der Geographie, in: Geographische Zeitschrift, 60. Jg., 1972, H. 1, S. 8—24; Bobek, H., Die Entwicklung der Geographie — Kontinuität oder Umbruch?, in: Mitt. d. Österreich. Geograph. Ges., Bd. 114, H. 1/2, Wien 1972, S. 3—17; Hard, G., Die Geographie. Eine wissenschaftstheoretische Einführung, in: Sammlung Göschen, Bd. 9001, Berlin/New York 1973; Stäblein, G., Modellbildung als Verfahren zur komplexen Raumerfassung, in: Würzburger Geograph. Arbeiten, H. 37, Würzburg 1972, S. 67 ff.; Wagner, H.-G., Der Kontaktbereich Sozialgeographie — Historische Geographie als Erkenntnisfeld für eine theoretische Kulturgeographie, in: Würzburger Geograph. Arbeiten, H. 37, Würzburg 1972, S. 29—52.

[2] Vgl. Claval, P., L'espace en géographie humaine, in: The Canadian Geographer, Vol. XIV, 1970, H. 2, S. 110 sowie Ruppert, K., Die gruppentypische Reaktionsweite — Gedanken zu einer sozialgeographischen Arbeitshypothese, in: Bd. 4 d. Münchner Studien z. Sozial- und Wirtschaftsgeographie, Kallmünz/Regensburg 1968, S. 171.

[3] Bartels, D., Zur wissenschaftstheoretischen Grundlegung einer Geographie des Menschen, in: Geographische Zeitschrift, Beiheft 2, Nr. 19, Wiesbaden 1968, S. 7 und S. 87.

[4] Dürr, H., Boden- und Sozialgeographie der Gemeinden um Jesteburg/Nördliche Lüneburger Heide, H. 26 d. Hamburger Geograph. Studien, Hamburg 1971.

nen vorgelegten Verhaltensanalysen (z. B. Verkehrstheorie und -politik, Mikroökonomie) miteinbeziehen. Neuere Arbeiten in der BRD von KESSEL, KUTTER oder MARTIN auf verkehrswissenschaftlichem Gebiet, von SCHNEIDER oder SCHÜLER zum Thema „innerstädtischer Sozialverkehr" oder aus dem Bereich der Konsumtheorie von DONNEA in den USA seien nur beispielhaft dazu erwähnt[5]. Der Versuch, einen Beitrag zu einer allgemeinen Geographie räumlichen Verhaltens zu leisten, könnte deshalb nicht nur die Möglichkeit, einen Beitrag zur disziplinübergreifenden Forschung im Rahmen einer umfassenderen Raumwissenschaft einschließen (wobei der Geographie innerhalb der empirischen Ansätze eine Mittlerrolle zukommen könnte), sondern auch helfen, den „Raum" weit differenzierter als bisher darzustellen.

a) Elemente eines Systems räumlicher Analyse

Innerhalb des sozialgeographischen Bezugsrahmens, der auf den von BOBEK entwickelten und von RUPPERT und SCHAFFER erweiterten Gedanken aufbaut, steht die Analyse der gesellschaftlichen Gruppen in ihrem räumlichen Verhalten[6]. Um das Ziel verallgemeinernder oder theoriebildender Aussagen erreichen zu können, müssen dabei die systeminternen Faktoren und Kräfte, die ihren Ausdruck in den „verorteten Mustern" (SCHAFFER) finden, ebenso berücksichtigt werden wie — externe Faktoren. Es ergibt sich deshalb ein methodologischer Verfahrensgang, der über die Definition sozialgeographischer Gruppen, ihren Grundfunktionen und deren spezifischen Reichweiten zur Raumabgrenzung und damit zum aktionsräumlichen Konzept (DÜRR) führt. Innerhalb dieses im Prinzip meist anerkannten, einfachen Ablaufschemas bestehen jedoch insoweit Unterschiede, als einzelne Stufen sprachlich und inhaltlich variieren bzw. in der Zielsetzung der Analysen unterschiedliche Prioritäten gesetzt werden. Sucht man nach in fast allen Studien auftretenden Gemeinsamkeiten, so kann man in Anlehnung an NEEF, BERRY, BARTELS oder BAHRENBERG[7] vor allem drei Grundelemente räumlicher (chorologischer) Analyse herausstellen:

— die Lage

(die Struktur des Standorts oder das Wirkungsgefüge ökonomischer, sozialer und staatlicher Kräfte oder Motivationen i. S. von WIRTH[8], funktionierende Stätten i. S. von BOBEK oder RUPPERT/SCHAFFER[9]). Eine nur auf diesem Grundelement aufgebaute (choristische) Analyse gestattet zwar die Untersuchung von Verbreitungsgebieten unterschiedlicher Strukturen, nicht aber der Beziehungskreise menschlicher Handlungen, weshalb als weitere Elemente ergänzt werden müssen:

---

[5] Kessel, P., Beitrag zur Beschreibung des werktäglichen Personenverkehrs von Städten und Kreisen durch beobachtete Verhaltensmuster und deren mögliche Entwicklung, Diss. TH Aachen 1971; Kutter, E., Demographische Determinanten städtischen Personenverkehrs, H. 9 d. Veröff. d. Instituts f. Stadtbauwesen a. d. TH Braunschweig, 1972; Martin, E., Verkehrswegenetze in städtischen Siedlungen, Diss. Univ. Karlsruhe 1971, sowie Schneider, A., Expressive Verkehrskreise. Eine Untersuchung zu freundschaftlichen und verwandtschaftlichen Beziehungen, in: Kölner Zeitschrift f. Soziologie u. Sozialpsychologie, SH 14, 1970, S. 443—472; Schüler, J., Die Wohnsiedlung im Ruhrgebiet. Ein Beitrag zur Soziologie des Wohnens im industriestädt. Ballungsraum, in: Ökologische Forschungen der Univ. Bochum, Bd. 1, Bochum 1971 und Donnea, F. X. de, Consumer behaviour, transport mode choice and value of time; some mikroeconomic models, in: Regional and urban economics, Vol. 1, No. 4, 1972, S. 355—382.

[6] Aus der großen Zahl grundlegender Untersuchungen zur Sozialgeogrphie von Hans Bobek seien hier nur auf: Stellung und Bedeutung der Sozialgeographie, in: Erdkunde, 1948, Bd. 2, S. 118—126 und: Über den Einbau der sozialgeographischen Betrachtungsweise in die Kulturgeographie, in: Tagungsbericht u. wiss. Abhandl. d. Dt. Geographentages Köln 1961, Wiesbaden 1962, S. 148—165 hingewiesen. Was die Beiträge von Ruppert und Schaffer betreffen, vgl. als die zuletzt erschienene Ausführung: Ruppert, K., Schaffer, F., Stichwort Sozialgeographie, in: Handwörterbuch für Raumforschung und Raumordnung, 2. Aufl., Hannover 1972, Sp. 978—984 sowie Maier, J., Paesler, R., Ruppert, K., Schaffer, F., Sozialgeographie, Eine Einführung, Westermanns Das Geographische Seminar, Braunschweig 1976.

[7] Neef, E., Topologische und chorologische Arbeitsweisen in der Landschaftsforschung, in: Petermanns Geograph. Mitt., 1963, H. 4, S. 250; Berry, B. J. L., Die wechselseitige Abhängigkeit zwischen Bewegungen im Raum und räumlichen Strukturen, in: Geograph. Zeitschrift, 1971, H. 2, S. 82—110; Bartels, D., Zur wissenschaftstheoretischen Grundlegung ..., a. a. O., S. 101 oder Bahrenberg, G., a. a. O.

[8] Wirth, E., Zum Problem einer allgemeinen Kulturgeographie, in: Die Erde, 100. Jg., 1969, H. 2—4, S. 155—193.

[9] Vgl. u. a. Schaffer, F., Prozeßhafte Perspektiven sozialgeographischer Stadtforschung — erläutert am Beispiel von Mobilitätserscheinungen, in: Münchner Studien z. Sozial- u. Wirtschaftsgeographie, Bd. 4, Kallmünz/Regensburg 1968, S. 205. Dabei werden unter „funktionierenden Stätten" nicht nur materielle Infrastruktureinrichtungen verstanden, sondern auch die gesellschaftlichen Gruppen mit ihren aus Tradition, Erfahrung und gesellschaftlichen Normenkonstellationen aufgebauten Bewertungen der Umweltsituation.

— die Distanz

(gruppenspezifische Reichweiten i. S. von Ruppert/Schaffer, Zeit-Kosten-Mühe-Relationen bei Ganser [10]) und — damit verbunden

— die Funktionsbezogenheit

(Funktion i. S. von Daseinsäußerung bei Ruppert/Schaffer, „Connectiveness" bei Nystuen [11] oder einfach „Aufgabe" bei Overbeck [12]).

Wenn man davon ausgeht, daß sich die anthropogeographischen Grundeinheiten eines horizontalen Systems nach diesen drei Kriterien voneinander unterscheiden, so zeichnen sich als Folge der Aktionen im Raum mehr oder weniger regelmäßige Bewegungsabläufe von Personen, Gütern und Informationen ab. Deren quantitative Ausmaße geben nicht nur Auskunft über Quellen, Ziele und Hauptstromrichtungen, sondern prägen durch ihre Reichweiten auch räumliche Beziehungsfelder, Einzugsbereiche oder Interaktionsräume aus [13]. Damit wird bereits auf eine Differenzierung aufmerksam gemacht, die im Rahmen der vorliegenden Arbeit eine nicht unwichtige Rolle spielt, nämlich die Unterscheidung der Vielzahl raumüberwindender Vorgänge (die „landschaftlichen Kontakte" bei Törnquist [14]), in:

— Wanderungen

= Wohnsitzverlagerungen (Migrationen) und

— Verkehrsbewegungen

= räumliche Aktivitäten ohne Wohnsitzverlagerung, wobei die Motivation den gesamten Katalog der Grundfunktionen mit Ausnahme des „Wohnens" umfassen kann. Zu den Grenzfällen rechnet bei den Verkehrsbewegungen die Aktivität „Kommunikation — gesellschaftliche Kontakte", da sie nicht unbedingt einen personen- oder güterbezogenen Transport zur Folge haben muß (z. B. in Gestalt von Informationskreisen, Kontaktfeldern [15]).

Aus zeit- und personalökonomischen Gründen wurde eine inhaltliche Einschränkung des Untersuchungsobjektes auf die Verkehrsbewegungen, und zwar auf die personenbezogenen Bewegungen im Raum, vorgenommen. Die sozialgeographische Betrachtungsweise soll dabei die Betonung der Untersuchung auf die gesellschaftlichen Gruppen und ihr räumliches Handeln richten (i. S. der übergreifenden funktionalen Regionalsysteme bei Bobek [16]), wobei versucht wird, die bisher überwiegend kleinräumlich angelegten Studien auf einen größeren Raum (Beispiel Südbayern) zu übertragen. Es geht also nicht um die Analyse gruppenspezifischer Verhaltensweisen an sich, sondern um die Raumrelevanz der verkehrsorientierten Aktivitäten verschiedener gesellschaftlicher Gruppen in unterschiedlichen regionalen Standorten (gekennzeichnet z. B. durch Distanz, sozioökonomischen Status, Altersstruktur und Wohnortdauer) und unterschiedlichen funktionalen Angebotsstrukturen. Sucht man in der Literatur nach entsprechend angelegten Untersuchungen, so bieten sich im deutschsprachigen Raum innerhalb der Geographie empirische Ansätze u. a. bei Dürr oder Kreibich oder neuerdings Höllhuber an [17], während in den USA

---

[10] Ganser, K., Planungsbezogene Erforschung zentraler Orte in einer sozialgeographisch prozessualen Betrachtungsweise, in: Münchner Geograph. Hefte, H. 34, Kallmünz/Regensburg 1969, S. 49.

[11] Nystuen, J. D., Bestimmung einiger fundamentaler Raumbegriffe, in: Wirtschafts- und Sozialgeographie, hrsg. v. D. Bartels, Köln — Berlin 1970, S. 85—94.

[12] Overbeck, H., Die Entwicklung der Anthropogeographie (insbes. in Deutschland) seit der Jahrhundertwende und ihre Bedeutung für die geschichtliche Landesforschung, in: Blätter f. deutsche Landesgeschichte, 91. Jg., 1954, S. 188—244; vgl. auch Schamp, E. W., Das Instrumentarium zur Beobachtung von wirtschaftlichen Funktionalräumen, in: Kölner Forschungen zur Wirtschafts- u. Sozialgeographie, Bd. 16, Wiesbaden, der eine ausführliche theoretische bzw. literaturkritische Diskussion des Begriffes „Funktionalraum", seines historischen Wandels und seiner heutigen Mehrdeutigkeit gibt (bes. S. 18).

[13] Vgl. u. a. Ullmann, E. L., Geography as spatial interaction, in: Annals of the Association of American Geographers, 44. Jg., 1954, S. 263—284.

[14] Törnquist, G. E., Contact requirements and travel facilities, Contact models of Sweden and regional development alternatives in the future, in: Lund studies in geography, Serie B, No. 38, Lund 1973, S. 85—121.

[15] Vgl. u. a. Habekost, H., Heidemann, C., Stapf, K.-H., Die Hausfrau in ihrer städtischen Umwelt — eine empirische Studie zur urbanen Ökologie am Beispiel Braunschweigs, H. 4 der Veröffentlichungen des Instituts für Stadtbauwesen d. TU Braunschweig, 1969.

[16] Bobek, H., Die Entwicklung der Geographie — Kontinuität oder Umbruch?, in: Mitt. d. Österr. Geograph. Ges., Bd. 114, H. 1/2, Wien 1972, S. 12.

[17] Dürr, H., a. a. O. sowie Kreibich, V., Möglichkeiten und Probleme bei der Konstruktion von Modellen zur Simulation der Wahl des Arbeitsortes, in: Münchner Studien zur Sozial- u. Wirtschaftsgeographie, Bd. 8, Kallmünz/Regensburg 1972, S. 63—69; Höllhuber, D., Die Perzeption der Distanz im städtischen Verkehrsliniennetz — das Beispiel Karlsruhe — Rintheim, in: Geoforum, 1974, H. 17, S. 43—59.

eine Reihe von Arbeiten meist sektoraler Natur aus dem Bereich der „behavioral geography" vorliegen. Unter diesen — nach traditionellen Disziplingliederungen — häufig an der Grenze zwischen Stadtgeographie, Stadtsoziologie und Standorttheorie beheimateten Studien sei auf neuere Arbeiten von HANSON/MARBLE, STUTZ und WHEELER [18] verwiesen. Nicht zuletzt aus den Erfahrungen und Ergebnissen dieser Untersuchungen wurde der Schwerpunkt der vorliegenden Ausführungen nicht ausschließlich auf innerstädtische Untersuchungsobjekte gelegt, sondern auch auf ländliche oder weniger urbanisierte Bereiche ausgedehnt und anstelle des Verfahrens der time-budget-Studien wurden Nachfrageanalysen des Verkehrsverhaltens mit Hilfe strukturierter Haushaltsbefragungen durchgeführt.

Um nun zu einer weiteren Differenzierung des Fragenkatalogs für den empirischen Untersuchungsteil zu gelangen, sollen die wichtigsten Teile des sozialgeographischen Konzepts kurz beleuchtet werden.

b) Grundfunktionen aktionsräumlicher Betätigung

Wenn HARTKE [19] in seiner thesenhaften Darstellung der sozialgeographischen Grundprinzipien betont, daß die Grundfunktionen menschlicher Aktivität im Raum ganz bestimmte Funktionsansprüche an Fläche, Größe und Formen, abhängig von dem jeweiligen Entwicklungsstand der Gesellschaft stellen, so umschreibt er damit eine weitere Prämisse des sozialgeographischen Bezugsrahmens, nämlich die Beziehung der zu analysierenden Strukturmuster und Prozeßabläufe zur jeweils gegebenen Gesellschaft. Darin zeigt sich auch durchaus die enge Verwandtschaft zum kulturgeographischen Konzept WIRTHS oder WAGNERS [20], die in der „raumwirksamen Tätigkeit des sozial gebundenen Menschen, bestimmt durch die Einflüsse historischer, sozialer, ökonomischer und staatlicher Kräfte, das Hauptaufgabenfeld geographischer Forschung sehen. Ebenso wird in den Aussagen von HARTKE, RUPPERT und SCHAFFER auf das mehrseitige Abhängigkeitsverhältnis und damit auf die zeitliche und räumliche Überlagerung der verschiedenen Bewegungsabläufe hingewiesen; eine Gewichtung der einzelnen Funktionen entsprechend etwa den Verkehrsbewegungen jedoch nicht aufgeführt. Wie sich bei den empirischen Erhebungen zeigte, besteht dabei eine deutliche Dominanz der Funktion „Arbeiten" (des Verkehrsabschnittes Wohnung — Arbeitsstätte und zurück, gemessen an der Gesamtzahl der Verkehrsvorgänge). Die anderen Grundfunktionen, abgeleitet aus der „Charta von Athen" bzw. den „Daseinsgrundfunktionen" von PARTZSCH [21], wie „Sich Fortpflanzen" und „in Gemeinschaft leben", „Wohnen", „Sich Versorgen", „Sich Bilden", „Freizeitverhalten" und „Verkehrsteilnahme", grundsätzlich gleichwertig in ihren Daseins- und Raumansprüchen, fallen — gemessen an der Zahl der Bewegungen im Raum — an Bedeutung zurück. Trotz dieser Relativierung kann jedoch andererseits keineswegs der Bemerkung LENGS [22] beigepflichtet werden, daß *alle* Grundfunktionen nur mit dem Ziel der „Reproduktion der Arbeitskraft" ausgeübt werden.

Gegenüber dieser eher ideologisch motivierten These erscheinen für die Erweiterung des bisherigen Ansatzes die Anregungen aus dem Bereich der Verhaltens- und Entscheidungstheorie weit interessanter zu sein. Hier wird die Gewichtung der Grundfunktionen oder der daraus resultierenden räumlichen Aktivitäten in einem komple-

---

[18] Hanson, S. und Marble, D. F., A preliminary topology of urban travel linkages, in: East Lakes Geographer, Vol. 7, 1971, S. 49—59; Stutz, F. P., Distance and network effects on urban social travel fields, in: Economic Geography, Vol. 49, No. 2, 1973, S. 134—144; Wheeler, J. O., Trip purposes and urban activity linkages, in: Annals of the Association of American Geographers, Vol. 62, No. 4, 1972, S. 641—654.

[19] Hartke, W., Die Grundprinzipien der sozialgeographischen Forschung, in: Geographical Papers, No. 1, Zagreb 1970, S. 105—110.

[20] Wirth, E., a. a. O., 166 ff., sowie Wagner, H.-G., a. a. O., S. 37.

[12] Partzsch, D., Stichwort Daseinsgrundfunktionen, in: Handwörterbuch für Raumforschung u. Raumordnung, 2. Aufl., Hannover 1972, Sp. 424—430; Moewes, W., Integrierende geographische Betrachtungsweise und Angewandte Geographie, in: Geoforum, 1971, H. 7, S. 55—68 variiert diesen Funktionskatalog insoweit, als er in Lebensbereiche der privaten Gestaltung, des materiellen Erwerbs, der materiellen Versorgung, der geistigen und kulturellen Versorgung und der öffentlichen Mitwirkung (S. 60) unterteilt, wobei mit Ausnahme der Verselbständigung der Kommunikationsfunktion und Integration der Erholungsfunktion in einen umfassenderen Bereich privater Gestaltung der Verf. keine wesentlichen Unterschiede zur vorgeführten Systematisierung aufscheinen läßt. Eine weit stärkere Differenzierung der raumrelevanten Aktivitäten haben Dürr und Mittermaier im Rahmen eines Praktikums 1972/73 am Geographischen Institut der TU München diskutiert.

[22] Leng, G., Zur „Münchner" Konzeption der Sozialgeographie, in: Geograph. Zeitschrift, 61. Jg., 1973, H. 2, S. 124 f. sowie vgl. die entsprechende Erwiderung von Ruppert und Schaffer in der gleichen Zeitschrift.

xen System von Entscheidungsprozessen der menschlichen Gruppen gesehen, beeinflußt von Informationen (Wahrnehmungen) und bewerteten Handlungsbeschränkungen der Gruppen sowie sozialen, ökonomischen und räumlichen Strukturen der „objektiven" Wirklichkeit. Erste Ansätze[23] für diese im Grenzbereich zur Sozialpsychologie angelegten Studien liegen in der Geographie zwar vor, eine allgemeine Theorie zur Erklärung dieser Entscheidungsprozesse besteht bisher aber noch nicht. Auch erscheint die Unterstellung eines Zusammenhangs zwischen Einstellungen/Wünschen und realen Verhaltensweisen bisher noch nicht schlüssig nachgewiesen und für die geographische Fragestellung eher in umgekehrter Reihenfolge (Rückschluß von Verhaltensweisen auf mögliche Entscheidungskomponenten) analysierbar[24]. Deshalb soll sich die vorliegende Studie auf das beobachtbare und meßbare Verhalten der menschlichen Gruppen im Sinne des induktiven Forschungsansatzes beschränken. Dies geht nicht zuletzt auf eine Reihe von Ergebnissen entsprechender Vorstudien zurück, in denen sich teilweise beachtliche Unterschiede zwischen Motivationen und realen Verhaltensmustern zeigten[25].

Weshalb wurde nun die Funktion „Verkehrsteilnahme" als Untersuchungsgegenstand gewählt?

Allein schon die Sonderstellung dieser Funktion, von RUPPERT/SCHAFFER unterstrichen, die eine Verbindung zwischen den anderen Grundfunktionen herstellt und das gesamte räumliche System — zumindest in der heutigen Industriegesellschaft. — erst ermöglicht, hätte schon Anreiz genug sein können. Die Chance, durch die Analyse der, verschiedene geographische Teildisziplinen überspannenden, Tätigkeiten Aussagen für eine Allgemeine Geographie räumlichen Verhaltens machen zu können, ergänzten noch die Überlegungen zur Wahl des Themas. Die „Verkehrsteilnahme" wird demnach also nicht als Grundfunktion an sich betrachtet, sondern entsteht erst durch unsere pluralistische, räumlich i. a. an regional verschieden verteilten Standorten aktiv werdende Gesellschaft und die dadurch notwendige Raumüberwindung („Verkehr als Dienst am Menschen" i. S. von PIRATH[26]). Der Verkehr ist folglich Voraussetzung *und* Folge der räumlichen Aufspaltung der menschlichen Tätigkeitsmuster[27]. Während im Hinblick auf diesen allgemeinen Definitionsansatz noch weitgehend Einigkeit unter den verschiedenen Autoren besteht, ergeben sich bei der weiteren Differenzierung doch einige Unterschiede. So wird von einer Reihe von Verkehrsgeographen der Transportvorgang von einem Ort zu einem anderen, „in einigermaßen großem Abstand" befindlichen Ort (HETTNER[28]), „entlang gebahnter oder vorgezeichneter, räumliche Hindernisse überwindender Wege, bei vorwiegender Zuhilfenahme technischer Mittel" (MATZNETTER[29]) in den Mittelpunkt der Betrachtungen gestellt. Bereits aus dem Blickwinkel funktionaler Betrachtungsweise[30] ist als Kritik an dieser stark materiell-technisierten Definition anzuführen, daß sie weder die Motivationsstrukturen bzw. die auslösenden Kräfte noch die entstehenden Auswirkungen miteinbezieht. Auch wenn wir uns im Rahmen dieser Studie bevorzugt mit den eher regelhaften Erscheinungen des Personenverkehrs in Verbindung mit den Grundfunktionen „Arbeiten", „Sich Versorgen", „Sich Bilden" und „Sich Erholen" befassen, soll doch

---

[23] Vgl. u. a. Kreibich, V., a. a. O., S. 63.

[24] Vgl. auch Nagel, E., Probleme der Begriffs- und Theoriebildung in den Sozialwissenschaften, in: Hans Albert (Hrsg.), Theorie und Realität, 2. Aufl., Tübingen 1972, S. 67—85.

[25] Maier, J., Zur Bewertung des landschaftlichen Erholungspotentials aus der Sicht der Wirtschafts- und Sozialgeographie, in: Bd. 76 d. Forschungs- u. Sitzungsberichte d. Akademie f. Raumforschung u. Landesplanung, Hannover 1972, S. 9—20, wonach z. B. 65 % der befragten Gäste in Inzell angaben, aufgrund des sportiven Image der Gemeinde nach Inzell gekommen zu sein, aber nur 7 % der Gäste sich sportlich aktiv während ihres Urlaubs betätigten.

[26] Pirath, C., Die Grundlagen der Verkehrswirtschaft, Berlin-Göttingen-Heidelberg 1949.

[27] Vgl. zur funktionalen Verkehrsgeographie bereits an dieser Stelle u. a. Otremba, E., Verkehrsgeographische Forschung, in: Verkehrswissenschaftliche Arbeit in der Bundesrepublik Deutschland, eine prognostische Bilanz, hrsg. v. F. Voigt, Köln 1969, S. 351; Overbeck, H., Die zentralen Orte und ihre Bereiche im nördlichen Baden und seinen Nachbargebieten, in: Berichte z. dt. Landeskunde, Bd. 38, 1967, S. 73—132.

[28] Hettner. A., Allgemeine Geographie des Menschen, Bd. III, Verkehrsgeographie, bearb. v. H. Schmitthenner, Stuttgart 1952, S. 5.

[29] Matznetter, J., Grundfragen der Verkehrsgeographie, in: Mitt. d. Österr. Geograph. Gesellschaft, 95. Jg., 1953, S. 110.

[30] Vgl. dazu als eine der neueren Untersuchungen zur funktionalen Verkehrsgeographie Schliephake, K., Geographische Erfassung des Verkehrs. Ein Überblick über die Betrachtungsweisen des Verkehrs in der Geographie mit praktischen Beispielen aus dem mittleren Hessen, in: Giessener Geographische Schriften, H. 28, Gießen 1973.

klargestellt sein, daß die Funktion „Verkehrsteilnahme" alle raumrelevanten Tätigkeitsmuster menschlicher Gruppen erfassen muß, also auch soziale Kontakt- und Informationsfelder, die sich nicht in *ständig* wiederholten Raum-Zeit-Bewegungen von Personen, Gütern und Informationen niederschlagen. Der Funktionsraum des „Verkehrs" reicht, erweitert durch den in den Vorstellungen der Personengruppen vorhandenen Aktionsraum, über den Aktivitäts- oder Bewegungsraum des „Verkehrs" hinaus, wie dies in einigen Studien aus dem Bereich der Stadtsoziologie oder der innerstädtischen Verkehrsanalyse bereits vorgeführt wird [31]. Dieser Zielsetzung entsprechen weit eher die Definitionen von FOCHLER-HAUKE [32], der als Charakteristikum des Verkehrs im eigentlichen Sinne die Raumüberwindung ansieht oder von CAROL [33], der deshalb konsequenterweise anstelle des Begriffs „Verkehrsgeographie" die Bezeichnung „Zirkulationsgeographie" verwendet.

c) Soziale Gruppen als Träger der Verkehrsbewegungen

Da in den bisherigen Ausführungen immer wieder auf die Bedeutung der gesellschaftlichen oder sozialen Gruppen hingewiesen und damit die von OTREMBA vorgenommene Dreiteilung in Individuum, Gruppe und Gesamtbevölkerung nicht übernommen wurde, ist es notwendig, auch zu diesem Teilbereich des sozialgeographischen Bezugsrahmens eine kurze Stellungnahme abzugeben. Sie ist deshalb wichtig, liegt in der These: „die sozialen Gruppen sind die Träger der Grundfunktionen, die Schöpfer räumlicher Strukturen und gleichzeitig die Auslöser räumlicher Prozesse" (RUPPERT/ SCHAFFER [34]) doch der zentrale Ausgangspunkt jeder sozialgeographischen Untersuchung, und — wenn überhaupt — die Möglichkeit zur Erfassung von Gesetzmäßigkeiten räumlichen Verhaltens. Nicht zuletzt deshalb zählt gerade dieses Grundelement aufgrund seiner Vielgestaltigkeit in den verschiedenen empirischen Arbeiten auch zu den meistgenannten Ansatzpunkten der Kritik am sozialgeographischen Konzept [35].

Dies dürfte jedoch weniger an den auf BOBEK und VIDAL DE LA BLACHE zurückgehenden Überlegungen liegen [36], wonach nicht der Mensch oder voneinander unabhängige Individuen räumlich funktional handeln, sondern die Menschen als miteinander verbundene, mehr oder weniger in Abhängigkeit zueinander stehende Gruppen agieren [37]. Die Einbindung des Individuums in eine Gruppe hängt nach BOBEK insbesondere von dem Einfluß der „prägenden Kräfte" sozialer Gruppierungen ab, wobei „soziale Kräfte" (von Gewohnheiten, Traditionen bis Gruppennormen bzw. Formen sozialer Kontrolle oder anderen gesellschaftlichen Rahmenbedingungen (WIRTH [38]) verstärkt im städtischen und „landschaftliche Kräfte" im ländlichen Bereich vorherrschen. Die Kritik richtet sich meist vielmehr an der problembezogenen Gruppenwahl einiger empirischer Untersuchungen aus, in denen aus materialtechnischen oder pragmatischen Entscheidungsfaktoren *Merkmalsgruppen* im Mittelpunkt der Analysen standen. Demgegenüber ist jedoch zu betonen, daß es die Absicht BOBEKS mit dem Gliederungsvorschlag der „Lebensform"-Gruppen [39] war, Gruppen gleicher Lebensführung anzusprechen, was nicht etwa sozialstatistischen Merkmalsgruppen gleichzusetzen ist. Untersuchungen dieser Lebensformgruppen, im Hinblick etwa auf religiös-gebundene oder sprachlich-ethnologisch abgrenzbare Gruppen, sind u. a. von HAHN und BÜTTNER in der BRD oder in jüngster Zeit von

---

[31] Vgl. u. a. Kutter, E., Aktionsbereiche des Stadtbewohners, Untersuchungen zur Bedeutung der territorialen Komponente im Tagesablauf der städtischen Bevölkerung, in: Archiv f. Kommunalwissenschaft, 12. Jg., 1973, 1. Hj.-Bd., S. 69—85 sowie Hurst, M. E. E., The structure of movement and household travel behaviour, in: Urban Studies, Edinburgh 1969, Vol. 6, S. 70 ff.

[32] Fochler-Hauke, G., Verkehrsgeographie, in: Westermanns Das Geographische Seminar, 5. Aufl., Braunschweig 1972, S. 10; vgl. auch Predöhl, A., Stichwort Verkehr, in: Handwörterbuch d. Sozialwissenschaften, Bd. 11, Göttingen 1961, S. 102—111, der diese Funktion der Raumüberwindung allerdings relativ stark auf den ökonomischen Bereich bezieht (S. 102).

[33] Carol, H., Zur Theorie der Geographie, in: Mitt. d. Österr. Geogr. Ges., 105. Jg., Wien 1963, S. 29.

[34] Ruppert, K., Schaffer, F., Zur Konzeption der Sozialgeographie . . ., a. a. O., S. 211.

[35] Vgl. u. a. Gerling, W., Die Problematik der Sozialgeographie, Würzburg 1963, sowie Leng, D., a. a. O., S. 10.

[36] Bobek, H., Stellung und Bedeutung der Sozialgeographie, a. a. O., sowie Vidal de la Blache, P., Les genres de vie dans la géographie humaine, in: Annales de Géographie, 20. Jg., 1911.

[37] Vgl. u. a. Schaffer, F., Untersuchungen zur sozialgeographischen Situation und regionalen Mobilität in neuen Großwohngebieten am Beispiel Ulm-Eselsberg, in: Münchner Geograph. Hefte, H. 32, Kallmünz/Regensburg 1963, S. 35 ff.

[38] Bobek, H., Stellung und Bedeutung der Sozialgeographie, a. a. O., S. 122 und Wirth, E., a. a. O., S. 170.

[39] Bobek, H., Stellung und Bedeutung der Sozialgeographie, a. a. O., S. 121.

Ray und Western in Canada und USA vorgelegt worden, wobei vor allem die Beziehungen dieser Gruppenbildungen im sozialen Kontaktfeld (Verkehrskreis i. w. S.) im Mittelpunkt der Studien standen [40]. Wie an den gruppenspezifischen Reaktions- oder Reichweiten (Ruppert) zu erkennen ist, besteht in dem *zwischen* den Sozialgruppen bestehenden unterschiedlichen Handeln der *in sich* weitgehend einheitlich agierenden Gruppen ein Verhaltenstyp, der zwischen den von Bobek angesprochenen Lebensformgruppen und den durch den distanziellen Aspekt erweiterten „Räumen gleichartigen sozialgeographischen Verhaltens" bzw. deren Trägern von Hartke [41] liegt.

Diese letztgenannte Gruppenbildung, von Ruppert etwa in einer Reihe agrargeographischer Beiträge, von Geipel in bezug auf das Bildungsverhalten, von Ganser für das Verhalten der Bevölkerung bei politischen Wahlen, von Schaffer für das Wohn- und Wanderungsverhalten oder von Ruppert und d. Verf. für das Freizeitverhalten bereits vorgeführt [42], soll in der vorliegenden Studie auf das Verkehrsverhalten im allgemeinen bzw. im berufs-, versorgungs-, bildungs- und freizeitorientierten Verkehr im besonderen erweitert werden. Vergleichbare Ansätze für derartige Analysen wurden neben den schon genannten Autoren in den letzten Jahren insbesondere von Dürr für einige Gemeinden um Jesteburg (südlich von Hamburg) bzw. von Müller und Neidhardt für das Einkaufsverhalten in sechs Gemeinden im Nahbereich von Stuttgart vorgelegt [43]. Dabei geht es in erster Linie darum, gleichartige Verhaltensmuster zu erfassen und dann in zweiter Linie diese Verhaltensgruppen mit sozioökonomischen Daten, u. a. mit Angaben über die Dauer der Anwesenheit am Wohnort oder den Besitz eines Pkw's, in Beziehung zu setzen. Im Vergleich zu der Übersicht topologischen Betrachtungsmaßstabs von Dürr [44] sollen demnach in dieser Untersuchung bevorzugt die strukturell-raumdistanziellen und — soweit durch empirisches Datenmaterial belegbar — die dynamisch-raumdistanziellen Aspekte des Verhaltens menschlicher Gruppen studiert werden. Im Vordergrund des Bezugsrahmens stehen damit die Grundelemente Distanz und Raum, die es ebenso kurz zu umschreiben gilt.

---

[40] Hahn, H., Der Einfluß der Konfessionen auf die Bevölkerungs- und Sozialgeographie des Hunsrücks, in: Bonner Geograph. Abhandlungen, H. 4, Bonn 1950; Büttner, M., Der dialektische Prozeß der Religion (Umwelt-Beziehung) in seiner Bedeutung für den Religions- bzw. Sozialgeographen, in: Münchner Studien z. Sozial- u. Wirtschaftsgeographie, Bd. 8, Kallmünz/Regensburg 1972, S. 89—107; Ray, M. D., Cultural Differences in consumer travel behaviour in eastern Ontario, in: The Canadian Geographer, 11. Jg., 1967, H. 3, S. 143—156; Western, J., Social groups and activity patterns in Houma, Louisiana, in: The Geographical Review, Vol. LXIII, 1973, Nr. 3, S. 301—321.

[41] Hartke, W., Gedanken über die Bestimmung von Räumen gleichen sozialgeographischen Verhaltens, in: Erdkunde, 12. Jg., Bonn 1959, H. 4, S. 426—436 sowie ders., Die Grundprinzipien des sozialgeographischen Konzepts, a. a. O., wobei ein Unterschied in der Formulierung der sozialgeographischen Gruppe insoweit eingetreten ist, als aus der Gruppe „gleichen sozialgeographischen Verhaltens" eine Gruppe *„gleichartigen* oder bestimmten sozialgeographischen Verhaltens" wurde.

[42] Ruppert, K., Der Wandel der sozialgeographischen Struktur im Bild der Landschaft, in: Die Erde, 1955, H. 1, S. 53—62; ders., Spalt — Ein methodischer Beitrag zum Studium der Agrarlandschaft mit Hilfe der kleinräumlichen Nutzflächen- und Sozialkartierung und zur Geographie des Hopfenanbaues, Münchner Geograph. Hefte, H. 14, Kallmünz/Regensburg 1958, sowie ders., Die Bedeutung des Weinbaues und seiner Nachfolgekulturen für die sozialgeographische Differenzierung der Agrarlandschaft, Münchner Geograph. Hefte, H. 19, Kallmünz/Regensburg 1960; Geipel, R., Standort der Geographie des Bildungswesens innerhalb der Sozialgeographie, in: Münchner Studien z. Sozial- u. Wirtschaftsgeographie, Bd. 4, Kallmünz/Regensburg 1968, S. 155—161; Ganser, K., Sozialgeographie Gliederung der Stadt München aufgrund der Verhaltensweisen der Bevölkerung bei politischen Wahlen, in: Münchner Geograph. Hefte, H. 28, Kallmünz/Regensburg 1966; Schaffer, F., Untersuchungen zur sozialgeographischen Situation in neuen Großwohngebieten, a. a. O.; Ruppert, K., u. Maier, J., Zum Standort der Fremdenverkehrsgeographie — Versuch eines Konzepts, in: Zur Geographie des Freizeitverhaltens, Münchner Studien z. Sozial- u. Wirtschaftsgeographie, Bd. 6, Kallmünz/Regensburg 1970, S. 9—36. Für eine Einordnung dieser Studien in das Konzept der Sozialgeographie vgl. auch die allgemeine Übersichtsarbeit von Thomale, E., Sozialgeographie. Eine disziplingeschichtliche Untersuchung zur Entwicklung der Anthropogeographie, in: Marburger Geograph. Schriften, H. 53, Marburg 1972, S. 194 ff.

[43] Dürr, H., Boden- und Sozialgeographie der Gemeinden um Jesteburg, a. a. O.; Müller, U., Neidhardt, J., Einkaufsort-Orientierungen als Kriterium für die Bestimmung von Größenordnung und Struktur kommunaler Funktionsbereiche, in: Stuttgarter Geograph. Studien, Bd. 84, Stuttgart 1972; sowie auch Backé, B., Die sozialräumliche Differenzierung von Florisdorf, Diss. d. Univ. Wien, H. 9, Wien 1968.

[44] Dürr, H., Empirische Untersuchungen zum Problem der sozialgeographischen Gruppe: der aktionsräumlichen Aspekte, in: Münchner Studien z. Sozial- u. Wirtschaftsgeographie, Bd. 8, Kallmünz/Regensburg 1972, S. 73.

d) Reichweiten als räumliches Dimensionskriterium

Ausgangspunkt der weiteren Betrachtungen ist also, daß innerhalb einer gesellschaftlichen Gruppe jede räumliche Aktivität eine ganz bestimmte Reichweite besitzt. Der Begriff der Reaktionsweite, von RUPPERT[45] in das sozialgeographische Konzept eingeführt, knüpft dabei an das in der Kulturgeographie häufig verwandte Element der Distanz an. Denken wir nur einmal an die ersten Raummodelle von THÜNEN oder CHRISTALLER[46], in denen dieser Sachverhalt in den ökonomisch bewerteten Transportkosten, verbunden mit dem vom Zentrum zur Peripherie hin mit zunehmender Distanz abnehmendem Intensitätskriterium, seinen Ausdruck findet. Bereits in den Ausführungen von CHRISTALLER zeigte es sich, daß die metrische Distanz zur Erfassung räumlicher Phänomene ungeeignet ist, da die Distanz nicht unabhängig von der Aktivität (in diesem Fall der Versorgung mit bestimmten zentralen Gütern und Diensten) und von den Trägern dieser Aktivität bzw. ihren Bewertungen gesehen werden darf. Obwohl CHRISTALLER[47] schon eine „obere und eine untere Grenze der Reichweite" eines zentralen Gutes (i. S. einer Maximal- und Minimal-Distanz) bestimmte, die in Beziehung zur Bevölkerung eines Gebietes steht, geht er den weiteren Schritt zur gruppenspezifischen Reichweite nicht mehr.

Auch ein anderes, lange Zeit in der Verkehrsgeographie als besonders wichtig angesehenes Verfahren distanziellen Inhalts, die Erfassung von Isochronen als Linien gleichen Zeitbedarfes, kann hier erwähnt werden. Gegenüber metrischen Distanzüberlegungen schließt dieser Ansatz durch die Vorrangstellung des zeitlichen Aspekts bereits eine Berücksichtigung möglicher physisch- und anthropogeographischer Hindernisse (z. B. Geländebeschaffenheit oder Verkehrsmittelbesatz) mit ein. Von GALTON, RIEDEL, HASSINGER oder HASSERT in der Zeit vor dem 1. Weltkrieg als Linien gleicher Reisedauer zur Kennzeichnung der relativen Entfernung von einem Zentrum zu seinem Umland verwandt[48] (unter Hervorhebung der 1 Std.-Isochrone als Grenzkriterium), wurde im Laufe der Zeit — durch die wachsende Kritik bedingt — der angenommene Zeitaufwand der potentiellen Nachfrage nach Verkehrsleistungen immer mehr verfeinert. Eine Differenzierung der Reisezeit zwischen Quelle und Ziel im Personenverkehr (z. B. nach Anmarsch-, Warte-, Beförderungs- und Abmarschzeit)[49] wurde ebenso vorgenommen wie die Einbeziehung der Verkehrshäufigkeit, der Verkehrsdichte bzw. der unterschiedlichen Geschwindigkeit der verschiedenen Verkehrsmittel (Erreichdauer und Erreichbarkeit bei RUTZ[50]) und des Fahrpreises[51]. So sehr auch die Angebotsseite der Verkehrsleistungen aufgegliedert wurde, eine Berücksichtigung der Bewertungsvorgänge und Verhaltensmuster der einzelnen Nachfragegruppen wurde damit nicht erreicht. Wenn dieses Verfahren heute dennoch zur räumlichen Abgrenzung von Stadt-Umland-Bereichen oder von „Dominanzbereichen" zentraler Güter und Dienste (z. B. in Gestalt der „Anbindungszahl" in der DDR)[52] herangezogen wird, so kann

---

[45] Ruppert, K., Die gruppentypische Reaktionsweite, a. a. O. (1959 in seinem Habil.-Vortrag bereits erstmals erwähnt). Auf vergleichbare Sachverhalte weisen etwa der „räumliche Aktionsradius" bei Klingbeil, D., Zur sozialgeographischen Theorie und Erfassung des täglichen Berufspendelns, in: Geograph. Zeitschrift, Bd. 57, 1969, S. 116 oder die „Kontakt-Reichweite" bei Bartels, D., Einleitung, in: Wirtschafts- und Sozialgeographie, Köln-Berlin 1970, S. 28, hin.

[46] Thünen, J. H. v., Der isolierte Staat in Beziehung auf Landwirtschaft und Nationalökonomie, 4. Aufl., Stuttgart 1966, S. 54—85; sowie Christaller, W., Die zentralen Orte in Süddeutschland, Jena 1933, insbes. S. 54—85.

[47] Christaller, W., a. a. O., S. 54.

[48] Galton, F., On the construction of isochronic passage charts, in: Proceedings of the Geographical Society of London, 3. Jg., London 1881, S. 657 f.; Riedel, J., Neuere Studien über Isochronenkarten, in: Petermanns Geograph. Mitt., 57. Bd., Gotha 1911, S. 281—284; Hassinger, H., Beiträge zur Siedlungs- und Verkehrsgeographie von Wien, in: Mitt. d. Geograph. Gesellschaft zu Wien, 53. Bd., Wien 1910, S. 5—88; Hassert, K., Allgemeine Verkehrsgeographie, Bd. 1 und 2, Berlin — Leipzig 1931.

[49] Vgl. u. a. Jensch, G., Ein themakartographischer Kommentar zum Atlas von Berlin, in: Intern. Jahrbuch f. Kartographie, 1964, S. 100—119 oder Weber, W., Die Reisezeit der Fahrgäste öffentlicher Verkehrsmittel in Abhängigkeit von Bahnart und Raumlage, in: Bericht Nr. 3 d. Forsch.-Arbeiten d. Verkehrswiss. Instituts d. TH Stuttgart, Stuttgart 1966, S. 17 f.

[50] Rutz, W., Erreichdauer und Erreichbarkeit als Hilfswerte verkehrsbezogener Raumanalyse, in: Raumforschung und Raumordnung, 29. Jg., 1971, H. 4, S. 145—166.

[51] Vgl. u. a. Zimpel, H.-G., Die Verkehrslage der Gemeinden im System der zentralen Orte, in: Bayer. Planungsatlas 1961, München 1961, Karte 72, oder Kubat, M. u. Schmeiß, L.-R., Versuch einer Isochronenkarte für den Großraum Innsbruck, in: Berichte z. Raumforschung u. Raumplanung, 16. Jg., 1972, H. 3/4, S. 44—49.

[52] Vgl. u. a. Green, F. H. W., Urban Hinterlands in England and Wales, in: An Analysis of Bus Services, in: The

es nur als erste Orientierungshilfe für eine Grenzziehung dienen. Daraus abgeleitete „optimale Distanzen" im Sinne „zumutbarer" Arbeits- oder Einkaufswege [53] entstammen jedoch schon einer subjektiven Wertung der Autoren, die regionalspezifisch und historisch überaus unterschiedliche Ergebnisse zeigen können.

Was demnach als notwendige Erweiterung der beschriebenen Verfahren anzusehen ist, ist die Berücksichtigung der verschiedenen räumlichen Aktivitäten menschlicher Gruppen, die dabei geäußerten spezifischen Reichweiten und ihre Dimensionen. Wenn auch in den empirischen Ausführungen metrische oder zeitliche Distanzangaben als Quantifizierungskriterien benutzt werden, so muß doch klar auf den Unterschied zwischen einer rein physischen Distanz und der durch unterschiedliche Präferenzstrukturen und Zwänge persönlicher bzw. sachlicher Art (constraints i. S. von HÄGERSTRAND) bewerteten sozialgeographischen Reichweite (strukturale Distanz bei CLAVAL oder „soziale Distanz" bei WIRTH) [54] hingewiesen werden. Die in der Empirie festgestellten Distanzmaße hängen also nicht in erster Linie von der metrischen Distanz zwischen Quelle und Ziel ab, sondern von einer Reihe subjektiv bewerteter, gruppenspezifisch sich äußernder Determinanten ab. Dabei spielt die Struktur bzw. Einschätzung der sozioökonomischen Situation und die Möglichkeiten gewünschter Bedürfnisbefriedigung am Quellort ebenso eine Rolle wie quantitative und qualitative Bestimmungsgrößen bei der Distanzüberwindung (neben den Beförderungs- bzw. Nebenzeiten auch die Art der Verkehrsbedienung oder die Preisgestaltung, ferner Faktoren wie Bequemlichkeit und Sicherheit). Daneben wirken sich die realen oder vorgestellten Chancen einer Bedürfnisbefriedigung am Zielort einschließlich damit verbundener Prestigeelemente aus [55].

In dieser Studie wird versucht, aus den beobachtbaren und über Haushaltsbefragungen erfaßbaren Distanzwerten der einzelnen sozialgeographischen Gruppen Aussagen über die Bestimmungsgründe räumlicher Aktivität zu erhalten. Grundsätzliche Annahmen über raumdistanzielle Verhaltensweisen, wie z. B. das LILL'sche Reisetheorem [56] („mit zunehmender Distanz nimmt die Beteiligung am Reiseverkehr ab") gilt es dabei ebenso zu überprüfen wie vorhandene Hypothesen über die Distanzempfindlichkeit einzelner Aktivitäten (z. B. die Annahme einer geringen Distanzempfindlichkeit bei der Grundfunktion „Arbeiten" oder die Annahme einer größeren Distanzempfindlichkeit bei der Grundfunktion „Freizeitverhalten").

Neben der Ermittlung der Distanzen darf jedoch nicht das weitere Ziel der Bemühungen, die Erfassung geographischer Räume mit Hilfe dieser Reichweiten, übersehen werden. Diese funktionalen Aktivitätsräume entstehen durch die Handlungen sozialgeographischer Gruppen bei der Entfaltung ihrer Grundfunktionen und finden in den gruppenspezifischen Reaktionsreichweiten ihre Grenzen. Die Aktivitäten führen dabei zur Ausbildung funktionsspezifischer Verortungen (Strukturmuster), so daß RUPPERT und SCHAFFER den sozialgeographischen Raum auch als „verortetes Bezugssystem menschlichen Handels" bezeichnen.

Diese gesellschaftsbezogene Raumdefinition, die die räumlichen Muster aus dem Zusammenspiel der verschiedenen Standort- und Flächenansprüche aller real und potentiell Beteiligten zu erklären versucht, knüpft damit an die sozialräumlichen Arbeiten von HARTKE (z. B. Einzugsbereiche von Zeitungen), SCHÖLLER (z. B. Bereiche gleicher Ve-

---

Geographical Journal, 116. Jg., 1950, S. 64—81; Hoffmann, R., Der Verkehr als Mittel zur Abgrenzung von Stadt und Umland, in: Raumforschung u. Raumordnung, 14. Jg., 1956, S. 101—106; Grimm, F., Hönsch, J., Taege, G., Gebietliche Zentren in der DDR und ihre verkehrsbezogenen Dominanzbereiche, in: Geograph. Berichte, 1972, H. 3/4, S. 205—210. Zur Kritik vgl. u. a. auch Geiger, M., Ermittlung des Zeitgewinnes im Verkehr und seine volkswirtschaftliche Bewertung, München 1971, S. 65 ff.

[53] Vgl. u. a. Otremba, E., Altrup, H. F., Der Landkreis Köln, Ein Strukturgutachten, Köln 1967, die eine 30-Minuten-Distanz für noch „zumutbar" hielten (S. 107), während z. B. Grimm, Hönsch und Taege die 40-Minuten-Isochrone als äußerste Begrenzung des Bereiches „zumutbarer täglicher Pendelwanderung" sehen.

[54] Claval, P., a. a. O., S. 116 sowie Wirth, E., a. a. O., S. 168.

[55] Vgl. den Definitionsansatz im Bereich „Einkaufsverhalten" von Olsson, G., Zentralörtliche Systeme, räumliche Interaktion und stochastische Prozesse, in: Wirtschafts- u. Sozialgeographie (hrsg. v. D. Bartels), Köln-Berlin 1970, S. 142 sowie Hard, G., a. a. O., S. 183 f.

[56] Lill, E., Das Reisegesetz und seine Anwendung auf den Eisenbahnverkehr, Wien 1891.

[57] Ruppert, K., Schaffer, F., Raumorganisationen der Funktionsgesellschaft, Sozialgeographische Aspekte urbanisierter Lebensformen unter besonderer Berücksichtigung von Beispielen aus Bayern, Akademie f. Raumforschung u. Landesplanung, Hannover 1971, S. 5.

[58] Zum Persistenzbegriff vgl. Vries-Reilingh, H. D. de, Gedanken über die Konsistenz in der Sozialgeographie, in: Münchner Studien zur Sozial- u. Wirtschaftsgeographie, Bd. 4, Kallmünz/Regensburg 1968, S. 109—117.

reinszugehörigkeit) oder auch die sozialen Kommunikationsnetze i. S. von HÄGERSTRAND[59] an. Sie erweitern durch ihre Gruppenbezogenheit und ihren Prozeßcharakter den strukturalen Funktionalraum OTREMBAS oder die in der Kulturgeographie seit langem untersuchten „Einzugsbereiche ausgewählter Einrichtungen"[60]. Wenn im folgenden die „Verkehrsräume, ihre Stabilität oder Labilität" untersucht wird, so soll dabei immer das Prozeßdenken und das auf die einzelnen Grundfunktionen bezogene „Kapazitäten-Reichweiten-System" (RUPPERT/SCHAFFER) im Vordergrund stehen. Was den Vergleich mit dem Ansatz HARVEYS[61] (die Untersuchung der Beziehung zwischen Wahrnehmung und Raumverhalten) betrifft, so wird die Analyse auf den Aktivitätsraum (activity space) beschränkt, während die zur umfassenderen Erfassung räumlichen Verhaltens notwendige Analyse des Wahrnehmungsraumes (action space) einer weiteren Bearbeitung vorbehalten bleibt.

2. Der Bezugsrahmen der „Verkehrsgeographie"

In den bisherigen Ausführungen wurde bereits mehrere Male auf Gemeinsamkeiten oder Differenzen in den Aussagen verschiedener Autoren zu diesem Thema hingewiesen. Es stellt sich die Frage, welche Erfahrungswerte, Methoden und Erkenntnisse für eine Bearbeitung dieses Themas aus den bisher vorhandenen verkehrsgeographischen Studien gewonnen werden können. Ein Überblick über ihre Aufgaben, Ziele und ihre Stellung innerhalb der Geographie kann insoweit kurz gefaßt werden, als in den letzten Jahren einige wissenschaftstheoretische Zusammenfassungen vorgelegt wurden, u. a. von MIKOLAJSKI, JACOB, OTREMBA, FOCHLER-HAUKE oder vor kurzem von SCHLIEPHAKE[62]. Da sich diese Untersuchunggen ausführlich mit den verschiedensten Strömungen und Tendenzen innerhalb der Verkehrsgeographie, von KOHLS[63] grundlegender Arbeit über die erste Blütezeit um die Jahrhundertwende bis zu den neueren, funktional-anthropogeographischen Arbeiten befassen, werden hier nur einzelne, für das Verständnis der Entwicklungsgeschichte wichtig erscheinende Schwerpunkte dargestellt[64].

a) Ansätze für eine selbständige „Verkehrsgeographie": Von KOHL bis HETTNER

Die historisch-genetische Entwicklung der „Verkehrsgeographie" erscheint bei einer vergangenheitsbezogenen Betrachtung als ein gutes Beispiel für den Einfluß gesellschaftlichen Wandels auf eine sozialwissenschaftliche Disziplin. Besonders deutlich spiegelt sich in der Wahl der Untersuchungsobjekte und der Art der Betrachtung der Zusammenhang mit dem jeweiligen Stand und Charakter der industriegesellschaftlichen Phase wider.

---

[59] Hartke, W., Die Zeitung als Funktion sozialgeographischer Verhältnisse im Rhein-Main-Gebiet, in: Rhein-Mainische Forschungen, H. 32, S. 7—18 u. S. 26—33, Frankfurt 1952; Schöller, P., Einheit und Raumbeziehungen des Siegerlandes, Versuche zur funktionalen Abgrenzung, in: Das Siegerland, Münster 1955, S. 75—122 sowie Hägerstrand, I., What about people in regional science?, in: Papers of the Regional Science Association, 24. Jg., 1970, S. 7—21.

[60] Otremba, E., Verkehrsgeographische Forschung ..., a. a. O., S. 353 ff.

[61] Harvey, E., Explanation in Geography, London 1969, S. 173 f. Der weiter gefaßte „Wahrnehmungsraum" dürfte dabei etwa dem „Informationsfeld" bei Wirth, E., Diskussionsbeitrag zum Vortrag Bartels, in: Tagungsbericht und wiss. Abhandl. d. Dt. Geographentages Kiel 1969, Wiesbaden 1970, S. 297 entsprechen; vgl. auch Horton, E., Reynolds, D. R., Effects of urban spatial structure on individual behaviour, in: Economic Geography, 47. Jg., 1971, No. 1, S. 38—48.

[62] Mikolajski, J., Die Entwicklung der Verkehrsgeographie in Mitteleuropa, in: Zeitschrift f. Wirtschaftsgeographie, 1957, S. 137—145; Jacob, G., Zum Gegenstand der Verkehrsgeographie, in: Geograph. Berichte, 1962, S. 16—31; Otremba, E., Verkehrsgeographische Forschung ..., a. a. O.; Fochler-Hauke, G., Verkehrsgeographie, a. a. O. und Schliephake, K., a. a. O., bes. S. 22—25 bzw. S. 35—36. Nach Abschluß der Untersuchungen erschien 1975 die von Otremba zusammengestellte Beitragssammlung „Handels- und Verkehrsgeographie" in „Wege der Forschung", Darmstadt 1975, die eine Reihe der grundsätzlichen Arbeiten bis zum 2. Weltkrieg sowie eine wissenschaftshistorische Darstellung umfaßt.

[63] Kohl, J. G., Der Verkehr und die Ansiedlung der Menschen in ihrer Abhängigkeit von der Gestaltung der Erdoberfläche, Dresden-Leipzig 1841.

[64] Diese ausschnittsweise, exemplarische Bearbeitung wird, trotz teilweise großer inhaltlicher Gemeinsamkeiten allein schon aus der Fülle der vorliegenden verkehrsgeographischen Untersuchungen notwendig.

Eine wissenschaftstheoretische Kritik der verschiedenen verkehrsgeographischen Ansätze kann daher nicht aus unserer heutigen gesellschaftlichen Situation allein erfolgen, sondern muß die spezifischen Ausgangssituationen mit berücksichtigen.

In zahlreichen wissenschaftshistorischen Beiträgen wird als einer der ersten Ansatzpunkte für die Loslösung der „Verkehrsgeographie" aus der „Handelsgeographie" in Richtung einer Verselbständigung die Untersuchung Johann Georg KOHLS [65] über den Verkehr und die Ansiedlung der Menschen in ihrer Abhängigkeit von der Gestaltung der Erdoberfläche aus dem Jahre 1841 genannt. Wie bereits in der Formulierung des Themas zum Ausdruck kommt, stehen in dieser Studie anthropogeographische Kräfte ebenso im Vordergrund wie die Einbeziehung physisch-geographischer Kräfte in einer stark deterministisch beeinflußten Art und Weise. Der Anlaß für diese grundlegende Studie lag in der durch die Entwicklung des Verkehrsmittels Eisenbahn initiierten räumlichen Veränderung und — nicht zuletzt — in der sich verstärkenden Differenzierung aktivitätsräumlicher Tätigkeiten. Die zunehmende Trennung von Wohn- und Arbeitsplatz, von Wohn- und Einkaufsort — wenn auch in vergleichsweise zur heutigen Situation bescheidenem Maße — und das wachsende Verkehrsbedürfnis sind als Antriebskräfte für diese Untersuchung anzusehen. Trotz der in der Zwischenzeit häufig durch spezielle Untersuchungsmethoden in andere Zielrichtungen orientierten verkehrsgeographischen Ansätze kommt schon in diesen grundsätzlichen Antriebsfaktoren der KOHLschen Studie die auch heute noch dominierende Fragestellung zum Ausdruck. Während allerdings KOHL daraus als Konsequenz eine stärkere Hinwendung zur Siedlungsgeographie sieht, enthält die heutige Betrachtungsweise mit dem Menschen im Mittelpunkt zwangsläufig eine zuerst funktionale und dann sozialgeographische Ausrichtung.

Im Laufe der weiteren Entwicklung der Verkehrstechnik und Verkehrsmittel während der 2. Hälfte des letzten Jahrhunderts verlagert sich ein Teil der verkehrsgeographischen Untersuchungen auf die Analyse distanzieller Fragestellungen. Der Aufschwung der Isochronen-Darstellung sei dafür nur als Beispiel erwähnt. Die Arbeiten von JANSEN [66] und GÖTZ [67] haben deshalb HETTNER [68] in seinem für das erste Drittel dieses Jahrhunderts grundlegenden Werk über den „gegenwärtigen Stand der Verkehrsgeographie" dazu veranlaßt, von einer Hinwendung zu reinen „Entfernungswissenschaften" zu sprechen. Daneben bildete sich, bedingt durch die wachsende ökonomische Bedeutung des Teilsektors Verkehr auch eine Reihe ökonomischer und statistischer Ansätze (SAX oder BOYSEN [69]) heraus, während sich eine dritte Gruppe wissenschaftlicher Untersuchungen durch eine Überbetonung physisch-geographischer Faktoren mit einer Reihe von Spezialthemen befaßte, die man — etwas pauschalierend — als „Paß- und Brückengeographien" bezeichnen kann (vgl. u. a. v. RICHTHOFEN oder auch HETTNER [70]). Die Konzentration auf die Belange des damals besonders interessanten Verkehrsmittels Eisenbahn zog selbstverständlich ebenfalls eine größere Zahl von Sonderbearbeitungen nach sich (vgl. u. a. von HAUSHOFER oder von v. WEBER [71]). Die Erwähnung dieser Teilaspekte in der Zielorientierung der Forschungsansätze geschieht dabei nicht wegen ihres „Spezialcharakters", sondern um die Basiselemente verkehrsgeographischer Denkkategorien vorzustellen, die nicht nur bis zum 2. Weltkrieg zahlreiche Arbeiten geprägt haben.

Nun wären die Entwicklungstendenzen der „Verkehrsgeographie" bis in unser Jahrhundert nicht sachgerecht behandelt, würde man nicht auch er-

---

[65] Kohl, J. G., a. a. O.

[66] Jansen, K., Die Bedingtheit des Verkehrs und der Ansiedlungen der Menschen durch die Gestaltung der Erdoberfläche, nachgewiesen insonderheit an der umbrischen Halbinsel, Kiel 1861.

[67] Götz, W., Die Aufgaben der „Wirtschaftlichen Erdkunde" (Handelsgeographie), in: Zeitschr. d. Ges. f. Erdkunde, 17. Jg., Berlin 1882.

[68] Hettner, A., Der gegenwärtige Stand der Verkehrgeographie, in: Geograph. Zeitschrift, Berlin 1897, 3. Jg., S. 624—634 und S. 699—704 sowie früher schon ders., Die geographische Verbreitung der Verkehrsmittel des Landverkehrs, in: Zeitschr. d. Ges. f. Erdkunde, Berlin 1894, 29. Jg., S. 271 ff.

[69] Sax, E., Die Verkehrsmittel in Volks- und Staatswirtschaft, 2. Aufl., 3 Bde., Berlin 1918—1922; Boysen, L., Schiffs-, Tonnen- und Personenfrequenz auf dem Atlantischen Ozean, Diss. Berlin 1890.

[70] Richthofen, F. v., China, Ergebnisse eigener Reisen und darauf begründeter Studien, 2. Bde., Berlin 1877 und 1883; Hettner, A., Der gegenwärtige Stand ..., a. a. O.

[71] Haushofer, M., Eisenbahngeographie. Eine Darstellung des modernen Weltverkehrs mit besonderer Berücksichtigung der Eisenbahnen, Stuttgart 1875; Weber, M. M. v., Geographie des Eisenbahnwesens, in: Vom rollenden Flügelrad, Berlin 1882.

wähnen, daß schon in den Untersuchungen von RIEHL, HETTNER oder RATZEL [72] funktionale Ansätze (etwa in der Aussage der städtebildenden Funktion des Verkehrs bei RIEHL) vorhanden waren, wenngleich sie auch in der nachfolgenden Entwicklungsphase wieder stark in den Hintergrund traten. Insbesondere die Arbeit HETTNERS hatte durch ihre weitere Hinwendung zu possibilistischer Betrachtung Anregungen für die späteren verkehrsgeographischen Arbeiten geschaffen. Allerdings muß dabei betont werden, daß HETTNER in der Verkehrsgeographie i. w. eine „Verbreitungslehre der Verkehrsverhältnisse über die Erde und in ihrer Differenzierung in verschiedenen Erdräumen" [73] sah, ein Betrachtungskonzept also, das rein choristisch aufgebaut war. Wie weit jedoch andererseits, trotz aller Kritik aus unserer heutigen Sicht, HETTNER seinen Nachfolgern [74] voraus war, zeigt u. a. seine Forderung nach Abgrenzung und Bildung von Verkehrsgebieten, die erst nach fast 30 Jahren von SCHEU [75] wieder aufgegriffen und empirisch untersucht wurde.

b) Die Blütezeit der „Verkehrsgeographie" im ersten Drittel dieses Jahrhunderts: possibilistische Ansätze und morphogenetische Studien

Zu dem von HETTNER vorgelegten Konzept der „Verkehrkgeographie" trat als zweite, die ersten Jahrzehnte dieses Jahrhunderts mitentscheidend bestimmende Forderung Otto SCHLÜTERS (zurückgehend auf F. v. RICHTHOFEN) [76] nach einer morphogenetischen Betrachtungsweise. Er griff nun die Idee einer Abhängigkeit des Verkehrs von der Bodengestalt erneut auf und sieht die Entwicklung der Verkehrswege und -mittel analysierbar aus der Verbindung technischer, kulturgeschichtlicher und geographischer Fragestellungen [77]. Die enge Bindung der Verkehrsgeographie an die Entwicklung von Verkehrsmitteln, in dieser Phase nun des Kraftwagens, zeigt sich erneut und setzt sich — in den 30er Jahren — in Gestalt der Luftfahrtgeographie fort. Die Faszination, die von neuen Verkehrstechniken und Verkehrsmitteln ausgeht, kann geradezu als Bindeglied der Verkehrsgeographen in diesem ersten Drittel unseres Jahrhunderts angesehen werden.

Während jedoch SCHLÜTER sein Augenmerk auf eine regionale Verbreitungslehre von Verkehrswegen und -mitteln unter morphogenetischen Aspekten richtete, lag der Schwerpunkt der HASSERTschen Untersuchungen [78], dem zweiten Vorbild verkehrsgeographischer Studien dieser Zeit, mehr auf der distanziellen Analyse, mit einer gewissen Fortsetzung funktionaler Gedanken. Allerdings schränkt HASSERT seinen Ansatz insoweit ein, als er den Verkehr nur in enger Beziehung zur Wirtschaft und nicht auf die gesamtgesellschaftliche Situation bezogen sieht („Verkehr ist nichts anderes als in Bewegung gesetzte Wirtschaft") [79]. Gerade diese letzte Anregung griffen dann eine Vielzahl von verkehrsgeographischen Studien auf (u. a. FRIEDRICH) [80], ebenso wie die Verbindung der SCHLÜTERschen und HASSERTschen Gedanken eifrige Nachfolger fand (u. a. BLUM, TUCKERMANN, SIEGER oder SIEDENTOP) [81]. Sie stellten entweder ein Verkehrsmittel, meist die Eisenbahn oder ausgewählte Verkehrswege bzw. deren Teilstücke in das Zentrum ihrer Betrachtungen. Es ist die Blütezeit der Paß-, Brücken-, Hafen- und Tunnelgeographien, wobei allerdings uns heute interessie-

---

[72] Riehl, W. H., Naturgeschichte des deutschen Volkes, Leipzig 1854, Neuaufl. Leipzig 1935; Hettner, A., Der gegenwärtige Stand ..., a. a. O.; Ratzel, F., Die geographischen Bedingungen und Gesetze des Verkehrs und der Seestrategik, in: Geographische Zeitschrift, 9. Jg., Berlin 1903, S. 489—513.

[73] Hettner, A., Der gegenwärtige Stand ..., a. a. O., S. 626.

[74] Welchen Einfluß Hettners verkehrsgeographische Studien hatten und teilweise noch heute besitzen, ist u. a. an dem Beitrag von Sendler, G., Stichwort „Verkehrsgeographie", in: Westermanns Lexikon der Geographie, Bd. 4, Braunschweig 1970, S. 321, zu ersehen, der in weiten Teilen von der Hettnerschen Konzeption ausgeht.

[75] Scheu, E., Deutschlands wirtschaftsgeographische Harmonie, Breslau 1924.

[76] Schlüter, O., Die Ziele der Geographie des Menschen, München-Berlin 1906, später noch detaillierter ders., Über die Aufgaben der Verkehrsgeographie im Rahmen der „reinen Geographie", in: Petermanns Geograph. Mitteilungen, Ergänzungsheft Nr. 209, Gotha 1930.

[77] Schlüter, O., Über die Aufgaben ..., a. a. O., S. 304.

[78] Hassert, K., Allgemeine Verkehrsgeographie, Leipzig 1913, 2. Aufl., Berlin 1931.

[79] Ders., ebd., S. 4.

[80] Friedrich, E., Geographie des Welthandels und Weltverkehrs, Jena 1926, 2. Aufl., bearb. v. W. Schmid, Jena 1930.

[81] Blum, O., Betrachtungen zur Eisenbahngeographie, in: Archiv für das Eisenbahnwesen, 1920; Tuckermann, W. v., Die verkehrsgeographischen Änderungen in den europäischen Eisenbahnsystemen seit den politischen Umwälzungen, in: Zeitschr. f. Verkehrswesen, 1. Jg., 1922, S. 37—52; Sieger, R., Zur Geographie der Spurweiten, in: Weltwirtschaft, 1929; Siedentop, J., Die geographische Struktur des deutschen Eisenbahnverkehrs, in: Erde und Wirtschaft, Braunschweig 1932.

rende Fragen, z. B. nach den ökologischen Auswirkungen nicht oder nach den ökonomischen Einflüssen im Hinterland nur randlich angesprochen wurden [82].

Zu den wenigen, die i. S. possibilistischer Betrachtung eines VIDAL DE LA BLACHE ihre Studien schwergewichtig auf den Menschen und sein Verkehrsverhalten anlegten, kann u. a. SAPPER gerechnet werden [87]. Die Persistenz der Denk- und Verhaltensmuster vieler Geographen der 20er und 30er Jahre kann bis in die Zeit nach dem 2. Weltkrieg verfolgt werden, wobei insbesondere die Frage der ökonomischen Auswirkungen weiter diskutiert wurde (vgl. u. a. RUTZ mit seiner Analyse der Brennerverkehrswege oder HOCHHOLZER mit seiner „Allgemeinen Geographie des Kraftfahrwesens" oder auch SCHEIDL [84]). Nicht zuletzt kommt ein teilweises Verharren in den morphogenetischen Ansätzen auch noch in einer Reihe von Studien zum Ausdruck, die nun eine Erweiterung durch statistische Analysen, vor allem Verkehrsstromanalysen (u. a. ACKROYD [85]) vornehmen. Wenngleich diese Ergänzung an sich für regionale Übersichten bzw. für spezifische Bewertungen einzelner „verorteter" Einrichtungen des Verkehrs erste, durchaus wichtige Informationen gibt, so reichen sie für eine verkehrsgeographische Analyse allein nicht aus.

Die überaus dynamisch wachsende Entwicklung des Verkehrs nach dem 2. Weltkrieg, die unterschiedliche Einstellung zur gesamtgesellschaftlichen Situation und die variierende wissenschaftstheoretische Position innerhalb der Geographie haben auch in der „Verkehrsgeographie" zu überaus heterogenen Ansätzen wissenschaftlicher Betrachtungen geführt. Die unterschiedlichsten Inhalte und Methoden haben sich bis heute erhalten, deterministische und morphogenetische, statistische und funktionale Studien des Verkehrs stehen nebeneinander. Ein gutes Beispiel dieser Vielfalt zeigt sich in dem 1972 erschienenen Werk von HAMBLOCH über „Allgemeine Anthropogeographie" [86]. Trotz des Hinweises auf die Daseinsäußerungen menschlicher Gruppen und daran anschließenden funktionalen Ansätzen verbleibt er im Kern innerhalb des morphogenetisch-statistischen Fragen- und Methodeninhalts und leitet dann schließlich — technologisch begründet — über zu den Netzanalysen quantitativer Betrachtungsweise.

c) Der Übergang zu einer funktionalen „Verkehrsgeographie"

Trotz des heterogenen Angebots wissenschaftlicher Analysen zeigt sich seit einigen Jahren eine immer stärkere Zuwendung zur funktionalen Betrachtungsweise. Sie geht, neben einer Reihe von Hinweisen bereits bei den älteren Verkehrsgeographen, zum großen Teil zurück auf die Kritik CHRISTALLERS, der feststellte, daß „eine rein registrierende, deskriptive oder auf das Erscheinungsbild abgestellte Verkehrsgeographie . . . nicht bis zu den eigentlichen Problemen durch (dringt). Eine funktionale Betrachtungsweise ist notwendig, sie allein vermag verkehrsgeographische Regeln und Gesetzmäßigkeiten herauszukristallisieren" [87]. Der Übergang zur funktionalen Verkehrsgeographie, also hin zu einer Erklärung des anthropogenen Landschaftskomplexes aus der Differenzierung menschlicher Verhaltensbereiche und deren räumlicher Verflechtungsmuster [88], vollzog sich jedoch trotz dieser grundlegenden Aussage CHRISTALLERS (1952) oder OVERBECKS (1954) [89] in den letz-

---

[82] Dove, K., Ziele und Aufgaben der Verkehrsgeographie, in: Petermanns Geograph. Mitteilungen, 56. Jg., 1910, S. 1—5; Rühl, A., Die Typen der Häfen nach ihrer wirtschaftlichen Stellung, in: Zeitschr. d. Gesellsch. f. Erdkunde, Berlin 1920, S. 297—302; Hassert, K., Neuere Beiträge zur Geographie und Kartographie der Eisenbahnen, in: Mitt. d. Vereins d. Eisenbahner Dresden, 1926, S. 94—111; Pollog, C. H., Entwicklung und Geographie des Luftverkehrs, in: Geograph. Zeitschr., 34. Jg., 1928, S. 193—220.

[83] Vidal de la Blache, P., a. a. O.; Sapper, K., Allgemeine Wirtschafts- und Verkehrsgeographie, Leipzig 1925, 2. Aufl., Leipzig 1930.

[84] Rutz, W., Die Brennerverkehrswege, in: Forschungen z. deutschen Landeskunde, Bd. 186, Bad Godesberg 1970; Hochholzer, H., Geographische Betrachtungen zur Bedeutung der Kraftfahrzeuge im Wirtschafts-, Verkehrs- und Kulturleben der Menschheit, in: Zeitschr. f. Wirtschaftsgeographie, 1972, H. 2, S. 41—50, insbes. S. 43 ff.; Scheidl, L., Österreichs Verkehrslage, Verkehrseignung und Verkehrsentwicklung, in: Geographie und Wirtschaftsentwicklung, Teil I: Beispiele aus Österreich, Wien 1970, S. 9—61.

[85] Ackroyd, L. W., Traffic flows patterns on a rural motorway: a comparison with some other types of Highway, in: The East Midland Geographer, Vol. 8, Part 3, Nottingham 1971, S. 144—150.

[86] Hambloch, H., Allgemeine Anthropogeographie, H. 31, Erdkundliches Wissen, Wiesbaden 1972, insbes. S. 117 ff.

[87] Christaller, W., Die Parallelität der Systeme des Verkehrs und der zentralen Orte, in: Tagungsbericht u. wiss. Abh. d. Deutschen Geographentages Frankfurt 1951, Remagen 1953, S. 159.

[88] Ruppert, K., Schaffer, F., Zur Konzeption der Sozialgeographie, a. a. O., S. 208.

[89] Christaller, W., Die Parallelität . . ., a. a. O.; Overbeck, H., Die Entwicklung der Anthropogeographie . . ., a. a. O.

ten zwanzig Jahren erst allmählich und zeitlich verzögert gegenüber der Entwicklung in der allgemeinen Anthropogeographie. Zur Illustration dieses „time-lage" im Entwicklungsablauf sei nur darauf hingewiesen, daß z. B. die umfassenden Lehrbücher von OTREMBA (1957) oder von OBST (1967) zwar auf die funktionalen Wirkungen des Verkehrs hinweisen, daneben aber ebenso noch physiognomische und morphogenetisch-statistische Betrachtungen als wichtige Elemente ansehen. Noch deutlicher spiegelt sich diese Übergangsphase in einer Reihe, für diesen Abschnitt der „Verkehrsgeographische" repräsentativer Untersuchungen wider, z. B. bei MATZNETTER, LENDL oder auch noch bei HOTTES[91]. Das Ziel ihrer Studien liegt in besonderem Maße auf der Analyse einer spezifischen „Verkehrslandschaft", eines also durch Verkehrseinrichtungen und Verkehrsströmen dominierten Landschaftsgefüges. Die Gestaltungsfunktion des Verkehrs, außerhalb von Verkehrseinrichtungen oder -anlagen, wurde vor allem von FOCHLER-HAUKE, ZIMPEL oder von UHLIG und seinen Schülern betont[92]. Sie sehen die Aufgabe der funktionalen „Verkehrsgeographie" vor allem darin, das Verkehrsgeschehen in seiner raumprägenden Wirkung zu untersuchen. OTREMBA bringt dieses Ziel in seinem verkehrsgeographischen Überblick aus dem Jahre 1969 deutlich zum Ausdruck, wobei er den Verkehrs*raum* als Teil des Wirtschaftsraumes zum eigentlichen Forschungsobjekt der „Verkehrsgeographie" erklärt[93]. Ohne nun erneut in die Diskussion der unterschiedlichen definitorischen Abgrenzung von „Was ist ein geographischer Raum" einzutreten (vgl. dazu Abschn. I. 1. d), sei zum konzeptionellen Aufbau einer verkehrsgeographischen Untersuchung i. S. von OTREMBA nur erwähnt, daß er grundsätzlich von einer Kräftelehre (natürlicher, ökonomischer und politischer Einflußfaktoren) und einer Wirkungsanalyse (der Verkehrsanlagen *und* des Zusammenspiels zwischen Verkehrsmitteln und -wegen) ausgeht[94]. Wenngleich sich auch dahinter das analytische Ablaufschema: Verkehrswege — Verkehrseinrichtungen — Verkehrsmittel — Verkehrsgüter und schließlich zuletzt der Mensch als Initiator des Verkehrsgeschehens verbirgt, so muß doch einmal der wesentliche Fortschritt dieser Konzeption gegenüber der morphogenetischen Betrachtungsweise deutlich gemacht werden. Die Verlagerung des Schwerpunkts verkehrsgeographischer Studien auf die gegenseitige Verflechtung räumlicher Tätigkeiten bzw. die vorhandenen Auswirkungen zwischen Wirtschaft, Verkehr, Siedlung und Bevölkerung hat die Basis für eine Reihe grundlegender Untersuchungen gelegt. Dabei kann insoweit eine Unterteilung dieses methodologischen Ansatzes vorgenommen werden als zwischen

a) den räumlichen Wirkungen des Verkehrs in der Landschaft („den primären" Auswirkungen bei SCHLIEPHAKE[95]) und

b) dem Funktionieren des Verkehrs selbst als räumliches System (den „sekundären" Auswirkungen bei SCHLIEPHAKE[95] bzw. den „Arealeffekten" bei SCHULTZE[96])

differenziert werden kann. Während der erste Komplex des Forschungsansatzes auf der Erfassung der Raumwirksamkeit der einzelnen Komponenten des Verkehrs (von der Verkehrsinfrastruktur bis zu den sichtbaren Verkehrsströmen) liegt, konzentrieren sich die Bemühungen im zweiten Komplex auf die Erfassung des Verkehrssystems als Ergebnis räumlicher Prozesse.

Was die empirische Anwendung dieser Konzeption betrifft, so kann man bisher nicht allzu viele Studien dazu finden, die diesen Weg konsequent

---

[90] Otremba, E., Weltwirtschaft, Bd. 4, Allgemeine Geographie des Welthandels und Weltverkehrs, Stuttgart 1957, 2. Auflage. 1961; Obst, E., Allgemeine Wirtschafts- und Verkehrsgeographie, 3. Aufl., Berlin 1965/67.

[91] Matznetter, J., Grundfragen der Verkehrsgeographie, a. a. O.; Lendl, E., Der Einfluß der Verkehrsentwicklung auf die Kulturlandschaft Salzburgs, in: Mitt. d. Österr. Geograph. Gesell. Wien, Bd. 100, Wien 1958, H. III, S. 227—240; Hottes, K. H., Verkehrsgeographischer Strukturwandel im Rhein-Ruhr-Gebiet, in: Geograph. Taschenbuch 1970—72, Wiesbaden 1972, S. 102—114.

[92] Fochler-Hauke, G., a. a. O.; Zimpel, H.-G., Der Verkehr als Gestalter der Kulturlandschaft. Eine verkehrsgeographische Untersuchung am Beispiel der Inneren Rhätischen Alpen/Graubünden, Gauting 1956; Uhling, H., Organisationsplan und System der Geographie, in: Geoforum, H. 1, 1970, S. 19—52; Freitag, U., Verkehrskarten. Systematik und Methodik der kartographischen Darstellungen des Verkehrs mit Beispielen zur Verkehrsgeographie des mittleren Hessens, in: Gießener Geograph. Schriften, H. 8, Gießen 1966.

[93] Otremba, E., Verkehrsgeographische Forschung, a. a. O., S. 345.

[94] Ders., ebd., S. 348.

[95] Schliephake, K., a. a. O., S. 6 oder ders., Die Entwicklung der Verkehrsgeographie in Mitteleuropa in den letzten Jahren, in: Zeitschrift f. Wirtschaftsgeographie, 1972, H. 8, S. 230—237.

[96] Schultze, J. H., Stichwort Landschaft, in: Handwörterbuch für Raumforschung u. Raumordnung, 1. Aufl., Hannover 1966, Sp. 1017—1066.

beschritten haben. Neben der Untersuchung SCHLIEPHAKES an ausgewählten Beispielen aus Mittelhessen beschränken sich die meisten Arbeiten auf die Analyse des ersten Komplexes. So etwa die große Zahl von Beiträgen zu „verkehrsräumlichen Gliederungen", die anhand von Verkehrsanalysen und Verflechtungsbildern funktionsräumliche Dimensionierungen vornehmen. Zur Stadt-Umland-Abgrenzung verwandte z. B. HOTTES den Pkw-Besatz, GREEN das Omnibusnetz oder BOUSTEDT die Pendlereinzugsbereiche[97]. Im Falle innerstädtischer Analysen dienten CAROL, KANT oder HANTSCHK Fußgängerzählungen als Hilfsmittel zur Differenzierung funktionaler Bereiche[98].
Mit diesen letztgenannten Methoden wird auf ein Problem geographischer „Organisationspläne" hingewiesen. Bereits an diesem Ansatz funktionaler Verkehrsgeographie zeigt sich nämlich, daß Verkehrsgeographie und Stadtgeographie auf unterschiedlichen Betrachtungsebenen innerhalb des Organisationsplanes stehen, da jedes Studium innerstädtischen Verkehrsablaufs gleichzeitig auch immer ein stadtgeographisches Phänomen beleuchtet, andererseits eine Reihe stadtgeographischer Forschungsüberlegungen verkehrsgeographische Untersuchungen als Basis bzw. Hilfsmittel benötigen[99]. Ähnliche Ansätze, nun für wirtschaftsräumliche Regionalisierungen im allgemeinen, liegen z. B. von G. BORCHERT mit Hilfe von Transportisolinien oder von RUTZ anhand von Erreichbarkeits- und Erreichdauer-Indices vor[100], während die Analysen von Chr. BORCHERDT oder JANIN bereits auf eine Verbindung zwischen Verhaltensanalysen und Verkehrsstrukturen hinweisen[101]. Gerade dieser Aspekt, die stärkere Berücksichtigung des Menschen bzw. menschlicher Gruppen als Auslöser und Träger der Verkehrsfunktion aber ist es, der in einem Großteil der Studien zur funktionalen Verkehrsgeographie weitgehend vernachlässigt wird. Besonders deutlich wird dies in den entsprechenden Arbeiten aus der DDR (z. B. bei JACOB[102]) oder aus der UdSSR (z. B. bei CHATCHATUROW[103]), die zwar den Verkehr als gesellschaftliche Kategorie ansehen, ihn jedoch unter dem Gesichtspunkt der Konsumption und Produktion dann in eine Geographie der Versorgungsunternehmen integrieren.

Auf ein weiteres Problem, eine gewisse Zurückhaltung der Verkehrsgeographie gegenüber der Verkehrsplanung weist schon OTREMBA hin. Wenn dies sicher zu Recht für zahlreiche Vertreter der „Verkehrsgeographie" gilt, so hat sich doch mit der Zuwendung zu quantitativen Methoden und Modellanalysen in den letzten Jahren ein Wandel vollzogen. Das Ziel z. B. der Verkehrsnetzanalysen anhand der Graphentheorie bzw. planologischer Methoden, wie Input-Output-Analysen oder Linear-Programmierung, liegt im allgemeinen in dem Versuch, ökonomisch optimale Lösungen für bestehende Verkehrssituationen zu ermitteln und damit Alternativlösungen für planerische Probleme anzubieten. Angefangen von den ersten verkehrsgeometrischen Arbeiten KOHLS, LAUNHARDTS oder HAUFES[104] bis zu den heutigen Systemanalytikern innerhalb der „Verkehrsgeographie", wie BARR und SMILLIE in den USA bzw. WERNER und VET-

---

[97] Hottes, K.-H., Die zentralen Orte im oberbergischen Land, in: Forsch. z. deutschen Landeskunde, H. 69, Remagen 1954; Green, H., a. a. O., Boustedt, O., Die zentralen Orte und ihre Einflußbereiche, in: Lund-Studies in Geography, Ser. B., Bd. 24, Lund 1962, S. 201 ff.

[98] Carol, H., Hierarchie der Funktionen innerhalb der City, in: Lund-Studies in Geography, Ser. B., Bd. 24, Lund 1962, S. 555 ff.; Kant, E., Zur Frage der inneren Gliederung der Stadt, in: Lund-Studies in Geography, Ser. B., Bd. 24, Lund 1962, S. 321 ff.; Hantschk, W., Die City-Detailstudien zur Standortdifferenzierung von Einzelhandelsgeschäften im Geschäftszentrum von München, in: Tagungsbericht u. wiss. Abh. d. Deutschen Geographentages, Bad Godesberg 1967, Wiesbaden 1968, S. 133—138.

[99] Kraus, Th., Aufgaben der siedlungsgeographischen Forschung, in: Geograph. Taschenbuch 1956/57, Wiesbaden 1957, S. 461.

[100] Borchert, G., Methoden wirtschaftsräumlicher Gliederung in Entwicklungsländern, in: Hamburger Geograph. Studien, H. 24, Hamburg 1971, insbes. S. 27—38; Rutz, W., Erreichdauer und Erreichbarkeit, a. a. O.

[101] Brandes, H., Struktur und Funktion des Personen- und Güterverkehrs in der Stadtlandschaft Hamburg, in: Hamburger Geograph. Studien, H. 12, 1961; Borcherdt, Chr., Die neuere Verkehrserschließung in Venezuela und ihre Auswirkungen in der Kulturlandschaft, in: Die Erde, 99. Jg., 1968, S. 42—76; Janin, B., Le trafic aux tunnels du Mont-Blanc et du Grand-Saint-Bernard et sur l'autoroute du Val d'Aosta, in: Revue de Géographie alpine, Grenoble 1971, Bd. LIX, H. 4, S. 503—534.

[102] Jacob, G., Zum Gegenstand der Verkehrsgeographie, a. a. O., oder ders., Verkehr und sozialistische Stadt, in: Geograph. Berichte, 1970, H. 4, S. 289—299.

[103] Chatchaturow, T. S., Ökonomik des Transportwesens, Berlin (Ost) 1962.

[104] Kohl, J. G., a. a. O.; Launhardt, W., Theorie des Trassierens, 2 Bde., Hamburg 1887/88; Haufe, H., Die geographische Struktur des deutschen Eisenbahnverkehrs, in: Veröffentl. d. Geograph. Seminars d. Universität Leipzig, H. 2, Langensalza 1931.

TER in der BRD liegen heute eine Reihe meist großräumig angelegter, netztheoretischen Untersuchungen vor [105]. Bei Diskussionen über Verkehrswegeplanungen stellen diese Methoden sicherlich ein wichtiges Hilfsmittel für den planerischen Entscheidungsprozeß dar, andererseits beleuchten sie — in bezug auf die grundsätzliche Kritik OTREMBAS — nur einen Teil des räumlichen Aspekts empirischer verkehrsgeographischer Untersuchungen. Der deduktive Ansatz verbindet sie dabei meist eher mit den Vertretern der regionalwissenschaftlichen Standorttheorie [106], wobei eine notwendige inhaltliche Annäherung dieser methodologisch grundsätzlich gegenläufig angelegten Arbeiten durch eine stärkere empirische Ausgestaltung der Parameter bzw. der angenommenen Zusammenhänge zwischen den Variablen innerhalb des deduktiven Ansatzes einerseits und eine Förderung induktiver Theorienbildung andererseits erreicht werden könnte (vgl. Abschnitt I. 3. b).

d) Die Anwendung der sozialgeographischen Betrachtungsweise: die Geographie verkehrsräumlicher Aktivitäten

Weit problematischer für die „Verkehrsgeographie" als dieser methodologische Fragenkomplex erscheint der dritte Kritikpunkt OTREMBAS an den bisherigen verkehrsgeographischen Arbeiten, nämlich die Frage nach der Verselbständigung dieser geographischen Teildisziplin [107]. Dies führt zurück zur Diskussion der Grundfunktionen innerhalb des sozialgeographischen Bezugsrahmens und damit zur Mittlerrolle der Verkehrsfunktion. Da der Verkehr in erster Linie nicht als eine Funktion an sich gesehen wird, ergibt sich daraus auch nicht der Anspruch nach einer selbständigen „Verkehrsgeographie". Dies berücksichtigend, kann man sich zwar eine „Verkehrswege-, Verkehrsmittel- oder Verkehrsunternehmensgeographie" im funktionalen Sinne vorstellen, die z. B. im Rahmen von Verbreitungsübersichten in regionaler oder überregionaler Hinsicht auch weiter ihre Berechtigung haben. Ausgehend von den menschlichen Gruppen und ihren Aktionen bzw. Reaktionen im Raum erscheint eine Auflösung verschiedener traditioneller geographischer Teildisziplinen in eine „Geographie verkehrsräumlicher Aktivitäten" jedoch sinnvoller. Sie könnte auf dem bereits besprochenen Funktionskatalog (vgl. Abschn. I. 1. b) aufbauen und die raumrelevanten Tätigkeiten aus den Funktionsbereichen „Arbeiten", „Sich Versorgen", „Sich Bilden", „Freizeitverhalten" sowie den nicht diesen Funktionsbereichen zuordenbaren Teilen aus „Kommunikation betreiben" [108] zusammenfassen. Diese „Geographie verkehrsräumlicher Aktivitäten" erhält damit die Aufgabe einer Analyse der Verbindungen zwischen den Grundfunktionsbereichen, da der Verkehr Voraussetzung und gleichzeitig Folge jeglicher räumlicher Betätigung des Menschen ist. Ihr inhaltlicher Schwerpunkt liegt auf den raumdistanziellen Aspekten und umfaßt auch Analysen von Auswirkungen der Verkehrsvorgänge im Raum ebenso wie von Rückwirkungen räumlicher Prozeßabläufe auf die Funktion und Struktur des Verkehrs, letztlich mit dem Ziel der Erfassung regelhafter Erscheinungen. Um an das in der funktionalen „Verkehrsgeographie" häufig genannte Objekt-Ablaufschema: Verkehrsweg — Verkehrsmittel — Verkehrsart anzuknüpfen, bedeutet die hier vorgeführte Überlegung eine Umkehr im gedanklichen und methodologischen Ablauf. Nach der Analyse menschlicher Aktivitäten im Raum — verkehrswissenschaftlich als Verkehrsarten auch teilweise statistisch erfaßt — schließt sich die Analyse der gruppenspezifischen Distanzen, der benutzten Verkehrsmittel und -wege an. Die Verkehrsunternehmen werden dabei in ihrer Funktion als Arbeitsstätte einer „Geographie des Arbeitsverhaltens" zugeordnet, in ihrer Bedeutung als spezielle räumliche Organisationsformen der Grundfunktion „am Verkehr teilnehmen" werden sie als weitere Analyse-Stufe in das obige Ablaufschema einbezogen [109].

Was die Analyse menschlicher Verhaltensweisen im Raum betrifft, so soll sie sich keineswegs nur

---

[105] Barr, B. und Smillie, K., Some spatial interpretations of alternative optimal and suboptimal solution to the transportation problem, in: The Canadian Geographer, Vol. XVI, H. 4, 1972, S. 356—364; Vetter, F., Netztheoretische Studien zum niedersächsischen Eisenbahnnetz, in: Abhandl. d. 1. Geograph. Instituts d. FU Berlin, 1970, H. 13; Werner, Chr., Zur Geometrie von Verkehrsnetzen, in: Abhandl. d. 1. Geograph. Instituts d. FU Berlin, 1966, H. 10.

[106] Vgl. dazu u. a. Gauthier, H. L., Geography, Transportation and regional development, in: Economic Geography, Vol. 46, No. 4, 1970, S. 612—619.

[107] Otremba, E., Verkehrsgeographische Forschung, a. a. O., S. 343.

[108] Im Gegensatz zu Hettner, A., Allgemeine Geographie des Menschen..., a. a. O., S. 5, wird also die Kommunikation als Gegenstand verkehrsgeographischer Betrachtung mit einbezogen.

[109] Ruppert, K., Schaffer, F., Zur Konzeption der Sozialgeographie, a. a. O.

Abb. 1

Sozialgeographisches Betrachtungssystem zwischen verursachenden Faktoren und landschaftsgestaltenden Prozeßabläufen

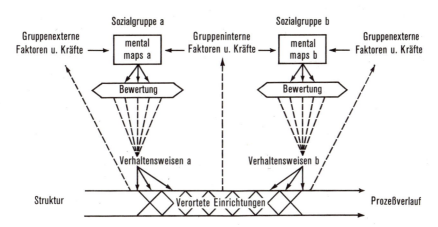

auf den verhaltensanalytischen Teilbereich beschränken, sondern muß ebenso die Einflußfaktoren und Kräfte (gleichwohl anthropogener als auch physisch-geographischer Natur) miteinbeziehen, die zu den spezifischen Verhaltensmustern führen. Es wäre problemfremd argumentiert, würde man in einer sozialgeographisch aufgebauten Untersuchung negieren, daß der Verkehrsablauf z. B. durch klimatische Einflüsse (u. a. Schneefall oder Straßenglätte)[110] nicht erheblich verändert werden könnte. Andererseits brauchen auch unter den anthropogeographischen Einflußfaktoren nicht unbedingt die ökonomischen Kräfte die letzte Entscheidung für ein bestimmtes Verhalten besitzen, politisch-institutionelle Kräfte spielen dabei ebenso eine Rolle wie die jeweiligen, durch Erfahrung oder gesellschaftliche Normen geprägten gruppenspezifischen Präferenzen bzw. Zwänge. Was demnach eine so formulierte „Geographie verkehrsräumlicher Aktivitäten" von der funktionalen „Verkehrsgeographie" unterscheidet, ist neben dem unterschiedlichen konzeptionellen Ansatz bzw. dem operationalen Ablaufschema vor allem die grundsätzliche Erweiterung im Funktionskatalog (u. a. einschl. des Bereichs der Kommunikation bzw. der sozialen Kontaktaufnahme[111]) sowie die Betonung gruppenspezifischer Verhaltensweisen einschl. deren Reaktionsreichweiten.

Um den Zusammenhang innerhalb dieses Konzepts einmal vereinfacht darzustellen, sei von folgendem Systemablauf ausgegangen[112].
Dieser von den sozialgeographischen Gruppen getragene Systemablauf geht von der Raumrelevanz gruppenspezifischer Verhaltensweisen innerhalb der Grundfunktionen aus. Die Bewertung der Bedürfnisse anhand der bestehenden oder erwünschten Präferenzen und der ökonomischen sowie gesellschaftlichen Möglichkeiten für eine Realisierung führt in der Regel zur Aufstellung einer Prioritätenskala und damit zu den in der Empirie zu beobachtenden räumlichen Verhaltensmustern. Da jede Sozialgruppe eigene Ansprüche an den Raum besitzt, führt dies auch zu spezifischen Verhaltensweisen der einzelnen Gruppen. Dabei brauchen die Ansprüche an den Raum bzw. die Bewertungsraster sowohl regional als auch im Zeitablauf nicht konstant zu bleiben. Ihre Veränderung löst Prozesse aus, die die vorhandene Raumstruktur wiederum verändern und über verschiedene Rückkoppelungen Einfluß auf die gruppeninternen und auch auf die gruppenexternen Faktoren und Kräfte nehmen können.
Dieser Systemablauf weist aber auch auf den Schwerpunkt geographischer Analysen hin. Ausgehend von den beobachtbaren Verhaltensweisen und den von ihnen initiierten räumlichen Prozes-

---

[110] Vgl. dazu Fiegl, H., Schneefall und winterliche Straßenglätte in Nordbayern als witterungsklimatologisches und verkehrsgeographisches Problem, in: Mitt. d. Fränk. Geograph. Gesellsch., Bd. 9, 1962, Erlangen 1963, S. 1—52.

[111] Vgl. dazu auch den Ansatz von Maistre, G., Pour une géographie des communications de masse, in: Revue de Géographie alpine, 1971, Bd. LIX, H. 2, S. 215—227.

[112] Die Darstellung geht auf einen Entwurf von Prof. Dr. K. Ruppert zurück. Vgl. auch die Erweiterung in Maier, J., Paesler, R., Ruppert, K., Schaffer, F., Sozialgeographie..., a. a. O.

sen werden Hypothesen über die Faktoren und Kräfte aufgestellt, die zu dem jeweiligen Entscheidungsprozeß geführt haben. Im Mittelpunkt der Analysen stehen nicht die verschiedenen Personengruppen an sich, sondern ihre räumlichen Aktionen und Reaktionen sowie deren landschaftsverändernde Auswirkungen. Durch verschiedene empirische Tests wird dann versucht, die Hypothesen zu falsifizieren oder — sofern dies nicht gelingt — in der Kausalitätskette weiter nach den Zusammenhängen zwischen den Variablen zu fragen. Insoweit kann also innerhalb der verschiedenen sozialwissenschaftlichen Disziplinen und ihren Forschungsansätzen zumindest zur Sozialpsychologie und auch zur Soziologie hin eine Grenzziehung vorgenommen werden. Der Begriff einer „Grenze", die sich innerhalb der sozialwissenschaftlich orientierten Regionalwissenschaften zunehmend auflöst, soll dabei nicht im Sinne einer Grenzlinie, sondern mehr als Orientierungsmaßstab für eine sachliche Konzentration innerhalb des gewählten Themas verstanden werden.

Sucht man nun nach vergleichbaren methodologischen oder gar empirischen Ansätzen, so bieten sich zwar eine Reihe von Studien im Bereich des Pendlerverhaltens (im berufs- wie im bildungsorientierten Verkehr) und einige Arbeiten im Bereich des Einkaufs- oder des Freizeitverhaltens an. Über diese, *einzelne* Grundfunktionen betrachtende Analysen hinaus bestehen jedoch nur vereinzelte Untersuchungen aus dem gesamten Verkehrsbereich. In den USA ist dazu etwa die Arbeit von ULLMAN, in der BRD die Analyse des Verkehrsfeldes Lünen/Westfalen von HOTTES und KÜHNE[114] zu erwähnen. Sie unterscheiden sich u. a. durch die unterschiedlichen empirischen Anwendungsgebiete. Während bei den geographischen Analysen in den USA der städtische Raum den empirischen Beleg für die gesetzten Hypothesen erbringen soll, ist es bei HOTTES und KÜHNE ein Beispiel aus dem ländlichen oder besser dem weniger urbanisierten Raum. In der vorliegenden Untersuchung wird versucht, beide räumlichen Aspekte zu erfassen, da die „Geographie verkehrsräumlicher Aktivitäten" nicht auf einen regionalen Zweig beschränkt werden kann, sondern sich neben den innerörtlichen auch dem zwischenörtlichen Verkehr widmen muß.

3. Zur Diskussion des aktivitätsräumlichen Aspekts in anderen sozialwissenschaftlichen Disziplinen

a) Die Notwendigkeit interdisziplinärer Zusammenarbeit

Bereits die Auseinandersetzungen innerhalb des sozial- wie auch des verkehrsgeographischen Bezugsrahmens haben gezeigt, daß der in dieser Untersuchung angesprochene Themenbereich ein gutes Beispiel für die engen Kontakte zu anderen Teildisziplinen der Geographie und vor allen anderen Sozialwissenschaften sein könnte. Die Analyse verkehrsräumlicher Aktivitäten wird, bedingt durch die umfassende Funktion des Verkehrs in unserer pluralistischen Gesellschaft, deshalb von einer Vielzahl von Wissenschaftsdisziplinen betrieben. Neben dem Bereich der Verkehrstechnik, dem -recht, der -medizin und der -statistik sind in den letzten Jahren vor allem von sozioökonomischer Seite eine Reihe von Beiträgen publiziert worden, in denen der verhaltensanalytische Aspekt und seine räumlichen Dimensionen im Vordergrund der Betrachtungen standen. Während dabei erste Integrationsschritte zwischen der Verkehrstechnik, der empirischen Soziologie und den Erkenntnissen der Standorttheorie unternommen wurden[115], fehlt es bisher an einer Synthese dieser Partialergebnisse. Insbesondere im regionalen Aktionsfeld, in dem die Geographie durch ihren induktiv-empirischen Ansatz und ihre topologische Dimension eine gewisse Mittelpunktfunktion für die wissenschaftlichen Integrationsbemühungen darstellen könnte, wird dieser Mangel besonders spürbar. Hierzu gilt es also, die vorhandenen Untersuchungen über die Raummuster menschlichen Handelns auf ihre Gemeinsamkeiten zu überprüfen, die methodischen Wege vergleichbar und die Erkenntnisse übertragbar zu machen, um somit der Analyse der Be-

---

[113] Ullmann, E., a. a. O.
[114] Hottes, K.-H., Kühne, D., Verkehrsfeld Lünen/Nord, Bd. 1 d. Materialien zur Raumordnung aus d. Geograph. Institut d. Ruhr-Universität Bochum, Lünen 1969.
[115] Vgl. u. a. Kutter, E., Demographische Determinanten ..., a. a. O.

stimmungsgrößen und -gründe näher zu kommen [116].

Die Bemühungen um eine allgemeine Erfassung menschlichen Verhaltens im Raum bis hin zu einer Theorienbildung ist nicht neu. Beispiele dafür haben von geographischer Seite etwa BARTELS [117] auf der Grundlage des Venn-Diagramms oder eine Reihe anglo-amerikanischer Forscher (CHORLEY, HAGGETT oder BERRY [118]) bereits versucht, in Verbindung mit Studien aus dem Bereich der Regional Science oder auch der Entscheidungstheorie. Innerhalb der soziologischen Beiträge ist andererseits auf PARSONS, HOMANS oder LEWIN [119] hinzuweisen. Gerade letzterer ermöglicht durch seinen feldtheoretischen Ansatz, wonach das Verhalten einer Person durch die Kräfte bestimmt wird, die innerhalb des Lebensraumes einer Person wirken, eine Verknüpfung mit den Gedanken der Kräftelehre, wie sie z. B. von WIRTH [120] hervorgehoben werden.

Wenn im folgenden der Inhalt und die Probleme verschiedener Verkehrserzeugungsmodelle bzw. der mikroökonomische Ansatz der Haushaltstheorie näher dargestellt wird, so geschieht dies in erster Linie deshalb, um die in dieser Studie vorzunehmenden inhaltlichen Erweiterungen oder auch Einschränkungen deutlich zu machen.

b) Der Ansatz der makroökonomischen Verkehrserzeugungsmodelle einfachen Flächenbezugs

Diese Modellkonzeptionen, zurückgehend auf die Aussagen der LILL'schen „Reiseformel" [121] sowie des Gravitationsmodells [122], beschränken sich i. w. auf die Analyse der Verkehrsspannung zwischen Quell- und Zielgebieten bzw. den zum beobachtenden und meßbaren Verkehrsströmen. Die verschiedenen menschlichen Gruppen werden dabei (als „Verkehrserzeuger") nur als Aggregat in das Modell miteinbezogen. Der räumliche Gesichtspunkt wird durch eine Aufteilung des Untersuchungsgebietes in Verkehrszellen anzusprechen versucht, wobei der angenommene Ursache-Wirkungs-Zusammenhang in den meisten Fällen nur auf wenigen sozioökonomischen Makrodaten aufgebaut ist. Um die angestrebte Abhängigkeit des Verkehrsaufkommens einer Verkehrszelle von der jeweiligen „Wirtschafts-, Sozial- und Siedlungsstruktur" erfassen zu können, wurden in den früheren deutschen Studien bevorzugt die Einwohnerzahl, der Motorisierungsgrad und die Zahl der Erwerbstätigen oder Beschäftigten als erklärende Variable herangezogen. In den vergleichbaren Studien aus den USA wird dieser Katalog im Hinblick auf eine genauere Erfassung der lokal- bzw. regionalspezifischen Situation wesentlich erweitert. So ziehen OI und SHULDINER [123] z. B. noch die Haushaltsgröße, die Entfernung zum Stadtzentrum (als Lagefaktor), das Einkommen, die berufliche Differenzierung und soziale Kennziffern, wie die soziale Rangziffer des Quellgebietes oder auch den „Urbanisationsgrad" (die Urbanität i. S. von PAESLER [124]) als Ergänzung mit hinzu.

Die neueren Modellkonzeptionen, etwa von RUSKE, JÜRGENSEN und MÄCKE [125] berücksichtigen deshalb neben einer größeren Zahl von Bestimmungs-

---

[116] Vgl. Klemmer, P., Raumbezogene Methoden der wissenschaftlichen Fachbereiche und Möglichkeiten ihrer Integration, in: Integrationsprobleme der Regionalplanung in Verdichtungsräumen, H. 42 d. Schriftenreihe d. Siedlungsverbandes Ruhrkohlenbezirk, Essen 1971, S. 62.

[117] Bartels, D., Zur wissenschaftstheoretischen Grundlegung ..., a. a. O., S. 8.

[118] Chorley, R. J., Geography and Analogue Theory, in: Annals of the Association of American Geographers, 54. Jg., 1964; Haggett, P., Locational analysis in human geography, London 1965; Berry, B. J. L., A paradigm for modern geography, in: Directions in Geography (ed. by R. J. Chorley), London 1973, S. 3—21.

[119] Parsons, T., The Social System, London 1932; Homans, G. C., Funktionalismus, Verhaltenstheorie und sozialer Wandel, in: Theorien des sozialen Wandels, hrsg. v. W. Zapf, 3. Aufl., Köln-Berlin 1971, S. 95—107; Lewin, K., Feldtheorie in den Sozialwissenschaften, Bern-Stuttgart 1963.

[120] Wirth, E., a. a. O.

[121] Lill, E., a. a. O., wobei zu betonen ist, daß Lill selbst nicht die heute häufig starr angewandte und kritisierte Auslegung des „Gesetzes" vor Augen hatte, zeigte sich doch bei seiner Analyse der Bahnstrecke Wien-Prag, daß menschliche Beziehungen (z. B. Sprachgemeinschaften) u. U. ausschlaggebender für die Verkehrsmengen waren als reine Distanzkriterien.

[122] Vgl. u. a. Mäcke, P. A., Das Prognose-Verfahren in der Verkehrswegeplanung, Wiesbaden 1964.

[123] Oi, W. Y., Shuldiner, P. W., An Analysis of Urban Travel Demands, Evanston/Illinois 1962.

[124] Paesler, R., Urbanisierung als sozialgeographischer Prozeß, dargestellt am Beispiel südbayerischer Regionen, Münchner Studien zur Sozial- und Wirtschaftsgeographie, Bd. 12, Kallmünz 1976.

[125] Ruske, W., Stochastische und deterministische Modelle zur Errechnung des Verkehrsaufkommens aus Strukturmerkmalen, Diss. RWTH Aachen, Aachen 1968, S. 24 f. sowie Jürgensen, H. u. Mäcke, P. A., Das Verkehrsaufkommen in Abhängigkeit von der Wirtschafts-, Siedlungs- und Sozialstruktur (Flächennutzung), Forschungsbericht, erstellt im Auftrag d. Bundesmin. f. Verkehr, als Manuskript vervielfält., Aachen/Hamburg 1969, S. 92 ff.

faktoren auch Daten aus der Angebotsstruktur (z. B. die Verkehrsgunst bzw. die Erreichbarkeit in Gestalt der „accessibility indices" bzw. vorgegebener Isochronen) sowie die Differenzierung des Verkehrsaufkommens nach Reisezwecken (Aktivitäten oder Grundfunktionen im hier dargelegten Konzept). Jedoch, trotz der weiteren Ergänzung dieses Verfahrens durch BÖHME [126], der für verschiedene Städte in der DDR noch Daten über die Jahresfahrleistung und die Verkehrsmittelwahl hinzufügt und dadurch das Verfahren weiter komplettiert bzw. auch kompliziert, werden die grundsätzlichen Probleme dieser makroökonomischen Modelle nicht aufgelöst. So kommen aufgrund der Aggregatbildung die spezifischen Erscheinungsbilder der untersuchten Verkehrszellen zu wenig zum Ausdruck, um sie auch auf andere, durch unterschiedliche Struktur- und Verflechtungsmuster gekennzeichnete Gebiete übertragen zu können. Dies bedeutet aber, daß diese Modelle nur wenig dazu in der Lage sind, die den Verkehrsstrom eines spezifischen Gebietes verursachenden Faktoren zu erfassen. Auch die geringe Einbeziehung außerökonomischer Einflußgrößen des Verkehrsverhaltens sowie die geringe Reaktion auf verkehrstechnische Innovationen ist für regionalanalytische und insbesondere prognostische Aussagen ebenso problematisch wie die Nichterfassung gruppenspezifischer Verhaltenstypen [127].

c) Die Modifizierung dieser Modelle durch haushaltsspezifische Verhaltenstypen und Modal-Split-Analysen

Gerade diesen letztgenannten Nachteil versucht die zweite Gruppe von Verkehrserzeugungsmodellen zu vermeiden, indem sie die Verkehrserzeugung unmittelbar auf den einzelnen Haushalt beziehen [128]. Ausgehend von der funktionalen Gliederung der räumlichen Aktivitäten i. S. der Charta von Athen, dem Zusammenhang zwischen den verschiedenen Grundfunktionen menschlichen Daseins und ihrer Befriedigung im sog. „Sachsystem" (KUTTER, dem „verorteten Bezugssystem" bei RUPPERT und SCHAFFER [129]), und der Annahme, daß sich die Vielfalt der individuellen Tagesabläufe unter der städtischen Bevölkerung auf nur wenige Verhaltenstypen verkehrsräumlicher Aktivitäten zurückführen lassen, wird über ein „Individual-Faktoren-Modell" versucht, Umfang und Struktur des städtischen Personenverkehrs zu erfassen.

Der entscheidende Fortschritt gegenüber den auf Makrogrößen aufgebauten Modellen der Verkehrserzeugung liegt demnach in der regional weit aussagekräftigeren Differenzierung der Verkehrsverursachung nach verhaltensspezifischen Sozialgruppen [130], wenngleich die Reduktion der verursachenden Komponenten für die räumlichen Bewegungsabläufe auf Alter, Geschlecht und den Status im Lebenszyklus nur teilweise dem bestehenden breiten Spektrum der Determinanten gerecht wird [131]. Andererseits versuchen diese Modellkonzeptionen den bei den Makro-Modellen nur global unterstellten Ursache-Wirkungszusammenhang durch die Beschränkung auf wenige haushaltsorientierte Merkmale der „Verursachung" und den beobachtbaren bzw. erfaßbaren Raumbewegungen im Personenverkehr als „Auswirkungen" transparenter und in direkter Beziehung vorzuführen. Dieser Weg scheint im Hinblick auf die Hypothesenbil-

---

[126] Böhme, U., Grundlagen zur Berechnung des städtischen Personenverkehrs, Diss. TU Dresden, Dresden 1970.

[127] Vgl. u. Gerhardt, H., Verkehrserzeugung und Verkehrsprognose des Personenverkehrs in Ballungsgebieten, in: H. 19 d. Verkehrswissenschaftl. Studien d. Universität Hamburg, Göttingen 1971; vgl. auch Isenberg, G., Bestimmungsgründe für Umfang und Richtung im Personenverkehr, in: Bd. 24 d. Forsch.- u. Sitzungsberichte d. Akad. f. Raumforschung u. Landesplanung, Hannover 1963, S. 129—149 sowie Heinze, G. W. u. Kypke-Burchardi, B.-U., Regionalstruktur und Verkehrsaufkommen, in: Jahrbuch f. Sozialwissenschaft, 1972, H. 3, S. 321—341.

[128] Als Vertreter dieser Modellansätze sind u. a. von verkehrsplanerischer Seite Kutter, E., Demographische Determinanten, a. a. O.; Kessel, P., Beitrag zur Beschreibung des werktäglichen Personenverkehrs, a. a. O.; Martin, E., a. a. O., zu nennen, von seiten der Stadtsoziologie u. a. Schüler, J., Die Wohnsiedlung im Ruhrgebiet. Ein Beitrag zur Soziologie des Wohnens im industriestädtischen Ballungsraum, in: Ökologische Forschungen der Univers. Bochum, Bd. 1, Bochum 1971.

[129] Kutter, E., Demographische Determinanten, a. a. O., S. 1; Ruppert, K., Schaffer, F., Raumorganisationen, a. a. O., S. 8.

[130] Gegenüber diesem Ursache-Wirkungszusammenhang hat Kansky, K. J., Travel Patterns of Urban Residents, in: Transportation Science, 1967, H. 1, S. 261—285, bei der Gruppenbildung einen anderen Weg eingeschlagen. Mit Hilfe der Faktorenanalyse ermittelte er aus den verschiedenen Verkehrsverhaltensweisen „Verhaltensgruppen". Diesen Weg einer Rückkoppelung von der „Wirkung auf die verursachenden Faktoren" wird auch in dieser Studie durchgeführt.

[131] Vgl. auch Wootton, H. J. und Pick, G. W., A Model for Trips Generated by Households, in: Journal of Transportation, Economy and Policy, 1967, H. 1, S. 137—153.

dung bei empirischen Vorhaben, vor allem hinsichtlich der Forderung nach der Konsistenz von Hypothesen, realitätsbezogener als die von statistischen Durchschnittswerten ausgehenden Annahmen der Makro-Modelle. Nicht zuletzt bietet das methodologische Ablaufschema Beweggründe — Auswahl und Entscheidung — räumliche Tätigkeit von der empirischen Seite her weiteres Ausgangsmaterial für eine Theorie der Wahlakte, wie sie in der mikroökonomischen Theorie durchgeführt wird.

Trotz der großen Vorzüge dieser modifizierten Modelle erscheint für die geographische Analyse die Unterrepräsentanz der räumlichen Fragen besonders problematisch und ergänzungsbedürftig. Annahmen über unterschiedliche Infrastrukturausstattung können dabei nicht allein die Vielfalt regional differenzierender Faktoren abdecken. Wenn bei den Makro-Modellkonzeptionen u. a. die Annahme homogener Verhaltensmuster kritisiert wird, so ist es bei den modifizierten Modellen vor allem die Vorstellung einer Konstanz der Fahrtzwecke, d. h. die Vorstellung einer gleichartigen Bedürfnisbefriedigung oder Grundfunktionen-Konstellation in vergleichbaren Städten oder Gemeinden. Diese Hypothese kann erst nach der Erweiterung der meist nur auf eine Stadt bezogenen Untersuchungen auf mehrere, nach Größe und Funktion gleichartige bzw. unterschiedliche Gemeinden (insbesondere hinsichtlich ihrer Lage zu den Verdichtungsräumen und ihrer hierarchischen Position und Ausstattung) nachgewiesen werden.

d) Der mikroökonomische Ansatz aus der Theorie des Haushalts

Zur Standortbestimmung einer chorologisch angelegten Untersuchung verkehrsräumlicher Aktivitäten ist es ebenso notwendig, zu prüfen, welche Vorleistungen von Seiten der mikroökonomischen Theorie vorliegen. Dieser Vergleich erscheint aufgrund der heterogenen methodologischen Konzepte der Geographie und der Wirtschaftstheorie zunächst wenig durchführbar, basiert die Theorienbildung im mikroökonomischen Bereich doch auf der Deduktion. Da jedoch nicht eine Diskussion der angewandten Verfahren, sondern ein Vergleich der zugrundegelegten Annahmen und des Erkenntnisstandes vorgenommen werden soll, erscheint gerade der Bereich der Konsumtheorie im engeren und der sozioökonomischen Verhaltensforschung im weiteren Sinne aufgrund der Erfahrensdauer gegenüber den modifizierten Modellen der Verkehrserzeugung und aufgrund der für ein deduktives Vorgehen charakteristischen Konsistenz der Theorienbildung als Vergleich durchaus geeignet.

Zurückgehend auf die Überlegungen der Grenznutzenschule und den Erkenntnissen aus der Theorie der Wahlakte wird ökonomisch bestimmtes Verhalten als Konflikt zwischen Motiven, Bedürfnissen und gegebenen beschränkten Mitteln in Gestalt eines Indifferenzkurvensystems unterschiedlicher Präferenzvorstellungen und entsprechender Begrenzung durch das jeweilige Anspruchsniveau dargestellt. Deduktiv-theoretisch werden dabei Prämissen über den Verlauf dieser Kurven gleicher subjektiver Werteinschätzung (Ophelimität) vorgenommen, ohne letztlich Kenntnis über die ökonomischen und vor allem außerökonomischen Beweggründe und Einflußgrößen zu besitzen. Neuere Beispiele dieses Ansatzes sind im Bereich des Verkehrs in den letzten Jahren in der BRD u. a. von GERHARDT[132] auf der Grundlage multivariater Nachfragefunktionen weitgehend ökonomischer Determinanten oder von v. BÖVENTER[133] aus dem Teilbereich des Urlaubsreiseverhaltens vorgelegt worden. Einen damit vergleichbaren Weg innerhalb der neueren geographischen Studien in den USA schlägt RUSHTON mit seinem Skalierungsverfahren menschlicher Verhaltensweisen und ihrer Rückkoppelung auf Präferenzstrukturen ein[134].

Nun könnte man sich auch für andere Bereiche verkehrsräumlicher Aktivitäten adäquate Ansätze vorstellen, etwa im Berufs-, Einkaufs- oder Ausbildungsverkehr, jedoch weist bereits v. BÖVENTER darauf hin, daß nur wenige Kenntnisse über die Motive des Reisens, die Reichweiten der Aktivitäten (insbesondere in gruppenspezifischer Hinsicht) und die außerökonomischen Bestimmungsgründe beim Entscheidungsvorgang existieren.

Deutlich wird hier auch der Unterschied zu dem vorgetragenen sozialgeographischen Konzept, das zwar auch an der Frage der unterschiedlichen Wahlhandlungen der Sozialgruppen interessiert ist, in erster Linie jedoch die regionale Differenzierung der Entscheidungsprozesse bei den einzelnen Sozialgruppen und deren Auswirkungen im Pro-

---

[132] Gerhardt, H., a. a. O.
[133] Böventer, E. v., Wirtschaftstheoretische Aspekte des Fremdenverkehrs, in: Wiss. Zeitschrift d. Hochschule für Verkehrswesen „Friedrich List" in Dresden, 14. Jg., 1967, H. 2, S. 519—527.
[134] Rushton, G., Behavioral Correlates of Urban Spatial Structure, in: Economic Geography, 47. Jg., 1971, S. 49—58.

zeßfeld Landschaft vor Augen hat. Die Betonung der sozialgeographischen Gruppe soll dabei unterstreichen, daß dieser Gruppenbegriff keineswegs identisch ist mit der Gruppe gleicher Versorgungslage i. S. von PARETO. Dies wiederum bedeutet, daß auch eine Disaggregierung der Gruppensituation in den vorhandenen theoretischen Ansätzen keine Anpassung an die Konzeption der hier definierten sozialgeographischen Gruppe bringen kann. Eher schon ist diese Vorstellung in der sozialökonomischen Verhaltensforschung [135] wieder anzutreffen, die das menschliche Handeln als Gruppe letztlich durch die in diese Gruppe gesetzten sozialen Rollenerwartungen bestimmt sieht.

4. Zusammenfassung ausgewählter Fragestellungen über verkehrsräumliche Aktivitäten für die empirische Überprüfung

(Hypothesenbildung)

Die Aufgabenstellung einer sozialgeographischen Studie umfaßt, vereinfacht ausgedrückt, grundsätzlich zwei Schwerpunkte innerhalb der methodologischen Gliederung: die Analyse der gruppenspezifischen Verhaltensweisen innerhalb der Grundfunktionen (hier eingeschränkt auf die räumlichen Aktivitäten) und die Auswirkungen dieser Bewegungsabläufe sowie der entsprechenden verorteten Einrichtungen innerhalb des Prozeßfeldes Landschaft. Struktur und Funktion im Raum sind einander bedingte, voneinander abhängige Kategorien. Die Betonung nur einer Seite dieses Forschungsansatzes würde einerseits zur sozialpsychologisch orientierten Verhaltensforschung oder andererseits zur regional differenzierten Verbreitungslehre führen. Erst beide Teilbereiche zusammen erfüllen das Ziel chorologischer Analyse, die Erfassung der räumlichen Organisationsformen menschlicher Gruppen.

Auch in der vorliegenden Studie wird versucht, beide Teilaspekte am Beispiel verkehrsräumlicher Aktivitätenmuster zu durchleuchten, wobei die Analysen im Bereich verkehrsräumlicher Bewegungsabläufe und ihrer Bestimmungsfaktoren im Vordergrund stehen. Dies geschieht nicht zuletzt deshalb, weil einmal eine Reihe fundierter Untersuchungen über den Problembereich des Zusammenhangs zwischen Verkehrsbewegungen und Auswirkungen in der Landschaft i. w. S. (und nicht nur von Seiten der Geographie [136]) bereits vorliegen, sondern auch, weil innerhalb des Ablaufsystems „menschliche Gruppen — verkehrsräumliche Verhaltensmuster — Verkehrsmittel — bzw. Verkehrswegewahl — Gestaltung und Umgestaltung der Landschaft durch die Verkehrsabläufe" die Notwendigkeit geographischer Analysen in den ersten Teilabschnitten als besonders angebracht erscheint.

Es wird daher zunächst darum gehen, die beobachtbaren und damit meßbaren funktionsbezogenen Verhaltensweisen einer quantifizierenden Analyse zu unterziehen. Mit der Messung der einzelnen Grundfunktion (Aktivitäten, Fahrtzwecke) an der Gesamtheit der personenbezogenen Fahrten verschiedener Haushalte in ausgewählten Gemeinden soll u. a. der bereits seit Mitte der 30er Jahre in der Geographie aufgestellten Hypothese nachgegangen werden, wonach die berufsorientierten Fahrten (die Pendlerbewegungen) die dominante Komponente bei der Raumgestaltung darstellen [137].

Um schon hier einige allgemeine Thesen über die Beziehungen zwischen den Verkehrsbewegungen und ihren vermuteten Einflußgrößen anzusprechen, sei auf Erkenntnisse aus den Makro- und Mikromodellen der Verkehrserzeugung zurückgegriffen. Dort wird aufgrund empirischer Ergebnisse davon ausgegangen, daß u. a.

— die Zahl der vorgenommenen Fahrten je Haushalt und Tag mit der Größe des Haushalts degressiv wächst (z. B. bei OI und SHULDINER [138]),

— die Zahl der Fahrten je Haushalt und Tag

---

[135] Vgl. u. a. Scherhorn, G., Verhaltensforschung und Konsumtheorie, in: Schmollers Jahrbuch, 80. Jg., 1960, H. 1, S. 1—33.
[136] Vgl. u. a. Voigt, F., Die gestaltende Kraft der Verkehrsmittel in wirtschaftlichen Wachstumsprozessen, Bielefeld 1959.
[137] Vgl. u. a. Hartke, W., Das Arbeits- und Wohnortsgebiet im Rhein-Mainischen Lebensraum, in: Rhein-Mainische Forschungen, H. 18, Frankfurt 1936.
[138] Oi, W. Y., u. Shuldiner, P. W., a. a. O., S. 82.

mit der Zahl der im Haushalt vorhandenen Kraftfahrzeuge degressiv wächst (z. B. WOOTTON und PICK [139]),

— die Zahl der Fahrten mit zunehmendem Motorisierungsgrad wächst (z. B. SCHMIDT und CAMPELL [140]) oder

— die Zahl der Fahrten je Haushalt und Tag in „motorisierten" Haushalten höher liegt als in „nicht-motorisierten", bei jüngeren Personengruppen höher liegt als bei älteren, bei Männern höher liegt als bei Frauen.

Diese Form der „relationalen Hypothesen" (KUTTER [141]) zwischen räumlichen Bewegungsabläufen und ihren Bestimmungsgrößen wird auch in den folgenden Ausführungen angesprochen werden, allerdings mit dem Versuch einer Differenzierung nach sozialen Schichten und nach regionalen Bezugselementen. Ferner wird es darum gehen, die Reichweiten der sozialgeographischen Gruppen bei der Äußerung ihrer Grundfunktionen zu erfassen. Fragen nach der räumlichen Organisation bei den einzelnen Grundfunktionen werden hierbei ebenso zu beantworten sein wie nach der Differenzierung bei verschiedenen Gruppen. Einflußgrößen wie Alter, Einkommenshöhe, Berufszugehörigkeit, Pkw-Besitz oder die Zeitdauer der Ortsansässigkeit sollen dabei als Variable getestet werden. Neben der Einbeziehung der benutzten Verkehrsmittel bei den einzelnen Aktivitäten werden auch die in den soziologischen Verhaltenstheorien bzw. der mikroökonomischen Haushaltstheorie betonten Fragen der Konstanz gruppenspezifischer Verhaltensmuster (z. B. bei Veränderung der Ausgangssituation, etwa der Wohnsitzverlagerung eines Haushalts) [142] sowie der Verhaltenskonformität sozialer Gruppen unter unterschiedlichen regionalen Voraussetzungen überprüft werden müssen.

---

[139] Wootton, H. J. u. Pick, G. W., a. a. O., S. 138.
[140] Schmidt, R. E. u. Campbell, M. E., Highway Traffic Estimation, Saugatuck 1956, S. 15 f.
[141] Kutter, E., Demographische Determinanten, a. a. O., S. 19.
[142] Vgl. Streissler, E., Verallgemeinerung der mikroökonomischen Konsumtheorie, in: Streissler, E. u. M., Konsum und Nachfrage, Köln-Berlin 1966, S. 66—72.

II. DER METHODISCH-EMPIRISCHE ANSATZ DER UNTERSUCHUNGEN IN SÜDBAYERN

1. Verkehrslage, Verkehrsbedienung und Informationskreise als Rahmenbedingungen für die räumlichen Aktivitätenmuster

a) Verkehrslage und -bedienung als Basis für die Erschließung und Entwicklung von Räumen

Für die Analyse der verkehrsräumlichen Aktivitäten bei den verschiedenen Sozialgruppen ist es notwendig, zuvor ein Bild der sozioökonomischen Ausgangssituation und ihrer regionalen Differenzierung zu entwerfen. Zum Verständnis der einzelnen Reichweiten und Raumdimensionen wird deshalb versucht, anhand einiger Indikatoren der Verkehrsausstattung bzw. Informationsmöglichkeit der privaten Haushalte einen Überblick über die Zugänglichkeit oder Erreichbarkeit der Gemeinden in Südbayern zu geben. Dabei spielt nicht nur die Quantität der Verkehrsanbindung (die Zahl der Verkehrswege und -mittel), sondern auch die Qualität (ausgedrückt z. B. in der Fahrplan- und Tarifgestaltung, in der Bequemlichkeit und Sicherheit; die Verkehrswertigkeit bei Voigt[1]) eine Rolle. Bereits bei der Untersuchung dieser Bestandswerte, etwa des Pkw-Besatzes oder der Häufigkeit öffentlicher Verkehrsanbindung, wird deutlich, daß hierbei neben der historischen Entwicklung des Verkehrssystems, der Netzgestaltung und dem Ausbauzustand der Verkehrswege und trotz einer Bedeutungsabschwächung im Rahmen der technischen Entwicklung auch heute noch eine Reihe physischgeographischer Faktoren (insbes. klimatische Einflüsse) als Bestimmungsfaktoren zu berücksichtigen sind. Bei der Bewertung der „Verkehrsgunst"[2] oder „-ungunst" einer Gemeinde zeigt sich dieses Faktorenbündel von Einflüssen ebenso wie bei der Erfassung der dominierenden Richtungen der Verkehrsströme als Ausdruck der Beziehungen und Verflechtungen zwischen den verschiedenen funktionalen Standorten.

Die Analyse dieses Kapitals zielt darauf ab, die gegebene regionale Verteilung und Struktur der Verkehrssysteme und Kontaktmöglichkeiten in Südbayern zu erfassen, während das anschließende Kapitel III sich mit den Aktivitäten selbst (den „choice of activities and social contacts" i. S. von Kofoed und Törnquist[3]), ihrer quantitativen Gewichtung und den daraus resultierenden verkehrsräumlichen Verhaltensmustern, spezifischen Reichweiten und benutzten Verkehrsmitteln befaßt.

Die Ausführungen können auf einige ausgewählte Indikatoren beschränkt werden, da gerade von Seiten der Verkehrsgeographie ein breites Spektrum der unterschiedlichsten Ansätze über die Erfassung und Bewertung der Verkehrserschließung einer Gemeinde oder eines Gebietes vorliegt[4]. Hinzuweisen wäre etwa auf den „Verkehrswert" von Zimpel[5], auf die „Dezentralitätskennziffer" von Moewes[6] oder auf die von Rutz[7] formulierte „Erreichbarkeit". Der Ausgangspunkt dieser Arbeiten ist eine mehr oder weniger vollständige Einbeziehung von Fahrt- und Wartezeiten, Fahrtenhäufigkeiten und metrischen Distanzüberlagerungen. Das Ergebnis sind meist Gemeinde- oder Gebietstypen im Einzugsbereich von „Isochronen der Erreichbarkeit". Aussagen über die vorhandenen Bedürfnisstrukturen verkehrsräumlicher Aktivitäten der einzelnen menschlichen Gruppen (den Affinitäten i. S. der wirtschaftswissenschaftlichen Ver-

---

[1] Voigt, F., a. a. O.
[2] Vgl. u. a. Oettle, K., Verkehrspolitik, Stuttgart 1967, S. 11 ff.
[3] Kofoed, J., Person Movement Research: A discussion of concepts, in: Papers of the Regional Science Association, 24. Jg., 1970, S. 147 sowie Törnquist, G. E., a. a. O., S. 92.
[4] Einen Überblick über die vorliegenden methodologischen Ansätze gibt u. a. Schliephake, K., Geographische Erfassung des Verkehrs, a. a. O., S. 41—47 oder Clauss, Chr., Karten des Verkehrs und des Fremdenverkehrs in Nationalatlanten, in: Petermanns Geographische Mitteilungen, 112. Jg., 1968, S. 232.
[5] Zimpel, H.-G., Die Verkehrslage der Gemeinden, a. a. O.
[6] Moewes, W., Die Dezentralitätskennziffer, in: Informationen, 17. Jg., Bad Godesberg 1967, S. 426—434.
[7] Rutz, W., Erreichdauer und Erreichbarkeit, a. a. O. S. 145—156.

Karte 1

Regionale Differenzierung des Pkw-Besatzes in Bayern 1936

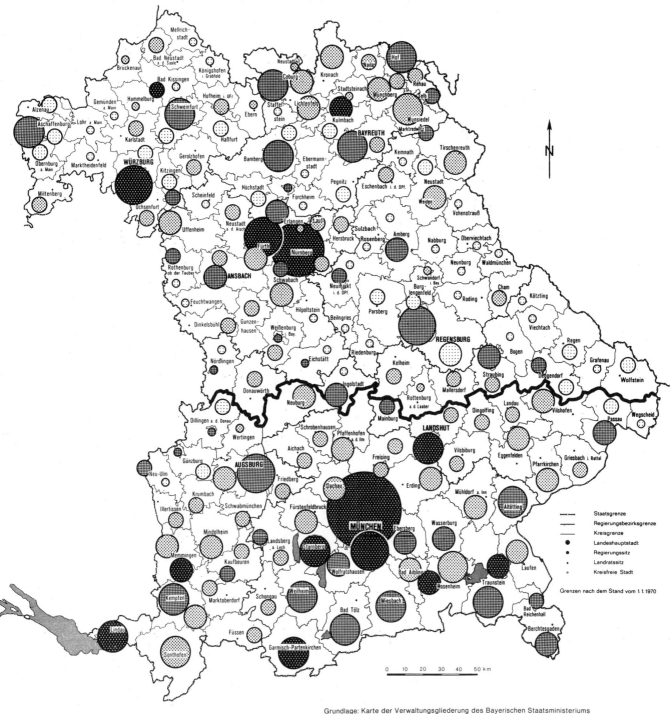

Nördliche Grenze des Untersuchungsgebietes

Grundlage: Karte der Verwaltungsgliederung des Bayerischen Staatsministeriums für Landesentwicklung und Umweltfragen

Quelle: Bayerisches Statistisches Landesamt, Verkehrsstatistik
Entwurf: J. Maier
Kartographie: H. Sladkowski u. F. Eder
München 1975

Zahl der vorhandenen Pkw

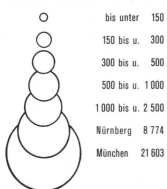

- bis unter 150
- 150 bis u. 300
- 300 bis u. 500
- 500 bis u. 1 000
- 1 000 bis u. 2 500
- Nürnberg 8 774
- München 21 603

Pkw-Besatz (Pkw/1 000 Einwohner)

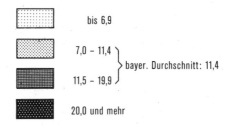

- bis 6,9
- 7,0 – 11,4
- 11,5 – 19,9   } bayer. Durchschnitt: 11,4
- 20,0 und mehr

Karte 2

Regionale Differenzierung des Pkw-Besatzes in Bayern 1970

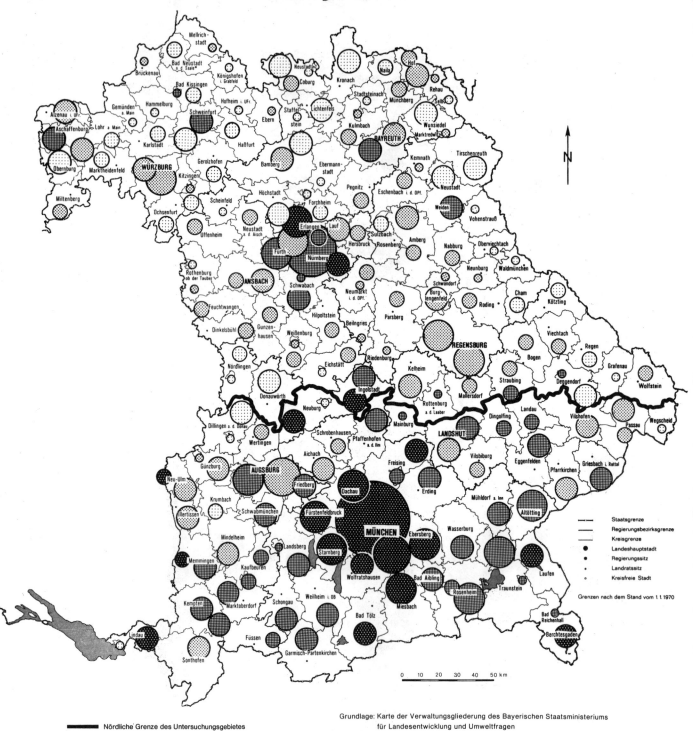

Grundlage: Karte der Verwaltungsgliederung des Bayerischen Staatsministeriums für Landesentwicklung und Umweltfragen

— Nördliche Grenze des Untersuchungsgebietes

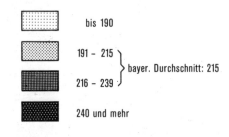

Quelle: Bayerisches Statistisches Landesamt, Verkehrsstatistik
Entwurf: J. Maier
Kartographie: H. Sladkowski u. F. Eder
München 1975

kehrstheorie) werden dabei ebensowenig gemacht wie über die effektiven Verflechtungsmuster zwischen Quell- und Zielorten. Gerade aber die Attraktivität bzw. die Vorstellung über die Attraktivität einzelner funktionaler Standorte muß als wesentliche Ergänzung zu der „Erreichbarkeit" hinzugefügt werden, da davon die Häufigkeit bzw. Stetigkeit distanzüberwindender Bewegungen im Hinblick auf eine Befriedigung der Bedürfnisse entscheidend mitgestaltet wird.

b) Regionale Differenzierung in der Ausstattung privater Haushalte mit Pkw

Ohne eine Wertung über die Leistungsfähigkeit oder gar gesamtgesellschaftliche Bedeutung der einzelnen Verkehrsmittel vornehmen zu wollen, sei einmal von der Verteilung des Pkw unter den einzelnen Haushalten bei unterschiedlichen regionalen Wohnstandorten ausgegangen. Betrachtet man dazu die Ergebnisse einzelner Verkehrsanalysen, so wird deutlich, daß der Individualverkehr bei den personenbezogenen Fahrten im Durchschnitt mit 70—80 % weitaus dominiert. Die Rückführung dieses Strukturmerkmals allerdings nur auf die Größe der Gemeinde bzw. ihrer Einwohnerzahl erscheint problematisch, spielt doch dabei die sozioökonomische Struktur der Bevölkerung *und* die Ausgestaltung des entsprechenden Angebots der öffentlichen Verkehrsmittel eine entscheidende Rolle[8].

Diese Struktur war nicht immer so verteilt. Noch in den 30er Jahren überwog die Eisenbahn jedes andere Verkehrsmittel, während nach dem 2. Weltkrieg die Bedeutung des Pkw's zunehmend wuchs. Diesen Wandel in der Verkehrsmittelstruktur kann man etwa in der Veränderung des Pkw-Besatzes in diesem Zeitraum erkennen. So stieg in Bayern der durchschnittliche Besatzwert von 11,4 Pkw/1000 Einwohner 1936 auf 92 Pkw/1000 Einwohner im Jahre 1961 an. Aus Karte 1 wird ferner ersichtlich, daß die deutlich über dem bayerischen Durchschnitt des Jahres 1936 liegenden Kreise bevorzugt in den großen Städten und den zentralen Orten zu finden sind. Neben dieser Konzentration der hohen Besatzwerte auf die Städte kommt der überaus niedrige Besatz in den ländlichen Gebieten, insbesondere im Oberpfälzer und im Bayerischen Wald zum Ausdruck. Bis 1970 wird vor allem die Veränderung in den Landkreisen um die großen Städte deutlich. Die hohen Besatzwerte wurden an die sich inzwischen entwickelnden Einzugsbereiche des Umlandes abgegeben (vgl. Karte 2) und haben damit von der verkehrsorientierten Ausstattungsseite der Haushalte her auf die aus der Mobilitätsforschung bekannten Prozeßabläufe hingewiesen. Besonders hohe Werte treten in München und seinem engeren Gravitationsbereich auf, wobei die (ehem.) Landkreise München, Starnberg und Wolfratshausen Spitzenwerte erreichen. Ähnlich hohe Besatzquoten werden nur noch in Teilen des Alpenraumes sowie in den Umlandbereichen einzelner Zentren (z. B. bei Lindau oder Neuburg a. d. Donau) erreicht.

Im Vergleich zu der stark unterdurchschnittlichen Struktur in verschiedenen Teilbereichen Unterfrankens und dem Zonenrandgebiet besitzen in Südbayern auch die ländlichen oder weniger urbanisierten Kreise noch beachtliche Besatzwerte. Vor allem der (ehem.) Landkreis Laufen unterstreicht mit 274 Pkw/1000 Einw. ebenso wie das dynamische Wachstum in Teilen Niederbayerns und Schwabens die Tendenz einer in Zukunft noch höheren Motorisierung der ländlichen Gebiete. Zwar gilt diese Aussage keineswegs für alle Kreise Bayerns, jedoch konnte auch in den Testgemeinden festgestellt werden, daß z. B. die noch stark landwirtschaftlich orientierten, kleinen Gemeinden im ländlichen Raum im allgemeinen eine höhere Ausstattung mit Pkw/Haushalt aufweisen als die Testgebiete in den Städten (vgl. Abb. 2). Während u. a. in den Testgemeinden Walpertskirchen (Landkreis Erding), Pipinsried (Landkreis Dachau) oder Haarbach (ehem. Landkreis Griesbach) über 85 % der Haushalte einen Pkw besitzen, liegen die vergleichbaren Werte z. B. in Wertingen, Griesbach oder in den beiden Kemptener Untersuchungsgebieten unter 64 % der Haushalte.

Es wäre nun falsch, den hohen Motorisierungsgrad einzelner ländlicher Gebiete zu generalisieren oder ihn gar als Indikator für die wirtschaftliche Aktivität in diesen Gebieten schlechthin zu nehmen, kommt doch in den hohen Besatzwerten häufig auch eine nicht den Verflechtungsmustern entsprechende mangelnde Verkehrsbedienung mit öffentlichen Verkehrsmitteln zum Ausdruck[9]. Der (ehem.) Landkreis Laufen mit seiner

---

[8] Vgl. u. a. Schaechterle, K., Wermuth, M., Moderne Methoden zur Ermittlung und Abstimmung des künftigen Stadt- und Regionalverkehrs, in: Städtebauliche Beiträge, München 1972, H. 1, S. 53 oder Ifo-Institut f. Wirtschaftsforschung, Die voraussichtliche Verkehrsentwicklung in der Bundesrepublik Deutschland im Jahre 1972, in: Ifo-Schnelldienst vom 22. 12. 1971, Nr. 51/53, München 1971, S. 24.

[9] Auf diesen Sachverhalt haben ausgehend von Daten der Kreise, u. a. Hoffmann, R., Aufgaben und Probleme des

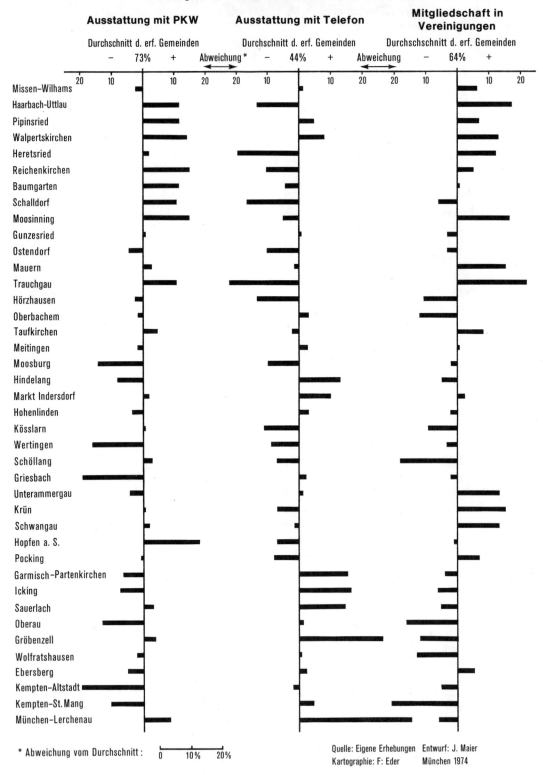

Abb. 2

Regionale Differenzierung in der Ausstattung privater Haushalte mit ausgewählten Konsumgütern sowie Mitgliedschaft in Vereinigungen als Indikator für aktionsräumliches Verhalten in südbayerischen Gemeinden 1971–73

* Abweichung vom Durchschnitt

Quelle: Eigene Erhebungen   Entwurf: J. Maier
Kartographie: F. Eder   München 1974

großen Zahl von Streusiedlungen macht auf die Problematik einer derartigen Verkehrsbedienung unter dem Prinzip der „Eigenwirtschaftlichkeit" öffentlicher Verkehrsbetriebe besonders aufmerksam[10]. Der Pkw stellt somit — bei Nichtveränderung der bestehenden Verkehrspolitik — für große Teile des ländlichen Raumes die einzige Möglichkeit dar, verkehrsräumlich aktiv zu werden. Dies kann jedoch nicht heißen, daß eine Notwendigkeit für öffentliche Verkehrsanbindung nicht mehr besteht, wie JOCHIMSEN/TREUNER[11] argumentieren, muß doch beachtet werden, daß nicht alle gesellschaftlichen Schichten in diesen Gemeinden zum Kauf eines Pkw's in der Lage sind, und, daß i. d. R. nur ein Familienmitglied dann darüber verfügen kann.

Um gerade zu diesem letzten Aspekt einen Beitrag zu leisten, wurde in Abb. 3 anhand einzelner Testgemeinden versucht, auf bestehende Zusammenhänge zwischen Pkw-Besitz und sozioökonomischen Einflußgrößen hinzuweisen. So zeigt sich bei der Korrelation mit verschiedenen Altersgruppen von Haushaltsvorständen, daß der Pkw mit Ausnahme des Untersuchungsgebietes Kempten-Altstadt schon bei den unter 30jährigen meist zur „Standardausrüstung"[12] der Haushalte zählt. Er schafft, ähnlich wie auch in den Altersgruppen bis 60 Jahre, häufig die Basis für die „Außenorientierung" im Verkehrsverhalten, d. h. für die verkehrsräumliche Orientierung außerhalb des Wohngebietes (vgl. die Ausführungen in Kap. III. C.). Während mit zunehmendem Alter des Haushaltsvorstands in der Regel der Anteil jener mit Pkw-Besitz abnimmt (d. h. also hohe negative Korrelation), ist bei der Differenzierung nach sozialen Schichten eine deutliche Zunahme des Pkw-Besitzes von der Grundschicht (u. a. Arbeiter, untere Angestellte und Beamte, Hausfrauen, Rentner und Schüler) zur Mittel- (u. a. mittlere Angestellte und Beamte, Facharbeiter und kleine Selbständige) und zur Oberschicht (höhere Angestellte und Beamte, Unternehmer und Freie Berufe) zu beobachten[13]. Einen gewissen atypischen Kurvenverlauf weist hierbei und auch innerhalb der Einkommenskorrelation die Gemeinde Pipinsried auf, was u. a. auf die hohe Zahl von Landwirten mit entsprechendem Pkw-Besitz zurückzuführen ist. Einen dem schichtspezifischen Zusammenhang vergleichbaren, steil aufsteigenden Kurvenverlauf (d. h. hohe positive Korrelation) ergibt sich aus der Korrelation mit verschiedenen Einkommensklassen. Die mit steigendem Einkommen (insbes. ab DM 1.200,— monatlichem Haushaltseinkommen) wachsende Ausstattung der Haushalte mit Pkw's[14] sowie die schichtspezifische Differenzierung zeigt sich nicht nur im regionalen Betrachtungsfeld, sondern auch innerhalb der Städte[15]. So treten z. B. in München mit 381.747 zugelassenen Pkw's und Kombis 1973 (1. 7.)[16] die Stadtbezirke Solln, Obermenzing, Bogenhausen und Trudering als Standorte bevorzugter Wohnlagen mit überdurchschnittlichen Besatzwerten auf, während die Bezirke Haidhausen, Au, Milbertshofen, Sendling und vor allem Feldmoching mit hohem Anteil an Sozialwohnungen und Personengruppen der sozialen Grund- und Mittelschicht durch unterdurchschnittliche Motorisierungsgrade gekennzeichnet sind (in Solln ist z. B. der Besatz um mehr als das Dreifache größer als in Feldmoching).

c) Regionale Differenzierung der Verkehrsanbindung der Gemeinden mit öffentlichen Verkehrsmitteln

Wenn nun gewissermaßen als Ergänzung zur Ausstattung der Haushalte mit Pkw die Verkehrsbedienung der Gemeinden im südbayerischen Raum mit öffentlichen Verkehrsmitteln angesprochen wird, so zeigt sich die regional sehr unterschiedliche Verkehrsgunst bzw. infrastrukturelle Ausstattung der Gemeinden besonders deutlich.

Verkehrs in den ländlichen Versorgungsnahbereichen, in: Forsch.- u. Sitzungsberichte d. Akad. f. Raumforschung u. Landesplanung, Bd. 47, Hannover 1969, S. 103 oder Helfrich, P., Verkehrsdienliche ländliche Räume im öffentlichen Straßenpersonenverkehr, in: Forsch.- u. Sitzungsberichte d. Akad. f. Raumforschung u. Landesplanung, Bd. 37, Hannover 1960, S. 136 ff. hingewiesen.

[10] Vgl. die detaillierten Aussagen zu diesem Komplex von Oettle, K., Forderungen der Landesplanung an die Verkehrsplanung, in: Raumforschung und Raumordnung, 30. Jg., 1972, H. 3, S. 108—112.

[11] Jochimsen, R. u. Treuner, P., Entwicklungsstrategie für das flache Land, in: Der Volkswirt, 1968, H. 32, S. 27 ff.

[12] Schüler, J., a. a. O., S. 117 ff.

[13] Zur definitorischen Abgrenzung der sozialen Schichten vgl. Schaffer, F., Untersuchungen zur sozialgeographischen Situation, a. a. O., S. 56.

[14] Zum Vergleich mit der BRD insgesamt sei auf Martin, O., Die Budgets ausgewählter privater Haushalte 1972, in: Wirtschaft und Statistik, 1973, H. 7, S. 397—403 verwiesen.

[15] Vgl. die kartographische Darstellung von Martin, E., a. a. O., S. 46.

[16] Dheuss, E., Die Entwicklung des Kraftfahrzeugbestandes in München, in: Münchner Statistik, 1973, H. 4, S. 195—203.

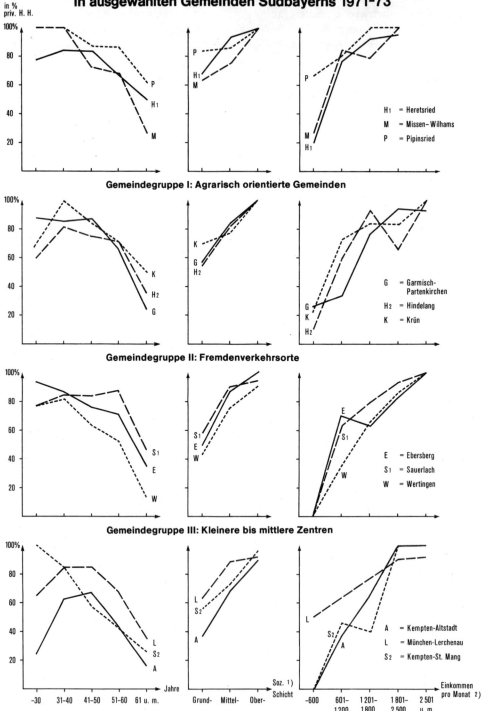

Geht man einmal von der Sondererhebung des Bayer. Staatsministeriums für Wirtschaft und Verkehr (Landesplanungsstelle) aus dem Jahre 1969 aus, so stehen in Südbayern z. B. die Verdichtungskerne München und Augsburg mit einigen Gemeinden in engeren Umlandbereichen sowie der Großteil der zentralen Orte höherer und mittlerer Stufe als Gemeinden mit häufiger Verkehrbedienung (über 80 Verkehrsanschlüsse pro Tag) großen Teilen des ländlichen Raumes (insbes. im nordwestlichen Oberbayern im Gebiet der (ehem.) Landkreise Schrobenhausen und Pfaffenhofen a. d. Ilm sowie weiten Bereichen des niederbayerischen Tertiär-Hügellandes) gegenüber, wo in zahlreichen Gemeinden überhaupt keine oder nur 1—2 Verkehrsanschlüsse mit öffentlichen Verkehrsmitteln pro Tag bestanden. Wie Karte 3 jedoch deutlich macht, existierten derart ungünstige Verkehrslagen auch innerhalb der Region München, etwa im Hinterland von Dachau, Freising und Fürstenfeldbruck oder im Zwischengebiet der Verkehrslinien.

Es wird hieraus verständlich, welche Gefahr für die Attraktivität verschiedener Teile des ländlichen Raumes in Südbayern bei einem weiteren Rückzug öffentlicher Verkehrsbetriebe aus der Flächenbedienung (z. B. im Hinblick auf weitere Stillegungen von Nebenstrecken der Deutschen Bundesbahn) besteht, stellt doch die Vorhaltung öffentlicher Verkehrsdienste einen nicht unwichtigen Aspekt der so häufig betonten regionalen Chancengleichheit dar [17].

Ein gewisser Nachteil des in Karte 3 dargestellten Ausstattungsniveaus aus dem Jahre 1969 besteht in der Nichtberücksichtigung der gerade in der Region München inzwischen eingetretenen Verbesserung der Verkehrslage verschiedener Gemeinden durch die Errichtung des S-Bahn-Netzes in den Jahren 1971 und 1972. Jedoch wird bereits, mit Ausnahme der Strecke Dachau-Petershausen (S 2), durch Werte von 30 und mehr Verbindungen mit öffentlichen Verkehrsmitteln pro Tag auf die schon 1969 weit bessere infrastrukturelle Ausstattung der heute an den sechs S-Bahnlinien in der Region München gelegenen Gemeinden gegenüber anderen Regionsgemeinden hingewiesen. Die Einführung des S-Bahn-Betriebs hat u. a. aufgrund der wesentlich kürzeren zeitlichen Distanzen gegenüber dem bisherigen Nahverkehr zu einer Bevölkerungserweiterung in den Gemeinden entlang der Linien, selbst noch in größerer metrischer Entfernung geführt. Als Begleiterscheinung traten auch schnell steigende Bodenpreise in den von der S-Bahnerschließung bevorzugten Gemeinden auf; ein schon aus der historischen Entwicklung des Eisenbahnnetzes allgemein bekanntes Phänomen [18].

Auch im innerstädtischen Bereich hat sich im Falle von München durch die Errichtung der beiden U-Bahnlinien im gleichen Jahr eine Veränderung in der Struktur des Personenverkehrs vollzogen. Sie ergänzen (mit rd. 60 Mill. Fahrgästen [19] im ersten Rechnungsjahr 1972/73) die bisherigen Einrichtungen der städtischen Verkehrsbetriebe, unter denen die Straßenbahn mit 188 Mill. beförderten Personen 1970 vor dem Omnibus mit 83 Mill. Fahrgästen eindeutig im Vordergrund stand. In Verbindung mit der S-Bahn trugen sie neben einer Entlastung des innerstädtischen Straßensystems vor allem zu einer weiteren Aufwertung der City (insbes. des Gebiets um den Marienplatz) bei. Verschiedene Stadtrandsiedlungen, u. a. große Teile von Feldmoching im Norden, Perlach im Südosten, Fürstenried im Süden oder Allach im Westen besitzen andererseits eine vergleichsweise ungünstige Verkehrsanbindung in Richtung Innenstadt. Häufig nur über ein- oder mehrmaliges Umsteigen erst möglich, ist ein Zeitaufwand von durchschnittlich 35—40 Minuten nötig, um z. B. zum Marienplatz zu gelangen (bei 8—10 km Entfernung) [20]. Im S-Bahnverkehr ist es damit, von wenigen Ausnahmen abgesehen, im gleichen Zeitraum möglich, fast die dreifache metrische Distanz zurückzulegen. Erneut wird dadurch die verkehrsgünstige Lage zahlreicher stadtnaher Umlandgemeinden und die daraus u. a. resultierende Stadt-Umland-Wanderung verständlich.

d) *Umfang und Richtung von Verkehrsströmen ausgewählter Verkehrsmittel*

Als Ergänzung zu den bislang genannten Rahmenbedingungen kommunaler Bestandswerte können

---

[17] Bayer. Staatsregierung, Raumordnungsbericht Bayern 1971, München 1971, S. 165.
[18] Vgl. u. a. Voigt, F., Verkehr, Bd. 2, 2. Hälfte, Berlin 1965, S. 676 sowie für die Jahre 1962—68 innerhalb der Region München bei Polensky, Th., Entwicklung der Bodenpreise in Stadt und Region München, in: Münchner Studien zur Sozial- und Wirtschaftsgeographie, Bd. 10, Kallmünz 1974, Karte 9.
[19] Münchner Verkehrsverbund, Report '72, Der MVV im Startjahr, München 1973, S. 8.
[20] Vgl. dazu auch Zapf, K., Heil, K., Rudolph, J., Stadt am Stadtrand, Eine vergleichende Untersuchung in vier Münchner Neubausiedlungen, Frankfurt 1969, S. 227.

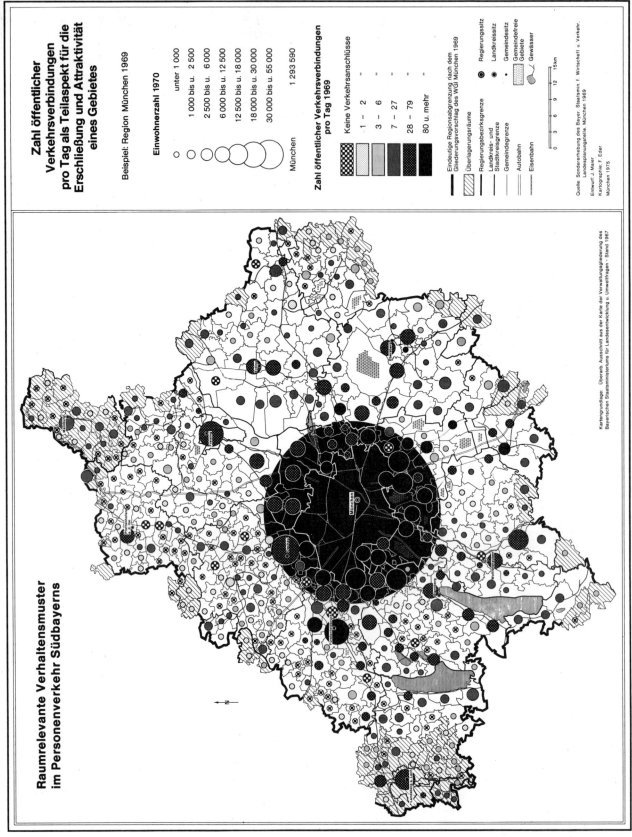

für die zu analysierenden räumlichen Verhaltensmuster noch die in der Verkehrsgeographie mit einer langen Tradition versehene Verkehrsstromanalysen (kartographisch meist als sog. Verkehrsspinnen dargestellt) angeführt werden. Ihre Bedeutung als aggregierte Verkehrsströme verschiedener Verkehrsmittel und Verkehrsarten ist zwar durch die funktionale Verkehrsgeographie stark relativiert worden, da die daraus ableitbaren Hinweise meist recht globaler Natur sind und die effektiven Verflechtungsmuster oder Beziehungsfelder nur teilweise widerspiegeln. Im Rahmen der Diskussionen um Verfahren zur Stadt-Umland-Abgrenzung Anfang bis Mitte der 50er Jahre wurde jedoch z. B. die Richtung und Stärke des Busverkehrs von verschiedenen Autoren (u. a. GREEN, SÄNTTI[21]) als Indikator eingesetzt. Trotzdem sie für eine sozialräumliche Fragestellung als ausreichende Informationsquelle nicht angesehen werden können, seien einige ausgewählte Verkehrsträger und -mittel auf ihre regionale Ausbreitung, ihre Netzgestaltung und ihre Stromstärke hin vorgestellt, um neben einem Kennenlernen ihrer spezifischen Gestalt weitere Auskünfte über die Verkehrsgunst oder -ungunst innerhalb des Untersuchungsgebietes zu erhalten.

Beginnt man auch hierbei mit dem durch den Individualverkehr und seine Entwicklung stark gewachsenen Straßenverkehr, so kann man für eine regionale Differenzierung von den sog. Verkehrsmengenkarten ausgehen. Diese werden in Abständen von 2—3 Jahren von der Obersten Baubehörde im Bayer. Staatsministerium des Innern veröffentlicht. Von laufenden Pegelzählungen ausgehend, stellen sie Belastungswerte des Straßennetzes im überörtlichen Straßenverkehr dar. Ein Vergleich der Jahre 1950 und 1970 zeigt z. B., daß ein starkes Wachstum der Verkehrsströme besonders auf den Bundesautobahnen und auf den Bundesstraßen im engeren Einzugsbereich mittlerer und größerer zentraler Orte in Südbayern festzustellen ist. Während dabei die Verkehrsströme der Autobahnen eher eine Funktion des überregionalen Fernverkehrs und/oder des Quell- und Zielverkehrs der Landeshauptstadt München als multifunktionales Zentrum sind, geben die Bundesstraßen und vor allem die Kreis- und Gemeindestraßen im „Flächenstaat" Bayern weit eher ein Bild der Erschließung.

Zieht man als Diskussionsbasis demgegenüber die bisher weniger ausgebauten Staatsstraßen sowie die Kreisstraßen mit hinzu, so erkennt man einmal eine Verdichtung wiederum im Bereich der zentralen Orte (vor allem um München), zum anderen wird jedoch der Mangel an ausreichenden überregionalen Verbindungsstraßen in verschiedenen Teilbereichen Südbayerns deutlich. In zahlreichen Gemeinden des niederbayerischen (zw. Landau, Vilshofen, Pfarrkirchen und Vilsbiburg), schwäbischen und oberbayerischen (um Krumbach bzw. Neuburg a. d. Donau und Schrobenhausen) Teils des Untersuchungsgebietes zeigt sich diese Verkehrsabgelegenheit in bezug auf eine Anbindung an München, Passau, Regensburg oder andererseits Augsburg. In Karte 4 kommt dieser Sachverhalt in einer besonders hohen Netzdichte der Kreis- und Gemeindestraßen gerade in den niederbayerischen Landkreisen zum Ausdruck, im Vergleich zum oberbayerischen Teilgebiet, wo die Netzdichte der inner- und überregionalen Straßen relativ ausgeglichen ist. Ebenso weist diese Darstellung durch den Vergleich von Netz- und Verkehrsdichte im Jahre 1971 auf das bekannte Ergebnis hin, daß das Verkehrsnetz in den Verdichtungsgebieten und im engeren Einzugsbereich zentraler Orte mittlerer und höherer Stufe weit stärker belastet ist als in großen Teilen des ländlichen Raumes. Von den Fremdenverkehrsgebieten im Alpenraum mit ihren saisonalen oder auch tageweisen Belastungsspitzen der Straßen abgesehen, wird in den Verdichtungsgebieten durch diese Darstellung auch der Konflikt zwischen dem ständig wachsenden Individualverkehr und dem — trotz aller Anstrengungen — dieser Entwicklung hinterher hinkenden Straßenausbau sichtbar.

Wie sehr diese Verflechtungsströme zwischen den Städten als Arbeits- und Versorgungsstandorten und den Wohnbereichen in ihrer Umgebung auch die innerstädtische Verkehrssituation prägen, zeigt wiederum das Beispiel München. Hier treten die größten Belastungswerte, durch die berufsorientierten Verkehrsspitzen am Morgen und Abend verursacht, mit 3 500—4 000 Pkw/Std. und Richtung[22] (vergleichbar den Werten der BAB Mün-

---

[21] Green, F. H. W., a. a. O.; Säntti, A. A., Autobusverkehr als Indikator der zentralen Orte, Einflußgebiete und Verkehrsdichte in Finnland, in: Instituti Geographici Univ. Turkuensis, H. 31, Turku 1954. Zur Kritik vgl. u. a. Overbeck, H., Die Entwicklung der Anthropogeographie (insbesondere in Deutschland) seit der Jahrhundertwende und ihre Bedeutung für die geschichtliche Landesforschung, in: Blätter f. dt. Landesgeschichte, 91. Jg., 1954, S. 219.

[22] Landeshauptstadt München, Stadtplanung in München, Münchner Stadtverkehr, Bericht 1972 des Baureferates, München 1973, S. 105.

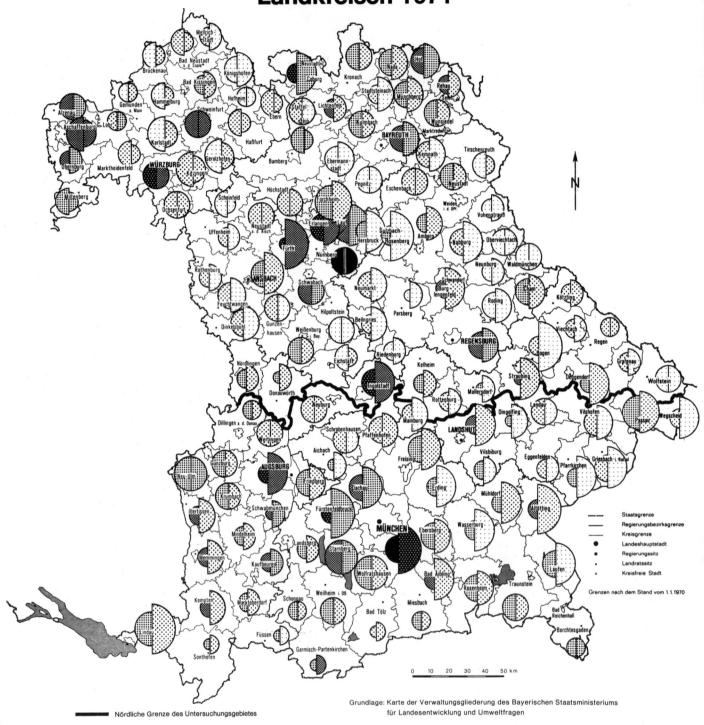

Karte 4
Straßennetz- und Verkehrsdichte in den bayerischen Landkreisen 1971

chen—Salzburg am Wochenende) vor allem im Bereich des Mittleren Rings auf. Teilstrecken des Isarrings, der Südtangente im Zuge der Brudermühlstraße, der Donnersberger Brücke und der Landsberger Straße werden dabei zu Verkehrsengpässen („bottle-negs") mit all ihren individual und umweltbelastenden Auswirkungen. Erklärbar ist diese Problemsituation durch die Konzentration der Arbeitsplätze, vor allem des tertiären Sektors in der Münchner Innenstadt und des radial auf die Kernstadt ausgerichteten Straßennetzes, wobei die Ring- und Tangentenstraßen neben dem von außerhalb der Stadtgrenzen kommenden Verkehrsstrom noch das innerstädtische Verkehrsaufkommen mit höchsten Beteiligungswerten in den Stadtrandgebieten bzw. in Schwabing aufnehmen müssen [23].

Gegenüber diesen allgemeinen Belastungswerten der Straßen in Südbayern erhält man ein stärker die regionalen und sogar lokalen Eigenarten berücksichtigendes Strukturbild, wenn aus den verschiedenen Verkehrsmitteln des Personenverkehrs einmal nur das regionale Angebotsmuster der Omnibuslinien der öffentlichen Hand bzw. der in ihrem Auftrag fahrenden Unternehmen dargestellt wird. Auch hier tritt die hohe Fahrtenhäufigkeit im Einzugsbereich der Verdichtungsräume hervor, wobei die Ergänzungsfunktion der Omnibuslinien zu den Personenverkehrszügen durch die Konzentration auf bestimmte Richtungen deutlich wird. In der Linienführung des Omnibus-Angebots wird eine überaus große flächenhafte Verkehrserschließung erkennbar. Diese größere „Netzbildungsfähigkeit" des Omnibus wirkt sich aufgrund seiner geringeren Massenleistungsfähigkeit [24], mit Ausnahmen in den Verdichtungsgebieten, meist nur auf kürzere Distanz aus, so daß die Verbindungen im allgemeinen die innerregionalen, auf ein oder mehrere sozioökonomische Zentren ausgerichteten Verflechtungsmuster nachzeichnen.

Demgegenüber ist als charakteristisch an den Linien und Frequenzen der Personenverkehrszüge die breite Verflechtung Münchens mit weit ausgreifenden Verkehrsströmen anzusehen, wobei andererseits klar wird. daß weite Teile des niederbayerischen Bereiches des Untersuchungsgebietes ohne entsprechende Verkehrsbedienung sind. Die Ausgangslage im schwäbischen und oberbayerischen Untersuchungsteil ist im allgemeinen, neben der durch die historische Erschließung in den letzten beiden Dezenien des vergangenen Jahrhunderts bewirkten N-S-Ausrichtung der Linien und nicht zuletzt auf die noch in größerer Zahl vorhandenen Stich- und Nebenbahnen günstiger als im niederbayerischen Bereich [25].

e) Telefonbesatz, Zeitungsabonnement und Mitgliedschaft in Vereinigungen als Indikatoren von Informations- und Kommunikationskreisen

Menschliche Verhaltensweisen im Raum hängen nicht nur von Einflußgrößen der verkehrlichen Ausstattung bzw. vom derzeitigen Verkehrsangebot ab, sondern werden auch von Informationen über die verschiedenen verorteten Einrichtungen im realen oder potentialen Zielgebiet, über neue Verkehrswege und -mittel und die dabei gegebenen Möglichkeiten sowie von zwischenmenschlichen Kontakten und den dabei gemachten Erfahrungen und Wertungen beeinflußt. Es ist deshalb notwendig, zu den bisher genannten Rahmenbedingungen auch Aspekte aus dem Bereich einer Geographie der Kommunikation mit anzusprechen, etwa den Telefonbesatz, das Zeitungsabonnement und die Mitgliedschaft in Vereinigungen.

Die Ausstattung der Haushalte mit Telefon wird deshalb herangezogen, weil der Umfang und die Qualität dieses Teils der Informationsmöglichkeiten ein nicht unwichtiger Faktor für die Ausformung menschlicher Kontakte ist [26].

Ergänzend dazu könnte man noch die Ausstattung mit Rundfunk- und Fernsehempfangsgeräten heranziehen. Es wird jedoch davon abgesehen, weil beide Kriterien durch ihre überaus hohen Besatz-

---

[23] Das aus der unterschiedlichen Verteilung von Arbeits- und Wohnstätten sich ergebende hohe Verkehrsaufkommen in den Stadtrandgebieten spiegelt sich auch in den Ergebnissen der Verkehrszählung in München 1970 wider, vgl. Landeshauptstadt München, Stadtentwicklungsreferat, Bausteine für das verkehrspolitische Konzept Münchens, München 1973, Karte 9.

[24] Vgl. u. a. Radel, R., Die Bedeutung des öffentlichen Personennahverkehrs für die Raumordnungspolitik in den ländlichen Regionen in der BRD, in: Bd. 21 d. Verkehrswiss. Forsch. d. Inst. f. Industrie- u. Verkehrspolitik d. Univ. Bonn, Berlin 1970, S. 116.

[25] Vgl. zur Bedeutung der Erschließungsfunktion der Eisenbahn u. a. Gradmann, R., Süddeutschland, Bd. 2, S. 422 f. sowie Hoffmann, R., Die Bedeutung der Eisenbahnen für den ländlichen Raum, in: Bd. 57 d. Forsch.- u. Sitzungsberichte d. Akad. f. Raumforschung u. Landesplanung, Hannover 1969, S. 37—51.

[26] Vgl. u. a. Hägerstrand, T., Aspekte der räumlichen Struktur von sozialen Kommunikationsnetzen und der Informationsausbreitung, in: Wirtschafts- und Sozialgeographie, hrsg. v. D. Bartels, Köln-Berlin 1970, S. 367—379.

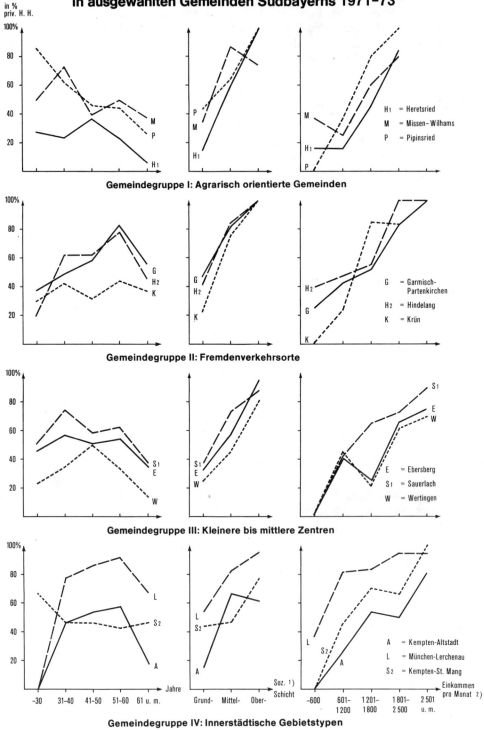

werte bei einer weitgehend regionalen Undifferenziertheit für geographische Ansätze nur noch wenig Platz bieten. In den 40 Untersuchungsbereichen war z. B. nur noch in Pipinsried im Landkreis Dachau ein entsprechender Ausstattungswert bei den befragten Haushalten unter 80 % festzustellen, ansonsten besaßen zwischen 88 und 96 % der Haushalte Rundfunk- und Fernsehgeräte[27]. Welche rasche Entwicklung sich gerade in den letzten Jahren vollzog, mag nur der Hinweis auf die Gemeinde Hindelang zeigen, in der die Besatzquote mit Fernsehgeräten 1967 noch bei 46 % lag, im Jahre 1972 aber 90 % ausmachte[28].

Was nun die Bedeutung des *Telefonbesatzes* als Kriterium in geographischen Analysen betrifft, so liegt dazu bereits eine Reihe möglicher Anwendungsbeispiele vor. Erinnert sei nur an CHRISTALLERS Telefondichte, an GREEN, AJO oder ILLERIS und PEDERSEN[29], die anhand vorliegender Fernsprechstromdaten versuchten, funktionale Grenzen (i. w. im Bereich zentralörtlicher Gliederungen) zu bestimmen. Auch J. OBST[30] ging — trotz der inzwischen eingetretenen „Behinderung" wissenschaftlicher Betätigung aufgrund des Selbstwählferndienstes diesen Weg, ausgehend von den Meßdaten der Querleitungen zwischen den einzelnen Knotenvermittlungsstellen. Da jedoch eine derartige Analyse durch den dazu notwendigen technischen Aufwand den Schwerpunkt der vorliegenden Untersuchungen in eine nicht beabsichtigte Richtung verschoben hätte und sich damit auch nicht die Möglichkeit geboten hätte, gruppenspezifische Kommunikationskreise analysieren zu können, wurde nur die Darstellung einfacher Besatzwerte vorgenommen.

Zur Verdeutlichung der regionalen Differenzierung dieser speziellen Haushaltsausstattung wurde in Karte 5 wiederum die Region München ausgewählt, da hier zum einen die zur Regionsgrenze hin deutlich abflachende Intensität der Ausstattung sichtbar wird, zum anderen auf die relativ geringe Distanz von München aus verwiesen wird, in der nur eine beachtlich hohe Ausstattung der Haushalte mit Telefon besteht. Insbesondere die regionale Verteilung gerade dieser Gemeinden im Würmtal, im Süden und Südosten der Stadt München weist auf bevorzugte Wohnlagen und auf einen Zusammenhang mit der sozialen bzw. Einkommensschichtung der Bevölkerung hin, wie er im Rahmen der Befragungen auch deutlich bestätigt wurde (vgl. Abb. 4[31]). Die höchsten Werte werden innerhalb der Grenzen des Ortsnetzes München erreicht (z. B. in Gräfelfing, Krailling und Grünwald) und betonen die Hypothese KLINGBEILS[32] von der Raumrelevanz von Telefon-Ortsnetzen, jedoch die hohen Besatzquoten um den Starnberger See, den Ammer-, Pilsen- und Wörthsee machen wiederum auf die enge Korrelation zwischen der unterschiedlichen Ausstattung und den verschiedenen Sozialschichten aufmerksam. Auch innerhalb Münchens scheint — wie eine Stichprobe bei 2 400 Telefonbesitzern im Fernsprechverzeichnis 1973/74 zeigte — dieser Zusammenhang zuzutreffen, da bei den Privathaushalten die Besatzquoten im Postamtsbezirk Harlaching-Solln vor Nymphenburg-Gern-Obermenzing lagen, während bei der Verteilung der Betriebsanschlüsse erwartungsgemäß der Bereich der City vor jenem des Oberwiesenfeldes bzw. Milbertshofens (als Schwerpunkt industrieller Tätigkeit) stand.

Ähnlich starke regionale Differenzierungen wie innerhalb der Region München treten in Südbayern sonst nicht auf. So werden z. B. Besatzquoten von 45 % und mehr nur noch in drei Vorortgemeinden Augsburgs (Neusäß, Westheim und Leitershofen) sowie in den Fremdenverkehrsschwerpunkten Bad Wiessee, Rottach-Egern, Bayrischzell und Seeg erreicht. Gerade auf dieses letzt-

---

[27] Das vorliegende Ergebnis deckt sich mit den Daten der verschiedenen amtlichen Erhebungen, vgl. u. a. Martin, O., a. a. O., S. 399, der für das Bundesgebiet Werte zwischen 86—98 % auswies oder auch Ziegler, E., Der Ton- und Fernseh-Rundfunk, Fernsprech-, Telegramm- und Telexverkehr in Bayern, Entwicklung 1960 bis 1970, in: Bayern in Zahlen, 1971, H. 3, S. 76.

[28] Maier, J., Die Leistungskraft einer Fremdenverkehrsgemeinde, Modellanalyse des Marktes Hindelang/Allgäu, Bd. 3 d. WGI-Berichte zur Regionalforschung, München 1970, S. 426.

[29] Christaller, W., Die zentralen Orte, a. a. O., S. 36 ff.; Green, F. H. W. a. a. O., Ajo, H., Telephone Call Markets, in: Fenniae, 1962, S. 14 ff.; Illeris, S. und Pedersen, P. O., Central Places and Functional Regions in Denmark. Factor Analysis of Telephon Traffic, in: Geografisk Tidskrift, 67. Jg., 1968, S. 1—18.

[30] Obst, J., Möglichkeiten zur Ermittlung von Aktionsreichweiten durch Nachrichtenströme im Fernsprechverkehr, in: Bd. 8 d. Münchner Studien z. Sozial- und Wirtschaftsgeographie, Kallmünz/Regensburg 1972, S. 83—88.

[31] Vgl. Martin, O., a. a. O., S. 399, wonach 1972 bei den 2-Personen-Rentner- und Sozialhilfeempfänger-Haushalten 18 %, bei den 4-Personen-Arbeitnehmer-Haushalten mit mittlerem Einkommen 34 % und bei den 4-Personen-Haushalten von Beamten und Angestellten mit höherem Einkommen 85 % über ein Telefon verfügten.

[32] Klingbeil, D., Zur Raumbedeutsamkeit von Telefonortsnetzgrenzen, in: Beiträge zur Stadtforschung und Stadtentwicklung München, H. 3, München 1969.

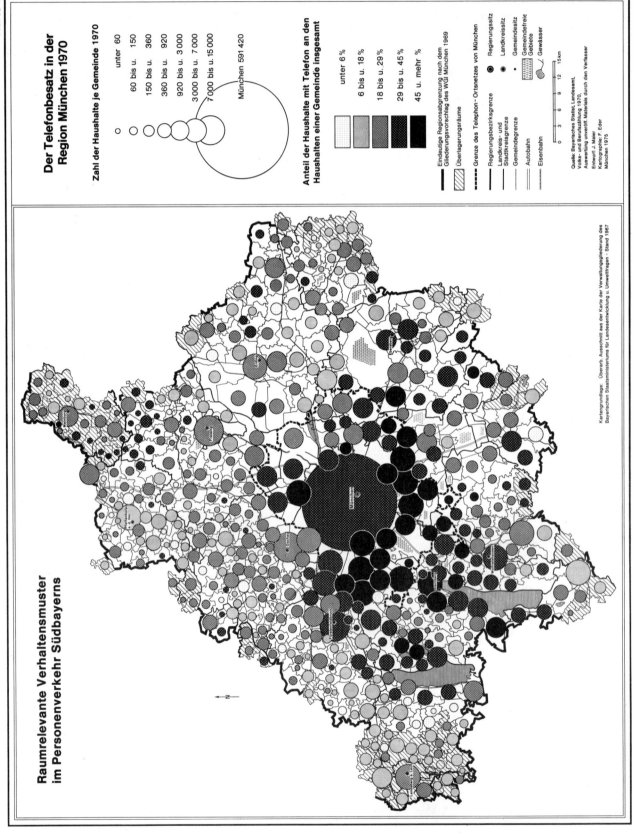

genannte Phänomen hat bereits KERN[33] für das Jahr 1961 hingewiesen, wobei — wie auch 1970 — die Schwerpunkte des Fremdenverkehrs im bayerischen Alpenraum nachgezeichnet werden. Neben der Notwendigkeit, aus betriebswirtschaftlichen Aspekten auch in kleinen Pensionen und Privatquartieren über ein Telefon verfügen zu müssen, dürfte auch die in den letzten Jahren gewachsene Zahl von Alterswohnsitzen dabei eine Rolle spielen. Wie aus Abb. 4 zu entnehmen ist, liegen die Besatzquoten der über 60jährigen z. B. in Garmisch-Partenkirchen und in Hindelang gleichauf oder höher als in den innerstädtischen Untersuchungsgebieten sowie weit höher als in den agrarisch orientierten Gebieten. Die Konstruktion eines monokausalen Zusammenhangs zwischen der Telefonausstattung einer Gemeinde und ihrer überörtlichen, d. h. zentralen Bedeutung, wollte man dies im CHRISTALLERSCHEN Sinne eines „Normalbesatzes" heute nachvollziehen, würde deshalb u. a. in den Fremdenverkehrsgemeinden ebenso wie in zahlreichen stadtnahen Gemeinden zu einer Überbewertung der zentralörtlichen Hierarchiestufe führen (ganz abgesehen davon, daß ein einziges Kriterium heute wohl kaum in der Lage ist, das komplexe Gefüge eines zentralen Ortes zu erfassen).

Die Ausrichtung am Durchschnittswert der Untersuchungsgemeinden weist deutlich auf die fast spiegelbildliche Situation bei „ländlichen" und „städtischen" Testgemeinden zwischen dem Pkw- und dem Telefonbesitz hin und bestätigt die grundsätzlich ungünstige verkehrsräumliche Ausgangssituation im ländlichen Raum. Eine Ausnahme in diesem Strukturmuster bilden jedoch (vgl. Karte 5) die Gemeinden der Hallertau, wo in den Hopfenanbaubetrieben aufgrund der Marktorientierung ein entsprechend hoher Telefonbesatz notwendig ist.

Bei der Informationsübermittlung als weiterem Teilaspekt für die Ausformung von Aktivitätenmustern spielt neben den Massenmedien Fernsehen und Rundfunk auch das *Zeitungswesen* eine wichtige Rolle. Dieser Informationsträger wurde deshalb ausgewählt, weil er neben seiner immer noch sehr bedeutsamen Position unter den Massenmedien[34] auch die in der französischen „Géographie humaine[35]" schon traditionsreiche Arbeitsweise (in der BRD insbes. von HARTKE[36] und seinen Schülern betrieben) und ihre Erkenntnisse auf das südbayerische Untersuchungsgebiet anzuwenden gestattet. Das Ziel liegt dabei nicht in erster Linie auf einer reinen Ausbreitungslehre zeitungsbezogener Daten, sondern i. S. der „Geographie der Massenmedien" MAISTRES[37] geht es darum, den spezifischen Beitrag der verschiedenen Medien für die Raumgestaltung zu erfassen, die Bedeutung der auslösenden Kräfte sowie die Intensität der Informationsströme zu bestimmen.

Der Einsatz dieses Informationsträgers zur Stadt-Umlandbegrenzung (bzw. zur Abgrenzung von „local trade areas" oder „functional hinterlands"), wie sie von verschiedenen Autoren (u. a. PARK oder GREEN, SCHÖLLER oder TAUBMANN[38]) verwandt wurde, wird in der französischen Geographie sowie auch von HARTKE bewußt im Hinblick auf sozialgeographische Fragestellungen erweitert. Das Zeitungswesen wird danach als Funktion eines Gebietes und seiner sozioökonomischen Struktur betrachtet. Greift man nur einmal den Gedanken einer Abgrenzung verschiedener Intensitätszonen der Versorgung mit Tageszeitungen von HARTKE bzw. CHATELAIN[39] auf, so zeigt sich z. B. in der Region München im Abonnementverkauf überregionale Tageszeitungen (also ohne die Bildzeitung und die Boulevardblätter „tz" und „Abendzeitung"), eine klare regionale Trennlinie in bezug auf die gewählte „50 %-Intensität" zwischen dem von der Süddeutschen Zeitung dominierten Gebiet der Stadt und des Landkreises München und den stärker auf den Münchner Merkur orientierten Landkreisen im südlichen Oberbayern (vgl. Karte 6).

Auf kleinräumiger Ebene besitzen dabei Einflußgrößen wie die Alters- und Sozialstruktur der Bevölkerung einer Gemeinde, bestimmte In-

---

[33] Kern, K. M., Sozial- und demogeographische Studien in den Bayerischen Alpen, Diss. TH München, 1967.
[34] Vgl. u. a. Dovivat, E., Zeitungslehre, Bd. I, Berlin 1967, S. 5.
[35] Vgl. u. a. Meynier, A., La géographie du massiv central, Grenoble 1935; Chatelain, A., Le journal, facteur géographique de régionalisme, in: Revue de Géographie de Lyon, 1948, S. 55—59; ders., La Géographie du journal, in: Annales, 1955, S. 554—558; Janin, B., Une région alpine originale, Le val d'Aosta, Diss. Grenoble 1968.
[36] Hartke, W., Zeitung als ..., a. a. O.,
[37] Maistre, G., a. a. O., 218.
[38] Park, R. E., Urbanization as measured by newspaper circulation, in: American Journal of Sociology, 35. Jg., 1929, S. 60—79; Green, F. H. W., a. a. O.; Schöller, P., Einheit und Raumbeziehungen, a. a. O.; Taubmann, W., Bayreuth und sein Verpflechtungsbereich, in: Forsch. z. dt. Landeskunde, Bd. 163, Bad Godesberg 1968.
[39] Hartke, W., Die Zeitung als ..., a. a. O., S. 227 sowie Chatelain, A., Le journal ..., a. a. O., S. 56.

Karte 6

Das regionale Verbreitungsgebiet der Tageszeitungen in Südbayern 1973

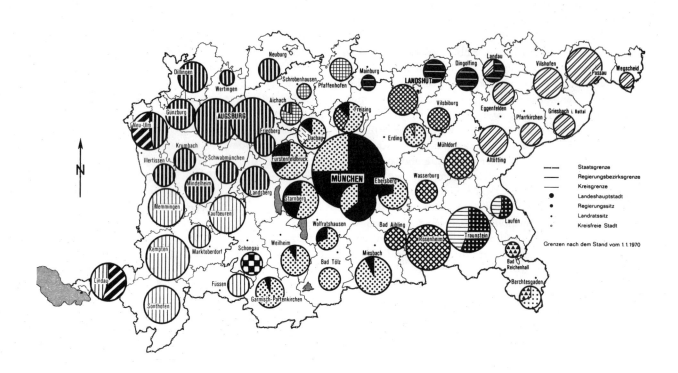

Verkaufte Exemplare

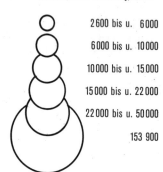

2600 bis u. 6000
6000 bis u. 10000
10000 bis u. 15000
15000 bis u. 22000
22000 bis u. 50000
153 900

Namen der Tageszeitungen

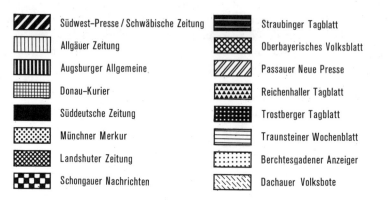

Südwest-Presse / Schwäbische Zeitung
Allgäuer Zeitung
Augsburger Allgemeine
Donau-Kurier
Süddeutsche Zeitung
Münchner Merkur
Landshuter Zeitung
Schongauer Nachrichten

Straubinger Tagblatt
Oberbayerisches Volksblatt
Passauer Neue Presse
Reichenhaller Tagblatt
Trostberger Tagblatt
Traunsteiner Wochenblatt
Berchtesgadener Anzeiger
Dachauer Volksbote

Quelle: Kühne, R. M., Der Zeitungsmarkt, Köln 1973
(umgezeichneter Ausschnitt Südbayerns)
Entwurf: J. Maier

Kartographie: F. Eder
München 1974

formations- und Lesegewohnheiten sowie die Werbetätigkeit und Betreuung der einzelnen Zeitungen große Bedeutung für den jeweils vorhandenen Zeitungsbesatz. Legt man dazu verschiedene Profile von München aus in die Region (vgl. Karte 7), so erkennt man neben der intensiven Verbreitung der Süddeutschen Zeitung in den stadtnahen Gemeinden Münchens, daß nach dem obigen Intensitätswert z. B. in den Gemeinden Krailling, Gräfelfing, Planegg und Gauting die Süddeutsche Zeitung vorherrscht, während in Starnberg und Tutzing dann diese Position vom Münchner Merkur übernommen wird [40]. In ähnlicher Weise reicht nach Norden der Einfluß der Süddeutschen Zeitung über Ismaning und Garching bis nach Eching, während ab Neufahrn der Münchner Merkur dominiert. Als ein Ergebnis aus Karte 7 kann deshalb vor allem der raumdistanzielle Aspekt einer engen Kontaktzone zu München angeführt werden. Gerade in den stadtnahen Gemeinden mit ihrem hohen Anteil an Personengruppen, die erst wenige Jahre dort wohnen und damit noch stark wohnungs- und familienorientierte Interessenlagen aufweisen, scheint der mehr regional- und lokalspezifische Fragen aufgreifende Münchner Merkur weniger gefragt. Andererseits wird in Karte 7 ebenso wie bei der Ausbreitungsanalyse der Allgäuer Zeitung, Ausgabe Kempten deutlich, daß die metrische Distanz vom zeitungstragenden Ort nach außen allein jedoch nicht als Kriterium für die Ermittlung des Einzugsbereiches einer Zeitung dienen kann [41].

Auch innerhalb Münchens zeigt sich neben anderen Einflußgrößen ein gewisser Zusammenhang mit der Sozialstruktur der Bevölkerung bzw. den dadurch bedingten Verhaltensmustern in einzelnen Stadtvierteln im Abonnementverkauf der Süddeutschen Zeitung. So waren 1970 in Schwabing mehr als 30 %, in Bogenhausen knapp 30 %, im Münchner Westend dagegen nur rd. 20 % und im Hasenbergl sogar weniger als 10 % der Haushalte Abonnenten. Demgegenüber herrscht im Tagesverkauf der Boulevard-Zeitungen eine enge Beziehung zu bestimmten „verorteten" Einrichtungen entlang der Berufswege (z. B. Haltestellen öffentlicher Verkehrsmittel) bzw. im Abendverkauf zu besonders frequentierten Straßen und Plätzen mit mehr oder weniger direktem Bezug zur Freizeitverwendung (z. B. in Schwabing und der Maxvorstadt oder auch um den Hauptbahnhof sowie den Stachus) vor [42].

Sieht man einmal von der Situation in der Region München ab und differenziert noch die neben der Süddeutschen Zeitung und dem Münchner Merkur auflagenstärkste Augsburger Allgemeine (mit 288 400 Verkaufsexemplaren) [43] nach ihren Regionalausgaben (vgl. Karte 6), so zeigt sich für die schwäbischen und niederbayerischen Untersuchungsbereiche teilweise eine Widerspiegelung der Einzugsbereiche zentraler Orte der oberen und mittleren Stufe [44]. Die Indifferenzgebiete der großen Tageszeitungen weisen (z. B. im Gebiet um Schongau, im nördlichen Oberbayern oder auch im südostoberbayerischen Raum) dabei auf Überlagerungs- und/oder Zwischenräume in den Verflechtungsräumen der Zentren höherer Stufe hin.

Als dritten Indikator für die regional differenzierte Ausbildung von Kommunikations- und Informationskreisen wird schließlich noch die Bedeutung von *Mitgliedschaften in Vereinigungen* herangezogen. In der Geographie bisher nur wenig angewandt, u. a. von SCHÖLLER oder BUCHHOLZ [45] in Gestalt der Mitgliedschaft in formellen Vereinen, ist damit ein weiterer Hinweis auf die in einzelnen Gemeinden gegebenen gesellschaftlichen Kontaktmöglichkeiten bzw. den Grad formeller Geselligkeit möglich. So weist der Anteil der Haushalte, die zumindest einer Vereinigung (abgetestet wurde laut dem im Anhang beigefügten Fragebogen die Mitgliedschaft in berufsorientierten Verbänden, in kirchlichen Vereinigungen, Krieger-/Veteranenvereinen, in Sport-, Gesangs-, Trachten-

---

[40] Kühne, R., Der Zeitungsmarkt 1974, Köln 1974.
[41] Feneberg, M., Kempten als zentraler Ort und seine Auswirkungen auf die innerstädtische Differenzierung, unveröff. Manuskript, München 1973, S. 86. Vgl. auch die Ausführungen von Hartke, W., Die Zeitung als ..., a. a. O., S. 234.
[42] Stangl, W., Zeitungsverkauf als Indikator für die sozialgeographische Situation ausgewählter Stadtviertel am Beispiel München, unveröff. Zul.-Arbeit am Wirtschaftsgeographischen Institut der Univ. München unter Leitung von Prof. Dr. K. Ruppert, München 1970.
[43] Kühne, R., a. a. O.
[44] Vgl. die Ergebnisse von Wenk, U., Die zentralen Orte an der Westküste Schleswig-Holsteins unter besonderer Berücksichtigung der zentralen Orte niederen Grades, in: Schriften d. Geograph. Inst. der Univ. Kiel, Bd. 28/2, Kiel 1968.
[45] Schöller, P., Einheit und Raumbeziehungen, a. a. O. und Buchholz, H. G., Formen städtischen Lebens im Ruhrgebiet, in: Bochumer Geograph. Arbeiten, H. 8, Bochum 1966.

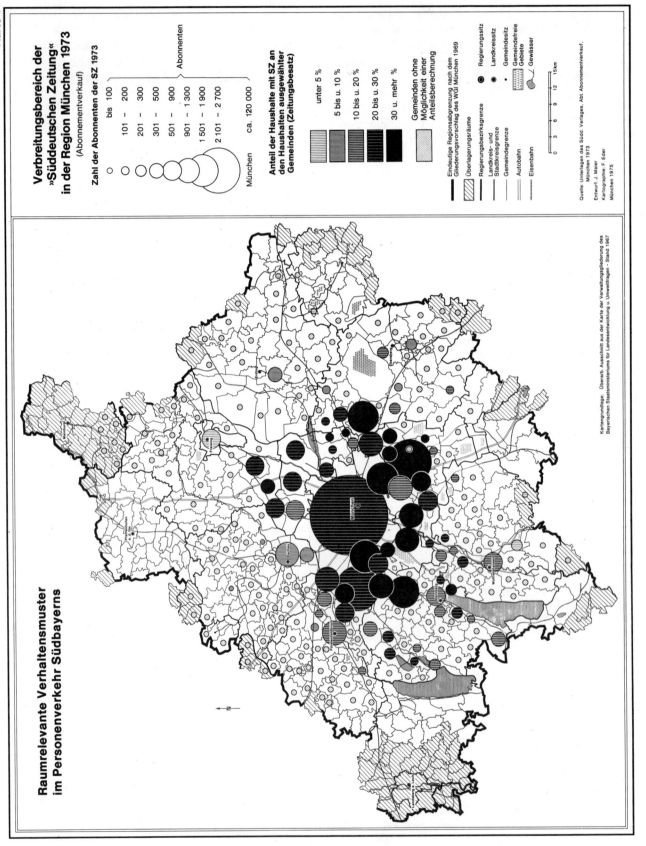

bzw. Heimatvereinen, bei der Feuerwehr sowie in sonstigen Vereinigungen) angehören, regional schon eine erhebliche Differenzierung auf. In den noch eher agrarisch orientierten Gemeinden (insbes. bei größerer Distanz zu den Verdichtungsgebieten) lag der Anteil wesentlich höher als in den stärker urbanisierten Gemeinden, den kleinen und mittleren Zentren und vor allem den städtischen Testgebieten (vgl. Abb. 2)[46]. Während z. B. in Walpertskirchen (Landkreis Erding), Heretsried (ehem. Landkreis Wertingen), Haarbach (ehem. Landkreis Griesbach) und Trauchgau (Landkreis Ostallgäu) mehr als 75 % der Haushalte über derartige Mitgliedschaften verfügten (meist sogar über mehrere, in verschiedenen Vereinigungen), sind es z. B. in Hörzhausen (einem inzwischen eingemeindeten Wohnvorort von Schrobenhausen), in Kempten-St. Mang oder in Gröbenzell weniger als 55 % der Haushalte. Gerade aber die Nennung dieser letztgenannten Gemeinden deutet auf das spezielle Phänomen der in den letzten Jahren stark gewachsenen Wohnsiedlungen hin, worauf in verschiedenen stadtsoziologischen Arbeiten verwiesen wird. Danach war z. B. innerhalb verschiedener Untersuchungsgebiete Münchens der Anteil der Haushalte mit Mitgliedschaften in „festen Vereinigungen" in dem erst seit 1971 bestehenden Stadtteil Perlach mit 21 % am geringsten[47], es folgte das durch seine unterprivilegierte Sozialschichtung gekennzeichnete Hasenbergl mit 34 %, während die Haushalte in den Stadtteilbezirken Bogenhausen 42 % oder Fürstenried-West 47 % (zwei bevorzugten Wohnlagen gehobenen bis höchsten Bedarfs) aufwiesen[48]. Deutlich kommt ein Zusammenhang mit dem Alter der Siedlungen zum Ausdruck, was mit den Problemen des Einlebens in ein neues Wohnumfeld zusammenhängen dürfte. Eine enge Beziehung zur Sozialstruktur, wie sie hierbei vielleicht anklingen könnte, konnte bei den vorliegenden Untersuchungsgemeinden nicht festgestellt werden, eher spielte die Abhängigkeit von den gegebenen Freizeitmöglichkeiten und von dem Grad an Privatheit bzw. wohnortsabhängigem Sozialkontakt i. S. von BAHRDT oder SCHÖLLER[49] eine Rolle.

Auch in bezug auf die Differenzierung der in einer Gemeinde dominierenden Vereinigungen (entsprechend der Zahl der Mitgliedschaften) ergeben sich regionale Unterschiede. Insgesamt herrschte zwar in den meisten der Untersuchungsgemeinden die Mitgliedschaft in Sportvereinen als relativ unverbindliche Kontaktmöglichkeit vor. Insbesondere in den dynamisch gewachsenen kleineren und mittleren Zentren sowie den Stadtrandsiedlungen (u. a. Meitungen, Pocking oder Ebersberg, Kempten-St. Mang oder Gröbenzell) scheinen die Sportvereine neben den durch die Kinder sich ergebenden Kontakten die erste Stufe zugezogener Personengruppen auf der Suche nach gesellschaftlichen Beziehungen innerhalb der Wohngemeinde zu sein; jedoch bereits an zweiter und dritter Stelle folgten in den Untersuchungsgemeinden die berufsorientierten Verbände (vor allem in den traditionellen zentralen Orten, wie Wertingen oder Kempten-Altstadt und in Arbeiter-Bauerngemeinden wie z. B. Walpertskirchen, Oberbachern oder Markt Indersdorf, Landkreis Dachau) sowie die traditionsgeleiteten Vereinigungen (z. B. Krieger-/Veteranenvereine in Reichenkirchen, Landkreis Erding bzw. Baumgarten, Landkreis Freising sowie Trachtenvereine in Schöllang, Landkreis Oberallgäu und Trauchgau, Landkreis Ostallgäu, alle zu den noch stärker agrarisch orientierten Gemeinden zählend).

Zusammenfassend kann nach diesen Ausführungen über die Rahmenbedingungen räumlicher Verhaltensmuster erneut festgestellt werden, daß aller Wahrscheinlichkeit nach mit

— regional differenzierten verkehrsräumlichen Verhaltensmustern,

— gruppen- und schichtenspezifisch differenzierten verkehrsräumlichen Verhaltensmustern (u. a. nach Alters-, Sozial- und Einkommensschichten, wahrscheinlich auch nach der Wohndauer in einer Gemeinde bzw. nach dem Besitz/Nichtbesitz eines Pkw's sowie dem Vorhandensein/Nichtvorhandensein öffentlicher Verkehrsanschlüsse der Gemeinde) und einer

— regional differenzierten Verkehrsmittelstruktur

zu rechnen ist.

---

[46] Vgl. auch Ifas-Institut, Verflechtungen im Raum Hannover 1962, Bad Godesberg 1963, Tab. 7/06 B—7/07 C.
[47] Zapf, K., Heil, K., Wohnen im neuen Stadtteil Perlach, München 1972, S. 74.
[48] Zapf, K., Heil, K., Rudolph, J., a. a. O., S. 343 sowie Heil, K., Kommunikation . . ., a. a. O., S. 65 sowie Tab. 33.
[49] Bahrdt, H. P., Die moderne Großstadt, Hamburg 1969, S. 64 ff. sowie Schöller, P., Die deutschen Städte, H. 17 d. Beihefte d. Geograph. Zeitschrift, Wiesbaden 1967; während eine enge Korrelation zur Sozialstruktur vom SIN-Institut, Nürnberg, festgestellt wurde, vgl. SIN-Institut, Freizeit und Erholung in neuen Wohngebieten, dargestellt am Beispiel ausgewählter Demonstrativbauvorhaben und bes. zu Vergleichszwecken herangezogener Wohngebiete, Nürnberg 1971, S. 34.

In Gebieten mit guter Verkehrserschließung durch öffentliche Verkehrsmittel, die meist auch Gebiete mit guter informeller Versorgungssituation sind, verbessern sich die Ausgangsmöglichkeiten für verkehrsräumliche Aktivitäten. Je differenzierter dabei die Bevölkerung einer Gemeinde im Hinblick auf ihre Sozialstruktur ist, umso mehr dürften die Verkehrsbedürfnisse und damit die Verkehrsaktivitäten wachsen. Im Bereich der Verdichtungsgebiete München und Augsburg (teilweise noch Ulm/Neu-Ulm) sind diese Rahmenbedingungen ebenso wie in den kleineren und mittleren Verkehrszentren sowie den Fremdenverkehrsgebieten im Alpenraum relativ günstig ausgefallen, was die in der Literatur häufig formulierte These unterstreichen würde, daß mit zunehmender Verdichtung (zu ergänzen wäre: und mit zunehmender Urbanität) auch die Verkehrserschließung und -wertigkeit in der Regel wächst. Eine Einschränkung i. S. eines Zusammenhangs mit der metrischen Distanz vorzunehmen, ist aus den bisherigen Ausführungen heraus nicht belegbar, ist doch schon innerhalb der Region München eine Reihe von Gebieten festzustellen, die — trotz geringer metrischer Distanz zu München — in bezug auf die ausgewählten Rahmenbedingungen wenig bevorzugt erscheinen. Erwähnt seien nur zahlreiche Gemeinden im Hinterland von Dachau oder Pfaffenhofen a. d. Ilm, im östlichen Landkreis Erding oder zwischen dem Starnberger See und dem Ammersee.

Ähnlich geringe Vorteilswerte in bezug auf die Rahmenbedingungen treten, für das gesamte Untersuchungsgebiet gesehen, in verstärktem Maße in den verdichtungsfernen bzw. weniger urbanisierten Gebieten auf. Es handelt sich dabei vor allem um die (ehem.) Landkreise Neuburg a. d. Donau, Aichach und Schrobenhausen (im Norden des Untersuchungsgebietes), Wasserburg und Laufen (im Südosten) sowie große Teile des niederbayerischen Untersuchungsteiles. Mit Ausnahme kleinerer Gebiete im SW von München sind es annähernd dieselben Gebiete, die schon 1956 in der ZIMPELschen Verkehrswertanalyse[50] durch besonders ungünstige Verkehrslagen gekennzeichnet waren.

Für den empirischen Teil ist es deshalb notwendig, aus diesen Gründen der unterschiedlichen Verkehrsgunstlage (neben den Grundsätzen der statistischen Flächenstichprobe selbstverständlich), die Testgemeinden aus den verschiedensten Gebietsteilen Südbayerns für die Analyse der verkehrsräumlichen Aktivitäten auszuwählen.

2. Auswahlkriterien und Verfahrenstechnik des empirischen Untersuchungsablaufs

a) Wahl des Untersuchungsgebietes

Das Untersuchungsgebiet repräsentiert einen Bereich, der fast die Hälfte der bayerischen Bevölkerung (genau: 5,007 Mill. oder 48,4 % der Gesamtbevölkerung 1970) umfaßt. Die Betrachtung raumrelevanter Verhaltensweisen in einem großräumigen Testgebiet wurde, soweit dies mit Hilfe der Unterlagen aus der amtlichen Statistik, von Sekundärstatistiken und den in Grenzen hochrechenbaren Stichproben in ausgewählten Gemeinden möglich ist, deshalb versucht, um bei der Diskussion gruppenspezifischer Verhaltensmuster im Raum auch orts- und/oder gebietstypische Einflußgrößen miterfassen zu können. Ein Ziel dieses Ansatzes ist es also, nicht nur räumliche Verhaltensweisen der verschiedenen sozialgeographischen Gruppen an sich zu erfassen, sondern auch räumliche Verhaltensweisen vergleichbarer Gruppen innerhalb gleicher Gemeindetypen bei unterschiedlichen Lagetypen bzw. Distanzrelationen zu den „verorteten Einrichtungen" zu analysieren.

Um diese Fragen beantworten zu können, mußte ein Untersuchungsgebiet ausgewählt werden, das eine Reihe unterschiedlicher sozioökonomischer Strukturmuster und Prozeßabläufe, unterschiedlich weit reichender Verflechtungen innerhalb der verschiedenen Grundfunktionen sowie auch eine regionale Differenzierung in den physisch-geographischen Gegebenheiten besitzt. Zur Abgrenzung des Gebietes sollte ferner noch berücksichtigt werden, daß die äußere Grenze aufgrund der Planungsrelevanz nicht identisch sei mit bereits vorliegenden Planungsregionen.

Diese Bedingungen erfüllte in besonderem Maße das Gebiet südlich der Donau (vgl. Karten 1, 2

---

[50] Zimpel, H.-G., Die Verkehrslage..., a. a. O., Karte 72.

und 4). Aus Gründen des statistischen Vergleichs wurde die Grenzlinie entlang der entsprechenden, im Jahre 1970 noch bestehenden Landkreisgrenzen gezogen. Das damit umschlossene Gebiet repräsentiert nach der Volks- und Berufszählung 1970 98 % der oberbayerischen (ausschl. Stadt und Landkreis Ingolstadt), 90 % der schwäbischen (ausschl. die ehem. Landkreise Nördlingen und Donauwörth) und 54 % der niederbayerischen Bevölkerung.

In bezug auf die Siedlungs- und Bevölkerungsstrukturen gibt das Untersuchungsgebiet ein Bild des allgemeinen Wandels Bayerns aus der Agrar- in die Industriegesellschaft wider, umfaßt es neben dem in Bayern größten Verdichtungsraum München auch jenen von Augsburg und die von beiden geprägten Urbanisierungsbereiche[51]. Hier, wie auch in den größeren zentralen Orten, im oberbayerischen Chemiedreieck und in verschiedenen Fremdenverkehrsgebieten trat zwischen 1961 und 1970 ein mehr oder weniger starkes Bevölkerungswachstum auf, während in großen Teilen Mittelschwabens, vor allem aber Niederbayerns[52] und einzelnen Bereichen im Norden und Osten Oberbayerns Abnahmen in der Bevölkerungszahl festzustellen waren. Der Prozeßablauf war jedoch nicht überall einheitlich, sondern zeigte — gemessen an den generativen Verhaltensweisen der Bevölkerung — eine Reihe regionaler Komponenten. Die sich daraus u. a. ergebenden unterschiedlichen Einstellungen und Lebensgewohnheiten müßten deshalb auch in ihren Auswirkungen auf räumliche Bewegungen spürbar werden.

Die regionale Differenzierung bestätigt sich ebenso bei den Erwerbsstrukturen der Bevölkerung und ihrer Veränderung. Neben den auf den tertiären Sektor ausgerichteten Fremdenverkehrsgebieten bzw. großer Teile des Verdichtungsraumes München treten in zunehmender Zahl die auf den sekundären Sektor orientierten Gemeinden im Umland von Augsburg und Neu-Ulm, in und um die meisten zentralen Orte sowie in Gestalt neuer, eher punktueller Industriestandorte auf. Während die Bevölkerung in diesen beiden Gemeindetypen stark wuchs, war in den bereits erwähnten, noch stark agrarisch orientierten Gebieten häufig eine Abnahme der Bevölkerung zu beobachten. Das Ergebnis der bisherigen Austauschvorgänge ist eine Fülle unterschiedlicher Raummuster in Südbayern, die kaum mehr der Vorstellung von „einer Großstadt inmitten eines Bauernlandes"[53] entspricht (vgl. auch Karte 11).

b) Ermittlung der Testgebiete (Gemeinden bzw. -teile)

Wie bei zahlreichen anderen, topologisch auf Privathaushalte als Objekte ausgerichteten sozialgeographischen Struktur- und Prozeßanalysen zeigt sich auch hier ein gewisser Mangel in der Datenlage. In der amtlichen Kommunalstatistik liegen auf Gemeindebasis zwar Daten für verkehrsräumliche Verhaltensweisen in den Volks- und Berufszählungen (sowie Einzeldaten aus der Wohnungs- und Gebäudezählung 1968, der Handels- und Gaststättenzählung desselben Jahres bzw. dem Verkehrszensus), insbes. für berufs- und bildungsorientierte Verkehrsstrukturen und -prozesse, vor. Eine für die geographische Zielformulierung notwendige weitere Disaggregation nach Haushalten oder sonstigen sozialen Gruppierungen ist jedoch nur über arbeits- und kostenaufwendige Verfahren aus dem Grundmaterial, und deshalb auch nur für wenige Gemeinden, durchführbar. Für versorgungs- und freizeitorientierte Strukturanalysen bestehen nur wenige, von verschiedenen wissenschaftlichen Instituten oder neuerdings auch vom Statistischen Bundesamt durchgeführte Erhebungen, die jedoch durch ihre unterschiedlichen methodologischen und empirischen Ansätze meist wenig oder überhaupt nicht vergleichbar sind.

Es ist deshalb im Rahmen der gegebenen finanziellen und arbeitsökonomischen Möglichkeiten notwendig, weitere Erhebungen zur Gewinnung von Basismaterial durchzuführen, z. B. über Befragungen oder Zählungen (als Teil der Beobachtung). Eine Erfassung sämtlicher Haushalte in Südbayern schied ebenso aus wie auch die Erfassung sämtlicher Haushalte in allen ausgewählten Gemeinden. An ihrer Stelle wurde das Schwergewicht der Untersuchung auf ausgewählte Teilmassen der Ge-

---

[51] Vgl. u. a. Ruppert, K., Wirtschaftsgeographische Grundstrukturen Bayerns, in: De sociale en economische Geografie van Beieren, Vorträge an der Katholieke Universiteit te Leuven, 1972, S. 6 ff.

[52] Nicht zuletzt ist dies ein Ergebnis historischer Entwicklungskomponenten. Vgl. u. a. Grötzbach, E., Geographische Untersuchung über die Kleinstadt der Gegenwart in Süddeutschland, in: Münchner Geograph. Hefte, H. 24, Kallmünz/Regensburg 1963, S. 118.

[53] Hottes, K.-H., Meynen, E., Otremba, E., Wirtschaftsräumliche Gliederung der Bundesrepublik Deutschland, in: Forschungen z. dt. Landeskunde, Bd. 193, Bad Godesberg 1972, S. 250.

samtheit gelegt, wobei als Auswahlverfahren von einer mehrstufigen Stichprobe ausgegangen wurde:

Auf einer ersten Stufe des Untersuchungsablaufes ging es um die Auswahl der Testgemeinden bzw. -gebiete, wobei eine dynamische oder besser komparativ-statische Gemeindetypisierung als Gliederungsprinzip und weitere Differenzierungskriterien für eine geschichtete Stichprobe unter den Gemeinden des Untersuchungsgebietes (Quellgebietsuntersuchungen) sowie eine bewußte Auswahl unter den „verorteten Einrichtungen" im Zielgebiet verkehrsräumlicher Aktivität zum Tragen kam.

Auf einer zweiten Stufe der Auswahl unter den Haushalten als eigentlichen Untersuchungsobjekten wurde dann ein Random-Sample herangezogen, wobei eine einfache Zufallsstichprobe in den jeweiligen Einwohnermeldekarteien vorgenommen wurde. Im Falle der drei innerstädtischen Testgebiete:

> München-Lerchenau, eine i. w. zwischen 1964—66 erbaute Wohnsiedlung beiderseits der Lasalle-Straße mit rd. 2 600 Wohneinheiten am nördlichen Stadtrand von München (ohne Kolonie Lerchenau und Kolonie Eggarten),
> Kempten-St. Mang, ein i. w. 1967 neu erbautes Wohngebiet mit überwiegend 2—3-Personen-Haushalten am südlichen Stadtrand von Kempten mit dem Zentrum in der Römerstraße und
> Kempten-Altstadt, ein traditionelles funktionales Mischgebiet in der Innenstadt um den St. Mang-Platz mit kleingewerblichen Betriebsstrukturen, Gastarbeiterwohnbereichen und städtebaulichen Sanierungsvorhaben,

die als Kontrastgebiete zu den Beispielen im regionalen Betrachtungsfeld nach dem Prinzip einer bewußten Auswahl (damit ohne Hochrechnungsmöglichkeit für „innerstädtische" Gebietstypen) gewählt wurden, wurde von einer Flächenstichprobe ausgegangen. Die jeweiligen Siedlungen als Gesamtmasse definierend, wurde jede 10. Wohnung in die Stichprobe einbezogen.

Bei den Vergleichsstudien in den Zielgebieten verkehrsräumlicher Aktivität schließlich wurden in verschiedenen Betrieben, Einkaufsstätten, Schulen und Freizeiteinrichtungen Zufallsstichproben unter den Nachfragern über zeitliche „Klumpen" vorgenommen.

Um nun die einzelnen Schritte des Auswahlverfahrens unter den Haushalten im Quellgebiet zu erläutern, soll zuerst auf die im Mittelpunkt stehende Gemeindetypisierung eingegangen werden. Das Problem der Gemeindetypisierung ist seit langem ein Anliegen geographischer Forschung[54], was — angefangen von den methodologischen Ansätzen HETTNERS[55] und den empirischen Arbeiten von GRADMANN[56] und HESSE[57] in den letzten zwei Jahrzehnten in einer Fülle von Untersuchungen mit unterschiedlichen Kriterien (ökonomischen, sozialen und/oder funktionalen Struktur- und Prozeßdaten), für unterschiedliche Zwecke und mit unterschiedlichen Verfahren (von einfachen Schwellenwertbildungen bis hin zur Faktorenanalyse) dokumentiert wurde. Der Grundgedanke aller Typisierungsansätze ist die Erfassung der individuellen Struktur der Gemeinden im großräumigen Vergleich durch die Herausarbeitung gemeinsamer Grundzüge und eine Gruppierung nach bestimmten, bewußt ausgewählten oder über mathematische Verfahren ermittelten Kriterien in wenige überschau- und interpretierbare Typen. Die Gemeindetypisierung ist hier als Zwischenstufe in dem Bemühen um eine Verallgemeinerung wissenschaftlicher Aussagen gedacht, wobei von der Voraussetzung ausgegangen wird, daß die Gebietseinheiten vergleichbar sind. Die verschiedenen Typisierungsansätze versuchen deshalb, aus der Vielzahl möglicher Kriterien jene herauszugreifen, die durch gleichartige Merkmalseigenschaften gekennzeichnet sind. Im Unterschied zu faktorenanalytischen Verfahren[58] wurde bei der vorliegenden Gemeindetypisierung in Karte 8 ein traditioneller

---

[54] Vgl. zum Überblick u. a. Bartels, D., Das Problem der Gemeindetypisierung, in: Geograph. Rundschau, 17. Jg., 1965, H. 1, S. 22—25; Steinberg, H. G., Methoden der Sozialgeographie, Münster 1967, insbes. S. 65—73; Bähr, J., Gemeindetypisierung mit Hilfe quantitativer statistischer Verfahren, Beispiel Regierungsbezirk Köln, in: Erdkunde, Bd. 35, 1971, H. 4, S. 240—265.
[55] Hettner, A., Die wirtschaftlichen Typen der Ansiedlungen, in: Geograph. Zeitschrift, 8. Jg., 1902, S. 92—100.
[56] Gradmann, R., Das ländliche Siedlungswesen des Königreiches Württemberg, in: Forschungen z. dt. Landeskunde, Bd. 21, Stuttgart 1913, S. 1 ff.
[57] Hesse, P., Grundprobleme der Agrarverfassung, dargestellt am Beispiel der Gemeindetypen und Produktionszonen von Württemberg, Hohenzollern und Baden, Stuttgart 1948.
[58] Vgl. u. a. Kilchenmann, A. und Moergeli, W., Typisierung der Gemeinden im Kanton Zürich mit multivarianten statistischen Methoden auf Grund ihrer wirtschaftsgeographischen Struktur, in: Vierteljahresschrift d. Naturforsch. Gesellschaft in Zürich, Jg. 115, 1970, H. 3, S. 369—394; Steiner, D., Die Faktorenanalyse. Ein modernes

Karte 8

Dynamische Gemeindetypisierung im Untersuchungsgebiet anhand ausgewählter sozioökonomischer Daten
(Synthetische Karte)

Verfahren:

a. Als Basis für die regionale Differenzierung im Untersuchungsgebiet sowie für die Auswahl verschiedener Testgemeinden wurde

- die Wohnbevölkerung 1970 als Strukturelement und
- die Veränderung der Struktur der Erwerbspersonen bzw. Erwerbstätigen nach Wirtschaftszweigen zwischen 1961 und 1970 (als Indikator für ökonomische Komponenten), die Veränderung des Pendleranteils an den Erwerbspersonen bzw. Erwerbstätigen zwischen 1961 und 1970 (als Indikator für räumliche Aktivität), die Veränderung der Wohnbevölkerung zwischen 1961 und 1970 (ebenfalls als Indiktor für räumliche Aktivität),
- die Veränderung der Altersstruktur der Wohnbevölkerung zwischen 1961 und 1970 (als Indikator für soziale Komponenten) als Prozeßelemente gewählt.

b. Zahl der Einwohner in den Gemeinden 1970

○	bis unter 1 000	18 000 bis u. 30 000	
○	1 000 bis u. 2 500	30 000 bis u. 55 000	
○	2 500 bis u. 6 000		
○	6 000 bis u. 12 500	**Augsburg**	211 566
○	12 500 bis u. 18 000	**München**	1 293 590

c. Bei Erfassung und Darstellung der prozessualen Komponenten wurde von einem mehrstufigen analytischen Typisierungsverfahren ausgegangen

1. Stufe – Bei der Erwerbs- und Altersstruktur Typisierung der Gemeinden mit Hilfe von Dreiecksdiagramen für die Jahre 1961 und 1970 (Differenzierung nach primären, sekundären und tertiären Sektor bzw. nach Altersgruppen unter 15 Jahre, 15 bis unter 65 Jahre und über 65 Jahre, bei einer grundsätzlichen Orientierung am gesamtbayerischen Durchschnitt).

– Bei Pendleraktivität und Bevölkerungsveränderung Typisierung der Gemeinden nach einfachen Häufigkeitsdiagrammen für den Anteil der Pendler an den Erwerbspersonen 1961 und 1970 bzw. für die relative Bevölkerungsveränderung zwischen 1961 und 1970.

2. Stufe – Bei der Erwerbs- und Altersstruktur sowie der Pendleraktivität Kombination der Gemeindetypen für die Jahre 1961 und 1970 mit Hilfe einfacher Matrizen und Bildung von interpretierbaren Typen räumlicher, ökonomischer und sozialer Prozeßabläufe.

d. Bei der Synthetisierung der analytischen Karten wurde eine Vierfach-Matrix verwandt

d1.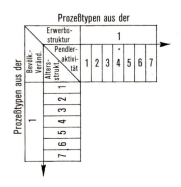

Geographisches Institut
der Universität Kiel
Neue Universität

Weg qualitativ-subjektiver Bewertung eingeschlagen, da mit der Wahl
- der Größe der Wohnbevölkerung 1970 als Strukturelement,
- der Veränderung der Erwerbspersonenstruktur zwischen 1961 und 1970 als Indikator für ökonomische Prozeßelemente,
- der Veränderung der Altersstruktur der Wohnbevölkerung zwischen 1961 und 1970 als Indikator für soziale Prozeßelemente,
- der Veränderung der Wohnbevölkerung zwischen 1961 und 1970 bzw.
- der Veränderung des Pendleranteils an den Erwerbspersonen zwischen 1961 und 1970 als Indikator für funktionale Prozeßelemente

die Typisierung bereits auf bestimmte, statistisch belegbare Einflußgrößen bzw. Anzeiger verkehrsräumlicher Aktivität aufgebaut war [59].

Über ein mehrstufiges Verfahren analytischer Karten der Einzelkomponenten mit Hilfe von Dreiecksdiagrammen und einfachen Matrizen ergaben sich verschiedene Typen räumlicher Prozeßabläufe, die über eine Vierfach-Matrix synthetisiert wurden. Aus den 2 401 theoretisch möglichen Kombinationen traten effektiv nur 204 auf, die nach dem in Karte 8 dargestellten Gliederungsschema zu 16 interpretierbaren Prozeßtypen zusammengefaßt wurden.

Bereits der erste Überblick weist erneut darauf hin, daß in Südbayern eine Vielfalt unterschiedlicher Erscheinungsformen im sozioökonomischen Bereich auftreten. Der Eindruck eines Stadt-Land-Gegensatzes ist keineswegs mehr gegeben, sondern die verschiedensten Übergänge in den Strukturen sind zum Kennzeichen des regionalen Spektrums geworden. Neben den beiden Bevölkerungskonzentrationen München und Augsburg erkennt man u. a. innerhalb der Gemeinden mehr tertiär-urbanen Typs (Prozeßtypen 12—16) eine Reihe zentraler Orte, aber auch die erhebliche regionale Differenzierung etwa zwischen den traditionellen Zentren im ruralem Raum (Typ 12, u. a. die Untersuchungsgemeinden Wertingen oder Griesbach) und den in jüngster Zeit dynamisch gewachsenen Gemeinden (Typ 13 und 14), vor allem im engeren Einflußbereich zentraler Orte (stadtnahe Gemeinden wie etwa Sauerlach oder Gröbenzell) oder auch in den Fremdenverkehrsräumen. Gerade dieser Aspekt der Differenzierung sowie die Tatsache, daß urbane wie rurale Bereiche aufgrund der zwischen ihnen bestehenden Verflechtungen untrennbar miteinander verbunden sind, führte dazu, die Untersuchungen auch auf innerstädtische Beispiele auszudehnen und zwar auf so unterschiedlich sozioökonomisch charakterisierte Beispiele wie die Altstadt bzw. St. Mang in Kempten. In München, wo für mehrere Stadtrandbereiche (u. a. Hasenbergl, Parkstadt Bogenhausen, Perlach, Fürstenried und die Blumenau [60] bzw. Haidhausen und die City [61]) Untersuchungen über Kommunikations- und Verkehrsverhalten bereits vorliegen, wurde deshalb nur noch die Siedlung am Lerchenauer See als ergänzendes Beispiel miteinbezogen. Andererseits weist Karte 8 auf die im ruralen Raum Südbayerns sehr bedeutungsvollen Prozeßtypen 4—9 hin, die insbesondere im oberbayerischen Chemiedreieck, aber auch im weiteren Einzugsbereich von München, Augsburg, Kempten, Neu-Ulm, Passau und Rosenheim festzustellen sind. Diese stärker auf den sekundären Sektor orientierten oder als Arbeiter-Bauern-Gemeinden mit ihm verbundenen Gemeinden tragen entscheidend zur Umgestaltung des ruralen Raumes bei. Ihre Erscheinungen treten, mit Ausnahme der Fremdenverkehrsgebiete im Alpenraum bzw. im Alpenvorland, auch weit stärker flächenhaft auf als die Typen 10—16. Gemessen an der Bevölkerungszahl als kleiner, jedoch der Gemeindezahl und flächenhaften Ausdehnung innerhalb des Untersuchungsgebietes nach als großer Teil bleiben schließlich noch die ruralen Gemeinden der Ty-

---

statistisches Hilfsmittel des Geographen für die objektive Raumgliederung und Typenbildung, in: Geographica Helvetica, Bd. 20, 1965, S. 29—31 sowie den eigenen Ansatz in Maier, J., Gosar, A., Gemeindetypisierung als Ausdruck regional differenzierter Struktur- und Prozeßmuster in Slowenien: das Beispiel eines faktorenanalytischen Ansatzes, in: Mitteilungen der Geographischen Gesellschaft München, 62. Bd., 1977, in Druck.

[59] Als Vergleich kann genannt werden Moewes, W., Gemeindetypisierung nach dynamisch-strukturellen Lagetypen. Erläutert am Beispiel der nördlichen Vogelsbergsabdachung, in: Informationen, 18. Jg., 1968, H. 2, S. 37—55 sowie insbes. Schaffer, F., Sozialgeographische Probleme des Strukturwandels einer Bergbaustadt: Beispiel Penzberg/Oberbayern, in: Tagungsber. u. wiss. Abhandl. d. Dt. Geographentages Kiel 1969, Wiesbaden 1970, S. 313—325.

[60] Zapf, K., Heil, K., Rudolph, J., a. a. O.; Zapf, K., Heil, K., a. a. O.; Hundhammer, F., Die Blumenau — Sozialgeographische Aspekte des Kommunikationsverhaltens in einer Siedlung am Stadtrand, unveröffentl. Zul.-Arbeit am Wirtschaftsgeographischen Institut der Universität München, unter Leitung von Prof. Dr. F. Schaffer, München 1972.

[61] Heil, K., a. a. O.; Hartenstein, W. und Lutz, B., Die City von München, Bremen 1963.

pen 1—3 übrig und markieren im wesentlichen jene Gebiete, die im Rahmen der Analyse über Verkehrserschließung und -bedienung i. w. S. als unterdurchschnittlich versorgt bezeichnet wurden. Eine regionale Konzentration von traditionell-agrarisch orientierten Ausformungen dieser Typen kann man insbesondere im Bereich des niederbayerischen Tertiärhügellandes registrieren, während in den anderen Gebieten verschiedenste Übergangserscheinungen anzutreffen sind.

Um nun eine Auswahl unter den 2 337 Gemeinden des Untersuchungsgebietes vornehmen zu können, wurde neben einer Berücksichtigung der regionalen Bevölkerungsverteilung sowie der Anzahl der Gemeinden in den einzelnen Typen auch beachtet, daß möglichst alle Gemeindetypen — regional gestreut — mehrfach vertreten sein sollten. Dies erschien für die geographische Analyse notwendig, würde jedoch bei einer reinen Gewichtung nach der Einwohnerzahl übersehen werden, daß auch innerhalb der größeren Gemeinden eine ebenso mehr oder weniger starke Differenzierung in der sozioökonomischen Struktur wie auch in den räumlichen Verhaltensmustern auftritt. Daraus ergab sich, bei einer aus finanziellen Aspekten vorgegebenen Zahl von 40 Testgebieten, eine Verteilung von 8 : 10 : 22 auf die Gemeindetypen 1—3, 4—9 und 10—16, die allerdings nur eine eingeschränkte Hochrechenbarkeit (nur für die einzelnen Gemeindetypen) zuläßt. Da es aber in erster Linie um regional und gruppenspezifisch differenzierte Verhaltensweisen im Raum ging, wurde dieser Mangel in der Auswahl als zu vernachlässigen angesehen. Bei der regionalen Verteilung der Untersuchungsgemeinden in Südbayern wurden dann neben der regionalen Bevölkerungsverteilung (63 % auf den oberbayerischen, 27 % auf den schwäbischen und 10 % auf den niederbayerischen Untersuchungsteilbereich) noch unterschiedliche Distanz-Lagetypen zu den Verdichtungsgebieten und unterschiedliche Ausstattungstypen in bezug auf die Verkehrserschließung berücksichtigt. Bei der teilweise subjektiv beeinflußten Entscheidung über die zu untersuchenden regionalen Schwerpunkte spielte ferner die Vorstellung einer Vergleichbarkeit ähnlicher Gemeindetypen in verschiedenen Landesteilen sowie die Erfassung vorhandener gebietscharakterisierender Einflußgrößen eine wichtige Rolle. Verdichtungsfern gelegene Schwerpunkte, wie z. B. in den (ehem.) Landkreisen Sonthofen oder Füssen wurden so verdichtungsnah gelegenen, wie z. B. in den Landkreisen um München gegenübergestellt. Verkehrsmäßig gut bediente Gebiete, wie z. B. im Süden von München wurden mit relativ schlecht bedienten im (ehem.) Landkreis Griesbach verglichen. Bei der Verteilung der Testgemeinden innerhalb dieser regionalen Schwerpunkte wurden neben einer Differenzierung nach Gemeindetypen ebenfalls die genannten Kriterien der Lagegunst herangezogen. Das Ergebnis stellen die in Karte 8 mit Δ versehenen bzw. in verschiedenen Abbildungen aufgelisteten Gemeinden dar.

Für Teilaspekte des Untersuchungsprogrammes konnten ferner noch der Markt Au i. d. Hallertau, der Ortsteil Bruck der Gemeinde Taglaching, der Markt Glonn und die Stadt Grafing (die letzten drei Orte aus dem Landkreis Ebersberg); Aschau i. Chiemgau, Hittenkirchen, Sachrang, Umrathshausen und Wildenwart (alle Landkreis Rosenheim) sowie die Stadt Mainburg (Landkreis Kelheim) einbezogen werden.

Innerhalb der Untersuchungsgemeinden wurden, soweit eine Totalerhebung aller Haushalte (wie z. B. in Baumgarten, Heretsried, Ostendorf, Pipinsried und Uttlau/Haarbach) aus finanziellen Gründen nicht möglich war, Erhebungen unter festgelegten Teilmassen (Zufallsstichproben) durchgeführt. Je nach der absoluten Zahl der Haushalte in einer Gemeinde ergab dies Auswahlsätze zwischen 95 % der Haushalte in Reichenkirchen (Landkreis Erding) und 3 % in Garmisch-Partenkirchen. Die anhand der alphabetisch geordneten Einwohnermeldekarteien auf diese Weise gezogenen Haushalte wurden dann mit Hilfe eines eigens dafür geschulten Studenten-Teams interviewt. Als Ergebnis konnten, unterstützt durch die Bekanntgabe in der Lokalpresse bzw. die Hilfe der Bürgermeister insgesamt 4 489 Fragebogen zur Auswertung gebracht werden, was einer Antwortquote von 76 % entsprach.

c) Durchführung der Datenerfassung

Mit der Ermittlung der regionalen Standorte der Untersuchungsgemeinden bzw. -gebiete, des Stichprobenumfanges sowie der Auswahl der zu befragenden Haushalte war noch keine Entscheidung über fragenden Haushalte noch keine Entscheidung über Art und Form der Befragung sowie die Gestaltung des Fragebogens gefallen. Ebenso wie die meisten stadtsoziologischen oder verkehrstechnischen Arbeiten, die sich mit Verkehrswege- oder -mittelanalysen befassen, war die Frage zu beantworten, entweder den Weg einer Tagesablaufbeschreibung im Sinne eines „time-budget" oder eine Befragung mit einem — auf raumrelevante Schwerpunkte hin — vorstrukturierten Fragebogen durchzuführen. Der Vorteil einer Erfassung von Zeitbudgets der einzelnen Haushalte über Tagebücher liegt vor allem darin, daß man zu einem bestimmten Zeitpunkt *alle* Tätigkeiten, ihre Dauer, zeitliche Anordnung und Häufigkeit, also die Struktur des verfügbaren Zeitpotentials erfassen kann, weshalb dieses Verfahren bevorzugt von soziologischer Seite angewandt wird [62]. Der räumliche Aspekt tritt dabei in den Hintergrund, der gerade in dieser Untersuchung andererseits herausgestellt werden sollte. Einen weiteren Nachteil der Zeithaushalts-Methode liegt in den hohen Kosten derartiger Untersuchungen, sollen sie auf einen größeren Personenkreis (also nicht nur auf ausgewählte Schichten) und einen längeren Zeitraum (nicht nur einen Tag) ausgedehnt werden [63]. Ausgehend von der Überlegung, möglichst zahlreiche Informationen über die distanzüberwindenden Vorgänge, insbesondere die Häufigkeiten und spezifischen Reichweiten der verschiedenen Aktivitäten sowie die Verkehrsmittelbenutzung zu erhalten, fiel — trotz aller Vorteile der „time-budget"-Methode — die Entscheidung auf den strukturierten Fragebogen. Der angesprochene Betrachtungszeitraum bezog sich auf die jüngste Vergangenheit und sollte, mit Ausnahme des Urlaubsreise- und Naherholungsverhaltens (bei denen auch eine Differenzierung nach Jahreszeiten abgefragt wurde), die regelhaften Erscheinungsformen verkehrsräumlicher Aktivitäten erfassen.

Sicherlich können damit auch nicht alle Fehlerquellen ausgeschaltet werden, gelingt es doch in Befragungen im allgemeinen nicht das reale Verhalten direkt, sondern mehr dessen verbale, vom Interviewten bereits bewertete Ausdrucksform zu studieren [64]. Fehlerhafte Angaben z. B. im Bereich der Reichweiten, durch soziales Prestige- oder sonstiges Wunschdenken bewußt oder unbewußt verursacht, können zwar durch den Interviewer — soweit kontrollierbar — erkannt und entsprechend vermerkt werden, jedoch sie gänzlich auszuschließen, erscheint kaum möglich. Andererseits kam es auch nicht auf letztlich exakte Distanzangaben (in km oder Min.) an, sondern auf die Struktur der Reichweiten innerhalb sozialer Schichten bei der Befriedigung der Grundfunktionen, weshalb dieser Informationsverlust hingenommen wurde. Entscheidend erscheint dabei, die Grenzen des Streubereiches zu erkennen und — soweit möglich — quantitativ festzulegen.

Im Rahmen der strukturierten Befragung wurde deshalb in bezug auf das Verhältnis zur interviewten Person die Form des neutralen Interviews gewählt, um möglichst einen hohen Grad an Vergleichbarkeit unter den Informationen zu erhalten. Die Fragen waren dabei in erster Linie auf den Haushaltsvorstand ausgerichtet, da aus den verschiedenen verkehrstechnischen und -wirtschaftlichen Untersuchungen bekannt war, daß mehr als die Hälfte der verkehrsräumlichen Aktivitäten eines Haushaltes insgesamt auf diesen entfällt [65]. Jedoch wurde daneben auch das Verkehrsverhalten der übrigen Haushaltsmitglieder (also z. B. des Ehepartners in bezug auf weitere berufs- oder versorgungsorientierte Verkehrsvorgänge sowie der Kinder im Bereich des Ausbildungs- und — soweit getrennt von den Eltern ablaufend — des Freizeitverhaltens) in die Befragung miteinbezogen. Die Gliederung des im Anhang beigefügten Fragebogens weist darauf hin, daß neben einigen, in die Befragung einführenden Fragen über die sozioökonomische Situation (mit den hypothetisch angenommenen Einflußgrößen Alter, Beruf bzw. Berufskategorien, Einkommen, Wohndauer an Ort und Pkw-Besitz) die Analyse vor allem auf vier große Bereiche unter den verkehrsräumlichen Bewegungsabläufen (entsprechend den Ausführungen über die Grundfunktionen menschlicher Daseinsäußerung) ausgerichtet wurde:

— erwerbs- oder berufsorientierte Verkehrsabläufe

   sowohl bei haupt- wie auch nebenberuflicher Tätigkeit (entsprechend dem engl. „income producing and related activities")

— versorgungsorientierte Verkehrsabläufe,

   also z. B. Einkäufen alltäglichen, nichtalltäglichen und aperiodischen Bedarfs sowie sonstige Besorgungen (Nachfrage nach Dienstleistungen im weitesten Sinne)

---

[62] Vgl. u. a. Sorokin, P. A., Berger, G., Time-Budgets of Human Behaviour, New York 1939; Rosenbladt, B. v., Tagesläufe und Tätigkeitssysteme: Zur Analyse der Daten des internen Zeitbudgets-Projekts, in: Soziale Welt, 1969, H. 1, S. 56 ff. sowie stellvertretend für die zahlreiche Literatur in den sozialistischen Ländern: Autorenkollektiv, Das Zeitbudget der Bevölkerung, H. 42 d. Schriftenreihe Planung und Leitung der Volkswirtschaft, Berlin 1970.

[63] Zur Kritik von Zeitbudgets aus verkehrswirtschaftlicher Sicht vgl. u. a. Geiger, M., a. a. O., S. 125 ff.

[64] Vgl. u. a. die Kritik von Befragungen bei Atteslander, P., Methoden der empirischen Sozialforschung, Berlin 1971, S. 74 ff.

[65] u. a. bei Kessel, P., a. a. O., S. 34.

— ausbildungsorientierte Verkehrsabläufe, insbesondere das Verkehrsverhalten außerhalb des Wohnumfeldes (die Befragung konzentrierte sich daher auf Schüler von Realschulen und Gymnasien, während Volksschüler und ihre Schulwege getrennt analysiert wurden)

— freizeitorientierte Verkehrsabläufe, unabhängig vom Zielgebiet der Freizeitbetätigungen umfaßte die Befragung Komponenten der Freizeitaktivitäten im Wohnumfeld, im Naherholungsbereich und im längerfristigen Reiseverkehrsbereich. Insoweit sind auch Aspekte der Kommunikation (u. a. Kontakte mit Bekannten und Verwandten) miteingeschlossen, die insbes. in der englisch-sprachigen Literatur häufig als fünfter Bereich der „fundamental needs" [66] bezeichnet werden. Wie sich bei der Auswertung der Befragungen zeigte, ist es im Rahmen weiterer Studien dieses Themenbereiches und unter stärkerer Betonung innerstädtischer Verhaltensmuster sinnvoll, eine Differenzierung des komplexen Bereiches freizeitorientierter Verkehrsabläufe in einen Bereich raumrelevanter Freizeitaktivitäten und einen Bereich sonstiger personaler Beziehungen bzw. sozialer Kontakte (von einfachen Nachbarschaftskontakten bis hin zur Betätigung in Vereinen oder politischen Organisationen) [67] vorzunehmen.

---

[66] Vgl. z. B. den Funktionskatalog bei Chapin, F. S. und Hightower, H. C., Household activity systems — a pilot investigation, Center for urban and regional studies, Institute for Research in Social Sciences, University of North Carolina, Chapel Hill 1966, S. 76—81.

[67] Vgl. im Bereich stadtsoziologischer Untersuchungen u. a. jene von Klages, H., Der Nachbarschaftsgedanke und die nachbarliche Wirklichkeit in der Großstadt, Köln-Opladen 1956, oder Schüler, J., a. a. O., S. 121 ff.

III. ANALYSE DER VERKEHRSRÄUMLICHEN VERHALTENSMUSTER, DER REICHWEITENSYSTEME UND DER VERKEHRSMITTELWAHL IN IHRER REGIONAL- UND GRUPPENSPEZIFISCHEN DIFFERENZIERUNG

A. Quantitative Gewichtung der einzelnen Funktionskreise nach ihrem Anteil an den verkehrsräumlichen Aktivitäten ausgewählter Privathaushalte

1. Auswertung vorliegender verkehrswissenschaftlicher Studien

Wie bereits in Kap. I. 1. b) vorgeführt, zählt die Erfassung menschlicher Tätigkeiten im Raum in Gestalt der Grundfunktionen zu den Grundlagen des sozialgeographischen Konzepts. Auch in der vorliegenden Studie wird diese Betrachtungsweise, wenngleich etwas modifiziert, beibehalten. Die Analyse zielt darauf ab, eine quantitative Gewichtung der einzelnen Funktionskreise entsprechend ihrem Anteil an den verkehrsräumlichen Aktivitäten der Haushalte vorzunehmen. Diese Ergänzung stellt jedoch keine Wertung über die Bedeutung der Grundfunktionen in sozialer oder gar gesellschaftspolitischer Hinsicht dar.

Betrachtet man daraufhin die vorliegenden Aussagen der verschiedenen, meist als regionale Fall-Studien angelegten verkehrstechnischen oder -wirtschaftlichen Untersuchungen, so erkennt man neben der Wohnung als Quelle und Ziel der meisten Verkehrsabläufe vor allem die Dominanz der erwerbs- oder berufsorientierten Verkehrstätigkeit. Wie Tab. 1 zeigt, zieht dieser Teil verkehrsräumlicher Aktivität meist über die Hälfte aller Personenfahrten auf sich. Nun könnte man einwenden, daß bei diesen Analysen nur eine strukturelle Übersicht der Fahrtanlässe vorgeführt wird und keine Aussage über distanzüberwindende Vorgänge selbst. Die Gewichtung mit der Zahl der Fahrten bezieht zwar die Häufigkeit der in Anspruch genommenen Fahrtzwecke ein, eine Berücksichtigung der entsprechenden Distanzen wird jedoch nur in wenigen Untersuchungen[1] vorgenommen. Diesen Mangel gilt es bei den vorliegenden Berechnungen auszuschalten, ebenso ist es notwendig, möglichst sämtliche räumlichen Aktivitäten zu erfassen[2].

Die in Tab. 1 dargestellte Struktur der Fahrtzwecke (Verkehrsbedarfswerte bei KESSEL[3]) sind zwar durch ihre unterschiedliche methodologische Basis bzw. Erhebungsverfahren (über time-budget-Daten oder anhand strukturierter Fragebogen), ihre unterschiedlichen Erhebungszeiträume (sowohl in bezug auf die Basisjahre als auch auf die Erhebungstage) und die Ausbreitung ihrer regionalen Anwendungsgebiete nur in sehr begrenztem Ausmaße vergleichbar. Es kann jedoch festgestellt werden, daß die bereits erwähnte Dominanz erwerbs- oder berufsorientierter Verkehrsabläufe deutlich hervortritt[4]. Damit erfährt die eher qualitativ bzw. aus dem subjektiven Erfahrungsbereich motivierte Betonung der Pendleranalysen im Rahmen der funktionalen Anthropogeographie sowie der sie erweiternden Sozialgeographie eine nachträgliche quantifizierende Bestätigung. Ferner wird deutlich, daß — gemessen an ihrem Anteil an den Fahrten — die versorgungsorientierten vor den freizeit- und ausbildungsorientierten Verkehrsabläufen folgen, wobei sowohl innerhalb der Verkehrsmittelstruktur als auch im regionalen Betrachtungsfeld erhebliche Differenzierungen existieren.

So weist Tab. 1 auf vorhandene Affinitäten der

---

[1] Ifo-Institut f. Wirtschaftsforschung, Die voraussichtliche Entwicklung der Personen- und Güterverkehrsnachfrage in Bayern bis zum Jahre 1985, Teil II, Personenverkehr, München 1972.
[2] Vgl. dass., ebd., sowie Infratest, Bestehende Verkehrsverflechtungen und Verhaltensweisen im Pkw-Verkehr, München 1971.
[3] Kessel, P., a. a. O., S. 26.
[4] Mäcke, P. A., Hölsken, D., List, P., Probleme des Verkehrs in ländlichen Räumen, dargestellt am Beispiel des Kreises Monschau, Aachen 1970, S. 26.

Tabelle 1: Struktur der Fahrtzwecke in ausgewählten verkehrswirtschaftlichen Untersuchungen

Untersuchungsgebiete	Fahrtzwecke und Verkehrsmittel [1]	Erwerbs- oder berufsorientierte			Versorgungsorientierte			Ausbildungsorientierte			Freizeitorientierte			Sonstige		
		\multicolumn{15}{c}{Verkehrsabläufe in % aller Personenfahrten}
		I	Ö	G	I	Ö	G	I	Ö	G	I	Ö	G	I	Ö	G
1. 50 ausgewählte Städte in USA 1953—57 [2]		44	53	—	13	12	—	.[3]	.[3]	—	24	13	—	19	22	—
2. Ausgewählte Haushalte in Kempen-Krefeld 1960—64 [4]		53	64	—	10	11	—	1	14	—	17	6	—	19	6	—
3. Ausgewählte Haushalte in Brühl 1964 [4]		62	56	—	14	15	—	2	15	—	17	7	—	12	7	—
4. Ausgewählte deutsche Städte 1967 bei 3-Pers.-Haushalten [5]		—	—	49	—	—	18	—	—	17	—	—	13	—	—	6
5. Ausgewählte Städte und Gemeinden Nordrhein-Westfalens 1960—67 [6]		—	—	54	—	—	20	—	—	10	—	—	10	—	—	6
6. Ausgewählte Haushalte in München (Verkehrszählung 1965) [7]		—	—	50	—	—	25	—	—	12	—	—	.[3]	—	—	13
7. Ausgewählte PKW-Halter in Bayern 1969 [8]		54	—	—	16	—	—	2	—	—	9	—	—	20	—	—
8. Ausgewählte PKW-Halter in der BRD 1971 [9]		53	—	—	15	—	—	.[3]	—	—	7	—	—	24	—	—
9. Ausgewählte Haushalte in München (Verkehrszählung 1970) [10]		61	51	57	17	18	18	5	14	8	17	16	17	—	—	—

[1] I = Verkehrsmittel des Individualverkehrs, Ö = öffentliche Verkehrsmittel und G = Verkehrsmittel insgesamt
[2] Westergaard, J., Journeys to Work in the London Region, in: The Town Planning Review, Vol. 28, 1957/58
[3] In den sonstigen Fahrtzwecken enthalten
[4] Kessel, P., a. a. O., Tab. 16—19
[5] Schaechterle, K., Verkehrsentwicklung in deutschen Städten, a. a. O., S. 9
[6] Mäcke, P. A., Analyse- und Prognose-Methoden des regionalen Verkehrs, in: Raumordnung und Verkehr, H. 65 d. Mitt. a. d. Institut f. Raumordnung, Bad Godesberg 1969, Abb. 17
[7] Stadtplanung in München, Fortschreibung des Gesamtverkehrsplans, Analyse des fließenden Verkehrs, Baureferat der Landeshauptstadt, München 1969, S. 114
[8] Wieczorek, S., Der Automobilverkehr in Bayern und seine regionale Verflechtung, in: ifo-schnelldienst, Nr. 10 v. 8. 3. 1971, S. 15
[9] Infratest, Bestehende Verkehrsverflechtungen ..., a. a. O.
[10] Stadtentwicklungsreferat, Vorstellung eines Verkehrskonzepts ..., a. a. O., Tabellenband

Verkehrsarten zu bestimmten Verkehrsmitteln, z. B. im Bereich des ausbildungsorientierten Verkehrs hin. Während bei der Verkehrsmittelwahl der Schüler schon durch deren Alters- und Einkommensstruktur bedingt, eine Schwerpunktbildung auf die öffentlichen Verkehrsmittel verständlich erscheint, muß bei den freizeitorientierten Verkehrsabläufen mit der Dominanz des Pkw's neben sozioökonomischen Einflußgrößen auch die jeweilige Verkehrserschließung der Erholungszielgebiete mit berücksichtigt werden.

Aus dem Vergleich der Erhebungen in den USA und der BRD ist zu erkennen, daß die erwerbs- oder berufsorientierten Verkehrsabläufe in den USA geringere, die freizeitorientierten Verkehrsabläufe jedoch höhere Anteilswerte als in der BRD besitzen. Dahinter verbirgt sich eine durch den wirtschaftlichen und gesellschaftlichen Entwicklungsgang verursachte Veränderung im Gefüge der Grundfunktionen. Produktivitätssteigerungen und/oder Arbeitszeitverkürzungen bei höherem oder zumindest gleichem Einkommensniveau führen zu einer nominalen Erweiterung des Anteils der freien Zeit und u. U. der Freizeit innerhalb des gesamten time-budgets. Ein Analogschluß für die zukünftige Struktur der Fahrtzwecke in der BRD aus der Erkenntnis eines „time-lags" in der ökonomischen Entwicklung zwischen den beiden Ländern vorzunehmen, bietet sich hierbei zwar an, aus der methodologischen Problematik derartiger Verfahren sei er jedoch nur angedeutet, ohne einen letztlichen Nachweis führen zu wollen.

2. Veränderung der Aktivitätenmuster bei unterschiedlichen regionalen Standorten

Zur Differenzierung der unterschiedlichen Standortkomponenten unter dem Einfluß verschiedener sozioökonomischer Ausgangssituationen sowie Verkehrsgunstlagen wurde versucht, die vorgenommenen Erhebungen entsprechend aufzubereiten [5]. Obwohl diese nicht in erster Linie dazu angelegt waren, ist es über ein mehrstufiges Rechenverfahren möglich, dazu Ergebnisse vorzulegen. Den Ausgangspunkt bildeten dabei die Reichweiten bei den einzelnen Verkehrsaktivitäten, sodann ihre Häufigkeit in der Abfolge („wie oft wird diese Tätigkeit vorgenommen?") und ihre Präferenzposition unter den befragten Haushalten („wieviel Prozent der Haushalte nehmen an dieser oder jenen Tätigkeit teil?"). Während die Abfolgehäufigkeiten in den versorgungs- und den freizeitorientierten Aktivitäten aus den Ergebnissen der Befragungen (als arithmetisches Mittel) entnommen werden konnten, wurde im arbeits- sowie im bildungsfunktionalen Verkehrsbereich von der Annahme von 220 Arbeitstagen/Jahr bzw. 180 Schultagen/Jahr ausgegangen. Die aus den einzelnen Rechenschritten gewonnenen Teilergebnisse für die einzelnen Grundfunktionen wurden dann für jede Gemeinde bzw. jedes Untersuchungsgebiet zu einem Summenwert verkehrsräumlicher Aktivitäten addiert. Dabei wurde berücksichtigt, daß rd. 20 % der Einkaufsbeziehungen im Bereich des alltäglichen Bedarfs im Rahmen der arbeitsfunktionalen Verkehrsaktivitäten (u. a. in Gestalt der ebenfalls berufstätigen und nach außerhalb der Wohngemeinde pendelnden Ehefrau) mit erledigt wird [6]. Der Summenwert jeder Gemeinde spiegelt also ein Bild der Verkehrsverhaltensweisen wider, gemessen am rechnerischen Durchschnitt aller erfaßten Haushalte einer Gemeinde. Als arithmetisches Mittel aus den Summenwerten aller Untersuchungsgebiete schließlich war ein Strukturmuster der verkehrsräumlichen Aktivitäten zu erhalten, das mit

48 % auf erwerbs- oder berufsorientierte,
13 % auf ausbildungsorientierte,
21 % auf versorgungsorientierte und
18 % auf freizeitorientierte Verkehrsabläufe

den aus der Literatur bekannten Angaben sehr nahe kam. Eine Deckungsgleichheit, würde sie bestehen, hätte nur formalen Charakter, stellen die Ergebnisse doch bereits mit den jeweiligen Reichweiten gewichtete Werte dar, während die Daten im vorhergehenden Abschnitt sich allein auf Fahrtzwecke und ihre Häufigkeiten beziehen.

Bei der Differenzierung im regionalen Betrachtungsfeld zeigt sich nun ein breites Spektrum von Erscheinungsformen unter den Verkehrsaktivitäten mit einer unterschiedlichen Gewichtung der einzelnen Grundfunktionen (vgl. Abb. 5). Bedingt einmal durch die regionale Verteilung der verschiedenartigen sozioökonomischen Standorte der Quellgebiete ergeben sich unter den Untersuchungsgemeinden bzw. -gebieten erhebliche Abweichungen vom Durchschnittswert. So zeigten vor allem die ausgewählten Gemeinden des agrarisch-orientierten Typs bei den einzelnen Aktivitäten fast

---

[5] Vergleichbare Ansätze finden sich etwa bei Kutter, E., a. a. O., S. 40 ff. für innerstädtische Gebietstypen.
[6] Vgl. auch hierzu Kutter, E., a. a. O., S. 37.

umgekehrt proportionale Varianzen um den Durchschnittswert als die innerstädtischen Gebietstypen. Während u. a. bei Oberbachern, Haarbach-Uttlau und vor allem Pipinsried der arbeitsfunktionale Bereich weit überdurchschnittliche Anteilswerte besaß, war es bei den innerstädtischen Gebietstypen (mit Ausnahme von München-Lerchenau) nun der freizeitfunktionale Bereich. Die unterschiedlichen Verhaltensmuster wurden noch durch den unterdurchschnittlichen Anteil des erwerbs- oder berufsorientierten Verkehrs im innerstädtischen Bereich betont, bei den — trotz teilweise hoher Pendlerquoten (nach Zielen außerhalb des jeweiligen Untersuchungsgebietes) — auch die gegenüber dem ruralem Raum weitaus geringeren Pendlerreichweiten eine Rolle spielen.

Ebenso ergeben sich innerhalb der Gemeindegruppen aufgrund der Individualität der einzelnen Gemeinden, d. h. der spezifischen Sozialstruktur ihrer Bevölkerung einerseits und der angebotenen Ausstattungsstruktur andererseits weitere Unterschiede. Innerhalb der Fremdenverkehrsorte wird z. B. darauf hingewiesen, daß in Garmisch-Partenkirchen der erheblich höhere zentralörtliche Ausstattungsgrad (also kürzere Distanzwerte der ortsansässigen Bevölkerung) und eine wesentlich weiter fortgeschrittene Urbanisierungstendenz (also höhere Freizeitbeteiligung der Bevölkerung) gegenüber Hindelang im versorgungsfunktionalen zu unter- und im freizeitorientierten Verkehrsbereich zu überdurchschnittlichen Werten beiträgt.

Um bereits hier den in den folgenden Abschnitten anschließenden Analysen der schichten- und gruppenspezifischen Verhaltensmuster vorzugreifen, sei betont, daß diese regionale Differenzierung der Grundfunktionen bzw. ihre unterschiedliche Rangordnung nicht nur vom Typ und von der regionalen Lage der Gemeinde abhängig ist, sondern vor allem durch die dort wohnenden Menschen oder menschlichen Gruppen und ihre Bedürfnisstrukturen bewirkt wird. So ist bei einer noch stark auf die Landwirtschaft traditionellen Zuschnitts und/oder an agrargesellschaftlich geprägten Leitbildern orientierten Personengruppe der Bereich des freizeitfunktionalen Verkehrs unterdurchschnittlich vertreten, während in städtischen Testgebieten mit relativ hohem Anteil an sozialer Mittelschicht unter der Bevölkerung und entsprechend großer Bedeutung gesellschaftlicher Anpassungseffekte bzw. Prestigefaktoren dieser Verkehrsbereich eine überdurchschnittliche Wertung erfährt.

Für den ersten Ansatz einer Thesenformulierung über die regionalen Verteilungsmuster der Grundfunktionen kann man demnach feststellen, daß neben dem sozioökonomischen und -kulturellen Entwicklungsstand einer Gemeinde bzw. der sie tragenden Bewohner (einschl. den spezifischen Wunschvorstellungen und gesellschaftlichen Normenkonstellationen) auch die Lage innerhalb des Urbanisierungsfeldes, die Ausstattung mit „verorteten Einrichtungen" zur Befriedigung der einzelnen Grundfunktionen bzw. die Distanz zu den entsprechenden zentralen Orten und der Grad der Verkehrserschließung bzw. -anbindung mit öffentlichen und individuellen Verkehrsmitteln als Einflußfaktoren eine Rolle spielen. Um die Abhängigkeitsbeziehungen — soweit als möglich — erfassen und darstellen zu können und damit Hinweise auf die verschiedenartigsten Reichweitensysteme und Raumdimensionen zu erhalten, soll nun die Analyse der einzelnen verkehrsräumlichen Aktivitäten vorgenommen werden. Entsprechend dem eingangs dargelegten Verständnis einer sozialgeographisch formulierten Anthropogeographie wird dabei von den raumrelevanten Tätigkeiten des Menschen bzw. menschlicher Gruppen ausgegangen. Nach dem im letzten Abschnitt vorgeführten Katalog der funktionalen Bewegungsabläufe steht der Bereich des erwerbs- oder arbeitsorientierten Verkehrs rein quantitativ an erster Stelle der Aktivitäten.

Bevor jedoch mit der Analyse dieses Verkehrsbereiches begonnen wird, muß noch darauf verwiesen werden, daß eine derart isolierte Betrachtungsweise der einzelnen Grundfunktionen im Rahmen der komplexen und sich häufig überlagernden Erscheinungsformen verkehrsräumlicher Aktivitäten nur aus Übersichtsgründen und zur Verdeutlichung bestehender Zusammenhänge erfolgt. Gerade im Bereich des erwerbsorientierten Verkehrs treten häufig Kombinationen mit Bedürfnisstrukturen anderer Grundfunktionen (z. B. des Versorgungs-, aber auch des Bildungs- und Freizeitverhaltens) auf. Der Arbeitsort wird dabei zum Einkaufsort für bestimmte Güter und Dienstleistungen, möglicherweise zum Schul- oder Freizeitstandort. Da jedoch innerhalb der Sozialwissenschaft die Analyse von Ursache-/Wirkungsbeziehungen immer nur ein Herantasten an die letztlich verursachenden Faktoren sein kann (i. S. einer Kausalforschung), erscheint diese empirisch-modellhafte Betrachtungsweise zur Darstellung erster Zusammenhänge durchaus zulässig.

Abb. 5

Regionale Differenzierung verkehrsräumlicher Aktivitätenmuster von Privathaushalten in ausgewählten Gemeinden Südbayerns 1971-73 (nach Distanzen und Häufigkeit gewichtet)

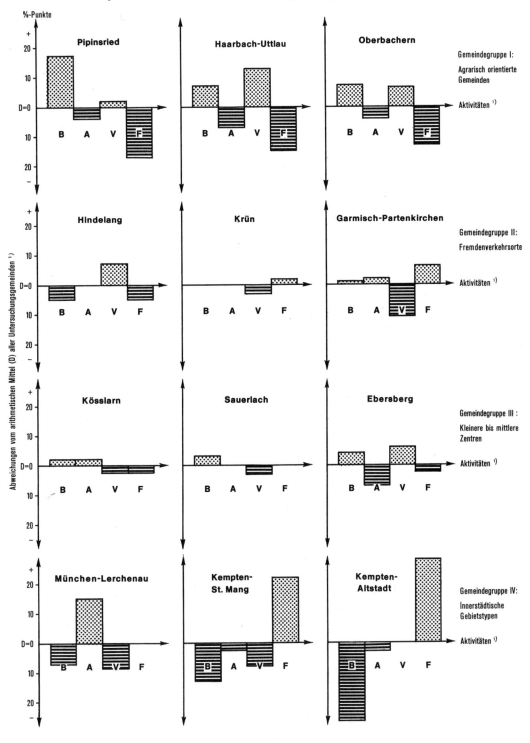

[1] Arithmetisches Mittel der Aktivitäten: Berufsorientiert (B=48%), Ausbildungsorientiert (A=13%), Versorgungsorientiert (V=21%) und Freizeitorientiert (F=18%)

Quelle: Eigene Erhebungen und Berechnungen
Entwurf: J. Maier
Bearbeitung: F. Eder
München 1974

B. Analyse verkehrsräumlicher Aktivitätenmuster

1. Die erwerbs- oder arbeitsorientierten Verkehrsbewegungen

a) Zur Bedeutung des Berufspendelns in Theorie und Empirie geographischer Untersuchungen

Die Vorrangstellung der erwerbs- oder berufsorientierten Verkehrsbewegungen innerhalb regionalwissenschaftlicher Untersuchungen besitzt gerade in der Geographie in Gestalt der Erfassung und Darstellung des Berufspendlerphänomens und seiner Auswirkungen auf das Prozeßfeld Landschaft eine lange Tradition. Angefangen von den ersten landeskundlichen Ansätzen Ende des letzten Jahrhunderts oder den regionalstatistischen Arbeiten LOSCHS[7] legte vor allem HARTKE[8] in den Jahren 1938/39 sowie 1949/50 grundlegende Untersuchungen über räumliche Muster des Berufspendelns bzw. ihrem Beitrag zur regionalen Gliederung vor. Wenn auch, unterstrichen noch durch die Beiträge von NELLNER und SCHÖLLER[9], damit die für die Industriegesellschaft typische Trennung von Wohn- und Arbeitsort bzw. die unterschiedliche regionale Verteilung zwischen einem mehr oder weniger gestreuten Arbeitspotential und einer eher punktuell auftretenden Arbeitsplatzkapazität bereits klar herausgestellt wurde, erfuhr der Pendelverkehr eigentlich erst seit Mitte der 50er Jahre eine überaus zahlreiche Bearbeitung durch die Geographie. Er wurde insbesondere im Rahmen des Vordringens funktionaler Gedanken zu einem bedeutungsvollen Kriterium zur Ermittlung von Einzugsbereichen zentraler Orte (i. S. von Arbeitszentralität) und zur Stadt-Umland-Abgrenzung (als Hinweis auf die Existenz städtischer oder urbaner Lebensformen) sowie — unter sozialgeographischen Aspekten — zur Ermittlung von Planungsregionen[10]. Obwohl eine quantitative Einschätzung, vergleichsweise etwa der im vorigen Abschnitt, des Katalogs der Grundfunktionen oder Verkehrsaktivitäten i. d. R. nicht vorlag, wurde — induktive Erkenntniswege beschreitend — die Regelmäßigkeit sowie die hohe zeitliche und regionale Konzentration der (werk-)täglichen Bewegungen des Berufsverkehrs zu Recht als entscheidendes räumliches Gestaltungsmoment angesehen. Sicherlich spielte dabei auch die relativ günstige Datenlage in der amtlichen Statistik eine Rolle, gestattete sie doch die Bedeutung dieser Verkehrsbewegungen über einen längeren Zeitraum zu verfolgen. Allein in Bayern stieg die Zahl der Berufspendler von 281 813 (oder 7,5 %) der Erwerbspersonen) im Jahre 1939 auf 1 027 842 (= 22 %) 1961 und schließlich 1 417 313 (= 29 % der Erwerbstätigen) im Jahre 1970 an[11].

Gegenüber den Untersuchungen funktional-geographischer Ansätze, deren Schwerpunkt neben der Strukturanalyse der Pendler selbst vor allem auf den Wechselwirkungen zwischen Pendlertätigkeit und Landschaftsgefüge liegen, traten in den letzten Jahren Erweiterungen in Richtung mathematisch-geographischer und sozialgeographischer Arbeiten auf. So ergänzte z. B. SAVIRANTA[12] die von UTHOFF[13] regional-deskriptiv vorgeführten Zusammenhänge zwischen Pendlerverhalten und sozioökonomischen Einflußgrößen mit Hilfe von Korrelations- und Regressionsanalysen. KLINGBEIL sowie GANSER wiesen demgegenüber anhand des Disproportionalitäten-Ansatzes auf die Notwendigkeit von Motivationsanalysen im Bereich des Pendelverkehrs hin[14]. Während sie sich am Bei-

---

[7] Losch, H., Die Erwerbstätigen mit anderem Wohn- als Arbeitsort, in: Württ. Jahrbuch f. Statistik und Landeskunde, 1922, S. 237—248.

[8] Vgl. u. a. Hartke, W., Pendelwanderung und kulturgeographische Raumbildung im Rhein-Main-Gebiet, in: Petermanns Geogr. Mitt., 85. Jg., 1939, H. 6, S. 185—190 oder ders., Gliederung und Grenzen im Kleinen, in: Erdkunde, 1948, Bd. II, S. 174 ff.

[9] Nellner, W., Die Pendelwanderung in der Bundesrepublik Deutschland, ihre statistische Erfassung und kartographische Darstellung, in: Berichte z. dt. Landeskunde, 7. Bd., 2. H., 1956, S. 229—253 sowie Schöller, P., Die Pendelwanderung als geographisches Problem, in: Berichte z. dt. Landeskunde, 17. Bd., 2. H., 1956, S. 254—265.

[10] Vgl. Ruppert, K. und Mitarbeiter, Planungsregionen Bayerns, Gliederungsvorschlag des Wirtschaftsgeographischen Instituts der Universität München, Gutachten für das Bayer. Staatsministerium f. Wirtschaft und Verkehr, München 1969 sowie Ruppert, K., Schaffer, F., Raumorganisationen . . ., a. a. O., S. 46 ff.

[11] Vgl. Berger, H., Verkehrsmittel und Zeitaufwand für Arbeits- und Schulwege, in: Zeitschrift d. Bayer. Stat. Landesamtes, 105. Jg., 1973, H. 1, S. 109.

[12] Saviranta, J., Der Einpendelverkehr von Turku, in: Fenniae, 100. Jg., 1970—71, S. 1—136.

[13] Uthoff, D., Der Pendelverkehr im Raum um Hildesheim, eine genetische Untersuchung zu seiner Raumwirksamkeit, in: Göttinger Geograph. Abhandlungen, H. 39, Göttingen 1967.

[14] Klingbeil, D., Zur sozialgeographischen Theorie und Erfassung des täglichen Berufspendelns, in: Geograph.

spiel von Rheinland-Pfalz den die Pendlertätigkeit steuernden Entscheidungsfaktoren (etwa dem sozialen Milieu oder den Vorstellungen vom besseren Arbeits- und/oder Wohnplatz) widmeten, soll in der vorliegenden Untersuchung der Schwerpunkt auf der Differenzierung der raumrelevanten Verhaltensmuster (insbes. den Reichweitensystemen und der Verkehrsmittelwahl) liegen.
Entsprechend der grundsätzlichen Differenzierung räumlicher Aktivitäten (vgl. Abschnitt I. 1. a) und in Anlehnung an IPSEN, UTHOFF und BOUSTEDT [15] wird bewußt von „Pendelverkehr" und nicht von „Pendelwanderung" gesprochen. Ebenso wird bei den großräumigen Darstellungen für Südbayern von der in der amtlichen Statistik bis 1970 allgemein angewandten Definition des „gemeindegrenzenüberschreitenden" Pendlers ausgegangen, gestattet diese Abgrenzung trotz der damit verbundenen Probleme einen regional differenzierten Vergleich des Pendelverkehrs für den Zeitraum 1939/ 1961/1970 [16]. Insbesondere das seit 1961 wesentlich erweiterte Tabellenprogramm der amtlichen Statistik stellt mit seinen Aussagen über den benötigten Zeitaufwand und das benutzte Verkehrsmittel der Pendler eine wichtige Informationsquelle für die vorliegenden Analysen dar. Für das Jahr 1970 besteht — wenn auch für kleinräumige Studien mit erheblichen Kosten verbunden — aufgrund der Identifikationsmerkmale Straße und Hausnummer eine weitere Möglichkeit zur Auflösung der früher häufig angewandten und wenig den funktionalen Aspekten Rechnung tragenden Definitionsbasis eines Pendlers über die Verwaltungsgrenzen. Gerade bei der Analyse innerstädtischer Testgebiete, für die allerdings aufgrund mangelnder statistischer Unterlagen zur Zeit nur wenige geographische Untersuchungen vorliegen, spielt die Information über die innergemeindlichen Pendler und ihre Verhaltensmuster eine wichtige Rolle [17].

Für den Zeitvergleich in München und mit den Daten im regionalen Feld boten sich zwei Erhebungen des Amtes für Statistik und Datenanalyse aus dem Jahre 1961 bzw. des Baureferates der Stadt München aus dem Jahre 1970 (sog. Verkehrszählung vom 26. 5. 1970 in Verbindung mit der Volks- und Berufszählung, allerdings auf Fahrten und nicht auf Personen bezogen) an. Beide basierten entsprechend der Definition des „Binnenpendlers" von HOLLMANN [18] auf der Ermittlung der Pendler anhand von Stadtbezirks- bzw. Stadtteilbezirksgrenzen. Trotz dieser Einschränkung wurden z. B. 1961 dadurch 68,4 % der 577 400 Erwerbspersonen Münchens erfaßt [19], womit diese so definierten innerstädtischen Pendler fast den vierfachen Umfang der einströmenden „gemeindegrenzenüberschreitenden" Pendler besaßen.

b) Schichten- und regionalspezifische Reichweitensysteme

α) Regionalspezifische Distanzen und ihre Veränderung im Zeitvergleich 1961 und 1970

Der *Faktor Distanz,* in metrischer wie in zeitlicher Hinsicht, wird innerhalb der geographischen Forschung in vielfältiger Weise zur Erklärung menschlicher Verhaltensweisen im Raum eingesetzt. Im Bereich des berufsorientierten Pendelverkehrs hat sich in jüngster Zeit insbesondere SAVIRANTA [20] der Darstellung des Zusammenhangs zwischen verschiedenen Distanzrelationen und den Auswirkungen im regionalen Feld gewidmet. Er geht dabei — ähnlich wie auch andere funktionalgeographische Arbeiten zuvor — von dem aus der Physik entliehenen Begriff des „Kraftfeldes" aus. Das modellhaft angenommene Einpendlerzentrum stellt den (magnetischen) Anziehungspunkt dar, wobei sich der Umfang der Einpendler proportional zur

---

Zeitschrift, 57. Bd., 1969, S. 108—131 sowie Ganser, K., Pendelwanderung in Rheinland-Pfalz, Struktur, Entwicklungsprozesse und Raumordnungskonsequenzen, Mainz 1969.

[15] Ipsen, G., Standort und Wohnort, Fragestellung, in: Bd. 365 d. Forschungsberichte des Wirtschafts- und Verkehrsministeriums des Landes Nordrhein-Westfalen, Düsseldorf 1957, S. 17; Uthoff, D., a. a. O., S. 22; Boustedt, O., Stichwort Pendelverkehr, in: Handwörterbuch f. Raumforschung und Raumordnung, 1. Aufl., Hannover 1970, Sp. 2282.

[16] Für den Vergleich muß allerdings berücksichtigt werden, daß insoweit etwas unterschiedliche Erfassungsmodalitäten bestanden als 1939 Gemeinden in die Erhebung einbezogen wurden, die mehr als 3 Auspendler aufwiesen bzw. Arbeitsgemeinden mit mehr als 10 Einpendlern, während seit 1961 die Erfassung der Gemeinden bei mindestens 10 Auspendlern liegt.

[17] Vgl. Asemann, K. H., Kullmann, R., Der Weg zum Arbeitsplatz, Sonderheft 16 d. Stat. Monatsberichte, 26. Jg., Frankfurt/M. 1964.

[18] Hollmann, H., Innerstädtische Pendlerstatistik, in: Statistische Monatsberichte Bremen, Bremen 1964, H. 7/8, S. 37.

[19] Vgl. Kurzfassung des Stadtentwicklungsplanes der Stadt München, München 1970, S. 6.

[20] Saviranta, J., a. a. O., S. 40.

Attraktivität des Ortes als Arbeitsplatz verhält und umgekehrt proportional zur Distanz zwischen Quell- und Zielort. Der Grundgedanke, mathematisch durch eine Pareto-Funktion hyperbolischen Verlaufs ausgedrückt, ist ein in der Kulturgeographie (oder auch in der Regionalwissenschaft ganz allgemein) häufig anzutreffendes räumliches Prinzip eines von einem Zentrum zur Peripherie hin abnehmenden Intensitätsfeldes. Im Falle der berufsorientierten Verkehrsaktivitäten muß dieser sicherlich auch für die anderen Verkehrsbewegungen mehr oder weniger geltende Grundsatz insoweit modifiziert werden, als hier — nach den bisher vorliegenden Studien — der aktivitätsspezifische Exponent durch eine geringere Distanzempfindlichkeit ausgezeichnet ist als z. B. im Bereich des Einkaufs- und des Freizeitverhaltens. Als Begründung dafür kann u. a. angeführt werden, daß die Distanzempfindlichkeit deshalb geringer ist, weil hinter der berufsorientierten Verkehrsaktivität ein größeres Bedürfnis der Bevölkerung und damit auch eine größere Zwanghaftigkeit besteht. Im Rahmen vergleichender Raumsysteme auch der anderen Grundfunktionen wird gerade diese Hypothese noch näher zu diskutieren sein.

Nun könnte man die Distanz sowohl in metrischen als auch zeitlichen Größen formulieren und messen. Da aber metrische Angaben nur zum Teil etwas über die Erreichbarkeit oder Zugänglichkeit eines Zielortes, insbesondere im innerstädtischen Berufsverkehr und/oder mit verschiedenen, durch unterschiedliche Fahrgeschwindigkeiten gekennzeichneten Verkehrsmitteln aussagen, erscheint es sinnvoller, den für das Aufsuchen des Zieles benötigten Zeitaufwand heranzuziehen [21]. Dieser ist zwar auch nur *ein* Faktor innerhalb eines komplexen Faktorenbündels subjektiver und gruppenspezifischer Bewertungsvorgänge, aber er gestattet aus der mehrdimensionalen Zeit-Kosten-Mühe-Relation zumindest einen ersten quantitativen, von Gruppe zu Gruppe allerdings variierenden, Ansatz.

Um noch einen Überblick über die in den empirischen Erhebungen bestehenden *Differenzen zwischen metrischen und zeitlichen Distanzen nachzutragen*, sei erwähnt, daß bei den am Berufsverkehr teilnehmenden Haushaltsvorständen bzw. den weiteren Erwerbspersonen des Haushalts die metrischen Distanzen im Durchschnitt der untersuchten 40 Gebiete bei 21 bzw. 20 km, die zeitlichen Distanzen bei 27 bzw. 29 Minuten lagen. Jedoch bestanden bei den einzelnen Gemeinden und -typen erhebliche Unterschiede. Während bei den Gemeinden im ruralen Raum die beiden Distanzwerte i. a. um 20—35 % differierten, stiegen die entsprechenden Werte bei den stadtnahen Untersuchungsgebieten (z. B. in Sauerlach, in Ebersberg oder in Gröbenzell) auf 50—80 % Differenz, in den innerstädtischen Gebieten sogar auf über 100 % an. So lag z. B. die metrische Distanz in München-Lerchenau bei 13 km, die zeitliche Distanz bei 28 Min., mithin ein Nachweis für die in den letzten Jahren stark gewachsene Verkehrsbelastung im innerstädtischen Berufsverkehr.

Da das Untersuchungsgebiet Südbayern auch im Hinblick auf die Berufspendler fast 50 % aller bayerischen Auspendler (genau 48,4 % im Jahre 1970 oder 623 680) erfaßt, sollen für die weiteren Analysen die Durchschnittswerte der Berufsauspendler in Bayern in bezug auf den benötigten Zeitaufwand als Rahmengrößen vorangestellt werden. Nehmen wir einmal die Struktur des benötigten Zeitaufwands 1970, so zeigt sich deutlich ein Schwergewicht der Pendler bei 15 — unter 30 Min. Berufsweg, während die kürzeren Distanzen und die Berufswege zwischen ½ und 1 Std. fast gleichauf bei den nächsten Plätzen rangierten. Vergleicht man dazu die Distanzwerte im innerstädtischen Bereich, so zeigte sich schon für 1961 in München, daß die Pendler weit häufiger Berufswege zwischen 30 — unter 60 Min. und vor allem über 60 Min. zurückzulegen hatten als im regionalen Feld. Wie sehr es dabei etwa auf die Lage der Wohngebiete zum Zentrum der Stadt bzw. zu den Standorten tertiärer und sekundärer Arbeitsplätze ankommt, zeigen gerade die verschiedenen Beispiele aus den letzten Jahren. So überragt durch die Lage am Cityrand in Kempten-Altstadt der Distanzwert bis unter 15 Minuten alle übrigen Distanzschwellen. Aber auch in den relativ innenstadtnahen Gebieten Kempten-St. Mang und München-Bogenhausen [22] besitzen die Erwerbstätigen mit 16 bzw. 22 Minuten noch relativ kurze Berufswege. Trotz der in der Nähe liegenden Industriegebiete Obersendling bzw. Milbertshofen betragen die entsprechenden Distanzen in München-Fürstenried [22] und in -Lerchenau bereits 27 und 28 Minuten, in München-Hasen-

---

[21] Vgl. u. a. Haggett, P., a. a. O., S. 38 oder den Ansatz bei Rothgang, E., a. a. O., S. 119.
[22] Vgl. Zapf, K., Heil, K., Rudolph, J., a. a. O., S. 239.

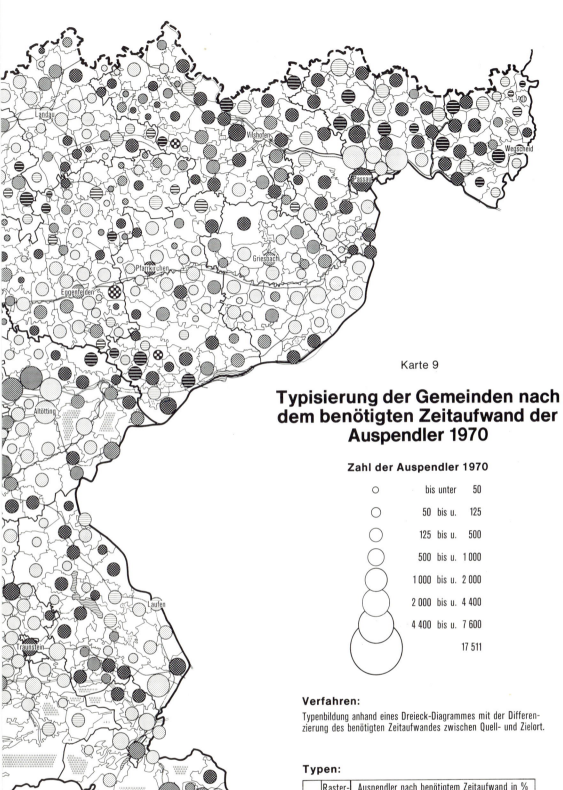

Tabelle 2: Der benötigte Zeitaufwand der Berufsauspendler in Bayern 1961 und 1970

Zeitliche Schwellenwerte	Berufspendler nach dem benötigten Zeitaufwand in %	
	1961 (6. 6.)	1970 (27. 5.)
bis unter 15 Minuten	10,2	22,4
15— unter 30 Minuten	31,3	42,2
30— unter 60 Minuten	38,2	24,7
60 Minuten und mehr	20,3	10,7

Quelle: Berger, H., Verkehrsmittel und Zeitaufwand ..., a. a. O., S. 112.

bergl[22] und in -Blumenau[23] sogar 31 und 34 Minuten. Demgegenüber konzentrieren sich die Binnenpendler in unseren sonstigen Untersuchungsgemeinden i. w. auf kurze Distanzen, so entfielen z. B. in Gröbenzell (mit rd. 14 500 Einwohnern) 71 % der innergemeindlichen Pendlerbewegungen auf Berufswege unter 5 Minuten.

Welche unterschiedlichen, *regionalspezifischen Verhaltensmuster* lassen sich nun bei einem großräumigen Vergleich herausarbeiten? Zur Beantwortung dieser Frage wurde in Karte 9 eine Typisierung der Gemeinden des Untersuchungsgebietes nach drei Distanzschwellen durchgeführt. Dabei wird deutlich ein regionaler Unterschied zwischen den noch eher ruralen Räumen in Niederbayern, in Südostbayern sowie in Mittel- und Südschwaben und den Verdichtungsräumen sichtbar. Vor allem am Beispiel Münchens zeigt sich eine weit in das Umland ausgreifende, zirkulare Anordnung von Gemeinden der Typen 6—9, wobei in zentrifugaler Richtung Gemeinden mit immer stärkerem Gewicht an Fernpendlern (mit Berufswegen über 60 Min.) in den Vordergrund treten. Im Westen und Norden der Solitärstadt München, teilweise auch im östlich gelegenen Landkreis Ebersberg ergibt sich dadurch fast modellhaft das räumliche Muster eines hierarchisch-zentrierten Pendlerraumes i. S. von KLINGBEIL[24], dessen periphere Zonen durch überaus lange Pendelwege gekennzeichnet sind. Die größten Anteile von Pendlern, die länger als 60 Minuten einfachen Berufsweg zurücklegen, kann man dabei in jenen Gebieten feststellen, die zu den am wenigsten erschlossenen bzw. von den vorhandenen Zentren aus weniger günstig zugänglichen Bereichen zählen (z. B. das Gebiet zwischen Fürstenfeldbruck und Landsberg oder das Dachauer sowie das Pfaffenhofener Hinterland)[25]. Peripher bedeutet also hierbei nicht nur zentrumsferne Lagen, sondern verkehrsräumliche Unterversorgung und Einengung des Lebensspielraumes[26].

Neben diesem flächenhaft auftretenden Phänomen ist innerhalb des Gravitationsfeldes von München ferner zu beobachten, daß auch eine Reihe von Mittel- und — in Gestalt von Rosenheim und Landshut — Oberzentren durch beachtliche Anteile von Fernpendlern gekennzeichnet sind. Dies könnte u. a. daran liegen, daß aus diesen Städten qualitativ meist spezialisierte, im tertiären Wirtschaftsbereich tätige Auspendler der sozialen Mittel- und Oberschicht das ranghöhere Zentrum (in diesem Falle München) als Arbeitsort aufsuchen.

Andererseits wird aus Karte 9 ersichtlich, daß die räumlichen Dimensionen innerhalb der berufsorientierten Verkehrsbewegungen doch beträchtlich sind. Neben München fällt, am Kriterium der Typen 7—9 (verstärkte Bedeutung der Pendler, die länger als 1 Stunde Pendelweg zurücklegen) orientiert, die weit geringer in das Umland wirkende Gravitationskraft Augsburgs auf, die jedoch noch eine erheblich größere Reichweite besitzt als z. B. diejenige Neu-Ulms. Die Distanzen im Berufsverkehr sind (allerdings ohne weitere gruppenspezifische Differenzierung) umso größer, je bedeutsamer die wirtschaftliche Aktivität des Einpendlerzentrums ist. Das breitere Spektrum der verschiedensten Arbeitsplätze und Erwerbsmöglichkeiten gegenüber den Quellgebieten, die i. d. R. größere

---

[23] Vgl. Hundhammer, F., a. a. O., S. 21.
[24] Klingbeil, D., Zur sozialgeographischen Theorie .., a. a. O., S. 110.
[25] Vgl. auch Hus, E., Die Münchner Einpendler nach benutzten Verkehrsmitteln und Zeitaufwand, in: Münchner Statistik, 1973, H. 4. S. 344—364 sowie ders., Die Einpendler nach München, in: Münchner Statistik, 1972, H. 2, S. 119—124.
[26] Vgl. die diesbezügliche These von Wirth, E., Zum Problem ..., a. a. O., S. 170.

Sicherheit des Arbeitsplatzes und das vorhandene Lohn-/Gehaltsgefälle zwischen Quell- und Zielort spielen dabei sicherlich eine wichtige Rolle im Bewertungsrahmen der Berufspendler.

Jedoch dürfte, dies ist aus Karte 9 ebenso zu ersehen, auch die relative Lage des Wohnortes in bezug auf die Hauptverkehrsachsen, auf die Anbindung an die öffentlichen Verkehrsmittel sowie in bezug auf die spezielle Lage des Arbeitsortes innerhalb des Gravitationsbereiches von Bedeutung sein. Dies ist besonders am Beispiel von Augsburg gut zu erkennen, wo durch die für diesen Raum typische Häufung verschiedener, mit der Stadt Augsburg konkurrierende Standorte industrieller Tätigkeit (z. B. Bobingen, Haunstetten, Göggingen, Gersthofen oder Kissing) in einer inneren Zone des Pendlereinzugsbereiches ein überaus hoher Anteil an „Nahpendlern" (unter 30 Min. Berufsweg) auftritt.

Vergleicht man nun die schon in Tab. 2 angesprochene *Veränderung des benötigten Zeitaufwandes der Berufspendler zwischen 1961 und 1970*, so zeigt sich zunächst eine erhebliche relative Verkürzung der Wegzeiten (in Bayern im Durchschnitt von 37 auf 25 Minuten). Nun muß dies nicht unbedingt eine Abnahme der metrischen Distanzen zur Folge haben, andererseits aber kann für Südbayern nicht der These zugestimmt werden, daß zwischen 1961 und 1970 immer größere Pendelentfernungen auftraten[27]. Wie aus Karte 10, dem kartographischen Pendant des Jahres 1961 zur eben diskutierten Karte 9, zu ersehen ist, sind die metrischen Reichweiten der Einzugsbereiche von München oder Augsburg (gemessen anhand der räumlichen Anordnung der Typen 7—9) nicht entscheidend kürzer oder länger als 1970 gewesen. Die optische Ausprägung der äußeren Pendlerzone (eben anhand dieser Typen) sowie der gegenseitige Überlagerungsbereich, wie ihn RUPPERT/ SCHAFFER[28] mit Hilfe des Maximalstromprinzips kartographisch dargestellt haben, tritt nur klarer heraus. Der gravierende Unterschied zwischen 1970 und 1961 zeigt sich jedoch in der Verdichtung innerhalb der Pendlereinzugsbereiche, u. a. gefördert durch die Randwanderung aus den Zentren selbst bzw. durch Zuwanderung aus den ruralen Räumen Bayerns oder aus anderen Teilen der Bundesrepublik sowie durch Industrieansiedlung im stadtnahen, teilweise selbst im noch weniger urbanisierten Raum.

Fragt man sich nun, wodurch diese Verkürzung der durchschnittlichen Wegzeiten der Berufspendler zustande gekommen ist, so wäre eine monokausale Beziehung, wie sie SCHWARZ[29] anhand des vermehrten Pkw-Besitzes privater Haushalte vorführt, sicherlich nicht befriedigend. Neben den verbesserten Fahrleistungen auch der übrigen Verkehrsmittel (insbes. der Eisenbahn), dem weitgehenden Verschwinden des Fahrrads als Transportmittel im Berufsverkehr, einer Erweiterung direkter Quell-Zielortsbeziehungen, z. B. über den zunehmenden Einsatz von Werksbussen (vgl. Abschnitt III. B. 1. c) trugen dazu die schon angesprochenen Wanderungsbewegungen ebenso bei wie das Entstehen neuer bzw. der Ausbau bereits bestehender Einpendlerzentren.

Aus den bisherigen Ausführungen kann hypothetisch festgestellt werden, daß der Zeitaufwand innerhalb berufsorientierter Verkehrsaktivitäten u. a. von

— der Attraktivität des Einpendlerzentrums bzw. der Attraktivität konkurrierender Zentren,

— der metrischen Entfernung zwischen Wohn- und Arbeitsort bzw. dem Grad der Verkehrserschließung zwischen beiden Orten und

— den verfügbaren Verkehrsmitteln bzw. ihren Fahrleistungen

abhängig ist. Über Präferenzen der einzelnen sozialgeographischen Gruppen wurde bisher nur wenig ausgesagt, wenngleich die Verhaltensmuster im ruralen Raum bereits erste Hinweise darauf gaben. Es gilt deshalb anhand einiger heuristischer Ansätze dieser gruppenspezifischen Differenzierung im regionalen Feld nachzugehen. Dadurch erhält man zwar keine neuen äußeren Abgrenzungen der Verflechtungsbereiche, sondern Erklärungsansätze für die Vielfalt der inneren Gliederungsvorgänge.

β) Bestehende räumliche Verflechtungsmuster in der Quell- und Zielgebietsbetrachtung

Bisher ging die regionale Differenzierung nur von den Daten der Quellgebiete aus, über die vorhandenen Einpendlerzentren wurden nur Annahmen getroffen. Deshalb sollen zur Weiterführung der Analysen nun diese Verflechtungsmuster zwischen Quell- und Zielort angesprochen werden.

---

[27] Landesregierung Schleswig-Holstein, Raumordnungsbericht 1970, Kiel 1972, S. 72.
[28] Ruppert, K., Schaffer, F., Raumorganisationen . . ., a. a. O., S. 42 ff.
[29] Schwarz, K., Demographische Grundlagen der Raumforschung und Landesplanung, Hannover 1972, S. 256.

Bei der Analyse räumlicher Systeme des berufsorientierten Verkehrsbereiches stellt, verstärkt seit dem Vordringen funktionaler Gedanken in der Geographie, die Erfassung der *Einzugsbereiche bestimmter Einpendlerzentren* einen wichtigen Teilaspekt dar. Für eine sozialgeographisch aufgebaute Untersuchung, in deren Mittelpunkt der Mensch bzw. menschliche Gruppen und ihr räumliches Verhalten stehen, zählt das Studium der Beziehungsfelder, insbesondere die Stärke und Richtung dieser Beziehungen zwischen Wohn- und Arbeitsstätte, ebenso zum Aufgabengebiet. Jedoch ist es notwendig, über die formale und funktionale Gliederung hinaus die Fragen nach den Einflußgrößen und damit nach möglichen bzw. in der Realität zu beobachtenden gruppenspezifischen Verhaltensmustern zu stellen. Während diese letztgenannten Fragenkomplexe im nächsten Abschnitt behandelt werden, soll nun auf die unterschiedliche räumliche Verbreitung der Pendlereinzugsbereiche eingegangen werden.

Wie aus Karte 11, den Verflechtungsbereichen der Berufspendler 1961 (bei bewußt ausgewählten Grenzgrößen einer kartographischen Darstellung von mindestens 500 Einpendlern bzw. 20 Auspendlern) zu ersehen ist, wird die innerhalb der Gemeindetypisierung nach dem Zeitaufwand des Berufsweges vorgenommene Hypothese einer hierarchischen Ordnung unter den Einpendlerzentren (vgl. Karten 9 und 10) bestätigt. München mit 96 618 Einpendlern 1961 bzw. 136 015 1970 als zahlenmäßig größtes Einpendlerzentrum Bayerns[30], besaß nach der Darstellung 1961 einen Einzugsbereich, der im Norden bis über Pfaffenhofen hinausreichte, im Osten Dorfen, im Südosten Rosenheim und im Süden die Tegernseer Talgemeinden und auch Penzberg miteinbezog. Im Westen andererseits, bedingt durch die Nähe Augsburgs und einer zwischen den beiden Verdichtungsräumen bestehenden, noch relativ stark landwirtschaftlich orientierten Zone, wird der Einzugsbereich bereits im westlichen Teil des Landkreises Fürstenfeldbruck in seiner Intensität merklich schwächer.

Neben einer kleineren Einpendlerzahl (z. B. 1970 41 562)[31] und einer geringeren distanziellen Ausdehnung gegenüber München tritt, jedoch sich deutlich von den auf einer dritten Stufe folgenden Ober- und Mittelzentren abhebend, der Einzugsbereich Augsburgs hervor. Insbesondere im Westen, im Nordwesten (in Richtung Wertingen) und im Nordosten (in Richtung Schrobenhausen) wird die Dominanz des Augsburger Einflusses auch optisch klar sichtbar. Die weniger starken Intensitätsfelder im Osten rühren neben der spezifischen Form der administrativen Grenzen Augsburgs nicht zuletzt daher, daß lange Zeit hindurch das im Osten sich anschließende Umland zu Oberbayern zählte. Die dimensionsmäßig kleineren Ober- und Mittelzentren (z. B. Rosenheim, Passau oder auch Kempten und Memmingen) unterscheiden sich zum anderen nicht nur in bezug auf die absolute Zahl der Einpendler (zwischen 10—15 000 im Jahre 1970), sondern durch ihre weit stärkere innere Verflechtungsstruktur von den übrigen Einpendlerzentren. Gerade dieses letztgenannte Kriterium scheint zur regionalen Differenzierung gegenüber den Zentren im ruralen Raum besonders geeignet. KLINGBEIL/GANSER[32] haben danach eine Typisierung von Pendlerräumen nach ihrer Gestalt und ihrem inneren Zusammenhang am Beispiel von Rheinland-Pfalz versucht, die es nun für Südbayern zu überprüfen gilt.

Dabei wird u. a. der *hierarchisch-zentrierte* Pendlerraum angesprochen, der — aufgrund stark differenzierter Arbeitsplätze für verschiedenste Berufsausübungs- und Aufstiegsmöglichkeiten — durch ein überaus hohes und verdichtetes Pendleraufkommen gekennzeichnet ist. Beispiele dafür können in Südbayern nicht nur München und Augsburg, sondern — von kleinerer Dimension — auch Rosenheim sein, wobei die hierarchische Gliederung in ein Primär- und einige (untergeordnete) Sekundärzentren bei allen Fällen auftritt. Die Differenzierung innerhalb des Pendlerraumes München weist ferner daraufhin, daß auch unter den Sekundärzentren aufgrund ihrer Lage zum Primärzentrum bzw. der Anbindung ihrer Auspendler an Arbeitsplätze in München zahlreiche funktionale Unterschiede bestehen können. Zwar ist bei den meisten Beispielen die Ausrichtung der vor allem im tertiären Sektor Beschäftigten aus den Sekundärzentren auf München festzustellen. Jedoch gibt es neben nachgeordneten Zentren, deren Einzugsbereich durch München als konkurrierendes Einpendlerziel dominierend überlagert wird (z. B. Fürstenfeldbruck oder Otto-

---

[30] Schmidt, K., Die Einpendler nach München, in: Münchner Statistik, 1972, H. 2, S. 114—132.
[31] Vgl. die vom Bayer. Statist. Landesamt publizierten „Gemeindedaten", München 1973.
[32] Klingbeil, D., Zur sozialgeographischen Theorie ..., a. a. O., S. 123 f. sowie Ganser, K., Pendelwanderung ..., a. a. O., S. 22 ff.

brunn) auch Sekundärzentren, die über einen weitgehend eigenständigen Einzugsbereich von Berufspendlern verfügen (z. B. 1961 Pfaffenhofen oder Bad Tölz). Wie sehr gerade diese letztgenannten Einzugsbereiche von dem latent vorhandenen Konkurrenzdruck durch das Primärzentrum bedrängt werden, zeigen die zwischen 1961 und 1970 eingetretenen Veränderungen des Münchner Einflußbereiches (vgl. Karte 12).

Als zweiten Typus führen KLINGBEIL/GANSER den *polyzentrischen Pendlerraum* an, bei dem es sich um mehrere distanziell eng beieinander liegende und (an Einpendlern) fast gleich große Zentren handelt. Diese besonders für industrielle Standorte außerhalb der Verdichtungsräume typische Konfiguration von Pendlerräumen tritt auch im vorliegenden Untersuchungsgebiet auf. Dabei kann die Industrialisierung sowohl nach dem 2. Weltkrieg als Ergebnis regionalpolitischer Entscheidungen (z. B. im Falle des oberbayerischen Chemiedreiecks Mühldorf—Töging—Burghausen oder der mehr punktuellen Standortreihung Trostberg—Siegsdorf) entstanden oder bereits auf traditionellen Ansiedlungen (z. B. im Raum Immenstadt—Sonthofen oder zwischen Neu-Ulm und Illertissen) aufgebaut sein. Jedoch besteht gegenüber den Ergebnissen von KLINGBEIL/GANSER[33] insoweit ein deutlicher Unterschied, als in Südbayern die meisten dieser Einpendlerzentren über Auspendlerströme auch mit den anderen Zentren verbunden sind. Bei zwar ähnlich strukturierten industriellen Arbeitsplätzen liegt dies häufig an den unterschiedlich verteilten Funktionen des Handels- und Dienstleistungsbereichs.

Auch den dritten Typus des *monozentrischen Pendlerraumes*, der als typisch für große Teile des ruralen Raumes angesehen werden kann, kann man — in theoretisch reiner Form jedoch nur in wenigen Beispielen — im hier diskutierten Untersuchungsgebiet feststellen. Vor allem im niederbayerischen Rottal in Gestalt der relativ klar voneinander abgegrenzten Einzugsbereiche von Eggenfelden und Pfarrkirchen wird dies optisch bemerkbar. Dieses Erscheinungsbild, ergänzt durch die an sich überaus geringe quantitative Verflechtung gerade im Gebiet des niederbayerischen Tertiärhügellandes weist auf ein Relikt der siedlungshistorischen Entwicklung, nämlich das weitgehende Fehlen städtischer Ansätze, hin. Das Gegenstück dafür ist gewissermaßen die Vielfalt kleiner, mehr oder weniger deutlich voneinander abgegrenzter oder verflochtener Einzugsbereiche in Mittelschwaben, womit auch hier, durch die Stadtbildungen des Mittelalters bedingt, erneut auf die von DE VRIES-REILINGH[34] betonte Konsistenz (i. S. von Persistenz) räumlicher Strukturmuster verwiesen wird. Trotz dieser regionalspezifischen Unterschiede kann man für den ruralen oder besser weniger stark urbanisierten Bereich Südbayerns feststellen, daß kleinzellige, durch historische und infrastrukturbezogene Voraussetzungen unterstrichene Strukturen als typisch anzusehen sind.

Nachdem bisher bevorzugt die äußeren Gestaltformen der Pendlerräume dargestellt wurden, sollen nun noch einige Aspekte der *inneren Struktur und Differenzierung* angeführt werden. Nimmt man z. B. den Einzugsbereich von München, so zeigt sich u. a. 1939 eine eindeutige, 1961 eine immer noch klar sichtbare Orientierung der Pendlerströme entlang bestehender Verkehrslinien. Dies führt zu einem, aus zahlreichen anderen Pendlerstudien bereits bekannten, sternförmig zentripetal in das Umland ausgreifenden Verflechtungsmuster, wie es für Solitärstädte typisch ist. Sowohl Bahnlinien als auch, zwischen 1961 und 1970 in verstärktem Maße wichtige Ausfallstraßen tragen über eine günstige Erreichbarkeit der an ihnen liegenden Gemeinden dazu bei, daß die absolute Pendlerzahl und der nach München gerichtete Pendlerstrom (die Pendlerintensität) wesentlich höher ist als in den Zwischenzonen des Verkehrs. Als Beispiel dafür mögen die Verteilungsbilder entlang der Bahnlinien München—Herrsching bzw. München—Tutzing mit relativ enger Verflechtung der Gemeinden mit München gegenüber den Gemeinden zwischen Ammersee und Starnberger See dienen. Eine damit vergleichbare Situation ergibt sich auch entlang der Bahnlinien München—Wolfratshausen bzw. München—Holzkirchen, wo ebenfalls in der Zwischenzone (z. B. in den Gemeinden Endlhausen, Thanning oder Moosham) fast keine Verflechtung zu München, trotz metrisch nur geringer Distanz, besteht. Neben der Verkehrserschließung spielt dabei die Lage des Arbeitsortes sowie die Branchendifferenzierung der von den Pendlern aufgesuchten Betriebe eine Rolle[35].

Ausgehend von diesen Einflußgrößen soll nun

---

[33] Vgl. u. a. Klingbeil, D., Zur sozialgeographischen Theorie ..., a. a. O., S. 124.
[34] Vries-Reilingh, H. D. de, Gedanken über die Konsistenz ..., a. a. O., S. 109—117.
[35] Ziegler, H., Die Beschäftigten-Einzugsbereiche der Großbetriebe in München, in: Münchner Geograph. Hefte, H. 25, Kallmünz/Regensburg 1964, S. 81 u. 83.

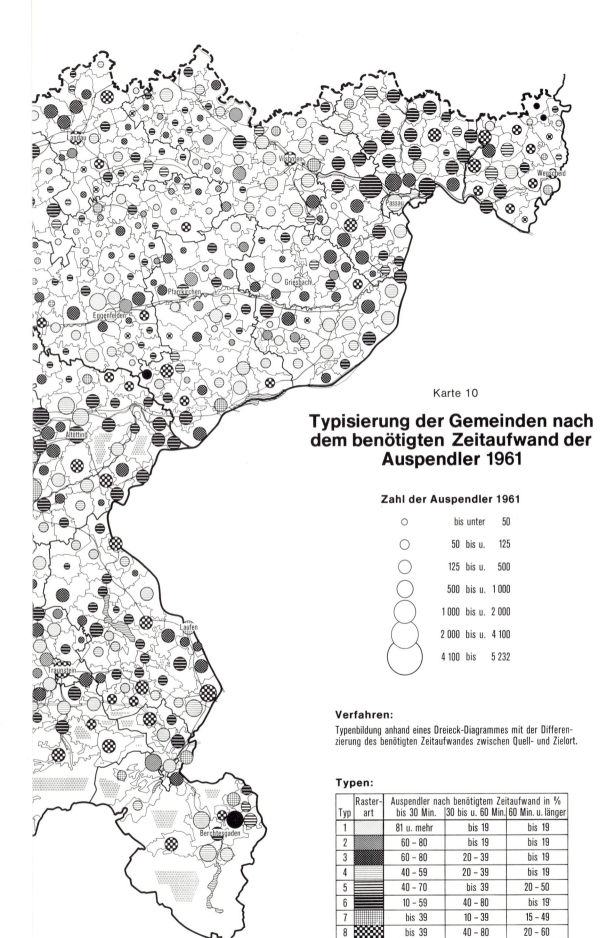

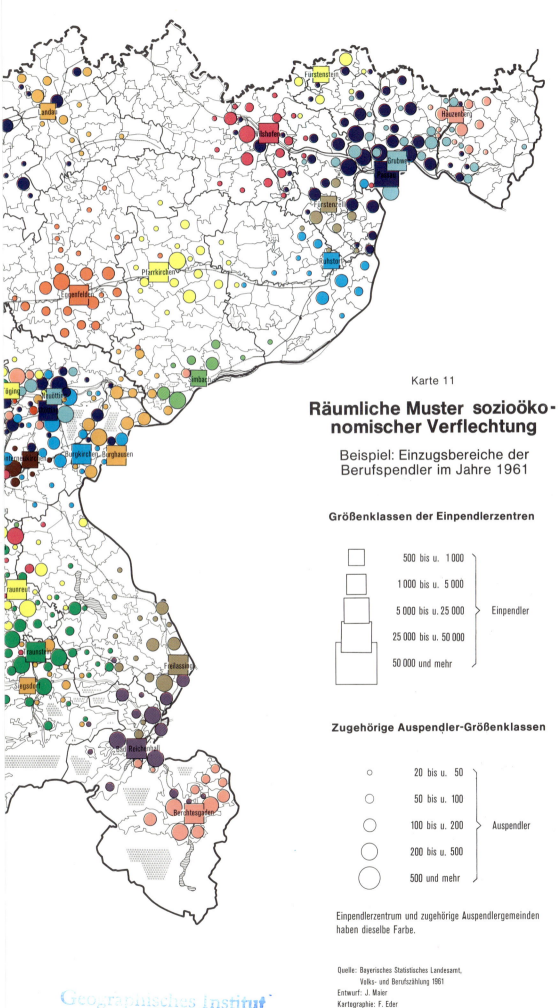

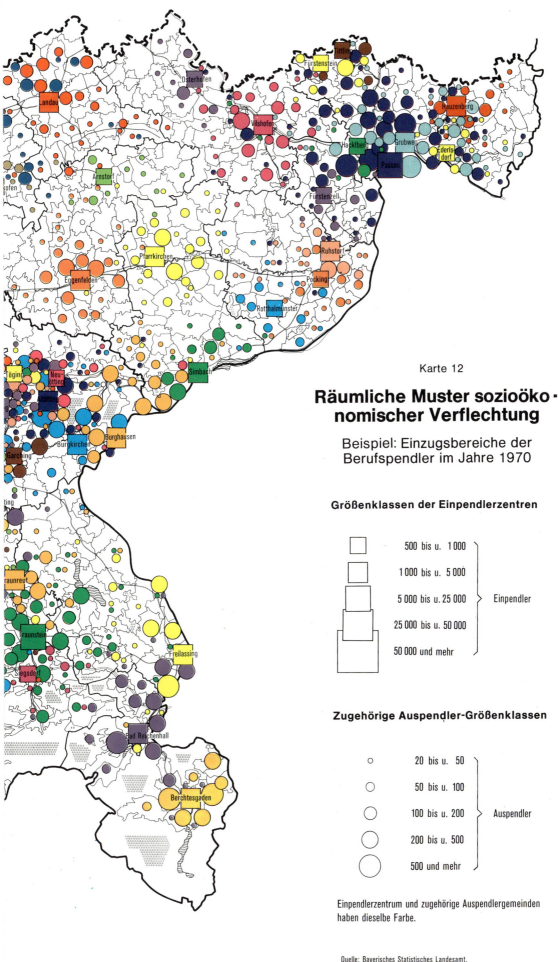

nach dem Zusammenhang zwischen dem Umfang des Einpendlerzentrums und der Distanz zwischen Wohn- und Arbeitsort gesucht werden. Dabei finden die in Abb. 6 dargestellten *Intensitätsprofile* ausgewählter, auf unterschiedlichen Hierarchiestufen stehender Einpendlerzentren (bei UTHOFF Abhängigkeits-Ermittlung genannt [36]) ihre Anwendung. Durch die Einbeziehung der Daten für 1961 und 1970 ist neben dem räumlichen auch ein zeitlicher Vergleich möglich, wobei — mit wenigen Ausnahmen — ein hyperbolischer Kurvenverlauf zwischen Pendlerintensität und Distanz, für beide Zeitpunkte relativ gleichartig, erkennbar wird. Das heißt, die Stärke der Pendlerverflechtungen nimmt auch bei unterschiedlichem Hierarchieniveau bzw. veränderten gesellschaftlichen und wirtschaftlichen Rahmenbedingungen, mit der Entfernung vom Einpendlerzentrum überwiegend in Gestalt einer hyperbolischen Gleichung ab [37].

Aus den unterschiedlichen Profilverläufen wird für München deutlich, daß die Pendlerintensitäten in enger Beziehung zu der jeweiligen sozioökonomischen Struktur der Bevölkerung im Umland, zum Vorhandensein möglicher konkurrierender Ober- und Mittelzentren und zur spezifischen Verkehrserschließung des angesprochenen Gebietssektors stehen. In südlicher Richtung treten z. B. neben eindeutig München tributären Einpendlerzentren, wie Pullach und Baierbrunn bereits weiter entfernt liegende Zentren, wie Wolfratshausen und Geretsried als Konkurrenz auf. Während auch in nördlicher Richtung der Einfluß von Freising sowie teilweise noch landwirtschaftlich orientierte bzw. wenig pendelintensive Verhaltensmuster auftreten und zu einem ähnlichen Kurvenverlauf beitragen, ist in östlicher Richtung nur eine langsame Abnahme der Pendlerintensität zu beobachten, was zu einer erheblichen Erweiterung der Reichweite führt. Erst der Einflußbereich des oberbayerischen Chemiedreiecks tangiert hier, ergänzt durch kleinere, peripher gelegene Pendlerräume (z. B. Taufkirchen, Dorfen und Haag/Obb.) das Gravitationsfeld München (vgl. Karte 12).

Ein völlig anderes Bild erhält man bei der Profildarstellung in westlicher Richtung, wo nach höchsten Pendlerintensitäten im östlichen Landkreis Fürstenfeldbruck ab einer Distanz von 40—45 km, bedingt durch den bereits erwähnten Einfluß Augsburgs bzw. eine teilweise ungünstige Verkehrserschließung, ein überaus rasches Absinken der nach München gerichteten Pendlerströme festzustellen ist.

Was nun die Dichte der Verflechtung des Münchner Pendlerraumes betrifft, so zeigt sich hier neben der mehr oder weniger gleichmäßigen Abnahme der Pendlerintensitäten in zentrifugaler Richtung eine auch in anderen Solitärstädten (z. B. Hamburg) [38] festgestellte Konzentration der größten Auspendlerorte innerhalb einer 15—20 km-Kreiszone (bei SAVIRANTA [39] die innere Pendlerzone). Um deren quantitative Bedeutung zu umreißen, sei erwähnt, daß 52,3 % der Einpendler Münchens aus einer metrischen Distanz bis zu 20 km kamen [40]. Innerhalb dieser Zone kommt sowohl 1961 wie 1970 (vgl. die Karten 11 und 12) die für München typische Schwerpunktbildung im westlichen und südwestlichen Umland zum Ausdruck, stammen doch z. B. 1970 allein aus den Landkreisen München und Fürstenfeldbruck 43 % aller Münchner Einpendler. Germering, Gröbenzell, Unterpfaffenhofen, Olching und Gauting zählen dabei zu den größten Auspendlerorten in Richtung München. Darin drückt sich nicht nur die in den letzten Jahren stark angewachsene Randwanderung von München in dieser Richtung aus [41], sondern auch ein relativ günstiges Verkehrsangebot im stadtnahen Bereich. Die zweitstärkste Konzentration an Auspendlergemeinden findet sich, besonders in nördlicher, südlicher und südöstlicher Richtung gelegen, in der 10—15 km-Kreiszone, wobei 1970 vor allem Karlsfeld, Oberschleißheim, Unterhaching und das erst seit 1955 selbständige Ottobrunn größte quantitative Bedeutung besaßen.

Gegenüber diesem Münchner Beispiel kann man am Fall Kempten (mit 9 480 Einpendlern 1970) neben einer überaus hohen Anbindung der an die Stadt angrenzenden Gemeinden eine stufenförmige

---

[36] Uthoff, D., a. a. O., S. 25 bzw. S. 125.
[37] Vgl. dazu neben Saviranta, J., a. a. O., S. 94 ff. auch Lehner, F., Siedlung, Wohndichte und Verkehr, in: Stadtregion und Verkehr, Köln-Opladen 1961, S. 31.
[38] Vgl. Gerhardt, J., Die Pendelbewegung in der Region Hamburg/Umland (1), in: Hamburg in Zahlen, 1973, H. 6, S. 211—219.
[39] Saviranta, J., a. a. O., S. 98.
[40] Vgl. Schmidt, K., Die Einpendler..., a. a. O., S. 129.
[41] Vgl. u. a. Ganser, K., Die Entwicklung der Stadtregion München unter dem Einfluß regionaler Mobilitätsvorgänge, in: Mitt. d. Geograph. Ges. München, 55. Bd., 1970, S. 45—76.

Abb. 6

Regionalspezifische Reichweitensysteme ausgewählter Einpendlerzentren in Südbayern 1961 und 1970

(Intensitätsprofile der nach einem bestimmten Zielort pendelnden Erwerbstätigen in % der Auspendler einer Gemeinde insgesamt)

1. Zielgebiet: München

| München- (Süden) Schönrain | München- (Osten) Gars a. Inn | München- (Norden) Eschelbach | München- (Westen) Mering |

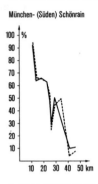 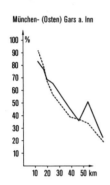 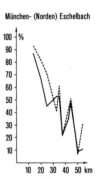 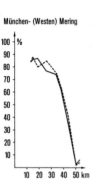

2. Zielgebiet: Kempten

| Kempten- (Süden) Fischen | Kempten- (Osten) Ingenried | Kempten- (Norden) Memmingen | Kempten- (Westen) Simmerberg |

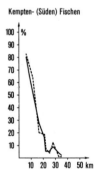 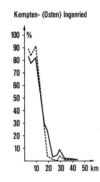 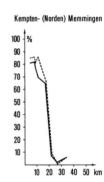 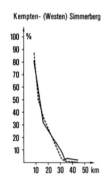

3. Zielgebiet: Traunstein

| Traunstein- (Süden) Ramsau | Traunstein- (Osten) Freilassing | Traunstein- (Norden) Trostberg | Traunstein- (Westen) Bernau |

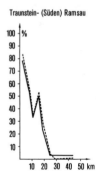 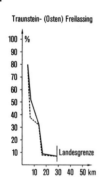 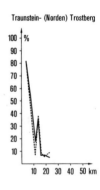 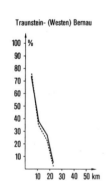

4. Zielgebiet: Pocking

| Pocking- (Süden) Aigen | Pocking- (Osten) Mittich | Pocking- (Norden) Dorfbach | Pocking- (Westen) Birnbach |

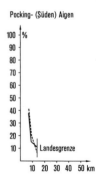 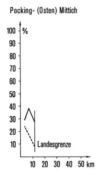 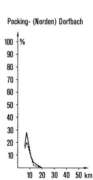 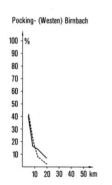

------------- Profilverlauf 1961

——————— Profilverlauf 1970

Quelle: Bayer. Statist. Landesamt, Volks- und Berufszählung 1961 und 1970
Entwurf: J. Maier
Bearbeitung: F. Eder
München 1974

Profilgliederung erkennen. Nach einer gewissen Konstanz bis in eine Distanz von 10 km folgt i. d. R. ein rasches Absinken der Pendlerintensitäten bis in eine Distanz von 20 km und stagniert dann wieder auf sehr bescheidenem Quotenanteil[42]. Durchaus ähnliche Profilverlaufsstrukturen mit Kempten, unter Berücksichtigung regionalspezifischer Konkurrenzsituationen in südlicher (durch Siegsdorf) und nördlicher Richtung (durch Traunreut), sind auch im mit 5 100 Einpendlern 1970 kleineren Einpendlerzentrum Traunstein festzustellen, während in Pocking mit 699 Einpendlern ein Einzugsbereich nur noch in Ansätzen gegeben ist.

Geht man der Frage nach, in welcher Weise diese räumliche Verflechtung im Zeitablauf neue Gestaltformen annimmt, so zeigt sich — z. B. gemessen an dem Jahr 1939 — ein zu den Jahren nach dem 2. Weltkrieg teilweise unterschiedliches Kapazitäten-Reichweitensystem. Einmal sind damals nur verhältnismäßig wenige Zentren mit über 500 Einpendlern (meist den heutigen Ober- und Mittelzentren entsprechend) festzustellen, die darüber hinaus über einen distanziell kleinen Einzugsbereich (i. d. R. unter 10 km) verfügten. Zum anderen weist das räumliche Verteilungsbild des Jahres 1939 daraufhin, daß München und Augsburg noch über durchaus vergleichbare Kapazitäten (zwischen 9—13 000 Einpendlern)[43] und Reichweiten zwischen 15—30 km verfügten, wobei für Augsburg die typische Nord-Südausdehnung seines Pendlerraumes besonders prägnant ausgebildet war.

Zwischen 1939 und 1961 wuchsen dann sowohl die Einpendlerkapazitäten als auch die zurückgelegten Distanzen stark an und spiegeln somit das oftmals beschriebene Bild der mobil gewordenen Industriegesellschaft wider. Jedoch war dieses Wachstum regional keineswegs gleichartig verteilt, so nahm die Position der Primärzentren (vor allem Münchens) aufgrund der raschen Ausdehnung sekundärer und tertiärer Arbeitsplätze weit überdurchschnittlich zu. Demgegenüber zeigte sich ein anderes, 1939 ins Auge stechendes Phänomen des Pendelverkehrs auch noch deutlich im Jahre 1961, nämlich die große Bedeutung der Bahn als Transportmittel der Berufspendler (vgl. Karte 11). Diese so präferenzierten Gemeinden konnten auch die stärkste absolute Zunahme an Pendlern zwischen 1939 und 1961 verzeichnen.

Die Veränderung zwischen 1961 und 1970 war durch einen anderen Entwicklungsgang gekennzeichnet. In den hierarchisch-zentrierten und auch den polyzentrischen Pendlerräumen trat nämlich weniger eine Erweiterung der Reichweiten, sondern eine Verdichtung der inneren Verflechtung der Pendlerströme auf. Neben den u. a. durch verschiedenartige Wanderungsbewegungen bewirkten Zunahmen der absoluten Pendlerzahlen wird in Karte 12 die wachsende Zahl neuer bzw. erweiterter Sekundärzentren (z. B. durch Industrieansiedlungen) in den Einflußbereichen von München und Augsburg oder auch Rosenheim deutlich. Neben den vorhandenen autochthonen Pendlern kamen nun in wachsendem Maße auch allochthone Pendler hinzu[44]. In den Räumen München und Augsburg, in denen sich die Reichweiten nur randlich geringfügig verändert haben (z. B. im Falle Münchens eine Ausweitung in Richtung Herrsching und Geltendorf sowie Pfaffenhofen, bei Augsburg eine Erweiterung in westlicher und nordwestlicher Richtung bei einer Abschwächung des Einzugsbereiches gegenüber Schrobenhausen), ist jedoch ein Unterschied in bezug auf die Flächenerschließung festzustellen. So wurden insbesondere im Westen Augsburgs, gefördert durch ein weitverzweigtes Omnibusnetz öffentlicher und privater Linien, in großem Maße bislang nur gering mit Augsburg verbundene Gemeinden in den Pendlerraum miteinbezogen. In München blieb demgegenüber — trotz allem außergewöhnlichen Wachstum innerhalb der 20 km-Zone — die Zunahme auf Gebiete entlang wichtiger Verkehrswege (Bahnlinien wie ausgebauten Straßenverbindungen) konzentriert. Auch 1970 kann man die bereits diskutierten pendlerpassiven Räume im Süden und Südwesten der Stadt noch weitgehend erkennen.

Der Vergleich mit Karte 13 weist — nun auf die Daten der Quellgebiete der Auspendler bezogen — auf dasselbe Phänomen hin. Während in den Schwerpunkten der hierarchisch-zentrierten Pendlerräume häufig Stagnation bzw. leichte Abnahme der Pendlerquoten festzustellen ist, auch teilweise in den polyzentrischen Pendlerräumen, treten in den peripheren Zonen der hierarchisch-zentrierten Pendlerräume (z. B. zwischen München und Augs-

---

[42] Vgl. auch Feneberg, M., a. a. O., S. 78 a.
[43] Vgl. auch Berger, H., Die Einpendlerzentren Bayerns und deren Einzugsgebiete, in: Bayern in Zahlen, 1971, H. 4, 1971, S. 114—116.
[44] Zur definitorischen Abgrenzung vgl. Vooys, A. C. de, Die Pendelwanderung, Typologie und Analyse, in: Münchner Studien z. Sozial- u. Wirtschaftsgeographie, Bd. 4, Kallmünz/Regensburg 1968, S. 99—107.

burg, im Dachauer und Pfaffenhofener Hinterland oder zwischen Augsburg und Neu-Ulm) sowie vor allem in den monozentrischen Räumen Zunahmen der Pendlerquoten auf. Nicht zuletzt ist dies ein Hinweis auf den gesellschaftlichen Wandel des ruralen Raumes, in dem gerade zwischen 1961 und 1970 verstärkt industriegesellschaftliche Verhaltensweisen von der Bevölkerung übernommen wurden. Große Teile wurden somit in das Pendlergeschehen einbezogen, was in einer Reihe von Fällen zu verstärktem Konkurrenzdruck zwischen verschiedenen Zentren geführt hat. Dadurch nahm bei einer großen Zahl der kleinen Einpendlerzentren, vor allem im bayerischen Alpenraum bzw. -vorland die absolute Zahl der Einpendler ab. Im Tegernseer Tal, im Oberallgäu und in den Zentren südlich Rosenheim und Traunstein waren derartige Dezentralisierungstendenzen besonders zu beobachten [45].

Abschließend soll zur Frage regionalspezifisch gestalteter Pendlerräume noch kurz auf die *Konfigurationen innerhalb von Städten*, am Beispiel Münchens, eingegangen werden [46]. Dabei spielt, ebenso wie im regionalen Betrachtungsfeld, sowohl bei dem absoluten Pendleraufkommen als auch bei der innerstädtischen Standort-Differenzierung und der sich daraus ergebenden Verflechtung der Pendlerströme u. a. die spezifische Wirtschaftsstruktur bzw. die Funktion Münchens und insbes. der City oder einzelner Subzentren, die Lage der Wohn- und Arbeitsstätten innerhalb Münchens, die Sozialstruktur und Verhaltensmuster der Wohnbevölkerung sowie die jeweilige Verkehrserschließung eine große Rolle [47]. Dies wird teilweise schon aus dem Vergleich der Auspendlerstrukturen des Jahres 1961 und 1970 ersichtlich. In absoluten Zahlen wie auch in bezug auf die Wohnbevölkerung besitzen die bevölkerungsstarken Wohnbezirke Schwabing-West und Laim die größten Auspendlerwerte, gefolgt von weiteren, ringförmig um die Innenstadt angesiedelten Wohn- bzw. funktionalen Mischgebieten (u. a. Waldfriedhofsviertel, Sendling oder Obergiesing) [48]. Die Situation 1970 unterscheidet sich insoweit von 1961, als nun zusätzlich einige am Stadtrand gelegene, in diesem Betrachtungsraum an Bevölkerung besonders stark gewachsene Wohnbezirke hinzutreten (u. a. Fürstenried/Forstenried, Bogenhausen-Nord sowie Hasenbergl und die Siedlung am Lerchenauer See; nach 1970 sind es dann vor allem Perlach und Neuaubing-Westkreuz).

Was demgegenüber die Stadtbezirke mit den stärksten Einpendlerströmen betrifft, so steht 1961 wie 1970 der Altstadtbereich weitaus an der Spitze. Gerade dieses Phänomen der überragenden Bedeutung des Stadtkerns sowie der Versuch einer zukünftigen Entlastung durch die Schaffung neuer oder den Ausbau schon vorhandener Stadtteilzentren, steht gerade bei der Diskussion des neuen Stadtentwicklungsplanes im Mittelpunkt der politischen Auseinandersetzungen (vgl. Karte 14 mit den nicht unproblematischen Ergebnissen der Verkehrszählung 1970) [49]. Dabei treten neben der City noch eine Reihe weiterer Einpendlerzentren auf. Sie unterscheiden sich jedoch nicht nur in bezug auf ihre Kapazität deutlich von der City, sondern sind auch untereinander durch verschiedene Lagefaktoren und funktionale Orientierungen gekennzeichnet. Während die peripher zur Innenstadt gelegenen Bezirke Thalkirchen—Obersendling—Forstenried oder Milbertshofen—Hart besondere Bedeutung als industrielle Standorte aufweisen, sind die innenstadt- bzw. citynahen Bezirke Neuhausen—Oberwiesenfeld—Marsfeld [50]

---

[45] Vgl. hierzu die entsprechende Karte aus dem Raumordnungsbericht 1971 der Bayer. Staatsregierung.

[46] Vgl. u. a. Stiegler, I., Räumliche Muster des innerstädtischen Pendelverkehrs, dargestellt an ausgewählten Beispielen in München, unveröffentl. Zul.-Arbeit am Staatsinstitut f. d. Ausbildung der Realschullehrer, München 1973.

[47] Ein Beispiel für den Zusammenhang zwischen Lageorientierung bzw. sozioökonomischer Struktur und Pendlerverhalten konnte im Falle der innergemeindlichen Differenzierung Hindelangs 1968 vorgeführt werden, vgl. Maier, J., Die Leistungskraft einer Fremdenverkehrsgemeinde, a. a. O., S. 152 f.

[48] Vgl. u. a. Hartenstein, W., Lutz, B., a. a. O.

[49] Die Verkehrszählung 1970 ist zwar sowohl bei der Anlage (u. a. Fragebogengestaltung) als auch der Durchführung (Unterrepräsentanz einzelner Stadtteile, Nichtberücksichtigung der ausländischen Bevölkerung sowie der Fußgänger unter den Berufspendlern) mit Problemen verbunden, die jedoch eine grundsätzliche Ablehnung nicht rechtfertigen.

[50] Bei der relativ hohen Position des Bezirks Neuhausen-Oberwiesenfeld-Marsfeld sollte beachtet werden, daß z. B. der Erhebung gerade die Vorbereitungsarbeiten um den Bau des Olympia-Geländes in vollem Gange waren und damit einen nicht unwichtigen Faktor für die Arbeitszentralität dieses Bezirks darstellten.
Funktionell gesehen gehören Teile des Wiesenviertels noch zur City im stadtgeographischen Sinne, wenn auch nur randlich, vgl. Ganser, K., Karte der City-Abgrenzung in München, in: Topographischer Atlas Bayern, Hrsg. H. Fehn, München 1968, S. 240 oder die Ergebnisse des Praktikums im WS 1972/73 am Wirtschaftsgeograph. Institut d. Univ. München.

bzw. Wiesenviertel[51] verstärkt Standorte des tertiären Wirtschaftssektors (u. a. Bahn- und Postdienststellen, weitere öffentliche Verwaltungsbereiche, Hotels und Gaststätten).
Dieser erste Ansatz einer Differenzierung, die sich auch bei der ZIEGLERschen Zielgebietstypisierung[52] in Gestalt „zentral gelegener Betriebe", „Betrieben mit Lage im Weichbild der Stadt" und „Betriebe in peripheren Lagen" (gemeint ist hier z. B. Allach) zeigt, kann durch die Darstellung der innerstädtischen Verflechtung noch erweitert werden. Dabei trügt der optische Eindruck der unterbesetzten Bezirke im Westen Münchens, teilweise durch die Anlage und Durchführung der Verkehrszählung (Unterrepräsentanz dieser Gebiete) bedingt, insoweit, als hier durchaus Pendlerverflechtungen mit anderen Stadtteilbezirken auftraten (z. B. gingen von den 4 188 Pendlerfahrten/Tag aus Allach die beiden stärksten Ströme nach Moosach und Laim). Aufgrund der ausgewählten Schwellenwerte für die Mindestgrößen kamen diese aber nicht zur Darstellung. Dadurch war es andererseits möglich, relativ übersichtlich die Gravitationsbereiche der eingetragenen Einpendlerzentren zu erfassen. So zeigte es sich, daß der Einzugsbereich der City über die ganze Stadt verteilt ist, wobei die an Einwohnern stark besetzte Zone des Innenstadtrandes einen Schwerpunkt (vor allem durch Schwabing und Laim verkörpert) darstellt. Die in der Innenstadt gelegenen Einpendlerbereiche Wiesenviertel und Neuhausen—Oberwiesenfeld—Marsfeld besitzen zwar ebenfalls ein breit gestreutes Einzugsgebiet, jedoch ist der Pendlerstrom quantitativ weit geringer ausgeprägt als der der City und i. w. auf die westlich gelegenen Wohnbezirke konzentriert. Dieser durch die hierarchische Position bewirkte Unterschied eines räumlich enger begrenzten Pendlerraumes wird auch in den Einzugsbereichen der industriellen Standorte im Norden und Süden Münchens deutlich, die darüber hinaus noch durch einen schon von HARTENSTEIN/LUTZ[53] als „sektorale Erreichbarkeit" bezeichneten Gestaltcharakter gekennzeichnet sind.
Wenn damit auch ein quantitativ-wertender Vergleich mit den Aussagen im regionalen Feld nur schwer durchführbar ist, so sollen doch die Ergebnisse der innerstädtischen Differenzierung darauf hinweisen, daß sich hier einerseits die im Nahbereich festzustellenden Sekundärzentren auch innerhalb der administrativen Stadtgrenzen fortsetzen und somit die City Münchens als das eigentliche dominante „Zentren" des Münchner Pendlerraumes erscheinen lassen. Zum anderen soll damit gezeigt werden, daß auch innerhalb der Stadtgrenzen spezifische und nur aus der jeweiligen Lage bzw. Sozial- und Wirtschaftsstruktur erklärbare Pendlerräume auftreten.
Da hinter allen diesen Raummustern Menschen bzw. Entscheidungen menschlicher Gruppen stehen, ist es nun in einem nächsten Schritt der Analyse notwendig, mögliche Einflußgrößen für das Zustandekommen dieser Raumsysteme zu untersuchen. Ausgehend von den aus der amtlichen Statistik (aus zum Teil unveröffentlichtem Material) und den eigenen Erhebungen feststellbaren Verhaltensweisen im berufsorientierten Verkehrsbereich wird dabei aus der Vielzahl von Determinanten eine Konzentration auf die Differenzierung nach Gemeindegrößen und nach Geschlecht, nach Alters- und Integrationsschichten (Dauer der Anwesenheit am Wohnort), Berufs- und Einkommensschichten und die Bedeutung der Verkehrsmittelausstattung vorgenommen.

γ) Analyse sozioökonomischer Einflußgrößen

Wie bei der Analyse der regional differenzierten Raumsysteme bereits aufgezeigt, können für den Umfang und insbesondere die Reichweiten im berufsorientierten Verkehrsbereich eine Vielzahl erklärender Größen des sozioökonomischen Bereichs herangezogen werden. Wenn im folgenden isolierte Betrachtungen einzelner, intuitiv ausgewählter Einflußgrößen angestellt werden, so geschieht dies nicht in Verkennung des komplexen Zusammenhangs unterschiedlich gewichteter Kausalfaktoren, sondern aus dem Bemühen um die Erfassung erster, stochastischer Beziehungen.
Eine gewisse Rolle spielen bei verschiedenen Untersuchungen einmal die in Einwohnerzahlen gemessene Größe der Quellgebietsgemeinden bzw. die in Arbeitsplätzen bewertete Größe der Zielgemeinden[54]. Während die Korrelation zwischen Gemeindegröße und Einpendlerquote, zumindest ab 10 000 Einwohnern, wohl für Bayern ganz allgemein noch zutreffen mag, ist im Falle der Aus-

---

[52] Ziegler, H., a. a. O., S. 62.
[53] Vgl. Hartenstein, W., Lutz, B., a. a. O., S. 111.
[54] Vgl. u. a. Uthoff, D., a. a. O., S. 170 f. oder Carl, D., Koordinierte Verkehrsplanung in Stadtregionen, Bonn/Bad Godesberg 1969, S. 29 f.

pendlerquote ein derart monokausaler Ansatz nicht nachzuweisen. Wie Karte 15 deutlich macht, bestehen hier je nach der regionalspezifischen Lage, der Wirtschafts- und Sozialstruktur des Gebiets, dem Grad der Verkehrserschließung und den gruppenspezifischen Verhaltensmustern erhebliche Differenzen. So gibt es selbst bei Gemeinden mit weniger als 200 Erwerbstätigen so gravierende Unterschiede, wie z. B. im Dachauer Hinterland mit teilweise über 55 % Pendlerquote gegenüber Gemeinden in der Hallertau, wo trotz regem Werkbusverkehr einiger Münchner Industriebetriebe Pendlerquoten von weniger als 17 % auftreten. Zumindest ebenso groß sind andererseits die Verhältnisse in den Gemeinden zwischen 2 500 — u. 10 000 bzw. 10 000 — u. 20 000 Erwerbstätigen, betrachtet man nur die Strukturmuster 1970 in den Unter- und Mittelzentren außerhalb der Verdichtungsräume mit relativ niedrigen Auspendlerquoten gegenüber jenen im Nahbereich der Großstädte oder Oberzentren mit den höchsten Quotenwerten.

Der Faktor der Lageorientierung zu den Arbeitsstätten bzw. zur Größe und Branchendifferenzierung zeigte sich insbes. in bezug auf die Zeitdistanzen des Berufsweges (vgl. Abb. 7). Nimmt man als konträre Beispiele nur einmal einige noch stark auf die Landwirtschaft orientierte Gemeinden und vergleicht die Verhaltensmuster mit jenen in kleineren bis mittleren Zentren, so zeigen sich z. B. bei Reichenkirchen, Mauern und Hörzhausen relativ hohe Beteiligungsquoten am berufsorientierten Verkehr, was ihren Typus von Arbeiter-Bauerngemeinden unterstreicht. Aufgrund ihrer relativ zeitgünstigen Lage zu den angestrebten Arbeitsstätten führt dies zumindest bei den weiteren Berufspendlern im Haushalt, zu unterdurchschnittlichen Distanzwerten. Fast umgekehrt ist die Situation bei den erwähnten Zentren (z. B. Ebersberg, Garmisch-Partenkirchen, Wertingen oder auch im Falle des industriellen Standorts Taufkirchen), wo neben relativ geringen Beteiligungsquoten überdurchschnittliche Distanzwerte auftreten. Als Erklärung für diese Differenzierung könnte aus den bisher vorgeführten Analysen gefolgert werden, daß die Pendler in der ersten Gruppe von Gemeinden entweder in zeitgünstiger Nähe bereits eine Vielfalt von Berufsmöglichkeiten finden bzw. mit den dort vorhandenen Arbeitsplätzen aufgrund ihrer Vorstellung vom erstrebenswerten Arbeitsort zufrieden sind. Demgegenüber könnte für die Pendler in den zentralen Orten vermutet werden, daß es sich hierbei um eine Personengruppe handelt, die mit dem in den Zentren gegebenen Arbeitsplätzen selbst nicht oder nicht mehr zufrieden ist. Ohne es über diesen räumlichen Querschnittsvergleich letztlich belegen zu können, könnte sich hinter dieser Differenzierung von Verhaltensmustern ein zeitlicher Prozeßablauf gesellschaftlicher Entwicklung verbergen.

Wie Abb. 7 jedoch auch zeigt, bestehen nicht nur zwischen einzelnen Gemeindetypen, sondern auch innerhalb der Gemeinden gleichen Typs teilweise Unterschiede in den Verhaltensmustern. Da die Umschreibung der Gruppe „weitere Personen im Haushalt" häufig identisch ist mit der ebenfalls berufstätigen und pendelnden Ehefrau, weist diese Abbildung auch auf ein gewisses *nach Geschlechtern differenziertes Pendlerverhalten* hin. Dabei läßt schon der fast gleich große Distanzwert eine Entwicklungstendenz erkennen, die zwischen 1961 und 1970 eingetreten sein muß. Im Jahre 1961 nämlich konnte es als charakteristisch für das Pendelverhalten weiblicher Berufstätiger angesehen werden, daß diese überwiegend auf den Nahbereich der Einpendlerzentren, insbesondere in hierarchisch-zentrierten Räumen mit ihrem vielfältigen Angebot an tertiären Arbeitsplätzen, begrenzt waren[55]. Daneben gab es zwar noch branchenspezifische Sondersituationen außerhalb dieser Gebiete, wie dies z. B. in Gestalt der Textilindustrie-Betriebe im Oberallgäu bzw. dem Berchtesgadener Land oder den elektrotechnischen Betrieben in Traunreut (Siemens) oder Siegsdorf (Körting) mit ihren hohen Anteilen an Frauenarbeitsplätzen zum Ausdruck kommt. Dabei traten Reichweiten auf, die durchaus denen männlicher Berufspendler vergleichbar waren[56]. Demgegenüber besaßen weite Gebietsteile westlich des Ammersees, im Dachauer und Pfaffenhofener Hinterland, im südostoberbayerischen sowie vor allem im niederbayerischen Raum 1961 Anteile der weiblichen Auspendler zwischen 15—25 %, teilweise sogar unter 15 % an den Berufspendlern insgesamt.

---

[55] Die für 1961 feststellbaren Ergebnisse für Südbayern decken sich weitgehend mit den Untersuchungen von Uthoff, D., a. a. O., S. 139 ff., sowie Stöckmann, W., Die Wohn- und Arbeitsplatzmobilität der Bevölkerung in ländlichen Räumen, Frankfurt, 1971, S. 70 ff.

[56] Vgl. auch Dickinson, R., The Geography of Community in West-Germany, in: Annals of the Association of American Geographers, 1959, Bd. 49, H. 4, S. 453 oder Klöpper, R. u. Rathjens, C., Die wirtschaftsräumlichen Einheiten im Raum Saar-Nahe-Rhein, in: Ber. z. dt. Landeskunde, Bd. 25, 1960, H. 1, S. 47.

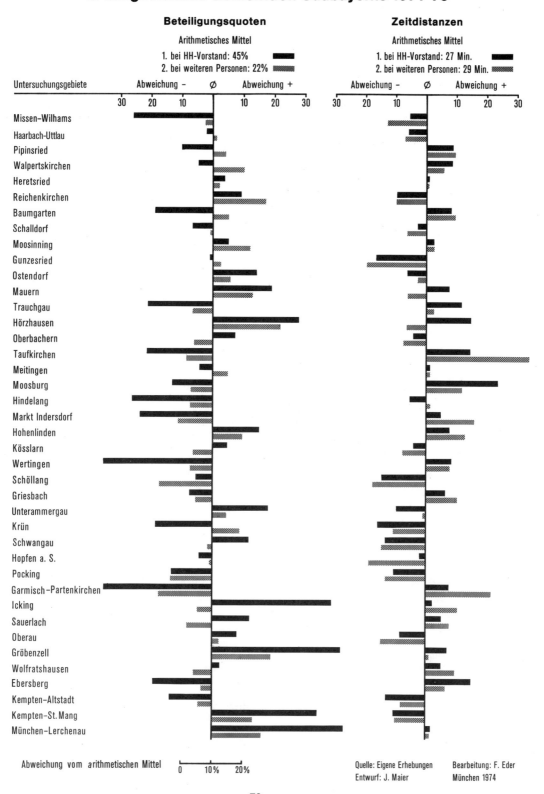

Zwischen diesem Strukturbild und den Ergebnissen der Volks- und Berufszählung 1970 zeigte sich ein starkes absolutes Anwachsen der weiblichen Auspendler, insbesondere im ruralen Raum als weiteres Zeichen zunehmender industriegesellschaftlicher Verhaltensweisen, das zu einem Abbau der 1961 noch zu beobachtenden, regionalen Unterschiede führte. Mit wenigen Ausnahmen, u. a. in verkehrsungünstig gelegenen Gebieten, wuchsen nun bis 1970 die Anteile der weiblichen an den gesamten Auspendlern im allgemeinen auf 25—45 %. Die männlichen Berufspendler besitzen trotz dieses Wachstums einen immer noch höheren Anteil an den Pendlern als es ihrem Anteil an der Gesamtbevölkerung entspricht, vor allem in traditionell landwirtschaftlich orientierten und/oder mit öffentlichen Verkehrsmitteln nur schlecht erschlossenen Gebieten. Gerade die Verkehrsanbindung spielt, unabhängig von der bis 1970 auch flächenhaften Ausdehnung des Pendlerverhaltens unter den weiblichen Berufstätigen, auch 1970 noch eine, wenn auch gegenüber 1961 abgeschwächte Rolle[57].

Wenn man darüber hinaus die in Abb. 7 dargestellten Zeitdistanzen betrachtet, so erkennt man, daß in den letzten Jahren die zeitliche Belastung des Berufsweges häufig gleichartig bei Haushaltsvorständen wie auch bei den weiteren Personen eines Haushalts ausfällt[58]. In der regionalen Analyse tritt gleichzeitig eine leichte Abnahme des Anteils weiblicher Pendler in den großstadtnahen Gemeinden auf (u. a. durch den Zuzug neuer sozialer Schichten mit verändertem Erwerbsverhalten der Frauen oder durch zunehmende Erwerbstätigkeit der Frauen innerhalb der Wohngemeinden). Es könnte deshalb gefolgert werden, daß sich die Verhaltensmuster zwischen den Geschlechtern in bezug auf die berufsorientierte Verkehrsaktivität im Laufe der Jahre bis 1970 zunehmend einander angepaßt haben. Die größten Differenzen treten vor allem noch in jenen Pendlerbereichen des ruralen Raumes auf, die entweder durch monozentrische Strukturen gekennzeichnet sind und damit i. d. R. über die von den weiblichen Berufstätigen gewünschten Arbeitsplätze nicht bzw. in nicht genügender Zahl verfügen oder die peripher zu den hierarchisch-zentrierten Pendlerräumen liegen und damit durch überaus lange Pendelwegzeiten belastet sind. Bei der nun in Bayern von Seiten des Staatsministeriums für Wirtschaft und Verkehr geplanten Schaffung neuer Arbeitsplätze in Industrie und Handel, insbes. in verschiedenen Zentren des ruralen Raumes, sollte gerade dieser Mangel an qualifizierten Arbeitsplätzen, auch für Frauen bzw. seine Behebung beachtet werden[59]. Zum dritten sind es Gebiete, in denen einmal der landwirtschaftliche Nebenerwerb (des Mannes) oder der Vollerwerbscharakter landwirtschaftlicher Betriebe andererseits eine Rolle spielt. Gerade im Gebiet von Schrobenhausen und in der Hallertau mit ihrer großen Bedeutung im Anbau von Spezialkulturen ist dies deutlich festzustellen, mit ein Hinweis auf die Funktion der Frau in der Landwirtschaft.

Ist nun diese Tendenz einer gewissen Auflösung gruppenspezifischer Differenzierung (hier: zwischen den Geschlechtern) auch auf andere sozialökonomische Einflußgrößen übertragbar? Zunächst sollen deshalb die *Verhaltensmuster verschiedener Altersschichten* dargestellt werden, die in zahlreichen regional- und verkehrswissenschaftlichen Studien zu den entscheidenden Determinanten sozialräumlichen Verhaltens gezählt werden. Zwar ist hierbei ein komparativ-statistischer Vergleich der regionalen Verbreitung spezifischer Raumsysteme insofern nicht möglich, als nur Daten für 1970 vorlagen. Ergänzt durch die eigenen Erhebungen mußte demnach die räumliche Querschnittsanalyse die zeitliche Verlaufsanalyse ersetzen. Ausgehend von der aus der Volks- und Berufszählung bekannten negativen Korrelation zwischen abnehmender Pendlerbeteiligung bei zunehmendem Alter der Erwerbstätigen[60] konnte auch in den vorliegenden Untersuchungsgebieten festgestellt werden, daß z. B. die 45 — unter 65-jährigen überwiegend im Wohngebiet arbeiteten,

---

[57] Auf die enge Korrelation zwischen dem Anteil weiblicher Auspendler und der Lage der Wohngemeinden an öffentlichen Verkehrslinien wiesen u. a. Christaller, W., Formen und Gründe des Pendelns, in: Bd. 365 d. Forschungsber. d. Wirtschafts- u. Verkehrsministeriums d. Landes Nordrhein-Westfalen, Düsseldorf 1957, S. 137 sowie Uthoff, D., a. a. O., S. 139 oder Lose, H., Verkehrsplanung für wirtschaftsschwache Regionen, Bonn/Bad Godesberg 1969, S. 48 hin.

[58] Vgl. auch die Ergebnisse in den vier Stadtgebieten Münchens, wo die Pendelzeiten der männlichen durchschnittlich 28 Min. und die der weiblichen Berufstätigen 26 Minuten betrugen, vgl. Zapf, K., Heil, K., Rudolph, J., a. a. O., S. 244.

[59] Vgl. das Programm zur Regionalförderung von Industrieansiedlungen des Bayer. Staatsministeriums f. Wirtschaft u. Verkehr, München 1973.

[60] Vgl. u. a. auch o. V., Berufs- und Ausbildungspendler, in: Wirtschaft und Statistik, 1971, H. 7, S. 419.

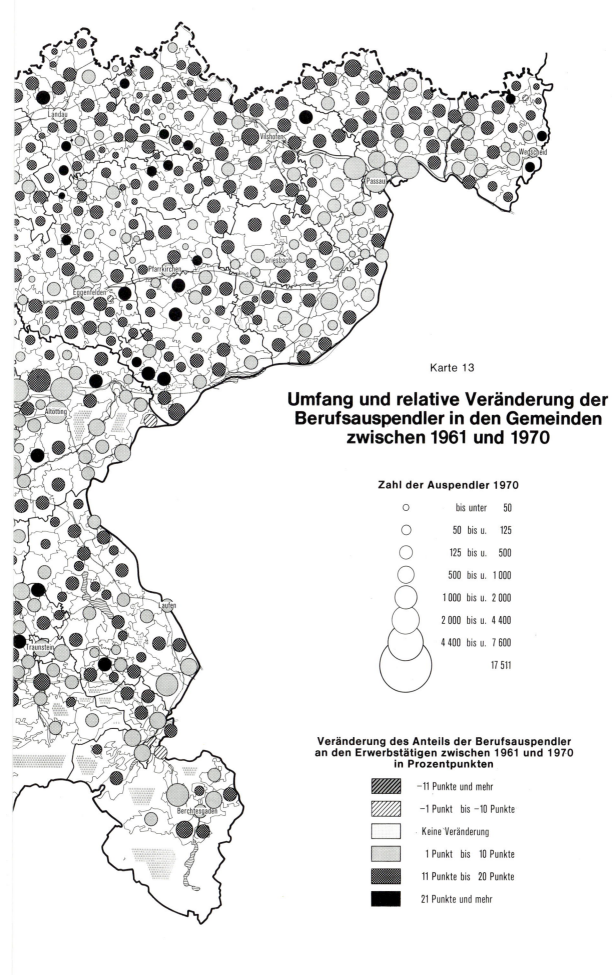

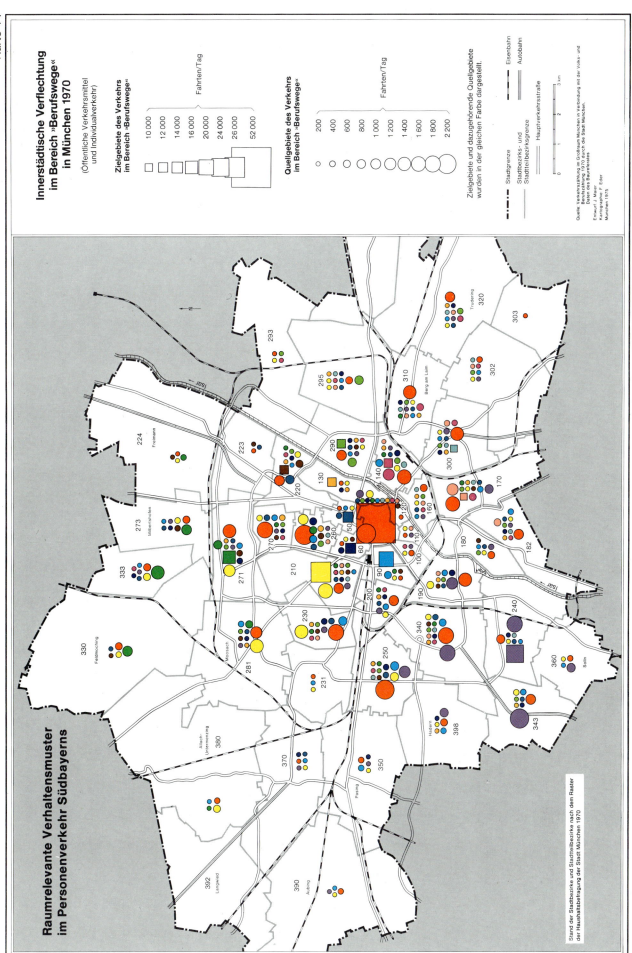

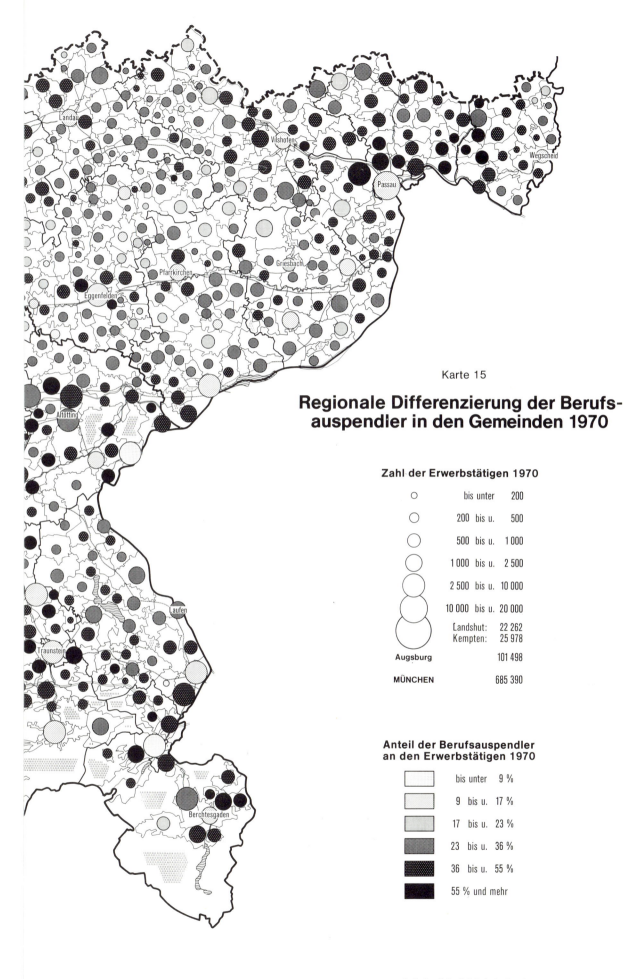

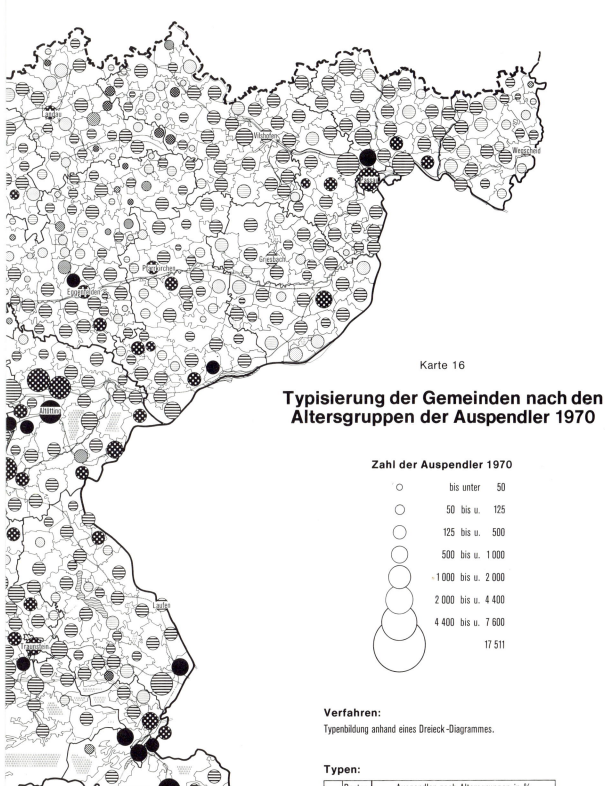

Karte 16

Typisierung der Gemeinden nach den Altersgruppen der Auspendler 1970

Zahl der Auspendler 1970

○	bis unter 50
○	50 bis u. 125
○	125 bis u. 500
○	500 bis u. 1 000
○	1 000 bis u. 2 000
○	2 000 bis u. 4 400
○	4 400 bis u. 7 600
	17 511

Verfahren:

Typenbildung anhand eines Dreieck-Diagrammes.

Typen:

Typ	Raster-art	Auspendler nach Altersgruppen in %		
		bis u. 25 J.	25 bis u. 45 J.	45 J. u. älter
1		45 – 72	12 – 45	bis 14
2		45 – 65	12 – 39	15 – 35
3		25 – 44	12 – 39	15 – 35
4		25 – 44	40 – 59	bis 14
5		25 – 44	40 – 59	15 – 35
6		5 – 30	60 – 90	bis 25
7		10 – 24	40 bis u. 60	15 – 29
8		10 – 24	40 bis u. 60	30 – 50

Quelle: Bayerisches Statistisches Landesamt,
Volks- und Berufszählung 1970
Entwurf: J. Maier
Kartographie: H. Sladkowski
München 1975

während die Situation bei den unter 30jährigen durch eine Dominanz der berufsorientierten Verkehrsbewegung nach außerhalb der Testgebiete gekennzeichnet war [61].

Bei der regional differenzierenden Betrachtung findet sich dazu das analoge räumliche Phänomen (vgl. Karte 16). In großen Teilen des ruralen Raumes sind die 25 — unter 45jährigen und die unter 25jährigen relativ stark vertreten, während sich die über 45jährigen bevorzugt in und um die Großstädte bzw. bedeutenden zentralen Orte gruppieren (sie sind bereits längere Zeit schon Pendler, vgl. die Typen 7 und 8) [62]. Dies deutet neben dem Vorhandensein teilweise traditioneller Pendlerbeziehungen um diese Zentren auch auf die gerade zwischen 1961 und 1970 stark gewachsene Bedeutung allochthoner Pendlerstrukturen in ihrem Umland hin. Der Arbeitsort mit seiner qualitativen und quantitativen Vielfalt an Beschäftigungsmöglichkeiten wurde von dieser Gruppe der Erwerbstätigen beibehalten, während sie auf der Suche nach einem erstrebenswerten Wohnort in eine Gemeinde außerhalb des Einpendlerzentrums zogen [62]. Insgesamt gesehen kann somit der These SAVIRANTAS [63], daß der Anteil der jüngeren Personen unter den Berufspendlern mit zunehmender metrischer Distanz ebenfalls zunimmt, sicherlich auch in Südbayern weitgehend zugestimmt werden. Eine gewisse Ausnahme stellen jedoch einige der im bayerischen Alpenraum gelegenen Fremdenverkehrsgebiete dar.

So ist z. B. im Werdenfelser Land, im Tegernseer und Schlierseer Tal sowie im Berchtesgadener Land eine altersspezifische Differenzierung zu erkennen, wie sie ansonsten nur im nahen Umland der größeren Zentren zu beobachten ist. Der Hinweis auf die zunehmenden Urbanisierungstendenzen in diesen Gebieten, hervorgerufen durch die hohe Bedeutung des tertiären Sektors und seiner Folgeerscheinungen bietet sich in diesen Fällen geradezu an [64].

Erweitert man nun den angesprochenen Zusammenhang zwischen Altersstruktur und Pendlerverhalten in bezug auf den benötigten Zeitaufwand des Pendelns, so ist unter den Testgebieten eine deutliche negative Korrelation zwischen den beiden Variablen nur in den Arbeiter-Bauern-Gemeinden festzustellen (vgl. in Abb. 8 u. a. die Beispiele Gunzesried oder Oberbachern). In den meisten Fällen trugen die ortsspezifischen Besonderheiten zu einer Überlagerung der altersspezifischen Verhaltensmuster bei. So wies z. B. die Gruppe der 31—45jährigen in Ebersberg und Kempten über dem jeweiligen Gemeindedurchschnitt liegende Zeitdistanzen auf, während dies für Pipinsried und Krün für die 46—65jährigen galt. Neben unterschiedlichen Strukturmustern bei den Berufs- und Einkommensschichten kommt hierin vor allem die unterschiedliche Verkehrsmittelausstattung und -benutzung (vgl. Abb. 3) zum Ausdruck. Die älteren Personengruppen brauchen häufig, trotz teilweise kürzerer metrischer Distanzen, längere Zeit für die Zurücklegung ihres Berufsweges mit öffentlichen Verkehrsmitteln (oder auch zu Fuß) als die überwiegend mit dem Pkw fahrenden jüngeren Personengruppen [65].

Neben der Altersstruktur spielt auch die Dauer der Anwesenheit in der Wohngemeinde (d. h. der gesellschaftliche Integrationsgrad) für das Pendlerverhalten eine Rolle. Es soll deshalb überprüft werden, welche *Differenzierung der Verhaltensmuster bei autochthonen und allochthonen Pendlern* besteht. Im Anschluß an DE VOOYS [65] wurden deshalb die befragten Haushalte in eine Gruppe der seit Geburt oder vor 1955 [66] in einer Gemeinde Wohnenden (autochthone Gruppe i. w. S.) sowie in eine 1. bzw. 2. Gruppe der allochthonen Personen eingeteilt. Um die Bedeutung gerade der letzten Gruppe, die durch ihren Zuzug in den letzten 4—5 Jahren als typische Vertreter der Neubürger angesehen werden (vgl. Tab. 1), zu zeigen, sei erwähnt, daß sie in Kempten-St. Mang bzw. Gröbenzell mit 77 % bzw. 62 % unter den Pendlern die höchsten Anteilswerte erreichten. Gegenüber diesen erst in den letzten Jahren dynamisch gewachsenen innerstädtischen bzw. großstadt-

---

[61] Vgl. u. a. Rothgang, W., a. a. O., S. 47 sowie Crkvenčič, I., Die Folgen der Urbanisierung in Jugoslawien am Beispiel der sozialökonomischen Struktur der Pendler und des Stadtrandes von Zagreb, in: Münchner Studien z. Sozial- u. Wirtschaftsgeographie, Bd. 4, Kallmünz/Regensburg 1968, S. 60.

[62] Diese Ergebnisse decken sich mit den Thesen von Klingbeil, D., a. a. O., S. 124 über die Eigenschaften der Pendlerstrukturen im stabilen Pendlerraum.

[63] Saviranta, J., a. a. O., S. 103.

[64] Vgl. Passler, R., a. a. O.

[65] Vooys, A. C. de, a. a. O., S. 101.

[66] Zu dieser Gruppe wurden auch die vor 1955 zugezogenen Personen genommen, da aufgrund der nun fast 20-jährigen Anwesenheit ein relativ hoher Integrationsgrad unterstellt wurde. Das Jahr 1955 wurde gewählt, um die nach dem 2. Weltkrieg sich vollziehende Welle der ersten Wanderungsbewegungen noch miteinbeziehen zu können.

Spezifische Reichweiten und Verkehrsmittelwahl im berufsorientierten Verkehr unter der Bevölkerung in ausgewählten Gemeinden Südbayerns 1971-73

Abb. 8 Verhaltensmuster verschiedener Altersschichten

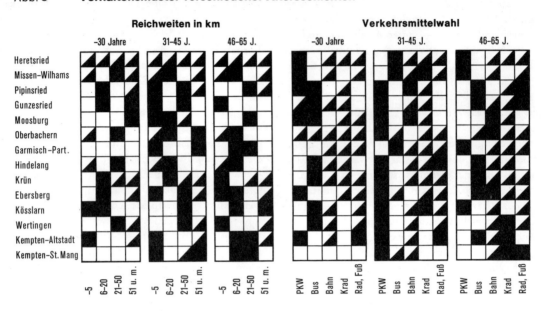

Abb. 9 Verhaltensmuster verschiedener Integrationsschichten

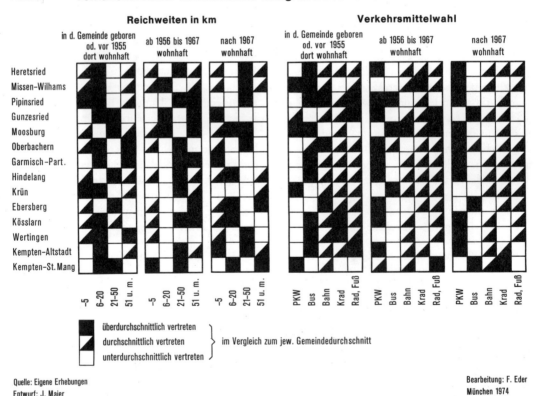

Quelle: Eigene Erhebungen
Entwurf: J. Maier

Bearbeitung: F. Eder
München 1974

nahen Gebieten konnten in den noch stark landwirtschaftlich orientierten Gemeinden, wie Pipinsried und Missen-Wilhams entsprechend hohe Anteile der autochthonen Pendler festgestellt werden. Während dies mehr oder weniger zu erwarten war, sind die Ergebnisse von Kösslarn, Ebersberg, Wertingen und Moosburg doch erstaunlich, wonach der Anteil der autochthonen Pendler in diesen kleineren und mittleren Zentren über 60 %, in Einzelfällen sogar über 70 % betrug.

Wie sieht nun das raumdistanzielle Verhalten der verschiedenen Gruppen aus? Geht man von der gruppenspezifischen Pendlerquote aus, so kann man bei einem Großteil der Testgebiete eine mit der Anwesenheitsdauer am Wohnort abnehmende Beteiligung am Berufspendelverkehr feststellen. Dies würde der Aussage DÜRRS [67] entsprechen, die Gruppe der allochthonen Pendler als besonders aktionsräumlich aktiven Teil der Bevölkerung anzusehen. Jedoch bestehen innerhalb der ausgewählten Testgebiete in bezug auf diesen Aspekt der außenorientierten Verhaltensweisen auch Abweichungen von diesem Grundmuster. So besitzt z. B. die Personengruppe, die zwischen 1955 und 1967 zugezogen ist, in Kösslarn, Moosburg und Ebersberg die höchste Auspendlerquote. Gerade in diesem kleinen und mittleren Bereichen sind demnach in diesem Zeitraum Personen zugezogen, die noch heute relativ hohe verkehrsräumliche Aktivitäten aufweisen.

Diese unterschiedlichen Aktivitätenmuster der Neubürger innerhalb des regionalen Betrachtungsfeldes zeigten sich ebenso deutlich in bezug auf die zeitdistanziellen Relationen. Man erhält damit Hinweise über die Rolle der Testgebiete als Wohnund/oder Arbeitsplätze für diese Gruppen. Aus Abb. 9 erkennt man nämlich, daß die zurückgelegten Distanzen der 1. allochthonen Gruppe im Durchschnitt größer sind als die der autochthonen und auch der erst in den letzten Jahren zugezogenen Personengruppe. Besonders deutlich ist dieses Distanzverhalten in verschiedenen Fremdenverkehrsgemeinden und zentralen Orten im ruralen Raum zu erkennen.

Was die autochthone Gruppe betrifft, so scheint für diese Gruppe der Bezug zu ihrer Berufsstruktur bzw. zu den Möglichkeiten für eine Berufsausübung am Wohnort als erklärende Variable geeignet. Wie Abb. 9 deutlich macht, ist diese Gruppe insbesondere in den noch agrarisch orientierten Gemeinden durch eine Konzentration auf die unteren Distanzwerte gekennzeichnet. Da sie hier zum großen Teil durch Landwirte bzw. ehemalige Landwirte repräsentiert sein dürfte, die — zumindest in einer ersten Phase nach dem Berufswechsel — häufig als Hilfsarbeiter im nächstgelegenen Einpendlerzentrum arbeiten (um dadurch möglicherweise ihren Hof im Nebenerwerb weiter zu bewirtschaften), könnte sich diese Vorstellung von Berufstätigkeit auch in relativ kurzen Distanzen äußern.

Damit gelangt man aber zu den *Berufs- und Einkommensschichten* und ihrem Einfluß auf die Differenzierung im berufsorientierten Verkehrsbereich. Da die ansonsten sehr detaillierten Erhebungen der Volks- und Berufszählungen diesen Fragenkomplex nicht beantwortet haben, wurde von verschiedenen Autoren, als Ersatzlösung, von der Differenzierung der Pendler entsprechend ihrer Zugehörigkeit zu den verschiedenen Wirtschaftssektoren sowie einzelnen Branchen ausgegangen[68]. Die dazu notwendigen Daten liegen sowohl für 1961 als auch 1970 (vgl. Karte 17) vor. Das Problem der anschließenden Transformation auf ausgewählte Berufsschichten besteht vor allem in der nach wirtschaftsstatistischen und weniger nach funktionalen oder gar sozialgeographischen Gesichtspunkten vorgenommenen Zuordnung der Pendler[69].

Der 1961 im wesentlichen auf den engeren Einzugsbereich des Münchner Pendlerraumes sowie die Umlandgemeinden verschiedener Mittel- und Oberzentren des Alpenvorlandes begrenzte Typus einer relativ stärkeren Bedeutung der Pendler des tertiären Sektors hat sich bis zum Jahre 1970 erheblich flächenhaft ausgebreitet. War z. B. der Typ 1 (Pendler des produzierenden Gewerbes) 1961 noch weit ausgedehnt vorhanden, so ist bis 1970 eine starke Konzentration auf die Umgebung bestimmter Industriestandorte (z. B. im oberbayeri-

---

[67] Dürr, H., Boden- und Sozialgeographie ..., a. a. O., S. 169.
[68] Vgl. u. a. Uthoff, D., a. a. O., S. 145 ff. oder Ganser, K., Pendelwanderung ..., a. a. O., S. 19, der z. B. die in der Bauindustrie beschäftigten Berufspendler als Indikator für eine beginnende industriegesellschaftliche Entwicklung heranzieht. Ein Beispiel für die Verwendung branchenspezifischer Differenzierung der Pendler im innerstädtischen Bereich ausgewählter Städte in den USA bringt Loewenstein, L. K., The Location of Residences and Work Places in urban Areas, New York and London 1965, S. 133 ff.
[69] Vgl. u. a. Känel, A. v., Arbeiterpendelwanderung im östlichen Bezirk Rostock, in: Geograph. Berichte, 8. Jg., 1963, H. 1, S. 10—25 oder Asemann, K. H., Einpendler und Auspendler in Frankfurt am Main, in: Statistische Monatsberichte d. Stat. Amtes d. Stadt Frankfurt, Frankfurt/M., 34. Jg., 1972, SH. 26, S. 1.

schen Chemiedreieck, um Dingolfing oder in der östlichen Umgebung von Augsburg bzw. südlich von Neu-Ulm) festzustellen. Während also hier ein Wandel in Richtung zu Typ 2 oder 3 auftritt, hat sich die Bedeutung der Typen 5 und 6 erheblich erhöht. Gesamtgesellschaftlich verbirgt sich dahinter der Wandel von industrie- zu mehr dienstleistungsgesellschaftlichen Strukturen. Dabei hat das Gebiet südlich von München einen zeitlichen Vorsprung gegenüber anderen Teilen außerhalb der Verdichtungsräume in Südbayern. Dies ist erneut ein Ausdruck der starken Urbanisierungstendenzen in diesem Gebiet, während es in den Fremdenverkehrsschwerpunkten des Werdenfelser Landes, des Tegernseer Tales und des Berchtesgadener Landes auf die Pendlertätigkeit im tertiären Sektor zurückzuführen ist. Das im Fremdenverkehr ebenso bedeutsame Oberallgäu erscheint deshalb nicht unter diesem Typ, spielt hier der schon traditionell vorhandene und in den letzten Jahren noch erweiterte industrielle Wirtschaftsbereich eine Rolle. Was nun die Distanzrelationen betrifft, so erfährt man aus Karte 17, daß die Gemeinden des tertiär orientierten Pendlertyps i. w. im Nahbereich der Zentren liegen (vgl. Karte 12), die gemischtstrukturierten sowie die sekundär orientierten Pendlergemeinden distanziell dagegen weiter entfernt ihren Standort haben. Die landwirtschaftlichen Pendler, die nur für jene Gemeinden, in denen sie mehr als 10 % ausmachten, kartiert wurden (im Durchschnitt des gesamten Untersuchungsgebietes nur knapp 1 % Anteil an den Pendlern), haben verständlicherweise die geringsten Pendeldistanzen. Ausgehend von den Daten des Jahres 1961 zogen verschiedene Autoren den Schluß, daß Arbeiter i. d. R. einen längeren Pendelweg haben als z. B. Angestellte. Zwar deutet Karte 17 mit der regionalen Verteilung in Teilen Niederbayerns bzw. im Dachauer und Pfaffenhofener Hinterland ähnliche Ergebnisse an, jedoch gestattet der inzwischen eingetretene gesellschaftliche Wandel und seine räumlichen Auswirkungen sowie vor allem die hohe Zunahme der allochthonen Pendler in Verbindung mit der bereits erwähnten problematischen Zuordnung keine allgemeine Bestätigung dieser These.

Um nun auf andere Weise die Fragestellung der Berufs- und Einkommensschichten anzugehen, wurde in den Befragungen der von SCHAFFER[70] (in der Geographie) eingeschlagene Weg, über die Berufe der befragten Haushaltsvorstände die gesellschaftliche Schichtung zu analysieren, gewählt (ergänzt durch Fragen nach der Stellung im Beruf und nach dem Bruttoeinkommen). Bereits die Frage nach der Pendlerbeteiligung unter diesen drei Berufsschichten wird in den Testgebieten unterschiedlich beantwortet. Während in den noch landwirtschaftlich orientierten Gemeinden, den Arbeiter-Bauern-Gemeinden und den Fremdenverkehrsgemeinden eine von der Grund- über die Mittel- zur Oberschicht abnehmende Pendlerbeteiligung auftritt, ist die Situation in den kleineren und mittleren Zentren sowie den innerstädtischen Testgemeinden häufig gerade umgekehrt[71] (vergleichbare Ergebnisse bei der Differenzierung nach Einkommensschichten). Dies macht erneut deutlich, daß der Anteil der am Wohnort Arbeitenden in enger Beziehung zu dem dortigen Arbeitsplatzangebot steht.

Erweitert man nun die Bezugsbasis durch die Frage nach den Reichweiten der verschiedenen Berufs- und Einkommensschichten, so weisen die Abbildungen 10 und 11 darauf hin, daß die Personen der sozialen Mittelschicht bzw. die mittleren Einkommensbezieher im Durchschnitt die größten Pendlerwege zurücklegen. Danach folgt in den noch landwirtschaftlich orientierten Gemeinden bzw. den Arbeiter-Bauern-Gemeinden sowie den innerstädtischen Bereichen die Grundschicht, während dieser Rang bei den zentralen Orten von der sozialen Oberschicht bzw. den höheren Einkommensbeziehern eingenommen wird. Damit läßt sich aber die These von ZAPF, HEIL und RUDOLPH[72], wonach die Pendeldistanz mit steigendem Einkommen abnimmt, für die untersuchten Zentren an der Peripherie hierarchisch-zentrierter Räume bzw. im ruralen Raum nicht aufrechterhalten. Die sozialen „Aufsteiger" unter den autochthonen bzw. die allochthonen Pendler legen hier zur Befriedigung ihrer Berufswünsche eine weit längere Strecke als die entsprechenden anderen Pendlergruppen zurück. Das Ziel dieser Fahrten ist dabei i. d. R. das ranghöhere Zentrum. Fragt man abschließend zu den verschiedenen schichtenspezifischen Verhaltensmustern und in Ver-

---

[70] Schaffer, F., Untersuchungen zur ..., a. a. O., S. 57, wobei die soziale Grundschicht Rentner, Hausfrauen, Arbeiter, einfache Angestellte und Beamte, Schüler und Studenten sowie Landwirte, die soziale Mittelschicht Facharbeiter, mittlere Angestellte und Beamte sowie kleine Selbständige und die soziale Oberschicht leitende Angestellte und Beamte, größere Selbständige und freie Berufe umfaßt.
[71] Vgl. Rothgang, W., a. a. O., S. 97.
[72] Zapf, K., Heil, K., Rudolph, J., a. a. O., S. 243; vgl. auch Hundhammer, F., a. a. O., S. 21.

Spezifische Reichweiten und Verkehrsmittelwahl im berufsorientierten Verkehr unter der Bevölkerung in ausgewählten Gemeinden Südbayerns 1971-73

Abb. 10 Verhaltensmuster verschiedener Berufsschichten*

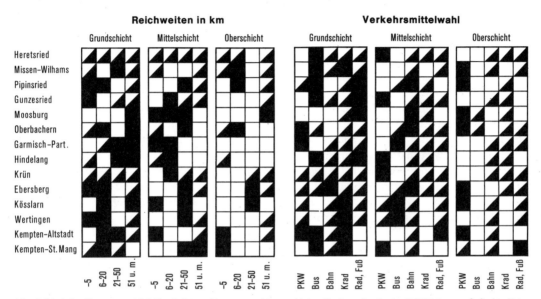

* Zur definitorischen Abgrenzung vgl. Schaffer, F., Untersuchungen zur sozialgeographischen Situation und regionalen Mobilität in neuen Großwohngebieten am Beispiel Ulm-Eselsberg, H. 32 d. Münchner Geogr. Hefte, Kallmünz 1968, S. 57

Abb. 11 Verhaltensmuster verschiedener Einkommensschichten (DM/Monat)

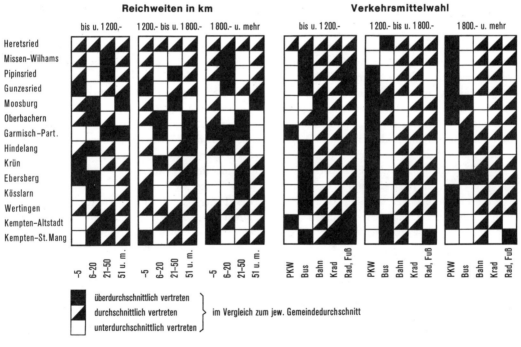

Quelle: Eigene Erhebungen
Entwurf: J. Maier

Bearbeitung: F. Eder
München 1974

bindung mit zahlreichen verkehrswissenschaftlichen Studien noch nach der *Bedeutung der Verkehrsmittelausstattung* der befragten Haushalte für die Distanzdifferenzierung, so muß sofort einschränkend darauf hingewiesen werden, daß diese Einflußgröße wieder eine mehr oder weniger abhängige Größe bereits diskutierter Verhaltensdeterminanten (u. a. des Einkommens, Berufs, Alters und Geschlechts) ist und damit die Gefahr tautologischer Schlüsse groß ist. Aus den vorliegenden Erhebungen kann festgestellt werden, daß die Pendlerbeteiligung unter den Pkw-Besitzern i. a. größer ist als unter den Nichtbesitzern. Neben dem Testgebiet Kempten-Altstadt mit relativ gleichartiger Beteiligung beider Gruppen sind es vor allem die noch landwirtschaftlich orientierten Gemeinden, die sich deutlich von dieser Tendenz abheben. Da hier ein Zusammenhang zwischen Pkw-Besitzern und den ortsansässigen Landwirten besteht, die andererseits relativ geringe Beteiligung am außenorientierten Berufsverkehr besitzen, wird der Pendelverkehr anteilsmäßig stärker von der „keinen Pkw besitzenden" Gruppe getragen.

Auch bei der Einbeziehung der Reichweitenbetrachtung zeigen sich diese Beziehungen. Das in verschiedenen verkehrswissenschaftlichen Studien vorgelegte Ergebnis, daß der Aktivitätsraum der Haushalte mit der besseren Ausstattung mit Pkw wächst, kann mit den Ergebnissen in den kleineren und mittleren Zentren und den Fremdenverkehrsgemeinden bestätigt werden. Dabei dürfte sich aber neben der Bedeutung des Pkw's als technisches Mittel zur Distanzüberwindung auch seine Rolle als Statussymbol für die aus diesen Gemeinden Pendelnden auswirken. Demgegenüber ergeben sich bei den innerstädtischen Beispielen und den noch landwirtschaftlich orientierten Gemeinden für die Pkw-Besitzer kürzere durchschnittliche Distanzwerte als für die Nichtbesitzenden[73]. Während bei ersteren der Anteil der Fußgänger für den größeren Zeitaufwand der Pkw-Nichtbesitzer ausschlaggebend sein dürfte, könnte der Einsatz von Werksbussen bei der zweiten Gruppe von Gemeinden zu einer Distanzerweiterung beigetragen haben (vgl. Karte 20).

c) Struktur der benutzten Verkehrsmittel in Abhängigkeit ausgewählter Determinanten

Die letzten Ausführungen haben gezeigt, daß es notwendig ist, sich in einer sozialgeographischen Studie über verkehrsräumliche Aktivitäten neben Betrachtungen regional-, schichten- und gruppenspezifischer Differenzierung und daraus sich ergebenden unterschiedlichen Raumsystemen auch mit der Verkehrsmittelstruktur und ihrer Veränderung in zeitlicher und räumlicher Hinsicht näher zu befassen.

— Regionalspezifische Raummuster der einzelnen Verkehrsmittel in Südbayern 1961 und 1970

Ohne erneut detailliert auf den historischen Wandel im Bereich des außerorientierten Berufsverkehrs einzugehen, sei nur noch einmal auf die Dominanz der Eisenbahn als Verkehrsmittel im Jahre 1939 hingewiesen. Nach dem 2. Weltkrieg, durch zunehmende Flächenerschließung gekennzeichnet, traten dann zunächst der Omnibus und — in den 60er Jahren besonders stark — die Individualverkehrsmittel (allen voran der Pkw) hinzu und verdrängten schließlich die Bahn von ihrer führenden Position. Für das Jahr 1961 läßt sich jedoch noch eine deutliche regionale Differenzierung zwischen den verschiedenen Verkehrsmitteln, je nach der Lage, der Quantität und Qualität des vorhandenen Verkehrsangebots in den Gemeinden, ihrer Distanz zu den Einpendlerzentren und der Sozial- und Verhaltensstruktur der Pendler erkennen (vgl. Karte 18). Besonders klar tritt das Netz der Bahnlinien als Standortkennzeichen hervor, d. h. die Auspendler dieser Gemeinden benutzen überwiegend die Bahn als Verkehrsmittel für die Bewältigung ihres Berufsweges. Die perlschnurartig aufgereihten Gemeinden des so definierten Gemeindetyps 1 treten u. a. entlang der Strecken Neu-Ulm in Richtung Günzburg—Dillingen oder Illertissen ebenso typisch auf wie im Falle von München in Richtung Erding oder Ebersberg. Jedoch gerade die Nennung der Beispiele aus dem Münchner Umland weist darauf hin, daß Gemeinden mit hohem Anteil an Bahnpendlern i. d. R. erst nach einer gewissen Distanz vom Einpendlerzentrum aus auftreten.

Aus Karte 18 wird ferner die große Bedeutung des Fahrrads als Transportmittel ersichtlich. Vor allem im Nahbereich verschiedener mittlerer und kleinerer Einpendlerzentren außerhalb der Verdichtungsräume, z. B. um Rosenheim oder Landshut, um Memmingen oder Neuburg a. d. Donau oder im oberbayerischen Chemiedreieck ist in einer Distanz bis 5 km ein entsprechendes Strukturmuster festzustellen.

Auf Gemeinden, in denen demgegenüber relativ

---

[73] Vgl. Zapf, K., Heil, K., Rudolph, J., a. a. O., S. 214.

Tabelle 3: Die benutzten Verkehrsmittel der Berufsauspendler in Bayern 1961 und 1970

Verkehrsmittel	Berufspendler nach dem benutzten Verkehrsmittel in %	
	1961 (6. 6.)	1970 (27. 5.)
Eisenbahnen	22,7	11,5
Omnibus	17,6	24,5
Pkw, Motorrad, Moped	34,9	55,4
Fahrrad	17,0	5,1
übrige Verkehrsmittel (Straßenbahn, zu Fuß)	7,8	3,5
insgesamt	100 % = 1 027 842	100 % = 1 417 313

Quelle: Berger, H., Verkehrsmittel und Zeitaufwand ..., a. a. O., S. 112.

hohe Anteile der Busbenutzung unter den Pendlern auftraten, wird in Karte 18 vor allem im NO und NW von Augsburg hingewiesen. Ähnlich strukturierte Gebiete lassen sich zwischen den Hauptstrecken der Bundesbahn sowie in den Landkreisen Neu-Ulm und Dillingen oder entlang der Autobahn München—Ingolstadt feststellen. Diese Gemeinden und in verstärktem Maße die Beispiele um Vilsbiburg, Dingolfing und im Norden von Passau machen deutlich, daß es sich hier teilweise um Wochen-Pendler nach München und/oder Benutzern von Werksbussen größerer Industriebetriebe handelt.

Jene Gemeinden, in denen der Pkw anteilsmäßig unter den Verkehrsmitteln der Berufspendler dominierte, spielten 1961 quantitativ noch eine bescheidene Rolle. Anteilswerte des Pkw über 50 % an den Verkehrsmitteln wurden i. a. nur in den traditionellen Schwerpunkten des ruralen Raumes, in Teilen Niederbayerns, Südostbayerns und Mittelschwabens erreicht. Überaus große Bedeutung, mit mehr als 80 % Anteil der Pkw-Fahrer unter den Pendlern, trat nur im Gebiet zwischen Landsberg, Schongau und dem Ammersee sowie zwischen Schrobenhausen und Neuburg auf. Beide Gebiete sind durch eine starke Orientierung auf die Landwirtschaft und durch eine ungünstige Verkehrserschließung mit öffentlichen Verkehrsmitteln gekennzeichnet.

Stellt man nun dieser Verkehrsmittelstruktur 1961 die des Jahres 1970 gegenüber (vgl. Karte 19), so wird der inzwischen eingetretene gesamtgesellschaftliche Wandel in bezug auf die Bewertung des Pkw's, bei veränderter Einkommens- und Sozialstruktur, als Verkehrsmittel der Berufspendler deutlich sichtbar. Während der Anteil der Bahn und vor allem des Fahrrads gesunken ist, stieg die Bedeutung des Pkw's sowie des Omnibus (vgl. Tab. 3). Bei letzterem dürfte neben der noch anzusprechenden Zunahme der Werkbuslinien die Verbesserung der Linienbus-Verbindungen und die ersten substitutiven Auswirkungen der Stilllegungen verschiedener Bundesbahn-Nebenstrecken zum Tragen gekommen sein.

Im ruralen Raum, in dem der Anstieg des Pkw als Verkehrsmittel der Pendler zwischen 1961 und 1970 besonders deutlich zum Ausdruck kommt, wird er auch weiterhin aufgrund der geringen Verkehrsströme und der größeren Flächenerschließungsfunktion bzw. Flexibilität Vorteile gegenüber den öffentlichen Verkehrsmitteln besitzen. Gerade in den von der Pendlerbewegung neu oder nun intensiver erfaßten Teilen der Streusiedlungsbereiche in Südostoberbayern oder im niederbayerischen Tertiärhügelland erreichen die den Pkw benutzenden Berufspendler über 80 % aller Pendler. Dabei soll wiederum nicht unbeachtet bleiben, daß ein großer Teil der weiteren Haushaltsmitglieder für den außerorientierten Berufsweg öffentliche Verkehrsmittel benutzen muß (vgl. Abb. 12).

Was nun die Differenzierung innerhalb der Pendlerräume betrifft, so treten z. B. in den hierarchisch-zentrierten Pendlerräumen hoher bzw. höchster Hierarchiestufe neben mittleren Anteilswerten des Pkw's in zentrumsnahen Lagen und einem leichten Ansteigen seiner Bedeutung in der Zone des engeren Einzugsbereiches, mit zunehmender Entfernung vom Zentrum aus abnehmende Anteilswerte auf. Während sich also in weiten Teilen des ruralen Raumes (d. h. ohne größere raumprägende Zentrenbildung), durch lokalspezifische bzw. sich überlagernde funktionale Einflußgrößen ein heterogenes Strukturmuster relativ ähnlicher Verhaltenstypen abbildet, ergibt sich für München, Augsburg und Neu-Ulm (in Ansätzen auch bei Rosenheim) eine in der Literatur häufig als typisch bezeichnete Beziehung zwischen der Entfernung von Wohn- und Arbeitsstätte und dem benutzten Verkehrsmittel[74]. Danach würde z. B. 1961 — idealtypisch gesehen — mit wachsender Distanz von einem derartigen Primärzentrum aus die Position des relativ bedeutsamsten Verkehrsmittels vom Fahrrad auf den Omnibus übergeben, dann dem Pkw und schließlich der Bahn weitergereicht. Dies traf zwar auch in der regionalen Realität Südbayerns im allgemeinen zu, jedoch fiel die Position des Pkw dabei je nach der Angebotssituation der konkurrierenden Verkehrsmittel aus. So nahm sein Anteil bei vorhandenen guten Bahn- (Beispiele im Westen von München) und/oder Busverbindungen (Beispiele im Westen von Augsburg) rasch ab, bei weitgehendem Fehlen entsprechenden Angebots war jedoch ein weiteres Ansteigen seines Anteils zu beobachten (insbesondere im Dachauer Hinterland).

Bei der Überprüfung dieser Beziehungen im Jahre 1970 können wir nicht nur für Bayern insgesamt[75], sondern auch für das Beispiel München[76] einen der Situation 1961 vergleichbaren Substitutionsvorgang unter den benutzten Verkehrsmitteln feststellen. Dabei zeigen sich für die Benutzung der einzelnen Verkehrsmittel spezifische „kritische Distanzschwellen", ab denen ein Bedeutungswechsel auftritt. So nehmen z. B. die Radfahrer ab 15 Min. Pendelzeit rasch ab, wogegen andererseits z. B. die Bahn ab 60 Min. Berufsweg eindeutig allen anderen Verkehrsmitteln gegenüber dominiert. Ohne nun die Geschlossenheit dieses allgemeinen, statistisch belegten Zusammenhangs in Frage zu stellen, muß — wie häufig bei geographischen Untersuchungen — jedoch betont werden, daß im regionalen Betrachtungsfeld auch erhebliche Schwankungen um diesen Grundtatbestand auftreten. Die vorliegenden Untersuchungsgebiete spiegelten zwar die Tendenz einer mit wachsender Pendelzeit zunehmenden Bedeutung öffentlicher Verkehrsmittel wider, die Lage des Gebietes zum Einpendlerzentrum, die Struktur des Verkehrsangebots sowie die gruppenspezifischen Präferenzen der Pendler stellten andererseits ein wichtiges Regulativ für die jeweilige ortsspezifische Position der einzelnen Verkehrsmittel dar. So konnte neben der allgemein dominierenden Rolle des Pkw z. B. in den großstadtnahen Gemeinden oder jenen mit Bahnanschluß eine relativ hohe Bedeutung der Eisenbahn als Verkehrsmittel der Berufspendler erfragt werden (u. a. in Wolfratshausen, Icking, Sauerlach oder Moosburg). In Nachbar- oder Vorortgemeinden sekundärer oder auch tertiärer Zentren im stärker ruralen Raum (u. a. in Gunzesried, Ostendorf oder Schwangau) besaßen demgegenüber die Radfahrer und Fußgänger größere Anteilswerte, während in einer Reihe noch landwirtschaftlich orientierter Gemeinden (u. a. Heretsried, Pipinsried, Baumgarten oder Uttlau) der Omnibus diese Position einnahm (vgl. Karte 19).

Andererseits erkennt man, daß der Omnibus im Vergleich zu 1961 an Bedeutung gewonnen hat, wobei sich noch deutlicher regionale Schwerpunkte der Busbenutzung ausgebildet haben (z. B. um Landau und Dingolfing oder im weiteren Einzugsbereich von Augsburg und an der Peripherie des Münchner Einflußbereiches). Gerade diese Beispiele weisen durch ihre große metrische Distanzüberwindung auf ein charakteristisches Kennzeichen des Werkbusverkehrs hin, der 1970 immerhin 10,4 % aller Pendler (mit Linienbussen fahren 14,1 %)[77] erfaßte. Da sich dadurch spezifische Reichweitensysteme entwickelt haben, soll dieses Verkehrsmittel und seine Raumkonfigurationen kurz angesprochen werden.

Unter Werkbus wird dabei ein von einem Unternehmen für seine Arbeitskräfte im täglichen Berufspendelverkehr eingesetzter Omnibus verstanden, wobei die Organisation des Betriebsnetzes und — gänzlich oder überwiegend — auch die Kosten von Seiten des Unternehmens getragen werden. Von den Arbeitnehmern wird als Vorteil dieses Verkehrsmittels gegenüber dem Linienbus vor allem der Zeitgewinn bei der Distanzüberwindung (z. B. durch Wegfall von Warte- und Umsteigezeiten bzw. weniger Haltestellen) genannt[78]. Dadurch werden entweder die metrischen Entfernungen der Pendlerräume ausgedehnt und/oder bis-

---

[74] Vgl. Uthoff, D., a. a. O., S. 160 oder Saviranta, J., a. a. O., S. 66.
[75] Vgl. Berger, H., Verkehrsmittel und Zeitaufwand..., a. a. O., S. 111.
[76] Das Institut d'Aménagement et d'Urbanisme de la Région Parisienne hat in Bd. 4/5 seiner Schriften „Les transports urbains et leurs usagers en région de Paris", T. 2, Paris 1966 aus diesem Zusammenhang heraus sogar seine räumliche Gliederung der Region Paris aufgebaut: „proche banlieue" — Zone von U-Bahn und innerstädtischen Busverkehr, „moyenne banlieue" — Zone von Vorortzügen und überlokalem Busverkehr und „grande banlieue" — Zone des regionalen Zugverkehrs, S. 11.
[77] Vgl. Berger, H., Verkehrsmittel und Zeitaufwand..., a. a. O., S. 111.
[78] Ziegler, H., a. a. O., S. 58.

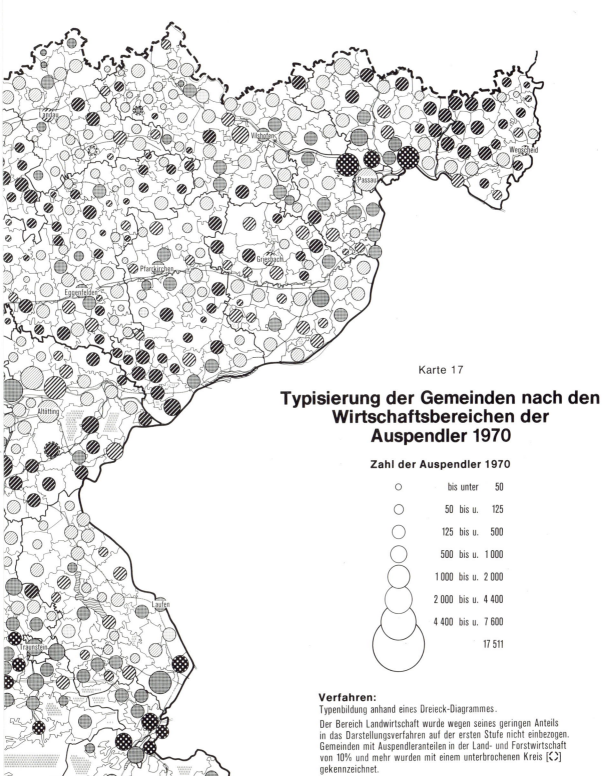

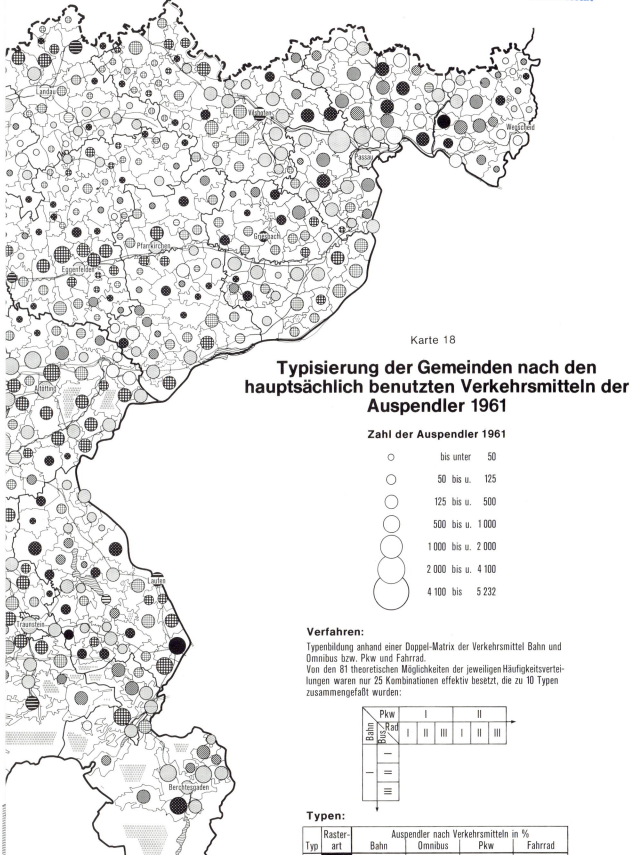

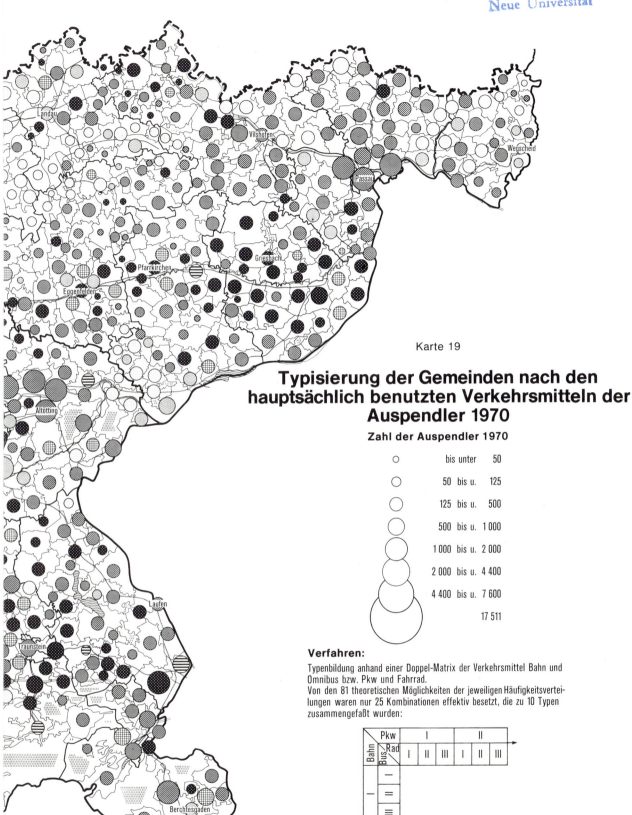

Karte 19

Typisierung der Gemeinden nach den hauptsächlich benutzten Verkehrsmitteln der Auspendler 1970

Zahl der Auspendler 1970

○	bis unter 50
○	50 bis u. 125
○	125 bis u. 500
○	500 bis u. 1 000
○	1 000 bis u. 2 000
○	2 000 bis u. 4 400
○	4 400 bis u. 7 600
○	17 511

Verfahren:

Typenbildung anhand einer Doppel-Matrix der Verkehrsmittel Bahn und Omnibus bzw. Pkw und Fahrrad.
Von den 81 theoretischen Möglichkeiten der jeweiligen Häufigkeitsverteilungen waren nur 25 Kombinationen effektiv besetzt, die zu 10 Typen zusammengefaßt wurden:

Typen:

Typ	Rasterart	Bahn	Omnibus	Pkw	Fahrrad
1		51 u. mehr	bis 28	bis 27	bis 43
2		51 u. mehr	bis 19	28 – 49	bis 21
3		25 – 50	bis 19	50 u. mehr	bis 43
4		bis 50	bis 43	bis 27	bis 43
5		bis 29	44 u. mehr	bis 49	bis 26
6		bis 50	bis 43	28 – 49	bis 43
7		bis 24	19 u. mehr	50 u. mehr	bis 43
8		bis 24	bis 18	50 u. mehr	bis 21
9		bis 24	bis 18	50 u. mehr	22 u. mehr
10		bis 32	bis 28	7 – 49	44 u. mehr

Quelle: Bayerisches Statistisches Landesamt,
Volks- und Berufszählung 1970
Entwurf: J. Maier
Kartographie: H. Sladkowski
München 1975

ÜDBAYERNS

Karte 20

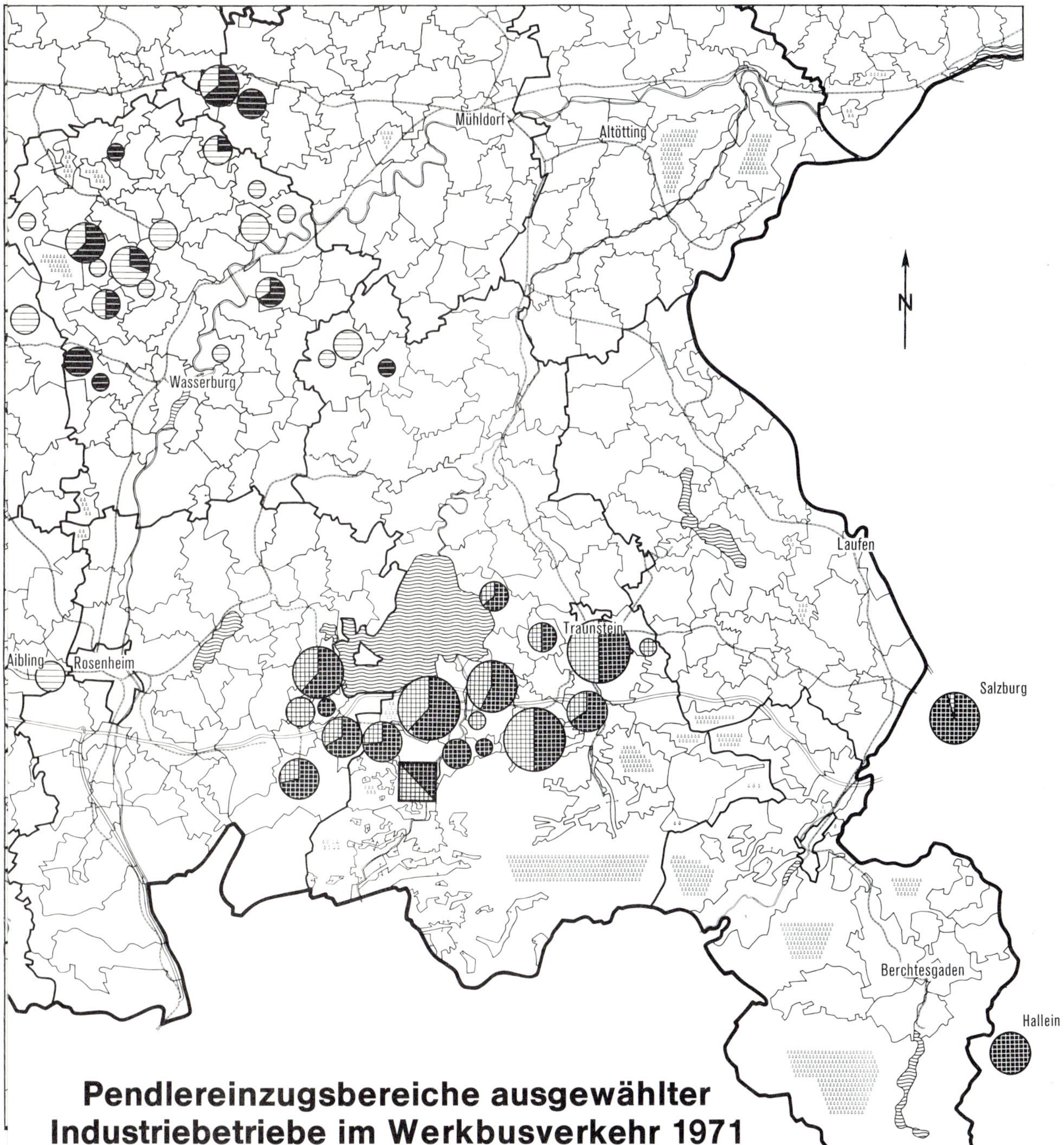

Pendlereinzugsbereiche ausgewählter Industriebetriebe im Werkbusverkehr 1971

Standort der Betriebe

Siemens AG München, Hofmannstraße

Pfanni-Werke, München

Körting, Grassau

Struktur der Pendler nach Geschlechtern

a = weibliche Arbeitskräfte
b = männliche Arbeitskräfte

Quelle: Köstring, R., a. a. O. sowie Unterlagen der Personalabteilungen der ausgewählten Betriebe

Entwurf: J. Maier   Kartographie: F. Eder
München 1975

her nicht oder nur bescheiden in die Pendeltätigkeit einbezogene Personengruppe neu gewonnen (z. B. weibliche Arbeitskräfte). Während die erstgenannte Wirkung vor allem in peripheren Lagen hierarchisch-zentrierter Räume (vgl. Karte 20) zu beobachten ist, tritt die zweite Form räumlicher Auswirkungen stärker innerhalb monozentrischer Räume auf. Bei der Fa. Siemens, München-Hofmannstraße, ergab sich z. B. eine durchschnittliche metrische Distanz unter den Werkbuspendlern von 44,5 km, während es bei der Fa. Körting, Siegsdorf, nur 16,0 km waren [79]. Um jedoch diesen monokausalen Bezug einzuschränken, muß hinzugefügt werden, daß die bei der Pendelbewegung ganz allgemeine festzustellende Tendenz einer wachsenden Reichweite bei zunehmender Betriebsgröße auch hier gilt [80].

Betrachtet man nun die Ausbreitungsmuster in den Pendlerherkunftsgebieten der drei bewußt ausgewählten Betriebe, so erkennt man weitere, von betriebs- oder branchenspezifischen Faktoren beeinflußte Raumbildungen. Neben den in Richtung der Anfahrtswege ausgerichteten, sektoralen Schwerpunkten der Quellgebiete unterscheidet sich z. B. die regionale Verteilung der Pendlerwohnorte bei der Fa. Pfanni durch ihre randlichen, stark dezentralen Lagen im Münchner Pendlereinzugsbereich von den auf den Nahbereich konzentrierten Herkunftsgebieten der Werkbuspendler bei der Fa. Körting. Dies liegt zu einem nicht unbeträchtlichen Teil an der Branchenstruktur der beiden Betriebe. Die Fa. Pfanni ist als Nahrungsmittelproduzent relativ starken saisonalen Beschäftigungsschwankungen ausgesetzt, die durch den Werkbus erfaßte Personengruppe wird in erster Linie für den Schichtbetrieb nach dem Ernteanfall eingestellt und setzt sich deshalb zu 72 % aus Hilfsarbeitern, zu 66 % aus männlichen Arbeitskräften zusammen [81]. Als Herkunftsorte dominieren kleine, häufig noch stark landwirtschaftlich orientierte Gemeinden zwischen Wasserburg und Dorfen im Osten Münchens bzw. im Alpenvorland. Demgegenüber zeigen die Raummuster der Werksbusse der Fa. Körting in Siegsdorf ein anderes Strukturbild, ergänzen bzw. ersetzen sie doch die öffentlichen Linienbusse dieses Gebietes. In den kurzen Distanzwerten zwischen dem Betrieb und den umliegenden Gemeinden kommt die branchenspezifisch bedingte, hohe Bedeutung weiblicher Arbeitskräfte (63 % der Werkbuspendler) zum Ausdruck. Zum gleichen Komplex von Erklärungsfaktoren zählt auch der relativ hohe Anteil an Montagearbeitern bzw. Facharbeitern und Angestellten unter diesen Werkbuspendlern, während durch die Herkunftsorte Salzburg und Hallein auf die im südostbayerischen Bereich bestehenden, schon als traditionell zu bezeichnenden Pendlerverflechtungen mit Orten im Salzburger Land verwiesen wird.

Diesen Fragen regional- und gruppenspezifisch differenzierter Verkehrsmittel ist nun auch im innerstädtischen Bereich nachzugehen. Folgt man einmal der vom Bayerischen Statistischen Landesamt vorgenommenen Abgrenzung der innergemeindlichen Pendler („nach der Überschreitung von Grundstücksgrenzen"), so standen die Fußgänger im Jahr 1970 mit 61 % weitaus an erster Stelle [82]. Danach kamen die Pkw-Benutzer, die Radfahrer und Busbenutzer. Geht man auch hierbei dem Zusammenhang zwischen Distanz und Verkehrsmittelbenutzung nach, so zeigt sich, daß bis unter 15 Min. Wegdistanz die Fußgänger vor den Pkw-Benutzern und den Radfahrern rangieren [83]. Bei der Erweiterung auf 15 bis unter 30 Min. treten dann der Bus und die Straßenbahn als Verkehrsmittel hinzu, die dann bei einer Distanz von 30— unter 60 Min. alle anderen Verkehrsmittel dominieren [84].

Auf die spezielle innerstädtische Situation in München oder Kempten angewandt, muß man jedoch feststellen, daß — abgesehen von relativ engen Einzugsbereichen um die Haltestellen öffentlicher Verkehrslinien (meist nur bis 500 m Distanz) — der Anteil des Pkw's unter den Verkehrsmitteln des Berufsverkehrs ceteris paribus mit wachsender Entfernung von der City aus zunimmt [85]. Die Ein-

---

[79] Vgl. Köstring, R., Der Werkomnibusverkehr in Bayern und seine wirtschaftsgeographische Bedeutung für eine funktionsräumliche Gliederung, unveröffentl. Dipl.-Arbeit am Wirtschaftsgeograph. Inst. d. Univ. München unter Leitung von Prof. Dr. K. Ruppert, München 1972, S. 80 sowie Ziegler, H., a. a. O., S. 90 bzw. Abb. 28.

[80] Köstring, R., a. a. O., stellte fest, daß in Betrieben bis 1000 Beschäftigte eine Durchschnittsdistanz von 14,7 km, bei 1001 bis 10 000 Beschäftigten 24,0 km und bei mehr als 10 000 Beschäftigten 47,9 km vorlag (S. 82).

[81] Köstring, R., a. a. O., S. 67.

[82] Vgl. Berger, H., Verkehrsmittel und Zeitaufwand ..., a. a. O., S. 110.

[83] Vgl. unter den wenigen innerstädtischen Pendleranalysen Martin, E., a. a. O., S. 7, der als Grenze des „fußläufigen" Bereichs 1 km ansieht.

[84] Berger, H., Verkehrsmittel und Zeitaufwand ..., a. a. O., S. 111.

[85] Vgl. Karte 22 des Verkehrsberichts des Stadtentwicklungsreferates der Landeshauptstadt München, München 1972.

Tabelle 4: Die hauptsächlich benutzten Verkehrsmittel der Berufspendler in ausgewählten Erhebungsbezirken Münchens und Kemptens zwischen 1968—1972

Erhebungsbezirke	Die Berufspendler nach den Verkehrsmitteln in %				
	öffentl. Verkehrsmittel	Pkw (eig. u. Mitf.)	Motorrad, Moped, Fahrrad	zu Fuß	ohne Angabe
München					
Hasenbergl [1]	50	37	6	4	3
Fürstenried [1]	43	45	4	6	3
Bogenhausen [1]	36	43	5	13	2
Lerchenau [3]	31	65	2	2	—
Blumenau [2]	25	69	—	16	—
Kempten					
St. Mang [3]	7	66	2	25	—
Altstadt [3]	5	67	5	24	—

Quellen: [1] Zapf, K., Heil, K., Rudolph, J., a. a. O., S. 242.
[2] Hundhammer, F., a. a. O., S. 42.
[3] Eigene Erhebungen.

schränkung in der Thesenformulierung ist deshalb notwendig, weil im Einzelfall neben der Lage der Wohnstätte zum Zentrum noch die Lage zur Arbeitsstätte, die Erschließung des Wohn- und des Arbeitsgebietes mit öffentlichen Verkehrsmitteln bzw. deren quantitativer und qualitativer Ausstattung (insbesondere Fahrtenhäufigkeit und Fahrgeschwindigkeit), die sozioökonomische Struktur der Berufspendler und nicht zuletzt deren Präferenzen für die einzelnen Verkehrsmittel eine Rolle spielen.

— Verkehrsmittelwahl und sozioökonomische Einflußgrößen

Stellt man innerhalb des Katalogs an Einflußgrößen wiederum die Frage nach den *Verhaltensmustern zwischen männlichen und weiblichen Berufspendlern* an den Anfang der Analysen, so liegt im Unterschied zu den sich im Laufe der letzten Jahre stärker anpassenden Reichweiten beider Gruppen bei der Verkehrsmittelwahl noch eine erhebliche Differenzierung vor. So weist z. B. Lisco [86] darauf hin, daß der Anteil der Frauen, die öffentliche Verkehrsmittel zur Zurücklegung ihres Berufsweges benutzen, größer ist als der bei den Männern [87]. Die vorliegenden Erhebungen bestätigten indirekt dieses Ergebnis, wenngleich die Gruppen der Haushaltsvorstände bzw. der weiteren pendelnden Personen im Haushalt nicht gänzlich mit der Trennung nach Geschlechtern gleichgesetzt werden können. Aus Abb. 12 wird jedoch klar, daß die befragten Haushaltsvorstände weit seltener öffentliche Verkehrsmittel benutzen als die weiteren Berufspendler der Haushalte. Während die erste Gruppe (im arithmetischen Mittel der 40 Untersuchungsgebiete) zu 75 % den Pkw und zu 9,5 % die Bahn bzw. zu 10 % den Bus benutzte, fuhr die zweite Gruppe nur zu 40 % mit dem Pkw, aber zu 22 % mit der Bahn bzw. zu 20 % mit dem Bus. Auch bei der überwiegenden Zahl der Testgebiete zeigte sich diese Differenz in der Verkehrsmittelwahl. Sie gilt jedoch nicht mehr in verschiedenen, im ruralen Raum gelegenen Gemeinden, in denen der Busverkehr eine größere Rolle als Verkehrsmittel der Berufstätigen spielt (z. B. in Uttlau/Haarbach bzw. in Pipinsried). Ebenso zählen einige Sekundärzentren an der Peripherie des Münchner Einzugsbereiches mit gleichzeitig günstigem Anschluß an das öffentliche Verkehrsnetz (z. B. Ebersberg oder Moosburg) zu den Ausnahmen, besitzt bei ihnen auch die Gruppe der Haushaltsvorstände eine ähnliche Struktur der Verkehrsmittelbenutzung wie die weiteren Personen eines Haushalts. Auch die Einführung der S-Bahn hat innerhalb des Pendlerraumes München zu Veränderungen beigetragen

[86] Lisco, Th. E., The value of commuter's travel time, a study in urban transportation, Diss. Chicago 1968, S. 30.
[87] Ein vergleichbares Ergebnis zeigte die Analyse des Werkbusverkehrs in Bayern, dessen Benutzer zu 50,2 % Frauen sind, während sie an den bayerischen Pendlern insgesamt 1970 nur einen Anteil von rd. 30 % ausmachten, vgl. Köstring, R., a. a. O., S. 55.

Abb. 12

Relative Bedeutung der öffentlichen Verkehrsmittel im berufsorientierten Verkehr ausgewählter Gemeinden Südbayerns 1971–73

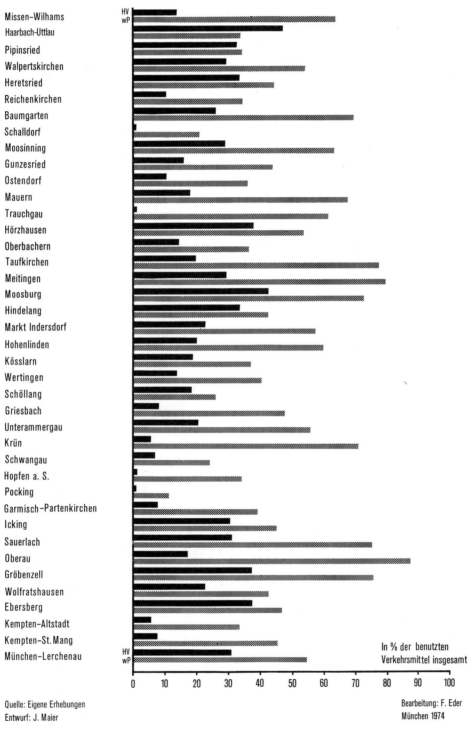

(in Gröbenzell, Sauerlach und Icking benutzten zwischen 29—33 % der Haushaltsvorstände dieses Verkehrsmittel, wenngleich der Anteil der 2. Gruppe von Haushaltsmitgliedern, die mit der S-Bahn zur Arbeitsstätte fahren, mit 55—75 % noch weit höher lag).
Bei der Betrachtung der Verkehrsmittelbenutzung nach *Altersschichten* ergab sich (vgl. Abb. 8), daß der Pkw als Verkehrsmittel in der Altersschicht zwischen 31 bis 45 Jahre die größte Bedeutung besaß. Demgegenüber übernahmen bei den unter 30jährigen auch öffentliche Verkehrsmittel eine nicht unwichtige Rolle, bei den über 45jährigen hatten sie sogar eine dominierende Position[88]. Im regionalen Betrachtungsfeld zeigen sich insoweit jedoch Abweichungen von diesem allgemeinen Ergebnis, als in mehreren, noch landwirtschaftlich orientierten Gemeinden dazu überdurchschnittliche Anteilswerte des Pkw's bei den unter 30jährigen und über 45jährigen festzustellen waren. Eine Teilerklärung dieser spezifischen Verhaltensmuster findet sich in der Analyse der Werkbuspendler, den überwiegend die mittlere Altersgruppe in Anspruch nimmt.
Die Zunahme des Spektrums der Verkehrsmittel bei älteren Personen zeigt sich auch in bezug auf die Einflußgröße „*Länge der Wohndauer am Ort*", allerdings mit umgekehrtem Vorzeichen (vgl. Abb. 9). Während die autochthone Personengruppe eine Vielfalt benutzter Verkehrsmittel mit einem relativen Übergewicht des Busses aufweist, zeigt die Struktur bei der ausgesprochen allochthonen Personengruppe ein deutliches Schwergewicht beim Pkw. Prestigegründe können hier ebenso wie sozioökonomische Faktoren als Einflußfaktoren für diesen Verhaltenstrend erwähnt werden. Auch die anfängliche Isoliertheit der neu Zugezogenen und ihre im Laufe der Jahre meist zunehmende Integration in die Gemeinschaft des neuen Wohnorts könnte für den verstärkten Übergang vom Pkw auf öffentliche Verkehrsmittel von Bedeutung sein.
Zieht man noch ergänzend den Einfluß der über die Berufszugehörigkeit definierten sozialen Schicht und des Einkommens mit hinzu, so ergibt sich z. B. gerade bei der *Einkommensschichtung* ein enger positiver Zusammenhang (vgl. Abb. 11). Während die Einkommensbezieher unter DM 1.200,—/Monat überdurchschnittlich hoch den Omnibus bzw. das Fahrrad benutzen oder zu Fuß gehen, besitzt der Pkw eine entsprechende Bewertung bei der Einkommensgruppe zwischen 1.200,— bis 1.800,— DM. Soweit deckt sich das Ergebnis der vorliegenden Erhebungen mit verschiedenen verkehrswissenschaftlichen Studien[89]. Unter Einbeziehung der Einkommensgruppe über 1.800,— DM zeigt sich zwar allgemein eine Bevorzugung des Pkw's als Verkehrsmittel, jedoch weisen die Beispiele der Fremdenverkehrsorte, von Ebersberg und auch von Kempten-St. Mang darauf hin, daß in stärker urbanisierten Gemeinden die höheren Einkommensbezieher verstärkt öffentliche Verkehrsmittel für den Berufsweg benutzen oder auch zu Fuß gehen[90]. Im Vergleich mit der *Differenzierung nach sozialen Schichten* kann ein ähnlicher, wenn auch regional stärker variierender Zusammenhang festgestellt werden.
Neben der Quantität und Qualität des Verkehrsangebots, insbesondere mit öffentlichen Verkehrsmitteln sowie grundsätzlichen Einstellungen zu den einzelnen Verkehrsmitteln können demnach im Bereich der sozioökonomischen Einflußgrößen für die Verkehrsmittelwahl vor allem die Struktur der Berufspendler nach Geschlechtern, nach autochthonen und allochthonen Gruppen sowie nach Einkommensschichten genannt worden.

2. *Die versorgungsorientierten Verkehrsbewegungen*

a. Zum aktivitätsräumlichen Ansatz innerhalb der Diskussion zentralörtlicher Systeme

Im folgenden Kapitel soll nun geprüft werden, inwieweit diese Zusammenhänge, insbesondere im Hinblick auf Reichweitensysteme und Raumkonfigurationen sowie Verkehrsmittelwahl auch im Bereich der versorgungsorientierten Verkehrsaktivitäten Geltung haben oder durch neue Beziehungsfelder ersetzt werden.
An den gesamten Verkehrsbewegungen der Haushalte anteilsmäßig von geringerer Bedeutung als der berufsorientierte Bereich, jedoch wissenschaftshistorisch in der Geographie seit BOBEKs funktio-

---

[88] Vgl. Lisco, Th. E., a. a. O., S. 31.
[89] Vgl. u. a. Mäcke, P. A., Hölsken, D., Kessel, P., Wahl des Verkehrsmittels, Verhaltensmuster — Meinungen — Motive, in: Stadt, Region, Land, H. 25, RWTH Aachen 1973, S. 22 sowie wiederum Lisco, Th. E., a. a. O., S. 46.
[90] Vgl. die Ergebnisse im Umland von Frankfurt bei Hantschel, R., Entwicklung, Struktur und Funktion kleiner Städte in einem Ballungsgebiet, dargestellt an Beispielen aus dem südlichen Umland von Frankfurt/M., in: Rhein-Mainische Forschungen, H. 71, Frankfurt 1972, S. 132.

naler Stadtgeographie[91] oder in der Regionalwissenschaft seit CHRISTALLERS Theorie der zentralen Orte[92] von langer Tradition, unterscheidet sich der versorgungsorientierte Verkehrsbereich in verschiedener Hinsicht von den berufs- oder den bildungsorientierten Verkehrsbewegungen. So ist er i. a. durch eine weit geringere Regelmäßigkeit der Bewegungen sowie durch eine größere Flexibilität in bezug auf die Bindung an einzelne Versorgungsorte ausgezeichnet. Ohne hier nun eine ausführliche Darstellung und damit Kritik der bisher vorliegenden, überaus zahlreichen Untersuchungen auszubreiten[93], sei zusammenfassend erwähnt, daß man grundsätzlich drei unterschiedliche Schwerpunkte der Analysen zentralörtlicher Systeme innerhalb der geographischen Forschung unterscheiden kann (auch aus wissenschaftshistorischer Sicht):

— Erfassung der zentralen Einrichtungen und Bestimmung der zentralen Schicht

— Abgrenzung und Beschreibung der funktionalen Einzugsbereiche

— Analyse der räumlichen Verhaltensmuster verschiedener Gruppen im Bereich der Versorgungsbeziehungen.

Der Begriff der Zentralität, von CHRISTALLER[94] noch mit Bedeutungsüberschuß über den Lokalbedarf gleichgesetzt, wird im Rahmen zunehmender Urbanisierungstendenzen und damit einem Abbau des in agrargesellschaftlichen Raumorganisationen bestehenden Stadt-Land-Gegensatzes verstärkt nur in bezug auf die zentralen Einrichtungen und die Größe der Einzugsbereiche gesehen[95]. Die Orientierung auf die verorteten Einrichtungen innerhalb der Grundfunktion „Sich versorgen" und nicht, wie in früheren Studien, auf zentrale Orte im Sinne von ganzen Gemeinden gestattet dabei die Übertragung der lange Zeit eben nur im regionalen Untersuchungsfeld angewandten Verfahren auch in innerstädtische Dimensionen (ausgehend von CAROLS[96] grundlegender Arbeit über die „business districts of different levels" bis hin zu den theoriebildenden Versuchen von ABELE oder BÖKEMANN[97] und den Studien von LICHTENBERGER oder WOLF[98]). Dies weist erneut auf die enge Verbindung zwischen den allgemeinen Aspekten einer Geographie verkehrsräumlichen Verhaltens und ihren speziellen Teilbereichen der Geographie hin.

Unter der großen Zahl geographischer Beiträge zum Thema Zentralitätserfassung und -messung kann man neben quantifizierenden Versuchen mit Hilfe ausgewählter Indikatoren (u. a. CHRISTALLERS Verfahren über Telefonanschlüsse, NEEFS Ansätze aus dem Einzelhandel, das auf eine Art Basic-Nonbasic-Konzept zurückgehende Verfahren ARNHOLDS, KANNENBERGS Arbeits- und Dienstleistungszentralität oder BOBEKS Zentralitätsmessung mit Hilfe der „zentralen Schicht")[99] oder mathematischer Verfahren (u. a. GUSTAFSSON[100]) eine breite Palette eher qualifizierend-wertender Studien (u. a. BOU-

---

[91] Bobek, H., Grundfragen der Stadtgeographie, in: Geographischer Anzeiger, 28. Jg., 1927, S. 213—224 sowie ders., Innsbruck. Eine Gebirgsstadt, ihr Lebensraum und ihre Erscheinung, in: Forsch. z. dt. Landes- und Volkskunde, 25. Bd., Stuttgart 1928.

[92] Christaller, W., Die zentralen Orte in Süddeutschland, 2. Aufl., Darmstadt 1968.

[93] Ein Bericht über Inhalt und Gliederung der verschiedenen Ansätze wurde bereits an anderer Stelle gegeben, vgl. Maier, J., Die Leistungskraft ..., a. a. O., S. 77 ff.

[94] Christaller, W., Die zentralen Orte ..., a. a. O., S. 27.

[95] Vgl. zur Kritik der Christallerschen Prämissen insbes. Bobek, H., Die Theorie der zentralen Orte im Industriezeitalter, in: Tagungsbericht und wiss. Abhandl. d. Deutschen Geographentages, Bd. 36, Wiesbaden 1969, S. 199—207.

[96] Carol, H., Die Geschäftsstraßen der Großstadt, dargestellt am Beispiel der Stadt Zürich, in: Ber. z. Landesforschung u. Landesplanung, 1959, H. 3, S. 132—144.

[97] Abele, G., Methoden zur Abgrenzung von Stadtstrukturen, in: Karlsruher Studien zur Regionalwissenschaft, H. 2, Karlsruhe 1969, S. 57—77; Bökemann, D., Das innerstädtische Zentralitätsgefüge, Karlsruhe 1971.

[98] Lichtenberger, E., Die Geschäftsstraßen Wiens, eine statistisch-physiognomische Analyse, in: Mitt. d. Österr. Geograph. Gesellschaft, 105. Jg., Wien 1963, H. III, S. 463—504, sowie Wolf, K., Stadtteil-Geschäftsstraßen, ihre geographische Einordnung, dargestellt am Beispiel der Stadt Frankfurt/Main, in: Rhein-Mainische Forschungen, H. 67, Frankfurt 1969.

[99] Christaller, W., Die zentralen Orte ..., a. a. O., S. 110 ff.; Neff, E., Das Problem der zentralen Orte, in: Petermanns Geogr. Mitt., 94. Jg., 1950, H. 1, S. 6—18; Arnold, H., Das System der zentralen Orte in Mitteldeutschland, in: Ber. z. dt. Landeskunde, Bd. 9, 1951, H. 2, S. 353—362; Kannenberg, E. G., Zur Methodik der Ermittlung von zentralen Orten und von Beurteilungsgrundlagen für Fördermaßnahmen, in: Informationen, 15. Jg., 1965, H. 13, S. 393—404.

[100] Gustafsson, K., Zentralitätsanalyse mit Hilfe der Diskriminanzanalyse, in: Forsch.- u. Sitzungsberichte d. Akad. f. Raumforschung u. Landesplanung, Bd. 72, Hannover 1972, S. 49—70.

STEDT oder GRIMME in Bayern [101]) unterscheiden. Heute besteht zwar bei den meisten Autoren übereinstimmung darüber, daß *ein* Indikator allein wohl kaum dem komplexen Sachverhalt gerecht wird und daß Zahl und Art von Einrichtungen noch nicht unbedingt etwas über die Zentralität einer Gemeinde aussagen. Trotzdem wird in der praktischen Regionalplanung häufig von meist generalisierenden Daten über die Basisbevölkerung zentraler Einrichtungen ausgegangen, was konsequenterweise zu teilweise erheblichen Über- oder Unterbewertungen der regionalen Situation (vgl. z. B. die Überbewertung von Fremdenverkehrsschwerpunkten im Landesentwicklungs-Programm Bayern [102]) führen muß.

Es ist daher notwendig, die Einrichtungen mit Hilfe von Besucher-, Käufer- oder Umsatzzahlen zu gewichten und durch die Erfassung der jeweiligen Einzugsbereiche (bei CHRISTALLER „Ergänzungsgebiet", bei BOBEK „Einflußbereich", bei KLÖPPER „Funktionsbereich" [103]) zu ergänzen. Auch zu diesem Teilaspekt liegen eine Reihe geographischer Arbeiten vor, wobei der funktionalgeographische Ansatz eindeutig im Vordergrund steht. Während branchen- und güterspezifische Reichweiten in diesen Zielgebietsbetrachtungen durchaus vielfältig analysiert werden (angefangen von TUOMINEN über MEYNEN - KLÖPPER - KÖRBER bis BARTELS und WOLF [104]), spielt der Bezug auf die nachfragenden Sozialgruppen und ihre Bedürfnisstrukturen nur eine geringe Rolle. Deutlich zeigt sich dies bei der Durchführung der „empirischen Umlandmethode" [105], die zwar einen ersten großräumigen Überblick über zentralörtliche Einzugsbereiche in der BRD erbrachte, jedoch durch ihre Befragung von Schlüsselpersonen den verschiedenen gruppenspezifischen Raumorganisationen der Versorgungsbeziehungen nur teilweise gerecht wurde [106]. Entsprechende Erweiterungen versuchen deshalb im innerstädtischen Bereich u. a. SEDLACEK oder AUST [107], im regionalen Feld ILLGEN und vor allem BORCHERDT [108], der die Häufigkeit des Besuchs als weiteres Kriterium mit heranzieht.

Demgegenüber ist die geographische Forschungstätigkeit in Richtung aktivitätsräumlicher Untersuchungen bisher nur in wenigen Ansätzen festzustellen. In den USA haben sich damit u. a. MURDIE und RAY [109] im Rahmen von „consumer travel behaviour"-Studien und dem Schwerpunkt auf ethnologisch-sprachlichen Verbänden beschäftigt, während in der BRD vor allem MÜLLER und NEIDHARDT [110] die Erfassung von Aktions- (in der No-

---

[101] Boustedt, O., Zentrale Orte in Bayern, in: Zeitschrift d. Bayer. Stat. Landesamtes, 84. Jg., 1952, H. I/II, S. 1—6 sowie Grimme, L., Ein Versuch zur Erfassung und Bewertung der zentralörtlichen Ausstattung der Gemeinden in Bayern auf der Grundlage der Ergebnisse der Arbeitsstättenzählung 1961, Diss. TH München 1971.

[102] Vgl. Bayer. Staatsminist. f. Landesentwicklung u. Umweltfragen, Zentrale Orte und Nahbereiche in Bayern, München 1972.

[103] Christaller, W., Die zentralen ..., a. a. O., S. 30; Bobek, H., Grundfragen ..., a. a. O., S. 222; Klöpper R., Die deutsche geographische Stadt-Umland-Forschung, Entwicklung und Erfahrungen, in: Raumforschung u. Raumordnung, 14. Jg., 1956, S. 92—97.

[104] Touminen, O., Das Einflußgebiet (am Beispiel der Stadt Turku), in: Fenniae, 71. Jg., 1949, S. 1—138; Meynen, E., Klöpper, R. u. Körber, J., Rheinland-Pfalz in seiner Gliederung nach zentralörtlichen Bereichen, in: Forsch. z. Dt. Landeskunde, Bd. 100, Remagen 1957; Bartels, D., Nachbarstädte, Eine siedlungsgeographische Studie anhand ausgewählter Beispiele aus dem westlichen Deutschland, in: Forsch. z. dt. Landeskunde, Bd. 110, Remagen 1960 sowie Wolf, K., Die Konzentration von Versorgungsfunktionen in Frankfurt am Main, Ein Beitrag zum Problem funktionaler Abhängigkeit in Verstädterungsregionen, in: Rhein-Mainische Forschungen, H. 55, Frankfurt 1964.

[105] Kluczka, G., Zentrale Orte und zentralörtliche Bereiche mittlerer und höherer Stufe in der Bundesrepublik Deutschland, in: Forsch. z. dt. Landeskunde, Bd. 104, Bad Godesberg 1970, S. 8 ff.

[106] Zur Kritik gerade dieses Verfahrens vgl. Ganser, K., Planungsbezogene Erforschung ..., a. a. O., S. 43.

[107] Sedlacek, P., Zum Problem intraurbaner Zentralorte, dargestellt am Beispiel der Stadt Münster, in: Westfälische Geograph. Studien, H. 28, Münster 1973 sowie Aust, B., Stadtgeographie ausgewählter Sekundärzentren in Berlin/West, in: Abhandl. d. Geograph. Instituts d. FU Berlin, Bd. 16, Berlin 1970.

[108] Illgen, K., Zum Problem der funktionellen Reichweite zentraler Einkaufsorte, in: Geograph. Berichte, 60. Jg., 1971, H. 3, S. 193—202 sowie Borcherdt, Chr., Zentrale Orte und zentralörtliche Bereiche, in: Geographische Rundschau, 22. Jg., 1970, H. 12, S. 473—433 (insbes. S. 462 u. Abb. 3) bzw. ders., Versorgungsorte und zentralörtliche Bereiche im Saarland, in: Geographische Rundschau, 25. Jg., 1973, H. 2, S. 48—54.

[109] Murdie, R. A., Cultural differences in consumer travel, in: Economic Geography, 1965, Vol. 41, S. 211—233 sowie Ray, M. D., Cultural differences in consumer travel behaviour in eastern Ontario, in: The Canadian Geographer, 11. Jg., 1967, H. 3, S. 143—156.

[110] Müller, U., Neidhardt, J., a. a. O., sowie Meyer, G., Die Erlanger Geschäftsstraßen, unveröff. Zul.-Arbeit am Geograph. Institut der Univ. Erlangen unter Leitung von Prof. Dr. E. Wirth, Erlangen 1972, der sich u. a. mit der Analyse von „Einkaufspfaden" verschiedener Bevölkerungsgruppen befaßte.

menklatur dieser Untersuchung Aktivitäts-) Reichweiten privater Haushalte versucht haben. Der Ausgangspunkt der Betrachtungen ist hierbei — wie auch in der vorliegenden Untersuchung — die von RUPPERT[111] in die Sozialgeographie eingeführte Reich- oder Reaktionsweite. Im Vergleich zu dem von CHRISTALLER[112] vorgestellten Begriff der „unteren Reichweite" handelt es sich hierbei nicht um eine betriebswirtschaftlich interpretierte Kosten - Erlös - Schwelle, sondern um eine aus dem Zeit-Kosten-Mühe-Verhältnis resultierende Distanz (eher der „oberen Grenze" CHRISTALLERS, bezogen auf das Quellgebiet versorgungsorientierter Aktivität, entsprechend).

Im folgenden wird eine Konzentration auf die Analyse räumlichen Verhaltens bei der Nachfrage privater Haushalte nach Gütern und Dienstleistungen erfolgen, wobei Fragen nach der Orientierung verschiedener Personengruppen im Rahmen der Grundfunktion „Sich Versorgen" und ihren Reichweiten bei unterschiedlichen „zentralen" Gütern bzw. unterschiedlichen zentralörtlichen Hierarchiestufen des Ziel- und Quellgebietes sowie deren mögliche Einflußgrößen im Vordergrund stehen werden[113].

b. Schichten- und regionalspezifische Reichweitensysteme

α) Distanzrelationen bei der Versorgung mit Gütern des kurz-, mittel- und längerfristigen Bedarfs

Voraussetzung für die Analyse ist es, eine Definitionsbasis für die „zentralen" Güter zu finden. In den meisten der bisher vorliegenden Untersuchungen wird isoliert oder in Kombination, von Kriterien wie der Fristigkeit des Bedarfsanfalles (z. B. kurz-, mittel- und längerfristig) bzw. seiner Häufikeit (z. B. alltäglicher, aperiodischer Bedarf) und/oder von mehr oder weniger subjektiven Wertungen (z. B. Grundversorgung, gehobener und spezialisierter Bedarf)[114] ausgegangen. Wenn die Fristigkeit als Gliederungsprinzip für die weiteren Betrachtungen gewählt wurde, so geschieht dies, um Ergebnisse über die Häufigkeit der Versorgungsbeziehungen nicht als Tautologien vorwegzunehmen. Die Grundüberlegung dabei ist, daß ein Zusammenhang zwischen der jeweiligen Distanz von Wohn- zum Versorgungsort und der hierarchischen Gliederung der zentralen Einrichtung dergestalt besteht, daß z. B. die Reichweite zentraler Güter längerfristigen Bedarfs größer ausfallen müßte als die von Gütern kurz- oder auch mittelfristigen Bedarfs.

Aus der Fülle vorhandener Güter und Dienstleistungen wurden, auf Versorgungsbeziehungen mit einer gewissen Alternativwahl abstellend[115], für den kurzfristigen Bedarf die Nachfrage nach „Lebensmitteln, Dienstleistungen in Apotheken bzw. beim praktischen Arzt", für den mittelfristigen Bedarf der Kauf von „Haushaltswaren, Elektroartikeln und Textilien bzw. Dienstleistungen beim Spezialarzt oder im Allg. Krankenhaus" und für den längerfristigen Bedarf der Kauf von „Möbeln, Kraftfahrzeugen bzw. dem Besuch eines Spezial-Krankenhauses" ausgewählt"[116]. Das Problem dieser Kriterienwahl war es, Versorgungsbeziehungen auszuwählen, die für sämtliche befragten Haushalte signifikant sind.

Grundsätzlich wird deutlich, daß die Lage der Gemeinden innerhalb des zentralörtlichen Hierarchiesystems eine große Bedeutung besitzt, wobei die Zielrichtung im Einkaufsverhalten meist davon beeinflußt wird, wo eine breite Angebotspalette von Waren mit entsprechender Sortimentsbreite und -tiefe sowie günstigen Preisen in relativ guter Verkehrslage vorzufinden ist, während im Bereich der Nachfrage nach Dienstleistungen häufig persönliche Beziehungen und außerökonomische Bewertungskriterien für die Zielortwahl entscheidend sind. Ergänzt wird dieses Ergebnis noch durch die Bedeutung der Versorgungsort-Wohnort-Identifikation (Abb. 14). Es zeigt sich, daß bei einem Großteil der ausgewählten Gemeinden die Deckung des *kurzfristigen Bedarfs* in der Wohngemeinde/-gebiet erfolgt. Dieses Ergebnis ist in einer Vielzahl anderer Untersuchungen ebenfalls wiederzufinden, wobei der Anteil der Versorgung am Wohnort i. a. über 80 % liegt[117]. Betrach-

---

[111] Ruppert, K., Die gruppenspezifische Reaktionsweite ..., a. a. O.
[112] Christaller, W., Die zentralen Orte ..., a. a. O., S. 59.
[113] Vgl. Müller, U., Neidhardt, J., a. a. O., S. 3 f. sowie Heil, K., Empirische Erfassung zentraler Orte in großstädtischen Verdichtungsräumen, in: Münchner Geograph. Hefte, H. 34, Kallmünz/Regensburg 1969, S. 30—39.
[114] Vgl. u. a. Kluczka, G., a. a. O., S. 12.
[115] Vgl. auch Borcherdt, Chr., Zentrale Orte und zentralörtliche Bereiche, a. a. O., S. 474.
[116] Zu einem vergleichbaren Verfahren im innerstädtischen Bereich vgl. Ganser, K., Stadtgeographische Fragestellungen und Flächennutzungsplan am Beispiel von München, in: Nürnberger Wirtschafts- u. Sozialgeographische Arbeiten, Bd. 5, Nürnberg 1966, S. 193—207.
[117] Vgl. u. a. Ganser, K., Pförring — Modelluntersuchung zur Dorferneuerung, in: Münchner Geograph. Hefte,

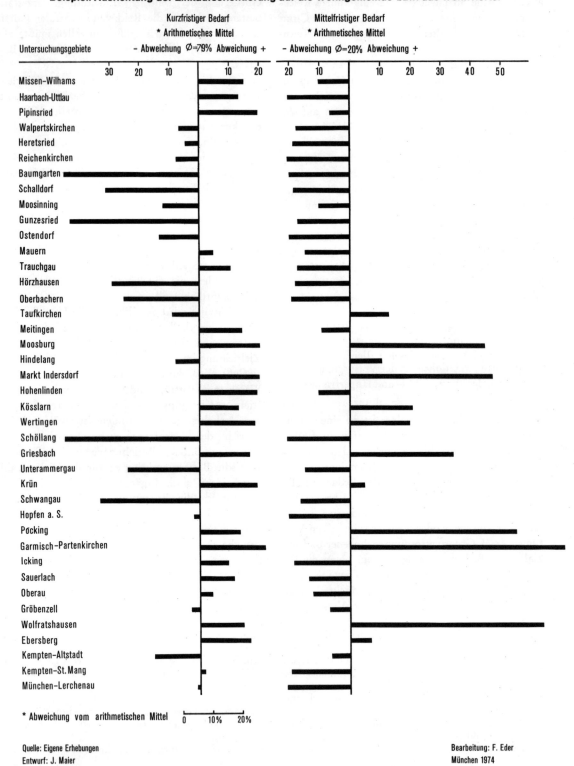

tet man die einzelnen Testgemeinden, so zeigen sich jedoch interessante Differenzierungen. So ist u. a. aus ihrer Position als zentrale Orte zu erklären, daß z. B. die Bedarfsdeckung in Garmisch-Partenkirchen zu 100 % am Wohnort erfolgt, ebenso bei Ebersberg, Moosburg und Wolfratshausen als tatsächliche oder geplante Mittelzentren. Auch bei Griesbach, Meitingen, Pocking und Wertingen als Unterzentren bzw. Markt Indersdorf als Kleinzentrum ist verständlich, daß ihre Bevölkerung zu über 90 % den kurzfristigen Bedarf am Wohnort deckt. Jedoch die Beispiele Krün, Kösslarn, Pipinsried und Uttlau sowie Hohenlinden und Sauerlach zeigen, daß auch in Gemeinden ohne bemerkenswertem Zentralitätsgrad Anteilswerte dieser Bedarfsdeckung von über 90 % auftreten können. Während in der ersten Gruppe dieser Gemeinden der hohe „Selbstversorgungsgrad" teilweise durch die große Bedeutung eigener Produktion von Grundnahrungsmitteln in landwirtschaftlichen Voll- oder auch Nebenerwerbsbetrieben bzw. darauf ausgerichteten Ernährungsgewohnheiten bewirkt werden dürfte, tritt in den beiden Gemeinden der zweiten Gruppe der für Verdichtungsräume charakteristische Typus der „Selbstversorgungsorte"[118] hervor. Durch eine parallel zur Bevölkerungsentwicklung gestiegene Ausstattung mit Einrichtungen zur kurzfristigen Bedarfsdeckung wird in diesen Fällen die Nachfrage der ortsansässigen Bevölkerung befriedigt, ohne Einflüsse auf die Nachbargemeinden auszuüben.

Bei der entsprechenden Darstellung für die *mittelfristige Bedarfsdeckung* zeigt sich optisch noch deutlich die Rolle einzelner Testgemeinden als Unter- und Mittelzentren. Während bei einem durchschnittlichen Anteil der Versorgungsorientierung auf den Wohnort von 20 %[119] die noch landwirtschaftlich orientierten Gemeinden sowie die Arbeiter-Bauern-Gemeinden unterdurchschnittliche Anteilswerte aufweisen, besitzen insbes. Garmisch-Partenkirchen, Wolfratshausen, Pocking, Markt Indersdorf, Moosburg und Griesbach weit über dem Durchschnitt liegende Werte. Die Korrelation mit der Einwohnerzahl, wie sie PFEIL[120] für das Umland von Hamburg sieht, beschreibt dabei nur einen indirekten Zusammenhang. Vielmehr besteht hier eine enge Beziehung zur hierarchischen Position dieser Orte als Unter- und/oder Mittelzentren. Da gerade die letzten Aussagen aufgrund der vorgenommenen definitorischen Abgrenzung zumindest teilweise die Gefahr eines Tautologieschlusses nicht ausschließen, ist es notwendig zu prüfen, inwieweit die Fristigkeit des Bedarfs an diesen ausgewählten Gütern und Dienstleistungen mit der Häufigkeit der Bedarfsdeckung zusammenhängt. Dies erscheint insbes. bei der Frage nach dem „alltäglichen" Bedarf ex definitione wenig sinnvoll, jedoch haben die Untersuchungen von MATTI und PFEIL in Hamburg und seinem Umland[121] bzw. von MEYER in Erlangen[122] gezeigt, daß nur zwischen 33—45 % aller Haushalte ihren „täglichen Bedarf" auch durch eine tägliche Versorgungsbeziehung abdecken. Die Möglichkeiten zwischenmenschlicher Kommunikation scheinen dabei eine nicht unwichtige Rolle zu spielen. So nimmt — ceteris paribus — sowohl in den Hamburger Untersuchungen als auch in den vorliegenden Testgebieten der Anteil der täglich den kurzfristigen Bedarf deckenden Haushalte (überwiegend durch die Ehefrau verkörpert) mit der Größe der Wohngemeinde zu, während in den kleineren Orten meist die Versorgungsaktivität „mehrmals in der Woche" überwiegt. Neben der Art des Wirtschaftens in den verschiedenen Haushalten, den in Unter- und Mittelzentren teilweise größeren Distanzen zwischen Wohn- und Versorgungsstandort (vgl. Abb. 14) können dabei auch Aspekte des gesellschaftlichen Integrationsgrades oder gar individuelle Isolationserscheinungen in größeren Orten als Einflußkräfte von Bedeutung sein[123].

Um nun einen Überblick über den Zusammenhang

H. 30, Kallmünz/Regensburg 1967, S. 65; ders., Grundlagenuntersuchung zur Altstadtentwicklung Ingolstadt, in: Münchner Geograph. Hefte, H. 36, Kallmünz/Regensburg 1973, S. 62; Matti, W., Das Einkaufsverhalten der Hamburger Haushalte, in: Hamburg in Zahlen, 1968, H. 3, S. 69 oder Pfeil, E., Das Einkaufsverhalten im Hamburger Umland, Hamburg 1968, S. 9, wonach übereinstimmend rd. 95 % der befragten Haushalte Lebensmittel und Fleisch am Wohnort einkauften.

[118] Vgl. u. a. Borcherdt, Chr., Zentrale Orte und zentralörtliche Bereiche, a. a. O., S. 473.
[119] Im Hamburger Umland lag der entsprechende Wert bei 29 %, vgl. Pfeil, E., a. a. O., S. 9.
[120] Pfeil, E., a. a. O., S. 9.
[121] Matti, W., Das Einkaufsverhalten ..., a. a. O., S. 65 oder Pfeil, E., a. a. O., S. 2.
[122] Meyer, G., a. a. O., S. 79.
[123] Vgl. u. a. Zapf, K., Heil, K., Rudolph, J., a. a. O., S. 271; Hundhammer, F., a. a. O., S. 64 oder Heil, K., Kommunikation und Entfremdung, a. a. O., der nachweist, daß rund 4/5 der Bewohner in Stadtrandsiedlungen täglich oder mehrmals täglich einkaufen gehen gegenüber rd. 2/3 der Bevölkerung in einem Gründerzeitviertel Münchens (S. 67).

zwischen Fristigkeit und Häufigkeit der Bedarfsdeckung zu geben, soll Gröbenzell als Beispiel für eine Stadt-Rand-Gemeinde im Westen von München herausgegriffen werden:

Tabelle 5: Zusammenhang zwischen Fristigkeit und Häufigkeit der Bedarfsdeckung in Gröbenzell 1973

Gröbenzell	kurz-fristige	mittel-fristige	länger-fristige
		Bedarfsdeckung in %	
jeden Tag	26	—	—
mehrmals i. d. Woche	45	—	—
1 mal i. d. Woche	21	3	—
mehrmals i. Monat	3	3	—
1 mal i. Monat	5	37	3
mehrmals i. Jahr	—	44	7
1 mal i. Jahr	—	13	65
alle paar Jahre	—	—	25

Quelle: Eigene Erhebungen.

Während der Schwerpunkt der versorgungsorientierten Verkehrsbewegungen bei kurzfristigem Bedarf auf mehrmaligem Einkauf oder Dienstleistungsnachfrage während der Woche liegt, trifft dies im mittelfristigen Bedarf auf „mehrmals im Jahr" bzw. „1 mal im Monat" und bei längerfristigem Bedarf auf „1 mal im Jahr" zu. Insgesamt gesehen ergibt sich, wenn auch nicht zutreffend mit Begriffen wie „alltäglicher oder nichtalltäglicher Bedarf" umschrieben, jedoch ein deutlicher Zusammenhang zwischen Fristigkeit und Häufigkeit der Bedarfsdeckung. Da unterschiedliche güterspezifische Reichweiten unterstellt werden, kann aus der obigen Aufstellung ferner geschlossen werden, daß die Häufigkeit der Versorgungsbeziehungen mit der Distanz zwischen Wohn- und Versorgungsort korrelieren wird bzw. daß die Distanzempfindlichkeit mit abnehmender Nachfrageelastizität nach bestimmten Gütern und Dienstleistungen wächst.

Eine Betrachtung über die Verteilung von Häufigkeiten der Versorgungsbeziehungen wäre unvollständig, würde man nicht auch die *Bedeutung des Versandhandels* in die Analyse miteinbeziehen. Wiederum aus den Untersuchungen in Hamburg und seinem Umland sowie aus der Arbeit von LAUMER und MEYERHÖFER [124] im Umland von München ist bekannt, daß z. B. nur durchschnittlich 2—3 % der Haushalte (in Gemeinden unter 2 000 Einwohner jedoch 14 %) ihren mittelfristigen Bedarf überwiegend auf diese Versorgungsart deckten. Wie Abb. 13 zeigt, lagen die entsprechenden Anteilswerte auch in den (an Einwohnern) größeren Gemeinden bzw. den innerstädtischen Testgebieten der vorliegenden Untersuchung zwischen 1—6 %, bei einem Großteil der noch landwirtschaftlich orientierten Gemeinden, der Arbeiter-Bauern-Gemeinden, der kleineren Zentren im ruralen Raum und der Fremdenverkehrsorte spielt der Versandhandel jedoch eine weit größere Rolle. Anteilswerte von über 25 % unter den befragten Haushalten konnten in Heretsried, Hörzhausen, Schalldorf und Trauchgau ermittelt werden. Noch ausgeprägter trat die überdurchschnittliche Beteiligung am Versandhandel in derartigen Gemeinden in bezug auf die Versorgung im längerfristigen Bedarf auf. Die sich daraus anbietende Korrelation von beruflicher Grundschicht (insbes. Landwirten und Arbeitern) [125] und Nachfragern nach Versandhandelsleistungen konnte auch in Garmisch-Partenkirchen, Icking und Gröbenzell als Beispielen aus anderen Gemeindetypen überprüft werden. Während der Anteil der Grundschicht unter den sich über Versandhandel versorgenden Haushalte in 10 ausgewählten Gemeinden zwischen 76—78 % ausmachte, beteiligte sich nach den Befragungen kein Haushalt der Oberschicht überwiegend an dieser Versorgungsart.

---

[124] Laumer, H. und Meyerhöfer, H., Ausstrahlungskraft und Einzugsgebiet des Münchner Einzelhandels, in: Studien zu Handelsfragen des Ifo-Instituts f. Wirtschaftsforschung München, H. 13, München 1968, S. 4 oder auch Pfeil, E., a. a. O., S. 20.

[125] Vgl auch Rothgang, W., a. a. O., S. 104 sowie auch Ganser, K., Grundlagenuntersuchung zur Altstadtentwicklung . . ., a. a. O., S. 57.

Abb. 14

Regionale Differenzierung der Einkaufsort-/Arbeitsort-Identifikation sowie der Rolle des Versandhandels in ausgewählten Gemeinden Südbayerns 1971-73

Untersuchungsgebiete	Einkaufsort des mittelfristigen Bedarfs ist identisch mit			sonst. Orten i. d. R. zentrale Orte im Nahbereich	Anteil der Haushalte, die sich überwiegend über Versandhandel versorgen*	
	Wohnort *	Arbeitsort von			im Bereich des	
		HH-Vorstand u. weit. Pendl.	HH-Vorstand	weit. Pendl. im HH		mittelfristigen Bedarfs	langfristigen Bedarfs
Missen-Wilhams		X					
Haarbach-Uttlau				X			
Pipinsried					X		
Walpertskirchen					X		
Heretsried		X					
Reichenkirchen		X					
Baumgarten					X		
Schalldorf				X	X		
Moosinning					X		
Gunzesried		X			X		
Ostendorf		X					
Mauern		X					
Trauchgau			X				
Hörzhausen				X			
Oberbachern		X					
Taufkirchen		X			X		
Meitingen		X					
Moosburg	X	X					
Hindelang	X	X					
Markt Indersdorf	X	X					
Hohenlinden		X					
Kösslarn		X	X				
Wertingen		X					
Schöllang					X		
Griesbach	X				X		
Unterammergau					X		
Krün				X			
Schwangau		X					
Hopfen a. S.		X					
Pocking	X						
Garmisch-Partenk.	X	X					
Icking		X					
Sauerlach		X					
Oberau		X					
Gröbenzell		X					
Wolfratshausen	X						
Ebersberg		X					
Kempten-Altstadt		X					
Kempten-St. Mang		X					
München-Lerchenau					X		

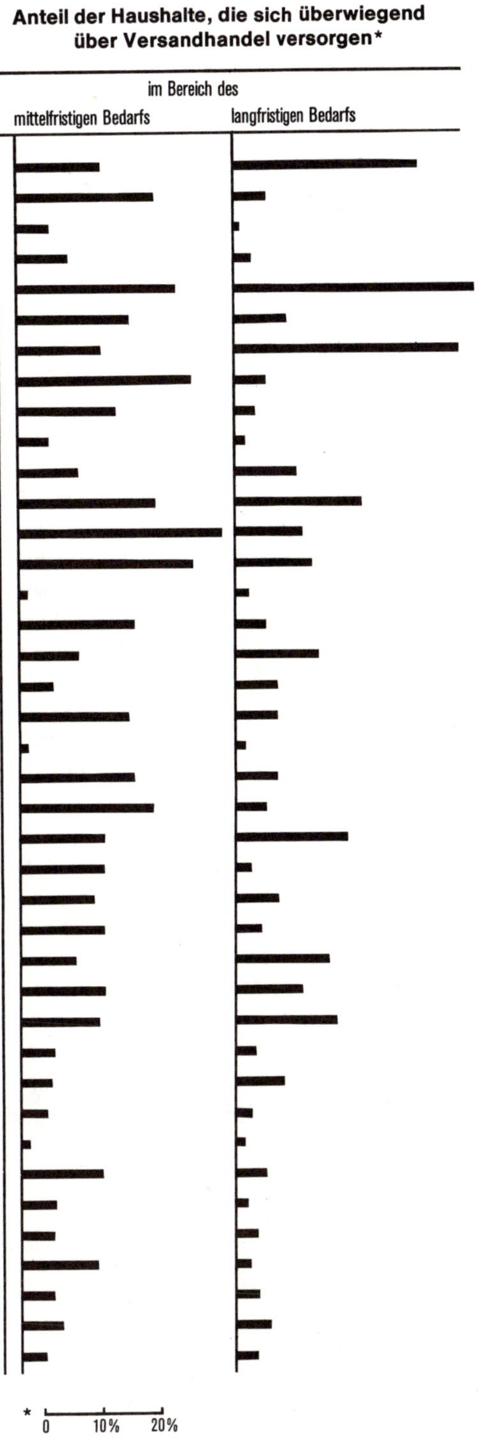

*Kriterium für die Zuordnung war ein Anteil von mehr als 50% aller befragten Haushalte, die ihren mittelfristigen Einkaufsbedarf in der Wohngemeinde selbst decken.

* 0 10% 20%

Quelle: Eigene Erhebungen
Entwurf: J. Maier

Bearbeitung: F. Eder
München 1974

Faßt man die bisherigen Ausführungen zu den versorgungsorientierten Verkehrsbewegungen kurz und etwas pauschalierend zusammen, so kann man feststellen, daß die an Bevölkerung kleineren Gemeinden, in der Regel ohne zentrale Ortsfunktion bzw. mit größerer Bedeutung der Landwirtschaft für die Erwerbsstruktur im Bereich der mittelfristigen Bedarfsdeckung sich überwiegend außerhalb ihrer Wohngemeinde oder über den Versandhandel versorgen. In den zentralen Orten und den „Selbstversorgerorten" innerhalb der Verdichtungsräume lassen sich demgegenüber unterschiedliche Verhaltenstendenzen beobachten.

Bei der Darstellung der *Reichweiten innerhalb der kurzfristigen Bedarfsdeckung* zeigt sich, daß sowohl in den meisten der bisher vorliegenden Studien [126] als auch bei den Erhebungen in Südbayern die Distanzen bis 10 bzw. 15 Min. einfachen Versorgungsweges überwiegen. In dem bereits erwähnten Beispiel Gröbenzell lagen 29 % der versorgungsorientierten Verkehrsbewegungen unter der 5 Minuten-Distanz, 86 % unter der 15-Minuten-Distanz. Trotz Abweichungen bei den bevölkerungsmäßig kleineren Gemeinden bzw. bei Neubaugebieten in den Stadtrandsiedlungen im Hinblick auf etwas längere durchschnittliche Wege kann man feststellen, daß die Versorgung im kurzfristigen Bedarf überwiegend im Wohnumfeld, d. h. bei kleineren Gemeinden im Wohnort, bei größeren Siedlungseinheiten im Wohngebiet erfolgt. Die Aktionen der befragten Haushalte hängen dabei entscheidend von der Erreichbarkeit der zentralen Einrichtungen (bei ausreichendem Ausstattungsgrad) ab. Die Art des benutzten Verkehrsmittels spielt dabei insoweit eine Rolle, als bei Fußgängern die Distanzen bis 5 Minuten (ca. 300—400 m Entfernung) überwiegen und bei 10 Minuten bereits ein Maximum (ca. 600—800 m) erreichen, während z. B. die Pkw-Benutzer in diesem Zeitraum bis zu 3—5 km zurücklegen [127]. Größere metrische Distanzen (von 5—7 km) traten bei den Untersuchungen eigentlich nur in einigen Vorort- oder Nachbargemeinden zentraler Orte sowie in Gemeinden mit Streusiedlungscharakter auf. Vergleicht man diese Ergebnisse der Quellgebietsbetrachtung mit entsprechenden Zielgebietsuntersuchungen in München [128], so werden die vorgeführten Distanzrelationen bestätigt.

Demgegenüber sind im Bereich der *mittelfristigen Bedarfsdeckung die Reichweiten* mit durchschnittlich 17 km metrischer und annähernd 30 Minuten zeitlicher Distanz nicht nur erheblich länger, sondern variieren auch weit stärker bei der regionalen Differenzierung (vgl. Abb. 15) [129]. Die Mehrheit der befragten Haushalte benötigte für diesen Bereich der Versorgungsbeziehungen 16—30 Minuten, über 30 Minuten Versorgungsweg wiesen nur knapp ¹/₅ der Haushalte auf und Distanzwerte von mehr als 1 Stunde konnten nur noch in Einzelfällen ermittelt werden.

Besonders hohe durchschnittliche Reichweiten (über 25 km Distanz) konnten vor allem in Ebersberg und Wertingen festgestellt werden. Das Argument, daß die Lage dieser Unterzentren zum jeweils nächsten Oberzentrum (München bzw. Augsburg) von entscheidendem Einfluß sei, kann nur als Teilerklärung herangezogen werden, erfüllen beide Gemeinden doch für ihr Umland die Funktion von Versorgungsorten des mittelfristigen Bedarfs. Es ist deshalb denkbar und im nächsten Abschnitt noch zu überprüfen, daß dieses distanzielle Kennzeichen möglicherweise auf spezifische Reichweiten einzelner Sozialgruppen zurückzuführen ist, wie dies in den Verhaltensanalysen des berufsorientierten Verkehrsbereichs bereits dargestellt wurde [130].

Von diesen Gemeinden unterscheiden sich nun sehr deutlich die innerstädtischen Testgebiete und auch die Strukturmuster in den Mittelzentren Garmisch-Partenkirchen, Moosburg und Wolfratshausen, die nur über Distanzwerte von durchschnittlich 3—7 km verfügen. Die jeweilige Erreichbarkeit der zentralen Einrichtungen spielt hier unter den mehr oder weniger urbanisierten Gemeinden ebenso eine entscheidende Rolle als differenzierender Faktor wie unter den im ruralen Raum liegenden Gemein-

---

[126] Vgl. u. a. Pfeil, E., a. a. O., S. 13; Martin, E., a. a. O., S. 62.
[127] Vgl. Müller, U., Neidhardt, J., a. a. O., S. 35 und 41.
[128] Vgl. Zapf, K., Heil, K., Rudolph, J., a. a. O., S. 274; Forsteneichner, K., Sozialgeographische Probleme des Olympia-Einkaufszentrums, unveröff. Zul.-Arbeit am Wirtschaftsgeograph. Inst. der Univ. München, unter Leitung von Prof. Dr. F. Schaffer, München 1972, S. 41 oder Keil, K., Empirische Erfassung ..., a. a. O., der feststellte, daß die durchschnittliche metrische Distanz der Versorgungswege bei Milch, Brot, Gemüse und Fleisch in München 1967 439 m, beim Besuch von Banken, Zahnarzt und prakt. Arzt 851 m betrug (S. 37).
[129] Vgl. Müller, U., Neidhardt, J., a. a. O., S. 44.
[130] Schon Anfang der 50er Jahren hatte u. a. Klöpper darauf hingewiesen, daß die Bevölkerung aus dem Umland von Peine sich dort versorgte, während die Bewohner von Peine selbst ihren mittelfristigen Bedarf in Hannover deckten, vgl. Klöpper, R., Methoden zur Bestimmung der Zentralität von Siedlungen, in: Geographisches Taschenbuch 1953, S. 512—519.

Abb. 15

Regionale Differenzierung der Reichweiten und der Verkehrsmittelwahl im versorgungsorientierten Verkehrsbereich in ausgewählten Gemeinden Südbayerns 1971-73

Beispiel: Mittelfristige Bedarfsdeckung

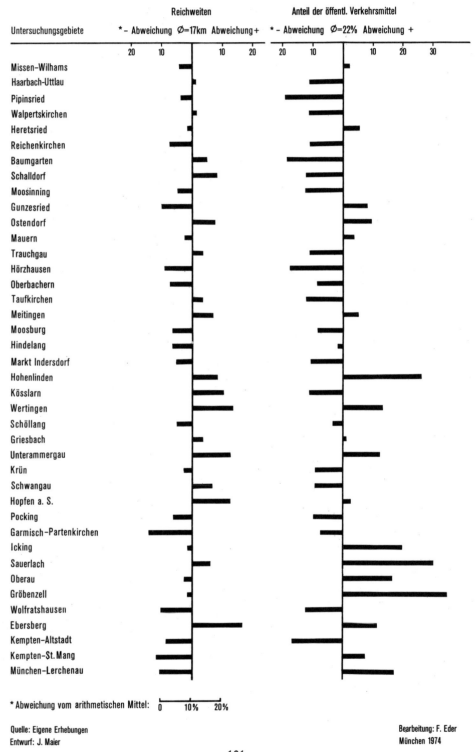

Quelle: Eigene Erhebungen
Entwurf: J. Maier

Bearbeitung: F. Eder
München 1974

den. Denn hier besitzen die Vorortgemeinden zentraler Orte, wie Gunzesried, Hörzhausen, Oberbachern oder Reichenkirchen unterdurchschnittliche Distanzwerte, während verkehrs- und/oder (in bezug auf Mittelzentren) lageungünstige Gemeinden, wie z. B. Baumgarten, Hohenlinden, Kösslarn, Schalldorf oder Unterammergau über dem Durchschnitt liegende Distanzen aufweisen.

Ein ähnliches Verteilungsbild, wenn auch mit durchschnittlich 22 km bzw. 35 Minuten etwas weiter reichend, erhält man bei der *Versorgung im längerfristigen Bedarf*. Die kurzen Distanzen (unter 15 Minuten Wegstrecke) nehmen weiterhin zugunsten der längeren Distanzen (zwischen 30 bis 60 Minuten) ab. Dies ist, in Verbindung mit dem gestiegenen Lebensstandard und sich auch im ruralen Raum wandelnden Konsumgewohnheiten, nicht zuletzt darauf zurückzuführen, daß die Haushalte in diesem Bereich der Versorgungsbeziehungen eher bereit sind, längere Strecken nach größeren Städten bzw. Großstädten zurückzulegen. Die Erweiterung der Reichweiten wird dann meist durch einen Rückgang in der Häufigkeit des Verkehrsvorgangs sowie einer Kombination mit anderen Funktionsbereichen, z. B. aus dem Bereich des Freizeitverhaltens kompensiert (vgl. Tab. 5). Selbstverständlich spielt dabei die Lage der Untersuchungsgemeinden zu den in Frage kommenden Zentren eine wichtige Rolle, besaßen doch z. B. die beiden innerstädtischen Testgebiete Kempten-Altstadt und München-Lerchenau weit unterdurchschnittliche Reichweiten, während noch stark landwirtschaftlich orientierte Gemeinden im ruralen Raum (z. B. Pipinsried und Uttlau) Reichweiten über 30 km aufwiesen.

Insgesamt gesehen ergeben sich demnach bei der Quellgebietsbetrachtung deutliche güter- und gruppenspezifische Reichweiten, die in bezug auf die Deckung des mittel- und längerfristigen Bedarfs auch eine nicht unerhebliche regionale Differenzierung besitzen. Es gilt nun zu prüfen, ob und inwieweit dabei schichtenspezifische Einflüsse zu diesen Variationen beitragen.

β) Analyse der Abhängigkeitsbeziehungen schichtenspezifischer Reichweiten

Bei den weiteren Analysen soll vor allem eine Beschäftigung mit den räumlichen Strukturmustern aus dem Aktivitätsbereich der mittelfristigen Bedarfsdeckung erfolgen, da die Reichweiten im Bereich des kurzfristigen Bedarfs eine weit geringere Variationsbreite aufweisen und im längerfristigen Bedarf (soweit keine aktuelle Nachfrage zum Zeitpunkt der Befragungen bei den Haushalten vorlag) teilweise hypothetische Antwortkategorien (sog. „Sofern"-Antworten) eine nicht unbeträchtliche Rolle spielten [132].

In den Untersuchungen von Murdie und Ray oder Müller und Neidhardt sind auch für den versorgungsorientierten Verkehrsbereich die bereits in den Ausführungen über die berufsorientierten Reichweitensysteme genannten sozioökonomischen Einflußgrößen als für eine Differenzierung der Verhaltensweisen von großer Bedeutung genannt [133]. Es wird jedoch zu prüfen sein, ob sich auch innerhalb dieser Verkehrsaktivität verhaltensähnliche bzw. gegenüber anderen verhaltensheterogene sozialgeographische Gruppen mit spezifischen Reichweiten bilden lassen und inwieweit derartige Verhaltensbeziehungen von denen des berufsorientierten Verkehrsbereichs abweichen oder dazu kongruent sind.

Beginnt man mit der Einflußgröße unterschiedlicher *Altersschichten*, so zeigt sich zunächst, daß im Bereich des kurzfristigen Bedarfs die Versorgung in kleineren Einzelhandelsgeschäften mit zunehmendem Alter i. a. zu- bzw. in Selbstbedienungsläden leicht abnimmt, teilweise aufgrund der langjährigen persönlichen Beziehungen zwischen Kunden und Verkäufern. Andererseits wurde z. B. in Gröbenzell deutlich, daß der Anteil der täglichen Versorgung mit Lebensmitteln mit zunehmendem Alter abnimmt. Während 38 % der unter 30jährigen täglich einkauften und dabei überdurchschnittliche Distanzen zurücklegten, waren es bei den über 60jährigen (bei einer Bevorzugung des mehrmaligen Einkaufs pro Woche) nur noch 14 % [134], die darüber hinaus auch nur unterdurchschnittliche Distanzen zurückzulegen bereit waren.

Gerade diese mit zunehmendem Alter größer werdende Distanzempfindlichkeit macht sich, mit wenigen Ausnahmen, auch im Bereich der mittelfristigen Bedarfsdeckung bemerkbar. So besteht ein deutlicher Zusammenhang zwischen der auf den Wohnort/-gebiet bezogenen Innenorientierung und der

---

[131] Vgl. auch Hottes, K.-H., Kühne, J., a. a. O., S. 33.
[132] Vgl. auch Pfeil, E., a. a. O., S. 19.
[133] Murdie, R. A., a. a. O., sowie Ray, M. D., a. a. O.; Müller, U., Neidhardt, J., a. a. O., S. 79 haben anhand eines Multikorrelationsverfahrens aus 18 relativ unabhängigen Haushaltsmerkmalen fünf ausgewählt, die sich von den hier verwandten Einflußgrößen nur insoweit unterscheiden, als die Komponente „sozialer Status" noch in verschiedene Berufs- und Einkommensschichten weiter aufgelöst wurde.
[134] Vgl. Hundhammer, F., a. a. O., S. 28, der für die Altersschicht der 25—30 jährigen Hausfrauen die höchste Einkaufshäufigkeit feststellte.

Differenzierung nach Altersschichten dergestalt, daß mit zunehmendem Alter die Bedeutung der Versorgung am Wohnort zunimmt [135]. Die Gründe dafür liegen neben physischen oder auch psychischen Belastungen längerer Versorgungswege wohl auch im Bereich der finanziellen Möglichkeiten sowie einem i. d. R. abnehmendem Prestigebedürfnis.

Nimmt man jedoch nur die Distanzwerte der außenorientierten Personengruppen (vgl. Abb. 16), so wird der bislang vorgeführte Zusammenhang insoweit nicht bestätigt, als nun die 30— unter 45jährigen eindeutig die größten Reichweiten bei ihren Versorgungsbeziehungen besitzen, gefolgt von den Personen der jüngeren Altersschichten. Da in den Analysen des berufsorientierten Verkehrsbereichs schon diese mittlere Altersschicht als einen wesentlichen Teil der Berufspendler vorgestellt wurde, liegt der Schluß nahe, daß hier (neben Komponenten wie hoher Mobilität oder hohem Anteil von Pkw-Besitzern unter dieser Bevölkerungsschicht) u. U. die Versorgungsort-/Arbeitsort-Identität eine gewisse Rolle spielt. Demgegenüber kann das überdurchschnittliche Auftreten mittlerer und teilweise auch längerer Distanzen bei den über 60jährigen auf Beziehungen im Dienstleistungsbereich (z. B. Besuch von Spezialärzten) zurückgeführt werden. Insbesondere in teilweise noch landwirtschaftlich orientierten und/oder relativ verkehrsungünstig gelegenen Gemeinden besitzt diese Erscheinung deshalb eine größere Bedeutung.

Mit der altersspezifischen Differenzierung teilweise in Verbindung steht die Frage nach dem Einfluß der Wohnortdauer bzw. dem *gesellschaftlichen Integrationsgrad* (der Ortsverbundenheit i. S. von MÜLLER/NEIDHARDT [136]). Im Bereich des kurzfristigen Bedarfs zeigt sich, daß die nach 1968 in die Untersuchungsgemeinden Zugezogenen i. a. längere Zeitdistanzen zurückzulegen bereit sind als z. B. die autochthone Bevölkerungsgruppe. Dies liegt bei einer Reihe der Testgebiete aber nicht zuletzt daran, daß die Neubürger aufgrund der Siedlungsstruktur bzw. der Lage der Wohnstätten zum Einkaufs- oder Geschäftszentrum innerhalb des Wohnorts häufig längere metrische Distanzen auf sich nehmen müssen.

Im Bereich des mittelfristigen Bedarfs wird jedoch auch deutlich, daß innerhalb der Gruppe der Neubürger unterschiedliche Verhaltenstypen beobachtet werden können. So ist zwar der Anteil der in bezug auf die Wohngemeinde innenorientierten Haushalte bei den Neubürgern im Durchschnitt weit geringer als bei den alteingesessenen Bürgern (meist aufgrund persönlicher oder geschäftlicher Verbundenheit mit den lokalen Einrichtungen oder ihren Inhabern) [137], jedoch ergeben sich bei den Untersuchungsgemeinden auch Abweichungen. In Moosburg oder in Krün überwog z. B. auch bei den Neubürgern die Innenorientierung, was auch daran liegen kann, daß beide für die neu zuziehenden Gruppen nicht nur Wohn- (= Schlaf-), sondern auch Arbeitsstätte sind. Zum anderen kann als Erklärung für ein derartiges Verhalten auch die regionale Herkunft der Zuwandernden erwähnt werden. Insbesondere in den Testgebieten des Verdichtungsraumes München zeigt sich nämlich, daß gerade bei den Randwanderern in einer ersten Phase nach dem Zuzug häufig die früheren Versorgungsgewohnheiten und teilweise auch Versorgungsstandorte beibehalten werden. Erst nach einer gewissen Zeitspanne (angegeben wurde im Durchschnitt $1/2$—1 Jahr) setzt dann eine Umorientierung auf den lokalen Versorgungsbereich ein, wobei die u. U. auftretenden neuen Versorgungsgewohnheiten in einer dritten Phase der Integration wieder den vor dem Umzug vorhandenen raumdistanziellen Verhaltensweisen, nun aber auf neue Zielorte ausgerichtet, angepaßt werden [138].

Erweitert man nun diesen Ansatz auf die spezifischen Reichweiten der einzelnen Integrationsschichten (vgl. Abb. 17), so zeigt sich auch hier im Prinzip ein Zusammenhang, wonach die Reichweiten mit der zeitlichen Länge der Wohndauer i. d. R. sinken. Mit Ausnahme von Unterzentren, wie Meitingen und Wertingen sowie dem niederbayerischen Kösslarn überwiegen bei der Gruppe der alteingesessenen Bürger meist kürzere Reichweiten, während die Neubürger (möglicherweise auch in Zusammenhang mit einer stärkeren Arbeitsort-/Versorgungsort-Identifikation) deutlich längere Distanzen zurücklegen.

Zeigen sich demnach in bezug auf den Integrationsgrad und das Versorgungsverhalten schon einige

---

[135] Vgl. auch Rothgang, W., a. a. O., S. 104 ff.
[136] Müller, U., Neidhardt, J., a. a. O., S. 61.
[137] Vgl. Paesler, R., Der zentrale Ort Landsberg am Lech, in: Mitt. d. Geograph. Gesell. München, 55. Bd., 1970, H. 2, S. 112 sowie Hantschel, R., a. a. O., S. 153 oder Thierer, A., Die Städte im Württembergischen Allgäu, Stuttgarter Geographische Studien, H. 80, Stuttgart 1973, vor allem S. 53—62.
[138] Vgl. dazu aus dem Bereich sozialer Kontakte und Verkehrskreise die Ergebnisse der Studie von Stutz, H., a. a. O., S. 141.

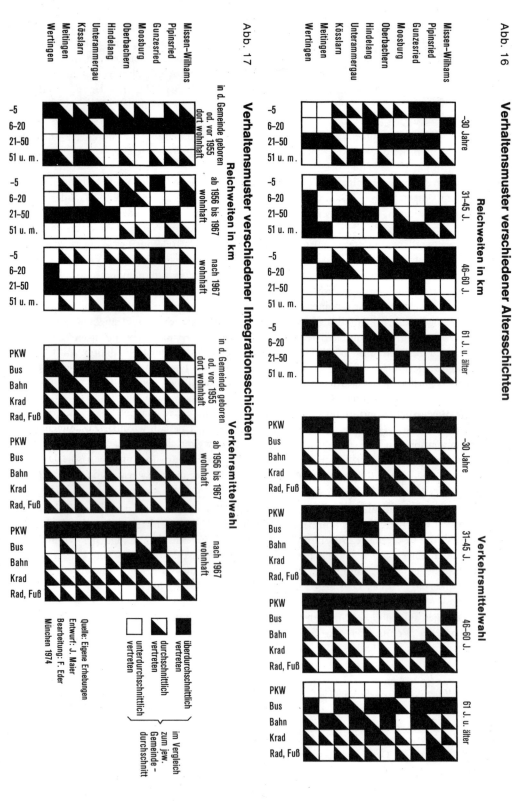

Abb. 16 Verhaltensmuster verschiedener Altersschichten

Abb. 17 Verhaltensmuster verschiedener Integrationsschichten

Spezifische Reichweiten und Verkehrsmittelwahl im versorgungsorientierten Verkehr unter der Bevölkerung in ausgewählten Gemeinden Südbayerns 1971–73

Quelle: Eigene Erhebungen
Entwurf: J. Maier
Bearbeitung: F. Eder
München 1974

deutliche Zusammenhänge, so sehen MÜLLER/NEIDHARDT[139] im sozialen *Status* eines Haushalts die größere Korrelation unter den Einflußkräften. Auch in den vorliegenden Ergebnissen der Testgebiete konnte festgestellt werden, daß beim mittelfristigen Bedarf die Oberschicht häufiger als die Mittelschicht und diese wiederum häufiger als die Grundschicht einkauft. Dies mag neben mehreren Aspekten unterschiedlichen Konsumverhaltens (u. a. eine stärkere Ausrichtung der Leitbilder des Lebensstandards an der Entwicklung in den größeren Städten und häufigeres Kontaktehalten zu diesen Zentren) auch an den ökonomischen Möglichkeiten sowie der relativ höheren Ausstattung mit Pkw liegen.

In bezug auf die Innenorientierung des Versorgungsverhaltens der einzelnen Berufsschichten kann, von einigen Ausnahmen abgesehen, nachgewiesen werden, daß die Grundschicht zum großen Teil innerhalb der Wohngemeinde oder — wie Abb. 18 nachweist — im Bereich kürzerer Reichweiten ihren mittelfristigen Bedarf deckt. Demgegenüber ist die Oberschicht überwiegend auf Versorgungsorte außerhalb der Wohngemeinde orientiert und dabei bereit, größere Distanzen zurückzulegen[140]. Neben der Möglichkeit der Versorgung mit qualifizierten Gütern und Dienstleistungen in größeren Städten (also der größeren Sortimentsbreite und -tiefe) spielen sicherlich auch soziale Prestigeelemente und die Gelegenheit zur Kombination mit anderen grundfunktionalen Ansprüchen (u. a. im Freizeitbereich) eine größere Rolle. Ausnahmen von diesem Grundmuster ergeben sich vor allem in kleineren zentralen Orten, in denen die Mittel- und Oberschicht häufig aus persönlichen oder geschäftlichen Gründen zumindest einen Teil ihres mittelfristigen Bedarfs bei den Versorgungseinrichtungen der Wohnortgemeinde deckt (i. S. des sozialen Zwanges also decken muß)[141]. Zieht man deshalb nur die Korrelationsanalyse heran, so erkennt man, daß sowohl im kurz- wie auch im mittelfristigen Bedarfsbereich die Mittelschicht die größten Distanzen aufzuweisen hat. Danach erst folgt die Oberschicht, mit ein Hinweis für die eben angesprochene Varianz der Verhaltensmuster um den Durchschnittswert innerhalb dieser Personengruppe.

Bezogen auf eine Differenzierung der versorgungsfunktionalen Verhaltensmuster nach verschiedenen *Einkommensschichten* sind zwar im Durchschnitt der Untersuchungsgebiete zu der eben vorgenommenen Analyse ähnliche Strukturen festzustellen, jedoch weist Abb. 19 auf die breite Streuung der Verhaltensweisen in regionaler Hinsicht hin. Eine enge Korrelation, wie sie MÜLLER/NEIDHARDT[142] aufzeigen, trifft nur in wenigen Gemeinden des ruralen Raumes zu. Ansonsten weist die Vielfalt unterschiedlicher Verhaltenstypen eher darauf hin, daß das Einkommen nur eine indirekte Einflußgröße in den Versorgungsbeziehungen darstellt[143]. Wenn auch der Anteil der Außenorientierung mit der Höhe des Familieneinkommens ansteigt, so tritt sowohl bei der Häufigkeit des Einkaufs als auch bei den Reichweiten eine breite Varianz von Strukturbildern auf.

Der schon bei der Interpretation berufsschichtenspezifischen Verhaltens gegebene Hinweis, daß der höhere Anteil der Außenorientierung der Oberschicht (oder hier der höheren Einkommensklasse) nicht zuletzt durch den höheren Pkw-Besatz dieser Personengruppe beeinflußt würde, kann eindeutig bestätigt werden[144]. Sowohl im kurz- wie im mittelfristigen Bedarfsbereich wird der Zusammenhang bei den Reichweiten deutlich. Die *Pkw-Besitzer* legen i. d. R. größere zeitliche und metrische Distanzen auf ihrem Versorgungsweg zurück. In bezug auf die Häufigkeit der Versorgungsbeziehungen ergibt sich insoweit ein Unterschied, als im kurzfristigen Bedarfsbereich die Pkw-Besitzer sich weniger häufig, im mittelfristigen Bedarfsbereich jedoch weit häufiger als die Haushalte ohne Pkw versorgen. Grundsätzlich kann jedoch gefolgert werden, daß der Pkw-Besitz zu vermehrten Versorgungsbeziehungen führt oder zumindest dazu beiträgt[145].

Abschließend sei noch auf die Rolle der Arbeitsort-/Versorgungsort-Identifikation eingegangen, die im Rahmen der gruppenspezifischen Reichweitensyste-

---

[139] Müller, U., Neidhardt, J., a. a. O., S. 72.
[140] Vgl. Seger, M., Sozialgeographische Untersuchungen im Vorfeld von Wien, in: Mitt. d. Österreich. Geograph. Gesellschaft, Bd. 114, Wien 1972, H. III, S. 291—323, der für Mödling zu ähnlichen Ergebnissen gelangte (S. 312 f.). Sowie Thierer, A., a. a. O., S. 60.
[141] Vgl. Laumer, H., Meyerhöfer, H., a. a. O., S. 5.
[142] Müller, U., Neidhardt, J., a. a. O., S. 72.
[143] Vgl. auch Oi, W. Y. und Shuldiner, P. W., a. a. O., S. 146 oder Zapf, K., Heil, K., Rudolph, J., a. a. O., S. 273.
[144] Vgl. Pfeil, E., a. a. O., S. 15.
[145] Auf das gleiche Ergebnis im innerstädtischen Bezugsfeld weisen Zapf, K., Heil, K., Rudolph, J., a. a. O., S. 291 hin. Auch Schüler, J., a. a. O., S. 141 belegt, daß 74 % der Haushalte, die keinen Pkw besitzen, innerhalb der Wohnsiedlung einkaufen, während dies bei den Pkw-Besitzern nur 48 % sind.

Spezifische Reichweiten und Verkehrsmittelwahl im versorgungsorientierten Verkehr unter der Bevölkerung in ausgewählten Gemeinden Südbayerns 1971-73

Abb. 18 Verhaltensmuster verschiedener Berufsschichten*

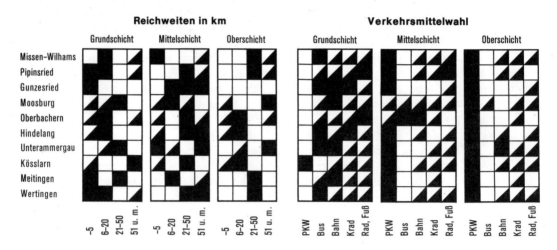

* Zur definitorischen Abgrenzung vgl. Schaffer, F., Untersuchungen zur sozialgeographischen Situation und regionalen Mobilität in neuen Großwohngebieten am Beispiel Ulm-Eselsberg, H. 32 d. Münchner Geogr. Hefte, Kallmünz 1968, S. 57

Abb. 19 Verhaltensmuster verschiedener Einkommensschichten (DM/Monat)

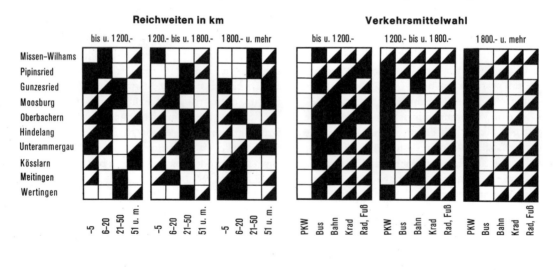

Quelle: Eigene Erhebungen
Entwurf: J. Maier

Bearbeitung: F. Eder
München 1974

me von verschiedenen Autoren (u. a. GREIPL, HOTTES/KÜHNE, MÜLLER/NEIDHARDT oder PFEIL)[146] betont wird. Wie die vorliegenden Untersuchungen zeigen, besitzt dieser Faktor im Bereich des kurzfristigen Bedarfs nur eine geringe Bedeutung. Selbst wenn man nur jene Gruppe der „weiteren Personen eines Haushalts" (also ohne den Haushaltsvorstand), die gleichzeitig Berufspendler sind, betrachtet, erfährt man, daß bei durchschnittlich 80 % der Befragten der Versorgungsort identisch ist mit dem Wohnort. Demgegenüber ist im Bereich des mittelfristigen Bedarfs die Orientierung des Versorgungsverhaltens am jeweiligen Berufs- oder Arbeitsort dieser Personengruppe schon erheblich größer. Wie Abb. 14 deutlich macht, ist verständlicherweise in den Unter- und Mittelzentren i. d. R. eine Wohnort-/Versorgungsort-Identität anzutreffen. Bei Einpersonenhaushalten oder den „weiteren Personen eines Haushalts", soweit sie berufstätig sind, steigt i. a. der Anteil der am Arbeitsort sich Versorgenden[147]. Je größer dabei die Distanz zwischen Wohn- und Arbeits-/Versorgungsort ist und/oder je geringer die zentralörtliche Ausstattung der Wohngemeinde bzw. je größer (qualitativ und quantitativ) die des angestrebten Zentrums ist, umso größer ist die Neigung, die verschiedenen räumlichen Aktivitäten miteinander zu verbinden.

γ) Bestehende räumliche Verflechtungsmuster in der Quell- und Zielgebietsbetrachtung

Wie aufgezeigt werden konnte, bestehen neben güter- auch schichtenspezifische Reichweitensysteme, wobei neben den Einflußfaktoren Pkw-Besitz und gesellschaftlicher Integrationsgrad in einer größeren Zahl von Untersuchungsgemeinden die Gliederung nach Berufsschichten von Bedeutung scheint. Ihre unterschiedliche regionale Ausprägung führt in Verbindung mit der zentralörtlichen Angebotssituation dann zu bestimmten regionalen Strukturmustern, wie dies aus der Karte der zentralörtlichen Einzugsbereiche der BRD von KLUCZKA[149] ersichtlich wird. Da die gruppenspezifischen Reichweiten bei Analysen auf Gemeindebasis nur in ihrer Summe auftreten, handelt es sich dabei nicht um geographische Versorgungsräume schlechthin, da die einzelnen gruppenspezifischen Kapazitäten-Reichweiten-Systeme nur in Ansätzen zum Ausdruck kommen, sondern um mehr oder weniger durch die jeweiligen Anteilswerte der sozialen Schichten und Gruppen gewichteten gemeindeweisen Durchschnittswerte. Es ist deshalb für planerische Ansätze notwendig, die vorhandenen Summendarstellungen weiter zu differenzieren.

Dies berücksichtigend sollen nun auch zu diesem Teilaspekt einige Hinweise über Größe, Form und Dimension der so definierten Versorgungsräume in Südbayern gegeben werden. Was die Größe der Verflechtungsbereiche betrifft, so wird von einzelnen Autoren[150], analog der Betrachtung im berufsorientierten Aktivitätsraum, angenommen, daß sich die Anziehungskraft eines Zentrums proportional zu seiner quantitativen und qualitativen Ausstattung, seiner Erreichbarkeit (Verkehrsgunstlage) und dem eingesetzten Werbeaufwand der zentralen Einrichtungen sowie umgekehrt proportional zur Fahrtdauer und den Fahrtkosten verhält. Selbst wenn man noch ergänzend dazu den Urbanisierungsgrad des zentralen Ortes (im Hinblick auf angestrebte funktionale Aktivitätenkombinationen der Nachfrager) und die mehr oder weniger zwanghafte Orientierung administrativer Einrichtungen[151] mit hinzuzieht, bleibt für eine sozialgeographische Betrachtungsweise immer noch die Frage nach den gruppenspezifischen Präferenzen und der inter- und intraregionalen Differenzierung aktivitätsräumlicher Verhaltensweisen offen. Sieht man jedoch zunächst noch einmal davon ab, so erkennt man in den „zellenartig konstituierten räumlichen Einheiten" (ISBARY)[152], daß wir es auch im versorgungs-

---

[146] Vgl. Greipl, E., Einkaufszentren in der Bundesrepublik Deutschland, Bedeutung sowie Grundlagen und Methoden ihrer ökonomischen Planung, Nr. 79 d. Schriftenreihe des Ifo-Instituts f. Wirtschaftsforschung, Berlin—München 1972, S. 162 f.; Hottes, K.-H., Kühne, J., a. a. O., S. 33; Müller, U., Neidhardt, J., a. a. O., S. 36; Pfeil, E., a. a. O., S. 23.
[147] Vgl. Matti, W., a. a. O., S. 66 bzw. Müller, U., Neidhardt, J., a. a. O., S. 36.
[148] Vgl. auch Hottes, K.-H., Kühne, J., a. a. O., S. 33.
[149] Kluczka, G., a. a. O., sowie für Teile des vorliegenden Untersuchungsgebietes durch zusätzliche Erhebungen modifizierte Darstellungen bei Maier, J., Die Leistungskraft ..., a. a. O., S. 430 ff.
[150] Vgl. u. a. Seger, M., a. a. O., S. 311 f. sowie Borcherdt, Chr., Zentrale Orte und zentralörtliche Einzugsbereiche ..., S. 478.
[151] Ein typischer Ausdruck dieser Bindungen kann darin gesehen werden, daß z. B. die Mehrheit der Mittelzentren in Bayern mit Kreis- oder kreisfreien Städten identisch ist.
[152] Isbary, G., Zentrale Orte und Versorgungsnahbereiche, in: H. 56 d. Mitt. a. d. Inst. f. Raumordnung, Bad Godesberg 1965, S. 20.

funktionalen Bereich mit regional unterschiedlichen Erscheinungsformen zu tun haben. Deutlich heben sich die im berufsorientierten Verkehrsbereich als polyzentrisch bezeichneten Raumkonfigurationen von denen monozentrischer oder hierarchisch-zentrierter Räume ab. Neben der engen Verzahnung derartig konkurrierender Standorte, z. B. im oberbayerischen Chemiedreieck oder auch im Oberallgäu, tritt die verstärkte Überlagerung der Einflußbereiche von Sekundärzentren durch die Primärzentren in den Verdichtungsgebieten deutlich hervor.

Nimmt man die Region München als Beispiel für die Analyse der Versorgungsräume in einem Verdichtungsgebiet, so zeigt sich zunächst, daß hier eine, der klassischen Hierarchievorstellung entsprechende Rangstufenfolge zentraler Standorte, im Gegensatz zur Situation in ruralen Räumen, nicht mehr anzutreffen ist[153]. Neben dem dominierenden Einzugsbereich des Primärzentrums München besitzen, bezogen etwa auf den mittelfristigen Bedarfsbereich, die verschiedenen Sekundärzentren einen meist kleineren Einzugsbereich als es ihrem Ausstattungsniveau entspricht. Dies liegt nicht zuletzt auch darin begründet, daß ein Teil der Bevölkerung aus den Sekundärzentren in seinem Versorgungsverhalten auf das entsprechende Primärzentrum ausgerichtet ist. Neben diesen häufig nur in peripheren Lagen des Versorgungsraumes stärker in Erscheinung tretenden Zentren[154] ist es ferner für Verdichtungsgebiete als geradezu typisch anzusehen, daß die zentralen Orte unterer Stufe in vielen Fällen durch den Gemeindetyp der „Selbstversorgerorte" oder Siedlungsschwerpunkte abgelöst werden.

Während im Vergleich zur berufsorientierten Verkehrsaktivität das Versorgungszentrum München eine etwas geringere metrische Ausdehnung (ca. 30—40 km) besitzt, reichen die mittelzentralen Orte im ruralen Raum teilweise über ihre entsprechenden Vergleichsdistanzen im arbeitszentralen Bereich hinaus. Dies wird jedoch in der regionalen Betrachtung nicht unwesentlich von der jeweiligen Attraktivität eines Zentrums, von den Verhaltensmustern der Bevölkerung und auch von der historisch-geographischen Ausgangssituation verändert. So ist der niederbayerische Untersuchungsteil in großen Bereichen ein gutes Beispiel für großflächige Einzugsbereiche mittelzentraler Orte[155]. Neben der heute noch relativ dünnen Besiedlung dieses Gebietes (50—70 Einw./km²) ist dies teilweise auf die wittelsbachische Territorialpolitik zurückzuführen, die nur eine Entwicklung weniger Märkte im altbayerischen Gebiet vorsah[156]. Das Gegenstück dazu stellt gewissermaßen der mittelschwäbische Bereich mit seiner Vielzahl bereits im Mittelalter entwickelter Städte dar, die im Laufe der wachsenden Konkurrenz zwischen den zentralen Orten jedoch an Zahl und Bedeutung verloren haben. Beispiele wie Buchloe, Mindelheim oder das bereits zum altbayerischen Grenzgebiet zählende Landsberg sind — was die Frage des zentralen Bedeutungsverlustes betrifft — dafür Beispiele[157]. Andererseits wurden durch Industrialisierung und/oder Zunahme des Freizeitsektors im 19. und 20. Jahrhundert eine Reihe von Standorten aufgewertet oder entwickelten sich erst (z. B. Kempten, Mühldorf, Rosenheim, Traunreut oder Garmisch-Partenkirchen, Oberstdorf). Was allerdings die Dimensionen der Versorgungsräume betrifft, so dürfte in vielen Fällen das auch für den berufsorientierten Verkehrsbereich geltende Prinzip der Persistenz von Strukturen (i. S. von DE VRIES-REILINGH[158]) zutreffen.

Zieht man nun zur Kontrolle der Quellgebietsaussagen die Strukturmuster der Versorgungsbeziehungen aus der Sicht des Zielgebiets, am Beispiel Münchens, heran, so muß man beachten, daß die Übertragung der Bedarfskategorien auf innerstädtische Strukturen im mittel- und längerfristigen Bereich insoweit Schwierigkeiten bereitet als hier eine enge Korrelation zwischen der City als dem zentralen Standort und den Betriebsstandorten verschiedener Dienstleistungssparten (u. a. Spezialärzte oder Krankenhaus) oder auch den Verkaufsstellen z. B. für Kraftfahrzeuge und Möbel (aufgrund deren Flächenbedarfs) nicht unbedingt zutreffen muß. Auch in München gilt diese Beziehung erst unter Einbeziehung der an die City anschließenden Gebiete. Dies spricht zwar gegen eine naive Übertra-

---

[153] Vgl. auch Borcherdt, Chr., Versorgungsorte und zentralörtliche Bereiche im Saarland, a. a. O., S. 53.
[154] Charakteristisch dafür ist, daß im Landesentwicklungsprogramm Bayerns in einer Reihe von Fällen, z. B. für Ebersberg-Grafing, Dachau, Fürstenfeldbruck oder Starnberg, die Funktion dieser Städte als Mittelzentren erst noch gestärkt werden muß.
[155] Vgl. auch die Ergebnisse bei Müller, U., Neidhardt, J., a. a. O., S. 49.
[156] Mauerer, R., Entwicklung und Funktionswandel der Märkte in Altbayern seit 1800, München 1971, S. 32 ff.
[157] Vgl. Paesler, R., Der zentrale Ort Landsberg..., a. a. O., S. 107.
[158] Vries-Reilingh, H. D. de, a. a. O.; für München vgl. den von Neubig vorgestellten Versorgungsbereich mittelfristiger Bedarfsdeckung 1956—57, Neubig, K.-H., Münchens Beziehungen zu seiner Umgebung, in: Geographische Rundschau, 10. Jg., 1958, H. 6, S. 219—226 (insbes. S. 222).

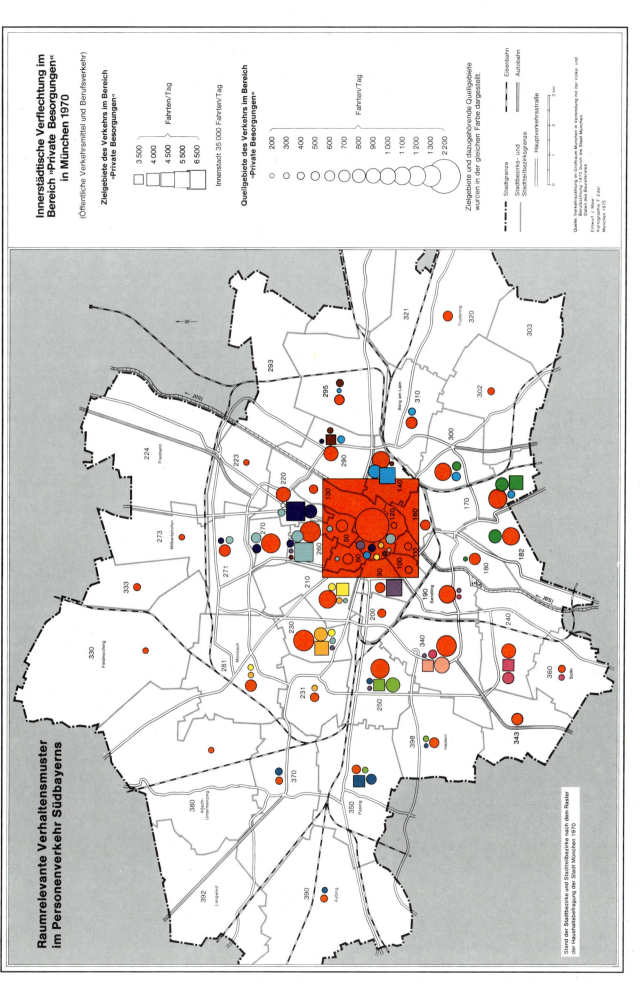

gung der Kriterien aus dem regionalen auf das innerstädtische Bezugsfeld [159], nicht aber gegen ein ebenso existierendes, mehr oder weniger ausgeprägtes hierarchisches System zentraler Einrichtungen. Wie Karte 21 zeigt, die als analoge Darstellung zur Verflechtungskarte im berufsorientierten Verkehr (Karte 14) angelegt wurde, sticht aus den gebietlichen Einkaufsbereichen überaus deutlich das der City (hier: Stadtbezirke 1—4) heraus. Nicht zuletzt liegt dies an ihrer hohen Attraktivität als Einkaufsstätte, sowohl für die Münchner Bevölkerung als auch im mittel- und längerfristigen Bedarfsbereich für große Teile der Bevölkerung in der Region München und darüber hinaus [160].

Mit Ausnahme der 1970 noch nicht erbauten Versorgungsschwerpunkte Olympia-Einkaufszentrum (OEZ) und Motorama folgen größenmäßig mit den Stadtbezirken Schwabing-West, Schwabing-Ost, Haidhausen und Wiesenviertel Bereiche, die über besonders ausgeprägte Subzentren (u. a. Nordbad, Feilitzschplatz, Ostbahnhof oder Schwanthalerstraße) verfügen. Unter den anderen in Karte 21 dargestellten Einkaufsbereichen finden sich weitere subzentrale Standorte innerhalb der Innenstadt bzw. auch im südlichen und teilweise östlichen Stadtrandgebiet. Offensichtlich wird jedoch, selbst unter Einbeziehung des 1972 eröffneten OEZ, daß in den Großwohngebieten im Münchner Norden, im südöstlichen und -westlichen Stadtrandgebiet sowie in Allach derartige quantitative Konzentrationen einströmenden Versorgungsverkehrs nicht oder nur gering auftreten. Es ist deshalb zu verstehen, daß der Stadtentwicklungsplan 1974 der Landeshauptstadt München sein Stadtteilzentren-Konzept [161] gerade im Hasenbergl oder in Perlach realisieren möchte. Dabei dürften jedoch neben der bereits erwähnten Persistenz von Verhaltensweisen noch die durch U- und S-Bahn eingeleitete Entwicklung auf dem Sektor des öffentlichen Verkehrs („Konzentration der Verkehrsströme auf die City"), die durch die Landesplanung angesteuerte Aufwertung der umliegenden Kreisstädte sowie die neueren Tendenzen im Bereich der Einkaufszentren („Zug in die Innenstadt") [162] erhebliche Schwierigkeiten bereiten.

Was nun neben der quantitativen Position im einströmenden Verkehr die Zentripedalwirkung dieser Bereiche betrifft, so zeigt Karte 21 ferner, daß innerhalb Münchens unterschiedlich differenzierte Standortverflechtungen, als Ergebnis spezifischer Angebots- und/oder Präferenzstrukturen, auftreten. Der Einzugsbereich der City weist dabei nicht nur die größten Reichweiten auf, sondern umfaßt — wie schon im berufsorientierten Verkehrsbereich — fast das gesamte Stadtgebiet. Die Hauptströme kommen — wie nicht anders zu erwarten — aus den dichtbesiedelten Wohngebieten Schwabings und der Maxvorstadt sowie aus Laim, wobei die Verkehrsströme zum Stadtrand hin i. d. R. (mit Ausnahme im Süden und Südwesten) abnehmen. Demgegenüber kann es als charakteristisch für die sonstigen Zentren angesehen werden, daß sie räumlich stark eingeschränkte Einzugsbereiche besitzen, die mit metrisch nicht allzu großen Reichweiten und durch „sektorale Erreichbarkeit" gekennzeichnet sind.

Da nun die City Münchens als Versorgungsstandort in dieser Darstellung besonders betont wurde, soll nun die Analyse der Strukturmuster in dieser Hinsicht durch zwei Beispiele ausgewählter Zielgebietserhebungen noch weiter verfolgt werden. Dazu wurden aus der Reihe verkehrsgeographischer Indikatoren einmal zwei Testfälle von Fußgängerzählungen ausgewählt. Sie sollten, da die Hauptgeschäftsstraßen einer Stadt in besonderem Maße vom Fußgängerverkehr mitgeprägt werden, dazu dienen, weitere Hinweise auf innere Differenzierungen und Strukturmerkmale der City zu erhalten [163]. Wie Abb. 20 in Gestalt der Tagesganglinien eines Zählpunktes in der Neuhauser- (Fußgänger-

---

[159] Vgl. zur Kritik u. a. Lange, S., Die Verteilung von Geschäftszentren im Verdichtungsraum, in: Forsch.- u. Sitzungsber. d. Akad. f. Raumforschung u. Landesplanung, Bd. 72, Hannover 1972, S. 5—48.

[160] Auch in bezug auf das Verkaufsflächen-Angebot im Einzelhandel führt die City mit 356 000 qm mit weitem Abstand vor dem Olympia-Einkaufszentrum bzw. dem Gebiet zwischen Ostbahnhof und Rosenheimerplatz (mit dem neuerbauten Motorama) mit jeweils 25 000 bzw. 20 000 qm.

[161] Stadtentwicklungsplan 1974 der Landeshauptstadt München, Kurzfassung, München 1974, S. 8.

[162] Vgl. Greipl, E., a. a. O., S. 68 sowie Forsteneichner, K., a. a. O., der nachweis, daß das Olympia-Einkaufszentrum in München (OEZ) fast 1 Jahr nach seiner Eröffnung zwar die Nachfrage im kurzfristigen Bedarf völlig befriedigt, jedoch im mittel- und langfristigen Bedarf diese Rolle weitgehend an die City abtritt.

[163] Aus der großen Zahl spezieller Literatur zu diesem Themenkomplex sei nur auf Meyer, G. u. Wirth, E., Stadtforschung und Stadtplanung, in: Das neue Erlangen, H. 23, 1971, S. 1743—1755; Toepfer, H., Fußgängerzählungen als Mittel zur Erfassung der Stadtstruktur und für die Stadtplanung, in: Zeitschrift f. Wirtschaftsgeographie, 1972, Nr. 1, S. 14—17; Wolf, K., Stadtteil-Geschäftsstraßen. Ihre geographische Einordnung, dargestellt am Beispiel der Stadt Frankfurt a. M., in: Rhein-Mainische Forschungen, H. 67, Frankfurt/M. 1969 hingewiesen.

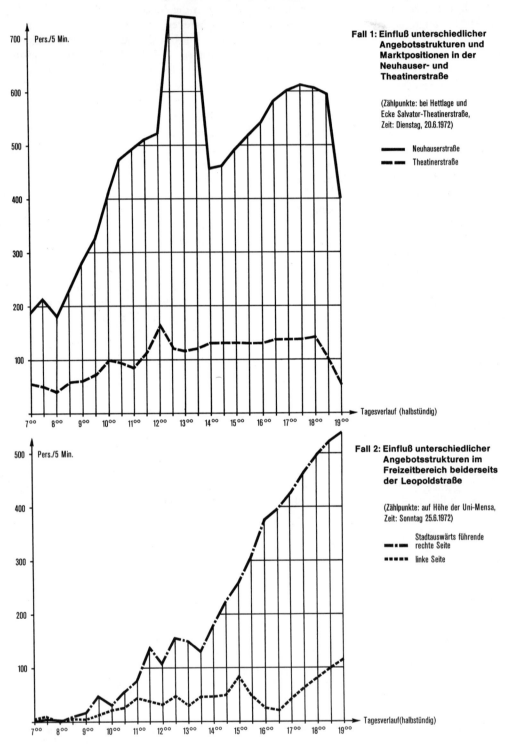

zone) bzw. in der Theatinerstraße zum Ausdruck bringt, entspricht der Frequenzverlauf in der Neuhauserstraße [164] den in vielen anderen Großstädten zu beobachtenden Ganglinien der Hauptgeschäftsstraßen [165]. Ein gewisser Unterschied besteht, durch das halbstündige Zeitintervall der Zählung teilweise mitbedingt, in den höheren Frequenzwerten der Mittags- gegenüber den Abendstunden. Dies liegt zum Teil an der Gewohnheit zahlreicher Berufstätigen der Innenstadt, sich in der Mittagspause in den Einkaufsstätten der Kaufinger-Neuhauserstraße zu versorgen [166]. Demgegenüber kommt im Vergleich der absoluten Frequenzwerte zwischen Neuhauser- und Theatinerstraße die ihrer zentralen Position nach anders gelagerte (zahlenmäßig geringere Nachfragewerte in qualitativ höher zu bewertenden, durch besondere Sortimentstiefe gekennzeichneten Geschäften) Rolle der Theatinerstraße innerhalb der City gegenüber der vorgenannten Straße zum Ausdruck.

Um schließlich noch auf die unterschiedlichen Bedürfnisstrukturen im Freizeitbereich hinzuweisen, wurde in Abb. 20 noch ergänzend die Situation in der Leopoldstraße (als einem der zentralen Bereiche im Freizeitsektor) dargestellt [167]. Der Vergleich der beiden Straßenseiten soll dabei auf die durch spezifische Angebotsstrukturen und auch klimatische Einflüsse (Sonnenscheindauer) bewirkten Präferenzmuster verweisen.

Das zweite Beispiel der Zielgebietserhebungen in der City sollte u. a. den Mangel dieser quantitativ informierenden, jedoch qualitativ über die Kundenstrukturen und die Reichweiten der einzelnen Kundengruppen nur wenig (etwa über Habitusschätzungen) aussagenden Fußgängerzählungen beheben. Karte 22 stellt deshalb die Einzugsbereiche von 4 bewußt ausgewählten, in ihrem Angebot sich teilweise deutlich unterscheidenden Kauf- und Warenhäuser in der Neuhauser-/Kaufingerstraße 1973 dar [168]. Die Herkunftsgebiete der dabei erfaßten Kunden (zu 65—75 %/o aus München selbst stammend), sind weitgehend mit den dichtbesiedelten Wohngebieten in Schwabing und Milbertshofen, in Sendling, Neuhausen und Laim identisch. Allein das Kaufhaus Hettlage hat, entsprechend der These von den längeren güterspezifischen Reichweiten des mittel- und längerfristigen Bedarfs, die Schwerpunkte seines Einzugsbereichs erst in einiger Distanz von der City, während bei den Warenhäusern die Kundenzahlen mit wachsender Distanz deutlich abnehmen. Die geringsten durchschnittlichen Reichweiten waren bei Bilka festzustellen, das stark auf die südlich angrenzenden Wohnbereiche der Isarvorstadt ausgerichtet ist und auch in der kurzfristigen Bedarfsdeckung seiner Kunden erhebliches Gewicht besitzt. Andererseits soll nicht übersehen werden, daß für Reichweiten und Form der Einzugsbereiche auch Aspekte der Sozialstruktur in den Herkunftsgebieten der Kunden, das Image der einzelnen zentralen Einrichtungen und konkurrierende Standorte eine Rolle spielen.

Dies gilt selbstverständlich auch bei einer räumlichen Erweiterung des Betrachtungsfeldes, wobei das Vorherrschen der Quellgebietsgemeinden im Nahbereich Münchens (insbes. in den Vororten [169] bzw. den bevorzugten Wohnlagen im Westen, Südwesten und Süden Münchens) auf das weitgehende Fehlen zentraler Einrichtungen der mittelfristigen Bedarfsdeckung in diesen Gebieten und auf die bereits mehrfach erwähnte günstige Verkehrsverbindung zur Münchner City hinweisen. Die Quellgebiete für die Warenhäuser liegen i. a. innerhalb einer 15—20 km — bzw. 25—

---

[164] Vgl. auch die Erhebungen des Baureferates der Stadt München am 7. 7. 1972, in: Stadtplanung in München, Der fließende Verkehr, München 1972, S. 5 u. 7 sowie Jensen, H. und Mitarbeiter, Fußgängerbereiche München-Altstadt, Bd. I, Braunschweig-München 1965, S. 36 ff. Die vorliegenden empirischen Erhebungen wurden von Herrn U. Dangl unter Anleitung des Verfassers durchgeführt.

[165] Vgl. Heidemann, C., Gesetzmäßigkeiten städtischen Fußgängerverkehrs, in: Forschungsarbeiten aus dem Straßenwesen, N. F., H. 68, Bad Godesberg 1967.

[166] Vgl. die Spitzenwerte in der Königsstraße in Nürnberg während der Zeit von 16—18.30 Uhr bei Petzoldt, H., Innenstadt — Fußgängerverkehr — Räumliche Verteilung und funktionale Begründung am Beispiel der Nürnberger Altstadt, in: Nürnberger Wirtschafts- und Sozialgeographische Arbeiten, H. 21, Nürnberg 1974, S. 143.

[167] Vgl. dazu Monheim, R., Freizeitaktivitäten beleben Fußgängerbereiche, in: Baumeister, 1974, H. 10, S. 1092—1096.

[168] Die empirische Datenerhebung wurde zusammen mit Herrn G. Seiler durchgeführt, vgl. auch Seiler, G., Die Münchner Innenstadt — eine Funktionsanalyse auf der Basis der geschoßweisen Gebäudenutzung und Gedanken zum Einzugsbereich, unveröff. Zul.-Arbeit am Wirtschaftsgeograph. Institut der Univ. München unter Leitung von Prof. Dr. K. Ruppert, München 1973.

[169] Nach der freundlicherweise vom Kaufhaus Karstadt-Oberpollinger zur Verfügung gestellten Statistik an Auslieferungsaufträgen 1971 (pro Monat im Durchschnitt 9000 Aufträge) steht die Bevölkerung der Stadt München mit 75 %/o weitaus an 1. Stelle. Danach folgen mit Gemeinden der Landkreise München (mit 6,8 %/o) und Fürstenfeldbruck (4,2 %/o) Kunden aus dem Nahbereich.

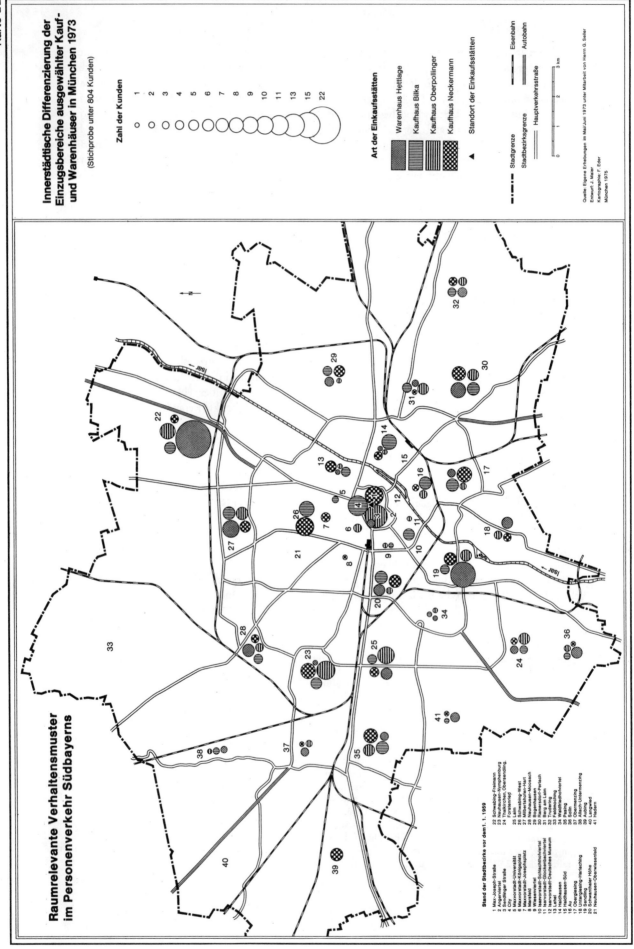

35-Minuten-Distanz, während das Kaufhaus Hettlage einen etwas darüber hinausreichenden Einzugsbereich besitzt [170]. Insbesondere Bevölkerungsgruppen aus den Sekundärzentren des Münchner Versorgungsraumes, aber auch aus den Oberzentren Landshut, Rosenheim oder dem Mittelzentrum Garmisch-Partenkirchen treten dabei als Kunden auf.

Auch die zu Kontrollzwecken durchgeführten Zählungen des ruhenden Verkehrs in zwei Münchner Parkhäusern (Karstadt- und Pschorr-Parketagen) [171] im November 1973 bei rd. 1 500 Pkw's bestätigten sowohl die intraregionale Schwerpunktverteilung als auch die auf den Nahbereich konzentrierten Reichweiten [172] und die Abhängigkeit von der jeweiligen Sozialstruktur in den Herkunftsgemeinden. Ebenso wurde mit dem Ergebnis, daß unter den weiter entfernt liegenden Orten die Oberschicht unter den Pkw-Besitzern deutlich an Gewicht zunimmt, die in den Quellgebietsanalysen aufgestellte These erneut belegt.

Faßt man nun die Ergebnisse der Kundenbefragungen in München zusammen und versucht sie einer gruppenspezifischen Differenzierung zu unterziehen, so stellt man fest, daß die Reichweiten bei Einkäufen am Wochenende weit größer als während der Woche sind. In räumlichen Kategorien ausgedrückt, heißt dies in Verbindung mit der abnehmenden Besuchshäufigkeit bei zunehmender Distanz zwischen Wohn- und Einkaufsstätte, daß am Wochenende Personengruppen aus weiter entfernt liegenden Orten nach München kommen, die aufgrund ihres selteneren Besuchs dazu neigen, den Einkaufsvorgang mit anderen Aktivitäten zu kombinieren [173]. Besonders deutlich unterscheiden sich dabei die Kunden bei Bilka von denen bei Hettlage. Während bei ersteren fast 30 % der Kunden täglich kommen, liegt das Schwergewicht bei den Hettlage-Kunden bei einem ein- bis mehrmaligen Besuch pro Monat. Dies liegt nicht zuletzt an der Angebots- und Preisstruktur der Waren sowie dem Image der Einkaufsstätten. So zeigte sich zwar übereinstimmend bei allen 4 Einrichtungen, daß die älteren Personengruppen an Wochentagen stärker vertreten sind als an Samstagen, Hettlage aber weist aufgrund seines Angebotsspektrums eine Dominanz bei den 20 — unter 40jährigen auf, gegenüber einer weit stärkeren altersschichtenspezifischen Mischung bei den Warenhäusern (vgl. Abb. 21).

In der Größe der einkaufenden Gruppen, z. B. einem Vorherrschen des „Einzeleinkaufs" während der Woche [174], wird ebenso auf Ergebnisse der Quellgebietsanalysen verwiesen wie in Gestalt der Bevorzugung des Wochenendes als Einkaufstag der beruflichen Mittel- und Oberschicht. Wie sehr dabei das jeweilige Angebot und das Image einer Einrichtung zum Tragen kommt, zeigt der von Hettlage bis Bilka ständig zunehmende Anteil der Grundschicht. Nach LAUMER/MEYERHÖFER [175] könnte sich dahinter eine grundsätzliche Verhaltenspräferenz dergestalt verbergen, daß Personen der sozialen Grundschicht bevorzugt Warenhäuser als Einkaufsstätten aufsuchen, während bei der Mittel- und Oberschicht neben Möglichkeiten des Großeinkaufs (in C & C-Märkten und im sonstigen Großhandel) auch der Einkauf in Fachgeschäften eine Rolle spielt.

Das ebenfalls dargestellte Differenzierungskriterium der Art der Verkehrsmittelbenutzung leitet schon über zum nächsten Kapitel, weist dabei nicht nur

---

[170] Vgl. auch Laumer, H., Meyerhöfer, H., a. a. O., Abb. 2 bzw. S. 25, wonach im Bereich Textilien und Oberbekleidung z. B. in Grafing 62 %, in Starnberg 81 % oder in Geltendorf noch 70 % der Haushalte ihren Bedarf in München decken. Für Stuttgart vgl. etwa Kaiser, K., Schaewen, M. v., Stuttgart und die Region Mittlerer Neckar, Stuttgart 1973, S. 120; für Frankfurt etwa Wolf, K., Die Konzentration von Versorgungsfunktionen in Frankfurt am Main, in: Rhein-Mainische Forschungen, H. 55, Frankfurt/M. 1964, S. 69; für Köln etwa Otremba, E., Die Kölner Innenstadt, Strukturuntersuchung, Köln 1970, S. 99 f.; für Bielefeld etwa Meschede, W., Kurzfristige Zentralitätsschwankungen eines großstädtischen Einkaufszentrums — Ergebnisse von Kundenbefragungen in Bielefeld, in: Erdkunde, 28. Bd., 1974, H. 3, S. 207—216 oder Höllhuber, D., Die Perzeption der Distanz im städtischen Verkehrsliniennetz — das Beispiel Karlsruhe-Rintheim, in: Geoforum, 1974, H. 17, S. 43—59.

[171] Aus den 11 Parkgaragen mit 4780 Plätzen der Münchner Innenstadt wurden zum Vergleich diese beiden Parketagen mit ihren 650 Plätzen bewußt ausgewählt und am Donnerstag und Samstag, den 8. 11. und 11. 11. 1973 in drei Zeitintervallen einer Zählung unterzogen.

[172] Auch bei den am 27. 4. und 1. 8. 1973 auf 4 Großparkplätzen der Kemptener Innenstadt gezählten 2280 Pkw's zeigte sich der enge Bezug zum Nahbereich als Herkunftsgebiet, kamen doch etwa 2/3 der Eigentümer der Pkw aus der Stadt und dem Landkreis Kempten, vgl. auch Feneberg, M., a. a. O., S. 60.

[173] Vgl. Pfeil, E., a. a. O., S. 20 oder Laumer, H., Meyerhöfer, H., a. a. O., S. 28, wonach 46 % der im Münchner Umland Befragten (i. w. Personen in den naheliegenden Vororten) angaben, daß sie zum Einkaufen nach München fahren.

[174] Hettlage ist dabei ein gutes Beispiel für das Vorherrschen des paar- oder verbandsweisen Einkaufs am Wochenende, insbes. was die auswärtigen Besucher betrifft.

[175] Laumer, H., Meyerhöfer, H., a. a. O., S. 15.

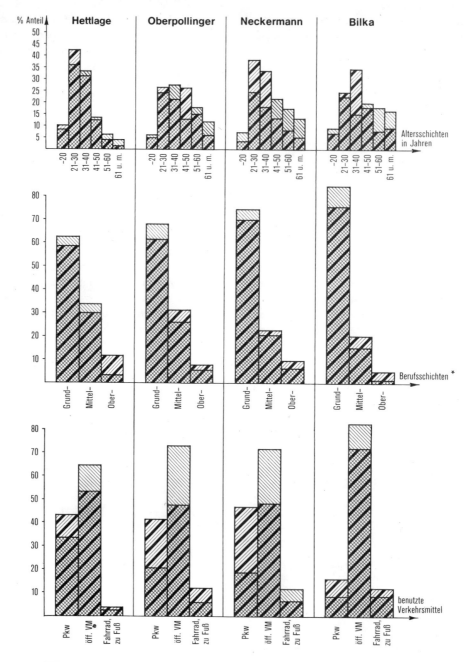

Abb. 21

Differenzierung der Käuferschichten an Werk- und Samstagen bei 1 Kauf- und 3 Warenhäusern in der City Münchens 1973

Besucherstruktur an Werktagen
Besucherstruktur an Samstagen

* Zum Differenzierungsverfahren vergl. Schaffer, F., Untersuchungen zur sozialgeographischen Situation und regionalen Mobilität in neuen Großwohngebieten am Beispiel Ulm-Eselsberg, H. 32 d. Münchner Geograph. Hefte, Kallmünz 1968, S. 57

Quelle: Eigene Erhebungen unter Mitarbeit von G. Seiler
Entwurf: J. Maier
Bearbeitung: F. Eder

auf die deutliche Bevorzugung des Pkw's bei Wochenendeinkäufen hin, sondern unterstreicht die vorgestellten Charakterisierungsmerkmale der 4 Einrichtungen. So kommen insgesamt nur zwischen 53—64 % der Kunden von Hettlage mit öffentlichen Verkehrsmitteln (insbes. die auswärtigen Personengruppen reisen mit dem Pkw an), bei Bilka sind es demgegenüber zwischen 72—82 %. Während der bei den Warenhäusern höhere Fußgängeranteil die größere Bedeutung des Nahbereichs unter den Herkunftsgebieten der Kunden signalisiert, gilt es im folgenden vor allem der Frage nachzugehen, ob die öffentlichen Verkehrsmittel auch in den unterschiedlichen Testorten des Untersuchungsgebietes die große Rolle spielen, die sie nach den Kundenbefragungen in der City Münchens innehaben[176].

c) Struktur der benützten Verkehrsmittel bei unterschiedlichen Versorgungsansprüchen und schichtenspezifischen Verhaltensmustern

Da die für diesen Teilkomplex vergleichbaren großräumigen Ergebnisse der amtlichen Statistik, wie sie für den berufsorientierten Verkehrsbereich vorliegen, fehlen, können nur die Daten der Testgebiete als alleinige Datenquelle benutzt werden.

Im kurzfristigen Bedarfsbereich spielen, wie bei der Analyse der Einzugsbereiche der Kauf- und Warenhäuser bereits erwähnt, die Fußgänger und Radfahrer neben den Pkw-Benutzern eine wichtige Rolle. Das zeigt sich besonders deutlich bei den Testgebieten in Kempten[177], aber auch in verschiedenen Unter- und Mittelzentren sowie Selbstversorgerorten, wo zum Teil über 50 % (in Einzelfällen über 70 %) der versorgungsorientierten Verkehrsbewegungen zu Fuß oder mit dem Fahrrad unternommen werden. Demgegenüber überwiegt in einer Reihe der noch landwirtschaftlich orientierten Gemeinden (wie z. B. in Schalldorf, Uttlau oder Heretsried) der Pkw als Transportmittel. Auch in anderen Gemeindetypen zeigt sich, daß er bei den außerorientierten Versorgungsbeziehern meist an erster Stelle steht, während bei den innenorientierten Versorgungswegen bis zu einer 10 Minuten-Distanz die Fußgänger, darüber hinaus die Radfahrer dominieren[178].

Das Bild der Verkehrsmittelstruktur ändert sich, nicht zuletzt aus Gründen des Transports der eingekauften Produkte, im Bereich der mittel- und längerfristigen Bedarfsdeckung. Der Pkw steht, von einigen mit öffentlichen Verkehrsmitteln besonders günstig erschlossenen Testgemeinden einmal abgesehen, nun mit weitem Abstand an der Spitze. Die Gruppe der Fußgänger und Radfahrer tritt, bei den größeren Distanzen durchaus verständlich, auf geringe Anteilswerte zurück, während die öffentlichen Verkehrsmittel an Bedeutung gewinnen. In der regionalen Differenzierung ergeben sich jedoch erhebliche Unterschiede zu dieser Grundtendenz. So konnten in diesem Bedarfsbereich hohe Anteile an Radfahrern und Fußgängern z. B. in Schwangau bei Füssen und vor allem in den beiden Kemptener Untersuchungsgebieten (am höchsten in dem citynahen Gebiet der Kemptener Altstadt) erfragt werden. Zum anderen konnte festgestellt werden, daß unter den Testgebieten in bezug auf die Benutzung öffentlicher Verkehrsmittel deutlich zwei Gruppen unterschiedlicher Verhaltensmuster zu beobachten sind (vgl. Abb. 15). Während ein großer Teil der noch landwirtschaftlich orientierten Gemeinden und auch teilweise der Mischgemeinden (mit Ausnahme der Vororte von Unter- und Mittelzentren) überaus geringe Anteilswerte aufweist, auch eine Reihe der zentralen Orte selbst, kommen überdurchschnittliche Werte besonders in Gemeinden des Verdichtungsraumes München vor. Da es sich um Orte mit günstigem öffentlichen Verkehrsanschluß handelt, dürfte für die Frage der Verkehrsmittelstruktur innerhalb des mittelfristigen Bedarfsbereiches — soweit fußläufige Distanzwerte nicht vorliegen — demnach die Lageorientierung des Verkehrsmittelangebots u. U. ausschlaggebender sein als eine Reihe sozioökonomischer Strukturfaktoren der Wohnbevölkerung. Besonders deutlich wird dies sowohl in den mit Omnibussen relativ günstig erschlossenen Gemeinden Hohenlinden, Gunzesried oder Heretsried als auch in Gestalt der an der S-Bahn liegenden Gemeinden Gröbenzell, Icking und Sauerlach (dort benutzten über 40 % aller Haushalte die S-Bahn bei der Deckung des mittelfristigen Bedarfs). Insoweit entspricht das für die Münchner Kauf- und Warenhäuser gezeichnete Bild durchaus der Situation in den verkehrsgünstig (mit öffentlichen Verkehrsmitteln) gelegenen Teilen innerhalb der Stadt bzw. in deren engerem Einzugsbereich[179].

In großen Teilen des eher ruralen Raumes

---

[176] Vgl. das in ähnlicher Richtung weisende Ergebnis für das OEZ bei Forsteneichner, K., a. a. O., S. 27.
[177] Ein vergleichbares Ergebnis legt Matti, W., a. a. O., S. 69 für Hamburg vor.
[178] Vgl. Pfeil, E., a. a. O., S. 14.
[179] Vgl. dazu auch die Ergebnisse bei Matti, W., a. a. O., S. 69; Pfeil, E., a. a. O., S. 12 (beide für Hamburg bzw.

aber, in peripher gelegenen Gemeinden oder weniger günstig erschlossenen Stadtrandsiedlungen [180] innerhalb Münchens ist der Pkw als dominierendes Verkehrsmittel anzutreffen. Je weiter dabei — ceteris paribus — die Distanz zwischen Einkaufsstätte und Wohnstätte im allgemeinen und zwischen Wohnstätte und Haltepunkt der öffentlichen Verkehrsmittel [181] bzw. Haltepunkt und Einkaufsstätte im besonderen ist, umso größer ist die Neigung der Nachfrager nach Versorgungsleistungen, den Pkw als Transportmittel zu nehmen.

Untersucht man nun, welchen Einfluß die bereits mehrfach angesprochenen sozioökonomischen Faktoren auf die Art der Verkehrsmittelbenutzung haben, so zeigt sich bei der Betrachtung verschiedener Altersschichten, daß im kurzfristigen Bedarfsbereich bei dominierender Rolle der Fußgänger und Radfahrer ihr Anteil mit zunehmendem Alter der Versorgungsträger sogar noch steigt. Andererseits nimmt insbesondere bei den über 60jährigen der Anteil der Pkw-Benutzer stark ab. Demgegenüber besitzt im mittelfristigen Bedarfsbereich der Pkw, vor allem in den ausgewählten Testgebieten des regionalen Bezugsfeldes, überdurchschnittliche Anteilswerte unter den meisten Haushalten (vgl. Abb. 16). Erst bei den über 60jährigen übernehmen die öffentlichen Verkehrsmittel diese Funktion. Damit zeigt sich die große Bedeutung von Bahn und Bus vor allem für ältere Personengruppen.

Bei der Differenzierung nach verschiedenen Schichten *gesellschaftlicher Integration* ist ein Zusammenhang mit der Verkehrsmittelstruktur insoweit festzustellen, als z. B. im kurzfristigen Bedarfsbereich die autochthone Bevölkerungsgruppe meist zu Fuß oder per Rad den Versorgungsweg zurücklegt, während die Neubürger den Pkw bevorzugen. Auch im mittelfristigen Bedarfsbereich, so weist Abb. 17 nach, ist die überdurchschnittliche Benutzung öffentlicher Verkehrsmittel bei den alteingesessenen Bürgern und die Verlagerung auf den Pkw bei den Neubürgern zu beobachten. Daneben kommen, wie schon bei der Analyse nach Altersschichten deutlich wurde, auch ortsspezifische Raummuster zum Tragen. So wird z. B. die Rolle des Omnibusses bei den Neubürgern in Gunzesried verständlich, wenn man berücksichtigt, daß dieser dort nicht nur ein Ausdruck guter Verkehrserschließung ist, sondern daß ein Großteil der Neubürger Gastarbeiter ist, die (zumindest zum Zeitpunkt der Befragung) in den wenigsten Fällen über einen eigenen Pkw verfügten.

Auch bei der Differenzierung nach *beruflichen Schichten* zeigen sich unterschiedliche Präferenzstrukturen. Während im kurzfristigen Bedarfsbereich jedoch die Personen der sozialen Grund- und der Oberschicht bevorzugt als Fußgänger, die der Mittelschicht verstärkt mit dem Pkw einkauften, läßt sich im mittelfristigen Bedarfsbereich die schon bei den Zielgebietserhebungen in München beobachtete Tendenz einer Bedeutungszunahme des Pkw's bei der Oberschicht gegenüber den anderen Personengruppen feststellen. Abb. 18 dokumentiert diesen Zusammenhang. In bezug auf die Differenzierung nach Einkommensschichten bestätigt sich dieser Zusammenhang im allgemeinen (vgl. Abb. 19), wenngleich in einzelnen Gemeinden nicht in dieser engen Korrelation. Zum Beispiel benutzten in Gröbenzell die Personen mit weniger als 1.200,— DM Einkommen zu 64 % die S-Bahn als Transportmittel. Ihr Anteil sank jedoch in den beiden folden Einkommensschichten nur unmerklich auf 57 bzw. 52 %.

Insgesamt gesehen kann man also sagen, daß ein eindeutiger Zusammenhang zwischen der Verkehrsmittelstruktur bzw. ihrer Veränderung und ausgewählten sozioökonomischen Determinanten eigentlich nur bei den Gruppen unterschiedlicher Integration und den verschiedenen Berufsgruppen auftritt.

3. Die freizeitorientierten Verkehrsbewegungen

a. Ansätze für eine Analyse räumlichen Freizeitverhaltens

Die Darstellung dieses Kapitels kann insofern kürzer ausfallen, wurde bereits an anderer Stelle die Entwicklung, Problem- und Aufgabenstellung einer Geographie des Freizeitverhaltens ausführlich be-

---

dessen Umland); für Nürnberg bei Haverkamp, H.-K., Lölhöffel, D. v., Trutzel, K., a. a. O., S. XII, wonach die Straßenbahn bei 42 % aller Befragten im Vordergrund stand, im Gegensatz zu Erlangen, wo der Pkw diese Position einnahm, vgl. Meyer, G., a. a. O., S. 91. Für München vgl. Zapf, K., Heil, K., Rudolph, J., a. a. O., S. 289.

[180] Nach Karte 31 des Verkehrsberichts 1972 des Stadtentwicklungsreferates der Landeshauptstadt München, München 1972, war der Anteil der Pkw-Benutzer in diesem Versorgungsbereich besonders hoch in den — in bezug auf öffentliche Verkehrsmittel — verkehrsungünstig gelegenen Stadtbezirken Obermenzing und Allach im Westen, Lerchenau im Norden, Englschalking und Teilen Truderings im Osten sowie Fürstenried im Süden.

[181] Vgl. Walther, K., Die Fußweglänge zur Haltestelle als Attraktivitätskriterium im öffentlichen Personennahverkehr, in: Verkehr und Technik, 26. Jg., 1973, H. 11, S. 480—484.

handelt[182]. Zusammenfassend kann man deshalb, was die wissenschaftshistorische Entwicklung betrifft, feststellen, daß Freizeit als Begriff und inhaltliche Erscheinung in enger Beziehung zur Industriegesellschaft steht. Zwar gab es sie auch in früheren Zeiten, als Privileg einzelner Sozialschichten, jedoch erst der gesellschaftliche Wandel wies auf den grundfunktionalen Charakter von Freizeit für breite Bevölkerungsschichten hin.

Mit ihrem quantitativen Wachstum, insbesondere im Bereich des längerfristigen Reiseverkehrs, begann auch das wissenschaftliche Interesse der Geographie und anderer Wissenschaften anzusteigen. Zwangsläufig beschäftigten sich die ersten Studien mit jenen Forschungsgegenständen, in denen die ökonomischen und landschaftsgestaltenden Auswirkungen dieses räumlichen Verhaltens einen deutlichen Niederschlag im Bild der Landschaft fanden: in den Fremdenverkehrsorten. Nicht zuletzt spielte dabei auch die zeitlich weit früher verfügbare massenstatistische Erfassung des längerfristigen Reiseverkehrs eine große Rolle.

Durch die verstärkte Bedeutung auch kurzfristiger Freizeitformen im mehr oder weniger nahen Einzugsbereich des Wohnstandortes und die wachsende Differenzierung der Ansprüche der verschiedenen Personengruppen an die Landschaft erweiterte sich auch der Aufgabenbereich geographischer Untersuchungen. Aus der sprachlich und inhaltlich enger gefaßten Fremdenverkehrsgeographie wurde damit eine Geographie des Freizeitverhaltens, deren Forschungsziel in dem Studium räumlicher Organisationsformen menschlicher Gruppen unter dem speziellen Einfluß der Grundfunktion „Freizeitverhalten" liegt[183].

Aufgrund der Komplexität menschlicher Beziehungen bzw. der Vielfalt an Erscheinungsformen im Bereich des Freizeitverhaltens liegen jedoch in der definitorischen Abgrenzung von Freizeit eine Reihe von Schwierigkeiten begründet. Je nach dem gesellschaftspolitischen und/oder wissenschaftstheoretischen Standort der Autoren wird deshalb Freizeit u. a. als (mehr oder weniger) individuell bestimmte Zeit der Selbstentfaltung, als Zeit eines Umweltwechsels, einer rein physischen Rekreation der Arbeitskraft oder als Zeit sozialer Profilierung angesehen[184]. Eine festgelegte und allgemein gültige Definition von Freizeit gibt es bisher nicht und wird es auch aus den genannten Differenzierungsgründen wohl kaum geben. Wenn auch d. Verf. grundsätzlich der ersteren, auf die Gedanken von Muße basierenden Meinungsbildung zuneigt[185], so soll nicht versucht werden, hier einen weiteren Diskussionsbeitrag zu einer allgemeinen kulturkritischen Auseinandersetzung um die Freizeit zu liefern, sondern es soll aus dem sozialgeographischen Verständnis von der Rolle verorteter Einrichtungen für Freizeit eine Gliederung des Freizeitbegriffes vorgenommen werden. Faßt man dabei die in der Praxis häufig nur schwer trennbaren, theoretisch jedoch denkbaren Raum-Zeit-Muster zu operationalen Kapazitäten-Reichweiten-Systemen zusammen, so läßt sich eine Differenzierung der Freizeit als einer „relativ frei verfügbaren Zeit"[186] in eine

— Freizeit im engeren Wohnumfeld (weitgehend mit einer indoor-Erholung identisch)
— Freizeit im weiteren Wohnumfeld
— Freizeit im Naherholungsbereich und
— Freizeit im längerfristigen Reiseverkehrsbereich

durchführen.

Wenn man von der inzwischen sicherlich in ihren relativen Positionen veränderten, im Prinzip jedoch noch gültigen Verteilung raumzeitlicher Freizeitformen entsprechend der Berechnung von CZINKI und

---

[182] Aus der großen Zahl entsprechender Beiträge sei hingewiesen auf Ruppert, K. u. Maier, J., Zum Standort der Fremdenverkehrsgeographie, Versuch eines Konzepts, und diess., Naherholungsraum und Naherholungsverkehr — Geographische Aspekte eines speziellen Freizeitverhaltens, beide in: Münchner Studien z. Sozial- u. Wirtschaftsgeographie, Bd. 6, Kallmünz/Regensburg 1970, S. 9—36 bzw. 55—77 sowie diess., Zur Naherholung der Bevölkerung im Fremdenverkehrsgebiet — ein Beitrag zu einer Allgemeinen Geographie des Freizeitverhaltens, in: Informationen, 1973, H. 17, S. 383—398.
[183] Ruppert, K. u. Maier, J., Zum Standort ..., a. a. O., S. 14.
[184] Vgl. u. a. Schmitz-Scherzer, R., Sozialpsychologie des Freizeitverhaltens, in: Freizeit '70, Essen 1971, S. 25—31 oder Wehner, W., Zur Bestimmung von Eignungsräumen für die Naherholung, in: Geograph. Berichte, Jg. 64/65, 1972, H. 3/4, S. 232.
[185] Vgl. auch Gleichmann, P., Der Zweck eines allgemeinen Freizeitkonzepts und seine verhaltenswissenschaftlichen Grenzen, in: Landschaft und Stadt, 1. Jg., 1969, H. 4, S. 173.
[186] Vgl. Scheuch, E. K., Soziologie der Freizeit, in: Handbuch der empirischen Sozialforschung, hrsg. v. R. König, 2 Bd., Stuttgart 1969, der Freizeit als einen Bereich bezeichnet, der subjektiv als frei empfunden wird und in dem objektiv ein verhältnismäßig hoher Grad an freier Verfügbarkeit besteht (S. 757).

ZÜHLKE[187] ausgeht, so erkennt man, daß der überwiegende Teil der Freizeit in der Wohnung oder im engeren Wohnumfeld verbracht wird. Demgegenüber folgt die verbrachte Freizeit im Naherholungsbereich noch vor der meist nur ein- oder zweimal im Jahr erfolgenden Freizeit im längerfristigen Reiseverkehrsbereich. Unter Berücksichtigung der Tatsache, daß für den Bereich des Tourismus bereits eine Fülle fundierter Forschungsergebnisse von den verschiedensten Wissenschaftsdisziplinen vorgelegt wurde, sollen sich die folgenden Ausführungen schwergewichtig mit dem Freizeitverhalten im Wohnumfeld und im Naherholungsbereich befassen. Da für verkehrsräumliche Studien der vom Zeitbudget her überaus wichtige Teil der Freizeit in der Wohnung oder im engeren Wohnumfeld (mit Freizeitaktivitäten wie etwa dem Fernsehen, der Garten- und Wagenpflege)[188] nur eine sehr bescheidene Rolle spielt, wird den Analysen innerhalb der Freizeit im weiteren Wohnumfeld und im Naherholungsbereich größere Bedeutung zukommen. Es geht also im ersten Fall insbesondere um das in verschiedenen Studien[189] im Vordergrund stehende Spazierengehen bzw. den Schaufensterbummel, gefolgt von Verwandten- und Bekanntenbesuchen, dem Aufsuchen von Parks und Grünanlagen sowie von kulturell-bildenden, sport- und/oder spielorientierten oder überwiegend konsumptiv-vergnügungsorientierten Einrichtungen und Veranstaltungen. Im zweiten Fall handelt es sich um jenen Teil verkehrsräumlicher Aktivität im Freizeitbereich, der sich zeitlich bis zum Wochenendtourismus erstreckt. Der Zusatz „Nah" soll die Eigenarten dieses Verkehrsbereichs, nämlich seine relativ kurze Dauer und seine relativ geringe Entfernung vom Quellgebiet aus, betonen[190].

Gerade für den Naherholungsverkehr und seine Erfassung hat sich durch die Arbeiten von HOFFMANN und STARK Entscheidendes verändert, wurde doch dadurch der bisher bestehende Mangel repräsentativer statistischer Unterlagen für die BRD behoben[191]. Da das Material beider Erhebungen jedoch nur ansatzweise eine regional- und schichtenspezifische Differenzierung gestattet, versucht die vorliegende Arbeit diese Lücke, insbes. für kleinere und mittlere Gemeinden, zu schließen.

Auch im Bereich der freizeitorientierten Verkehrsaktivitäten geht es um die Analyse sozialgeographischer Gruppen und ihren räumlichen Aktionen, deren Einflußgrößen und Präferenzen, soweit dies mit diesem Untersuchungsansatz zu erfassen ist[192]. Die Zusammenhänge werden dabei weit schwieriger als bei anderen Verkehrsaktivitäten aufgrund der geringeren „Sachzwänge" zu durchschauen sein, da das räumliche Prozeßfeld des Freizeitverhaltens in besonderem Maße von den bestehenden gesellschaftlichen Wertvorstellungen und Ideologien von Freizeit, von spezifischen Normkonstellationen lokaler und regionaler Bezugsgruppen und von den Werbemaßnahmen der Freizeitindustrie überlagert wird.

b. Schichten- und regionalspezifische Reichweitensysteme

α) Beteiligungsquoten und Distanzrelationen bei der Bedürfnisbefriedigung unterschiedlicher Freizeitformen

Aus der Vielfalt von Freizeitformen mit differenzierten Ansprüchen an die Landschaft wird im weiteren Verlauf der Untersuchungen inner-

---

[187] Czinki, L. und Zühlke, W., Erholung und Regionalplanung, in: Raumforschung u. Raumordnung, 1966, H. 4, S. 159; vgl. den Ansatz bei Gläser, H., Zu Problemen des Verkehrs in Naherholungsgebieten unter besonderer Berücksichtigung des Straßenverkehrs — dargestellt am Beispiel der Hauptstadt der DDR, Berlin, in: Geograph. Berichte, 59. Jg., 1971, H. 2, S. 136.

[188] Vgl. Matti, W., Wie verbringt der Hamburger sein Wochenende?, in: Hamburg in Zahlen, 1967, H. 12, S. 288—294; Scheuch, E. K., a. a. O., S. 783 oder Sillitoe, H., Planning in Leisure, London 1969, S. 38 f.

[189] Vgl. u. a. Albrecht, J., Untersuchungen zum Wochenendverkehr der Hamburger Bevölkerung, Teil A: Die Wochenendverkehrsregion, Hamburg o. J. (1967), Ifas-Institut, Der Theaterbesuch in Berlin, Bad-Godesberg 1971, S. 109 oder Reichel, E., Naherholungsgewohnheiten und Naherholungsbedürfnisse der Bevölkerung von ausgewählten städtebaulich kontrastierenden Münchner Wohnvierteln, unveröff. Dipl.-Arbeit am Geograph. Institut der TU München unter Leitung von Prof. Dr. W. Hartke, München 1969, S. 79.

[190] Die Betonung ist deshalb notwendig, zeigte sich doch in der Studie von Fischer, E., Der Ausflugsverkehr der Städte Osnabrück, Oldenburg und Emden, Eine vergleichende Untersuchung, in: Neues Archiv für Niedersachsen, 21. Jg., 1972, H. 2, S. 103—131 erneut ein Mißverständnis bezüglich des Inhalts von „Naherholungsverkehr" (S. 110).

[191] Hoffmann, H., Der Ausflugs- und Wochenendausflugsverkehr in der BRD, H. 28 d. DWIF-Schriftenreihe, München 1973; Stark, D., Tagesausflugsverkehr 1972, in: Wirtschaft u. Statistik, 1973, H. 11, S. 664—666.

[192] Vgl. den ähnlichen Ansatz bei Aldskogius, H., Recreational day trip patterns in urban regions: Some thoughts on the relationship between information and activity space, in: Frankfurter Wirtschafts- u. Sozialgeograph. Schriften, Frankfurt/M. 1974, H. 17, S. 137—156.

halb der Freizeit im weiteren Wohnumfeld eine Konzentration auf Aktivitäten wie Kino- und Theaterbesuch sowie auf den Naherholungs- und den Urlaubsreiseverkehr vorgenommen. Im Falle des ersteren Bereichs der Analysen geschieht diese inhaltliche Einschränkung nicht zuletzt deshalb, weil an anderer Stelle die anstehenden Fragen über Reichweiten und Besucherstruktur von Parks, Grünanlagen und Sportstätten am Beispiel von München bereits ausführlich dargestellt wurden [193]. Dabei zeigte sich, in Übereinstimmung mit den Ergebnissen von GLEICHMANN (Hannover), KIRCHNER (Wien) und PROSENĆ (Hamburg) [194], daß die Reichweiten in diesem Teil des Freizeitverhaltens in besonderem Maße vom spezifischen Angebot bzw. dem Image der Anlagen, von der Erreichbarkeit und von der Sozialstruktur der Bevölkerung und ihren Präferenzen im jeweiligen Einzugsbereich abhängen. Es wird in den folgenden Ausführungen zu prüfen sein, ob dieses Einflußkräftebündel auch bei anderen Teilformen von Freizeitaktivitäten zum Tragen kommt. Der zweite Grund für die sachliche Einschränkung liegt in dem Ergebnis der empirischen Erhebungen begründet, wonach gerade in den Gemeinden des eher ruralen Raumes außer den beiden genannten Aktivitäten Kino- und Theaterbesuch vor allem der Besuch von Gaststätten [195], Bekannten- und Verwandtenbesuche und die Teilnahme am Vereinsgeschehen i. w. S. von Bedeutung war. Da jedoch — wie eingangs dargelegt — der Teilbereich einer Geographie des Kommunikationsverhaltens aus den vorliegenden Untersuchungen weitgehend ausgeklammert wurde, bleiben schließlich die obengenannten Freizeitaktivitäten für weiterführende Analysen übrig.

Was nun die Beteiligungsquoten der Bevölkerung an einzelnen Freizeitaktivitäten betrifft, so weisen die vorhandenen Studien in bezug auf den Kino- und Theaterbesuch darauf hin, daß die Anteilswerte der Besucher, die mehrmals im Monat diese Einrichtungen aufsuchen, zwischen 1—5 % liegen [196]. Auch bei den vorliegenden Erhebungen betrugen die Vergleichswerte im Durchschnitt 4 % für den Kino- und 1 % für den Theaterbesuch, was erneut darauf hindeutet, daß beide Freizeitaktivitäten ihren Schwerpunkt bei „mehreren Besuchen im Jahr" haben, also relativ selten erfolgen. Wie Abb. 22 zeigt, unterscheiden sich die Gemeinden des eher ruralen Raumes deutlich von den stärker urbanisierten Gemeinden und den städtischen Testgebieten. Während erstere, teilweise schon aus dem Mangel an entsprechenden Einrichtungen, meist unterdurchschnittliche Beteiligungsquoten aufweisen, besitzt die zweite Gruppe — von den Ausnahmen Pocking und Ebersberg abgesehen — überdurchschnittliche Werte. Neben der gerade im ruralen Raum in den letzten Jahren stark gewachsenen Bedeutung des Fernsehens kommt hierin vor allem die Lage zu den Einrichtungen zum Ausdruck. Die Rolle der Lageorientierung zeigt sich beim Kinobesuch gerade an den Beispielen Baumgarten, Mauern und Heretsried, die zwar selbst über keine derartigen Einrichtungen verfügen, in deren engeren Aktivitätsraum jedoch Möglichkeiten entsprechender Bedürfnisbefriedigung gegeben sind. Ähnliches gilt für den Theaterbesuch, wobei die überdurchschnittlichen Werte in Gemeinden des eher ruralen Raumes durch das Vorhandensein lokaler Theatergruppen, Bauerntheater oder die Mitgliedschaft in Theatervereinigungen oder „Fremdenmieten" bei den Theatern in größeren Städten bewirkt werden.

Noch deutlicher tritt die unterschiedliche Verhaltensstruktur im Bereich des Urlaubs — und auch des Naherholungsverkehrs hervor. Trotzdem die Reiseintensität im Urlaubsreiseverkehr in den letzten Jahren auch in den kleinen Gemeinden beträchtliche Zunahmen aufwies [197], ergeben sich doch in den weniger urbanisierten Gemeinden, insbes. den noch stark landwirtschaftlich orientierten Ge-

---

[193] Vgl. Maier, J., München als Fremdenverkehrs-Stadt, Geographische Aspekte des Freizeitverhaltens in einer Großstadt, in: Mitt. d. Geograph. Gesellschaft. München, 57. Bd., 1972, S. 51—91.

[194] Gleichmann, P., Sozialwissenschaftliche Aspekte der Grünplanung, Stuttgart 1963; Kirchner, W., Besucherzählung und Besucherbefragung in Wiener Grünanlagen, in: der aufbau, 1970, H. 7/8, S. 244 ff.; Prosenć, M., Intensiv-Studie Hammer-Park, Ein Stadtteil, sein Freizeitpark und seine Bevölkerung, Hamburg 1971.

[195] Nach Scheuch, E. K., a. a. O., S. 781 gaben 1964 13 % der Bevölkerung an, mindestens einmal pro Woche „in die Wirtschaft zu gehen", im Rahmen kleinräumiger Fall-Studien stieg die Bedeutung sogar noch an, z. B. waren es in der Altstadt von Passau 25 % der Bevölkerung (Ergebnisse des Praktikums des Wirtschaftsgeograph. Instituts d. Univ. München im SS 1972). Bei der Münchner Verkehrszählung 1970 wurde der Gaststättenbesuch als zweithäufigste Freizeitaktivität genannt, vgl. Lenz-Romeiss, F., Problemstudie Freizeit, Emanzipatorisches Konzept, unveröff. Manuskript a. d. Stadtentwicklungsreferat der Landeshauptstadt München, München 1970, S. 105.

[196] Vgl. u. a. Hohenemser, H., Hat das städtische Theater eine Zukunft?, in: Die Stadt und ihr Theater, Loccumer Protokolle, 1970, H. 5, S. 53 ff. (für München 5 %); Mayr, A., Ahlen in Westfalen, H. 3 d. Bochumer Geograph. Arbeiten, Paderborn 1968, S. 117 (für Ahlen 2,5 %); Schüler, J., a. a. O., S. 159.

[197] Vgl. u. a. Stark, D., Urlaubs- und Erholungsreisen 1971, in: Wirtschaft u. Statistik, 1972, H. 9, S. 518.

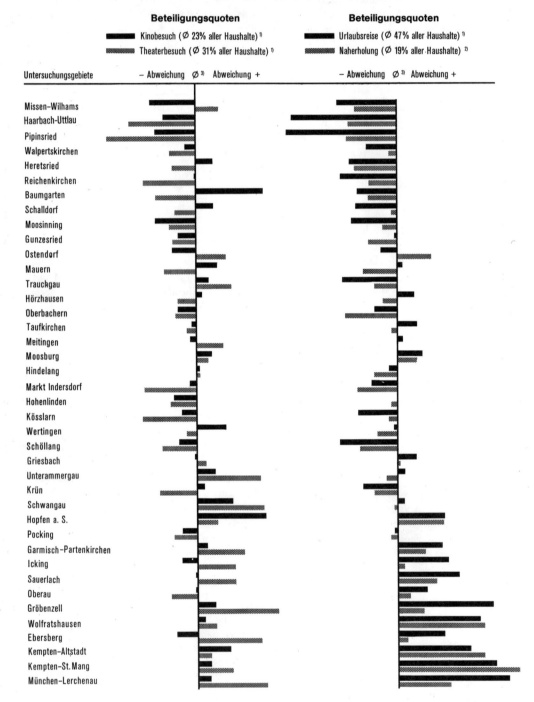

Abb. 22

Regionale Differenzierung der Beteiligungsquoten von Privathaushalten an verschiedenen Formen des freizeitorientierten Verkehrsbereichs in ausgewählten Gemeinden Südbayerns 1971–73

[1] Dargestellt sind jene Beteiligungsquoten von Privathaushalten, die zumindest einmal im Jahr an den jeweiligen Freizeitformen teilnehmen
[2] Dargestellt sind die Beteiligungsquoten von Privathaushalten, die sich mehrmals im Monat an der Naherholung beteiligen
[3] Abweichungen vom Ø = arithmetisches Mittel

Quelle: Eigene Erhebungen
Entwurf: J. Maier

Bearbeitung: F. Eder
München 1974

meinden, aber auch in einigen traditionsgeleiteten kleineren und mittleren Zentren des ruralen Raumes (z. B. Markt Indersdorf oder Wertingen) unterdurchschnittliche Beteiligungsquoten. Demgegenüber besitzen wiederum die städtischen Testgebiete, die großstadtnahen Gemeinden sowie die Sekundär-Zentren innerhalb hierarchisch gegliederter Verflechtungsgebiete überdurchschnittliche Werte. Die Fremdenverkehrsorte Hindelang, Krün und Schöllang weisen jedoch unterdurchschnittliche Werte auf, was an den teilweise noch vorhandenen Neben- und Vollerwerbslandwirten in diesen drei Gemeinden liegen könnte. Dadurch wird unterstrichen, daß die zur Verfügung stehende Freizeit menschlicher Gruppen ein nicht unwichtiger Faktor für die Beteiligung an Freizeitaktivitäten ist. Daneben kommt in den noch weniger urbanisierten Gemeinden noch die Bedeutung der örtlichen Verhaltensnorm hinzu („die Dorfgemeinschaft als normbildendes und normkontrollierendes Bezugssystem"[198]).

Wie Abb. 22 belegt, ist die Personengruppe, die häufig an der Naherholung teilnimmt, in den Gemeinden des eher ruralen Raumes unterdurchschnittlich vertreten, jedoch gab es andererseits keinen Fall mit keiner Meldung in dieser Verhaltensgruppe[199]. Selbst noch stark mit der Landwirtschaft verbundene Gemeinden, wie Pipinsried, Oberbachern und Uttlau/Haarbach mit 300 bis 700 Einwohnern wiesen Anteile von 1—2 % auf. Das heißt, daß der rurale Raum als Quellgebiet des Naherholungsverkehrs keineswegs ausscheidet (z. B. erreichte die Gruppe der „Häufig-Naherholer" in Walpertskirchen, Moosinning, Kösslarn oder Unterammergau immerhin 14—16 %), wenngleich das geringere Bevölkerungspotential und die geringeren Beteiligungsquoten andere Dimensionen aufzeigen als im verstädterten Kerngebiet (vgl. das geplante Mittelzentrum Wolfratshausen und die beiden innerstädtischen Gebiete Kemptens mit über 45 % an „Häufigfahrern" unter der Bevölkerung).

Dem ersten Anschein nach scheint dies die These WEHNERS[200] vom Zusammenhang zwischen häufiger Beteiligung der Bevölkerung am Naherholungsverkehr und Siedlungsgröße zu bestätigen[201]. Auch STARK weist auf die aus den Analysen des Urlaubsverkehrs bekannte und belegte Korrelation hin, machen die „Häufigfahrer" im Naherholungsverkehr bei den Gemeinden unter 2 000 Einwohnern doch 8 % aus, während sie in der Gemeindegrößenklasse von 3 000—5 000 Einwohnern 12 %, bei 10 000—25 000 Einwohnern 15 % und bei über 100 000 Einwohnern 21 % umfassen[202]. Wenn auch damit global ein positiver Zusammenhang aufgezeigt werden kann, so ist er doch nicht so eng wie im Bereich des Urlaubsreiseverkehrs und kann — bei kleinräumiger Betrachtung — erheblich um diese gedachte Korrelationskurve oszillieren. Zum Beispiel besitzen Sauerlach und Icking, zwei München nahe gelegene, als Wohngebiete bevorzugte Gemeinden mit 32 bzw. 21 % der Häufigfahrer unter der Bevölkerung gleich hohe oder höhere Werte wie kleinere und mittlere Zentren im ruralen Raum mit weit höherer Einwohnerzahl (z. B. Pocking oder Moosburg). Dies kann nur bedeuten, daß die Siedlungsgröße ein Einflußfaktor unter anderen und wahrscheinlich nicht einmal der wichtigste für das Naherholungsverhalten ist. Weit entscheidender scheint der jeweilige Urbanisierungsgrad einer Gemeinde für die ortsspezifischen Strukturmuster zu sein. Besonders deutlich kann diese These am Beispiel von Garmisch-Partenkirchen, etwas abgeschwächt auch für Hopfen a. S. und Schwangau, erläutert werden[203]. Der Urbanisierungsgrad, ausgedrückt etwa durch spezielle sozioökonomische Strukturen bzw. Bevölkerungsgruppen, die aufgrund ihres Zeitbudgets und ihrer Freizeitaktivitäten verkehrsräumlich besonders aktiv sind, führt

---

[198] Vgl. die besonders auf diese Fragestellung ausgerichtete Untersuchung von Platz, E., Freizeitverhältnisse und Freizeitverhalten der Jugend auf dem Lande, Diss. TU Stuttgart-Hohenheim 1971, S. 167 ff.

[199] Der in der vorliegenden Studie ermittelte Durchschnittswert unter den Testgebieten liegt mit 19 % der „Häufigfahrer" nur unwesentlich über dem entsprechenden Wert bei Stark, D., Tagesausflugsverkehr 1972, a. a. O., S. 664. Andererseits zeigen die Untersuchungen von Jeršič in Slowenien, daß diese Verhaltensmuster — wenn auch mit einem gewissen time-lag versehen — unabhängig von Gesellschaft- und Wirtschaftssystemen aufgetreten sind, vgl. Jeršič, M., Trips to the country side as recreation of urban population and their spatial effects, in: Geographica slovenica, 1971, H. 1, S. 269—272.

[200] Wehner, W., Zur Bewertung potentieller Naherholungsbereiche der Agglomerationen der DDR, in: Wiss. Zeitschrift der Pädagogischen Hochschule Dresden, 2. Jg., 1968, H. 3, S. 53—61.

[201] Vgl. auch die 1968 für die Stadt München und ihr Umland stark differenzierenden Beteiligungsquoten unter Ruppert, K. und Maier, J., Naherholungsraum und Naherholungsverkehr..., a. a. O., S. 66.

[202] Stark, D., Tagesausflugsverkehr 1972, a. a. O., S. 665.

[203] Vgl. Maier, J. und Ruppert, K., Zur Naherholung der Bevölkerung, a. a. O., S. 363—398 sowie Ganser, K., Grundlagenuntersuchung zur Altstadtentwicklung..., a. a. O., S. 78 f. und S. 84, der für die Altstadt Ingolstadts Anteilswerte von 33 % ermittelte, während für das weitere Umland diese Werte zwischen 7 und 15 % lagen.

in Verbindung mit der Lage der Gemeinden im Erholungsgebiet zu Anteilswerten der „Häufigfahrer" von 28 % (Garmisch-Partenkirchen) unter der Bevölkerung. Die Naherholung ist in ihrer Intensität hier fast schon mit der Situation in Großstädten vergleichbar [204].

Zieht man für die weitere Analyse nun anstelle der Häufigfahrer jene Bevölkerungsgruppen heran, die nur wenige Male im Jahr oder überhaupt nicht an der Naherholung teilnehmen, so weist die regionale Differenzierung auf zwei unterschiedliche verhaltensbezogene Gemeindegruppen hin. Die eine Gruppe hat die schon behandelten, verkehrsräumlich aktiven Bevölkerungsteile zu Einwohnern, für die die Naherholung zu den allgemeinen, grundfunktionalen Verhaltensweisen zählt. Auch während der Woche nehmen sie, in Gestalt von Parkbesuchen und sonstigen Freizeiteinrichtungen, an den verschiedenen Freizeitaktivitäten teil, die Naherholung ist für sie keineswegs ein Surrogat für die Freizeitverwendung im Wohnumfeld und umgekehrt [205]. Demgegenüber besitzt die zweite, hier als gewissen Extremwert dargestellte Gruppe von Gemeinden Bevölkerungsschichten, die relativ selten an der Naherholung teilnehmen. In dieser noch stark traditionsgeleiteten Gruppe hat die Naherholung eine andere Funktion als in der vorgenannten Gruppe. Sie findet meist in größeren Gruppen, organisiert von Vereinen oder sonstigen Vereinigungen und meist mit dem Omnibus als dominantem Verkehrsmittel statt [206]. Unter den Testgebieten war der Anteil der Personen, die nur wenige Male im Jahr zur Naherholung außerhalb ihres Wohnorts fuhren, mit 40—50 % z. B. in Walpertskirchen und Heretsried und mit über 50 % in Uttlau, Krün, Hittishausen und Wildenwart (die beiden letzten aus dem Landkreis Rosenheim) besonders hoch. Mit Ausnahme von Walpertskirchen liegen sie alle im mehr oder weniger ruralen Raum und sind noch durch eine relativ starke Orientierung auf die Landwirtschaft gekennzeichnet.

Faßt man die Aussagen über die Beteiligungsquoten im Naherholungsverkehr zusammen, so kann man sicherlich KLÖPPER [207] zustimmen, daß neben der Ausstattung der Erholungsgebiete, der Wetter- und der allgemeinen Wirtschaftslagen sowie der Siedlungsgröße auch sozioökonomische Strukturelemente als Einflußgrößen eine Rolle spielen. Hinzufügen müßte man jedoch noch „die Lage der Gemeinden im Urbanitätsfeld und zu den Erholungsgebieten", während die von KLÖPPER [207] betonte Einflußgröße Wohnqualität bei den vorliegenden Erhebungen nicht positiv zu belegen war. Häufig wiesen sogar gerade Personengruppen in besten Wohnlagen und versehen mit Einfamilienhäusern und Gärten die höchsten Beteiligungsquoten am Naherholungsverkehr auf.

Was nun die Distanzrelationen als Grundlage für die Erfassung der Freizeiträume betrifft, so macht Abb. 23 deutlich, daß — trotz gewisser Tendenzen — mit einer breiten Palette von ortsspezifischen Reichweiten zu rechnen ist. Geht man einmal von den Reichweiten im Bereich der Freizeitaktivitäten Kino- und Theaterbesuch aus, so wird deutlich, daß beim Kinobesuch weit weniger große Schwankungen um den Durchschnittswert von 13 km oder 24 Min. auftreten als beim Theaterbesuch (mit 33 km bzw. 46 Min.). Dies liegt u. a. an der jeweiligen Ausstattung der Testgebiete mit den angesprochenen Einrichtungen bzw. an der Lage der Gemeinden und der befragten Haushalte zu Kinos und Theatern. Unterdurchschnittliche Distanzen beim Kinobesuch weisen deshalb nicht nur die städtischen Testgebiete, die stadtnahen Selbstversorgerorte mt teilweise vorhandenem Kino am Wohnort und die Unter- und Mittelzentren auf, sondern auch die Fremdenverkehrsorte. Der gerade für die letzteren Gemeinden charakteristische Übersatz im tertiären Sektor, insbes. im Bereich der freizeitorientierten Infrastruktur, führt dazu, daß ein Großteil der entwickelten Fremdenverkehrsorte über ein eigenes Kino verfügt. Demgegenüber müssen ihre Einwohner bei einem Theaterbesuch meist längere Strecken zu den weiter entfernt gelegenen Oberzentren zurücklegen als dies bei Einwohnern mancher landwirtschaftlich orientierten Gemeinde im weiteren Umland einer Großstadt der Fall ist (z. B. Krün-München 95 km, Heretsried-Augsburg 19 km). Zum anderen liegt diese Differenzierung auch in der unterschiedlichen Distanzempfindlichkeit der beiden Freizeitaktivitäten begründet. Der Kinobesuch findet teilweise unter der Woche und häufig ohne längere Entscheidungsvorbereitung statt, der zurückzulegende Weg

---

[204] Vgl. die Zusammenstellung bei Ruppert, K. und Maier, J., Naherholungsraum und Naherholungsverkehr ..., a. a. O., S. 58, wonach die Anteile der „Häufigfahrer" in Großstädten zwischen 25—35 % lagen.
[205] Vgl. auch Prosenć, H., Intensivstudie Hammer-Park ..., a. a. O., Tab. 138.
[206] Vgl. Rothgang, W., a. a. O., S. 109.
[207] Klöpper, R., Zur quantitativen Erfassung räumlicher Phänomene der Kurzerholung (Naherholungsverkehr), in: Göttinger Geograph. Abhandl. (Hans-Poser-Festschrift), H. 60, Göttingen 1972, S. 540.

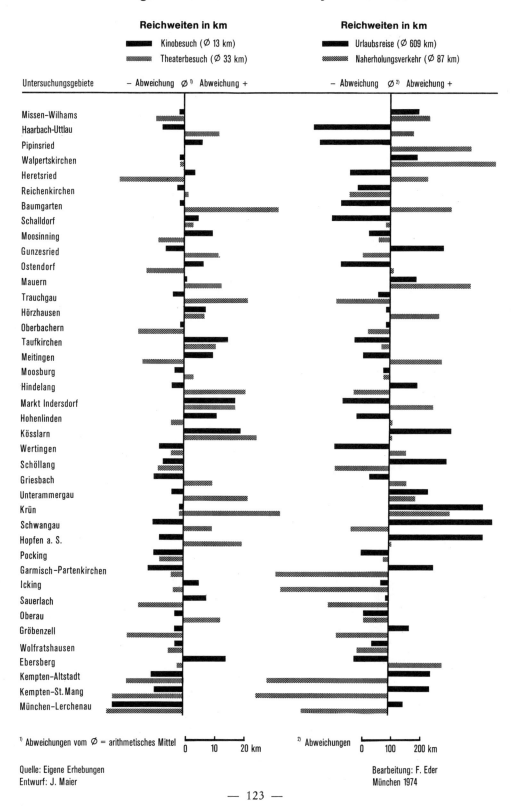

Abb. 23

Regionale Differenzierung der Reichweiten von Privathaushalten in verschiedenen Formen des freizeitorientierten Verkehrsbereichs in ausgewählten Gemeinden Südbayerns 1971-73

Quelle: Eigene Erhebungen
Entwurf: J. Maier

Bearbeitung: F. Eder
München 1974

wird meist zu minimieren versucht. Demgegenüber wird der Theaterbesuch meist länger geplant, wobei man dann bereit ist, auch längere Wege in Kauf zu nehmen [208].

Beim Übergang auf die Reichweitenmuster im Urlaubsreiseverkehr zeigt sich, daß ein Großteil der Zielorte zwischen 251—500 km und zwischen 501—1 000 km entfernt liegt. Zwar wurde mit Italien, Österreich, Oberbayern und Jugoslawien als beliebteste Zielgebiete gleichzeitig jene Rangskala genannt, die auch für die Erholungsuchenden der BRD weitgehend (mit Ausnahme von Spanien) bzw. für die bayerischen Erholungsuchenden insgesamt gilt [209]. Die Betonung der metrischen Nähe, der Kontakte zum Nachbarland Österreich (die „kulturelle Distanz" scheint hier am geringsten zu sein) und die Bevorzugung Bayerns selbst als Urlaubsland unterscheiden jedoch die meisten Gemeinden im eher ruralen Raum sehr deutlich von den stärker urbanisierten und den städtischen Testgebieten. Aber nicht nur die unterdurchschnittlichen Reichweiten der noch stärker mit der Landwirtschaft verbundenen Bereiche signalisieren traditionelle Freizeitverhaltensmuster, sondern auch die entsprechenden Daten einzelner Klein- und Unterzentren (z. B. Taufkirchen und Markt Indersdorf, Wertingen und Ebersberg). Insbesondere in Markt Indersdorf und Wertingen wird dadurch die schon im berufs- und versorgungsorientierten Verkehrsbereich festgestellte hohe Innenorientierung verkehrsräumlicher Aktivitäten unterstrichen. Demgegenüber sind vor allem bei den untersuchten Fremdenverkehrsorten weit überdurchschnittliche Reichweiten zu beobachten. Als Grund mag hier zum Zuge kommen, daß viele Unternehmer des Hotels- und Gaststättengewerbes bzw. sonstige Vermieter durch die Betriebsferien bedingt erst von Mitte Oktober bis Mitte Dezember Urlaub machen und dann beträchtliche Distanzen zurücklegen müssen, um etwa noch im Freien baden zu können.

Die eben angesprochenen Einflußgrößen

— der verfügbaren Freizeit der Erholungsuchenden,
— der finanziellen und sonstigen Möglichkeiten (u. a. Gesundheitsaspekte)
— der im Haushalt vorhandenen Verkehrsmittel
— der gegebenen und alternativ auszuwählenden Erholungsgebiete mit ihrer physisch- und kulturgeographischen Ausstattung sowie
— der Präferenzen der Erholungsuchenden

besitzen auch im Bereich des Naherholungsverkehrs für die Reichweitendiskussion entscheidende Bedeutung. Im Falle der einzelnen, durch individuelle Struktur- und Prozeßmuster gekennzeichneten Gemeinden ergeben sich jedoch erhebliche Differenzierungen, bedingt durch die Dominanz der einen oder anderen Einflußgröße. So ist aus Untersuchungen über größere Städte bekannt, daß z. B. in belgischen Städten [210] oder auch in Emden, Oldenburg und Osnabrück [211] 60 % und mehr der Naherholer innerhalb eines 30 km-Bereichs bleiben, während bei der Erhebung in München 1968 40 % über 100 km einfache Strecke fuhren [212]. Demgegenüber nimmt das Ergebnis des Statistischen Bundesamtes [213] mit 26 % der Naherholer, die mehr als 100 km zurücklegten, eine Zwischenstellung ein und betont dadurch erneut die Bedeutung eines Lagefaktors des Quell- gegenüber den Zielgebieten. Die angebotene Vielfalt des Landschaftspotentials und — daraus teilweise abgeleitet — ein breites Spektrum auftretender Freizeitaktivitäten führt möglicherweise auch in zahlreichen Testgebieten Südbayerns zu einer Betonung der längeren Distanzen. So blieben, im Durchschnitt gesehen, zwar 29 % der befragten Haushalte innerhalb der 50 km-Zone und 59 % innerhalb der 100 km-Zone, jedoch fuhren 41 % weiter als 100 km im Rahmen des Naherholungsverkehrs. KÖHL [214] führt dies auf das Phänomen „Angebot mit Koppelungseffekt" zurück, was einerseits nur ein neuer Ausdruck für die Vielfalt landschaftlicher Angebotsfaktoren bei unterschiedlicher metrischer Distanzstaffelung im süddeutschen Raum ist, zum anderen aber darauf hinweist, daß die Distanzempfindlichkeit durch die Attraktivität eines Zielgebietes und/oder seine Verkehrsgunstlage eine Veränderung erfahren kann.

---

[208] Vgl. auch Reichel, E., a. a. O., S. 79.
[209] Vgl. Stark, D., Urlaubs- und Erholungsreisen 1970, in: Wirtschaft und Statistik 1971, H. 12, S. 766.
[210] Reeks Toeristisch-Ekonomisch Decherzoek, De dagtochten van de Belgen 1969, Studie Nr. 45, Brüssel 1971, S. 33.
[211] Fischer, E., a. a. O., S. 127.
[212] Ruppert, K. und Maier, J., Naherholungsraum und Naherholungsverkehr ..., a. a. O., S. 67.
[213] Stark, D., Tagesausflugsverkehr, a. a. O., S. 666.
[214] Köhl, W., Standortgefüge und Flächenbedarf von Freizeitanlagen, H. 4 d. Schriftenreihe d. Inst. f. Städtebau u. Landesplanung d. Univ. Karlsruhe, Karlsruhe 1973, S. 129.

Denn in den meisten Studien wird, bewußt oder unbewußt, von einer Gültigkeit des LILLschen „Gesetzes abnehmender Intensität bei zunehmender Distanz" ausgegangen [215]. Gerade eine geographische Arbeit mit ihrer kleinräumigen Betrachtungsweise ist bereits vom Ansatz her skeptisch gegenüber derartigen „Gesetzen" im sozialwissenschaftlichen Bereich eingestellt, zeigen doch zahlreiche Quell- und Zielgebietserhebungen, daß eine entsprechende Varianz physisch- und kulturgeographischer Angebots- und Nachfragefaktoren den mathematisch strengen Ablauf der Gravitationsformel mehr oder weniger stark überlagern und dadurch erheblich modifizieren kann.

Unter den Testgemeinden zeigten z. B. die im Erholungsgebiet selbst liegenden Orte, soweit sie bereits durch merkliche bis stärkere Urbanisierungstendenzen gekennzeichnet sind, relativ geringe durchschnittliche Reichweiten. In Garmisch-Partenkirchen stehen, sieht man einmal von den weniger häufig benutzten Distanzen über 200 km ab, Zielgebiete im Vordergrund, die zwischen 5 bis 60 km liegen. Allein München stellt als Zielgebiet in rd. 100 km Distanz eine Ausnahme in diesem räumlichen Gefüge dar [216]. Daraus die These abzuleiten, daß Bewohner des eher ruralen Raumes insgesamt aufgrund der metrischen Nähe landschaftlicher Angebotsfaktoren auch geringere Distanzrelationen wie Einwohner städtischer Gebiete haben [217], wird durch Abb. 23 widerlegt. So einleuchtend dieser Thesenansatz auch ist, er gilt nur unter der Prämisse gleicher Verhaltensstrukturen (z. B. etwa beim Vergleich München—Garmisch-Partenkirchen). Da sich aber die Bewohner weiter Teile des ruralen Raumes weniger häufig als die Erholungsuchenden aus dem urbanisierten Bereich an dieser Freizeitaktivität beteiligen, dafür aber dann längere Strecken zurücklegen, ergibt sich eben bei Nichtdifferenzierung nach der Häufigkeit das in Abb. 23 (vgl. auch das Beispiel Walpertskirchen in Abb. 24) dargestellte Bild. Die Rolle von Vereinen oder privaten und öffentlichen Vereinigungen als Entscheidungsvorbereiter und Organisatoren von Ausflugsfahrten wird besonders im Falle der noch stark landwirtschaftlich orientierten Gemeinden und der Arbeiter-Bauern-Gemeinden deutlich. In Baumgarten, Missen-Wilhams, Krün, Mauern, Unterammergau und Walpertskirchen fahren immerhin mehr als 10 % der Befragten, wenn auch nur wenige Male im Jahr, weiter als 200 km.

Um andere Präferenzstrukturen, teilweise auch um lagebedingte Faktoren, dürfte es sich bei den anteilsmäßig ähnlich strukturierten, jedoch von der Sozialstruktur und den Beweggründen her anders motivierten Naherholern aus Ebersberg, Meitingen, Wertingen und Wolfratshausen handeln. Die Nennung spezieller Zielgebiete im Wintersport bzw. Klettergebieten im Sommer lassen auf eine Verhaltensgruppe von Bergsteigern bzw. -wanderern schließen, die relativ häufig am Wochenende und gleichzeitig über relativ weite Strecken wegfahren. Der These, daß je stärker die Ausübung einer Freizeitaktivität an bestimmte Räume gebunden ist (z. B. das Skifahren an entsprechende Höhenlagen, Oberflächengestalt bzw. Reliefenergie und/oder das Vorhandensein von Seilbahnen und Lifts), umso mehr wirkt sich die spezifische Attraktivität eines Gebietes aus und umso variabler wird die Distanzempfindlichkeit [218], kann demnach voll zugestimmt werden. Umgekehrt kann deshalb auch gefolgert werden, daß je distanzempfindlicher die Naherholer in bezug auf bestimmte Freizeitformen sind, umso mehr beeinflußt die metrische Distanz die räumliche Verteilung der nachfragenden Gruppen. Dies könnte u. a. eine Erklärung dafür sein, daß im Naherholungsverkehr in den Sommermonaten (mit Freizeitaktivitäten wie Baden, Schwimmen und Segeln) im allgemeinen geringere Distanzen als in den Wintermonaten zurückgelegt werden.

β) Ansätze für eine Darstellung vorhandener Verflechtungsmuster im Quell- und Zielgebiet

Wie schon bei den bisher behandelten verkehrsräumlichen Aktivitätsbereichen deutlich wurde, so lassen sich auch aus den Analysen der freizeitorien-

---

[215] Vgl. u. a. Czinki, L., Wochenendfreizeit in den Freiräumen Nordrhein-Westfalens, ein Beitrag zu Modellvorstellungen der Landesplanung, H. 15 d. AHT-Schriftenreihe, Essen 1974; Klöpper, R., Zur quantitativen Erfassung ..., a. a. O., S. 543 oder Berenschot, H. W., De factor „afstand" in het model van een recreatieplan, in: stedebouw u. volkshuisvesting, 1971, H. 2, S. 71 sowie Kaminske, V., Die Rahmenbedingungen für die Nordseebäder Sylt und Röm im Naherholungsverkehr, in: Zeitschr. f. Wirtschaftsgeographie, 1973, H. 4, S. 123—125.
[216] Maier, J. und Ruppert, K., Zur Naherholung der Bevölkerung ..., a. a. O., S. 394 sowie Dreß, G., Raumrelevantes Freizeitverhalten in einer urbanisierten Fremdenverkehrsgemeinde, dargestellt am Beispiel Garmisch-Partenkirchens, unveröff. Zul.-Arbeit am Wirtschaftsgeograph. Inst. d. Univ. München unter Leitung von Prof. Dr. K. Ruppert, München 1972.
[217] Vgl. Schilling, H. v., Ein Modell zur Schätzung des gegenwärtigen und zukünftigen Bedarfs an Naherholungsräumen, in: Informationen, 22. Jg.,1972, H. 5, S. 120.
[218] Albrecht, J., a. a. O., S. 43.

Abb. 24

Reichweiten im Naherholungsverkehr von Privathaushalten ausgewählter Gemeinden in Südbayern 1971-73 nach Entfernungszonen und Frequenzen (Kumulierte Werte)

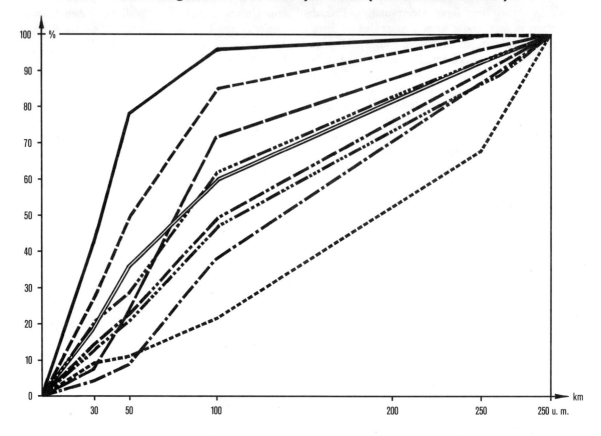

Kumulierte Distanzwerte ausgewählter Gemeinden

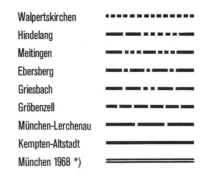

- Walpertskirchen
- Hindelang
- Meitingen
- Ebersberg
- Griesbach
- Gröbenzell
- München-Lerchenau
- Kempten-Altstadt
- München 1968 *)

* vgl. Ruppert, K., und Maier, J., Naherholungsraum und Naherholungsverkehr..., a. a. O., S. 67

Quelle: Eigene Erhebungen
Entwurf: J. Maier

Bearbeitung: F. Eder
München 1974

tierten Verhaltensmuster nach verschiedenen Freizeitformen, regionalen Standorten und spezifischen Sozialschichten der Erholungsuchenden unterschiedliche Reichweiten ableiten. Es sollen deshalb einige der bislang vorliegenden Studien daraufhin durchgesehen werden, welche Informationen über räumliche Konfigurationen bzw. spezielle Ausformungen und über Dimensionen von Freizeiträumen bereits existieren.

Wenn auch in diesem Aktivitätsbereich keine flächendeckenden, großräumig angelegten Untersuchungen vorhanden sind, so gestatten doch einige der Studien über Freizeitverhalten im Wohnumfeld Aussagen über die Dimension dieser Aktivitätsräume zu machen. In Verbindung mit der Größe und Funktion innerstädtischer Grünanlagen, ihrer Erreichbarkeit und der Aufenthaltsdauer der Besucher zeigt sich z. B. eine breite Palette unterschiedlicher „Parktypen"[219]. Sie reicht von kleinen Anlagen mit 2—8 ha und bescheidener Ausstattung, meist mit der Funktion eines „Pausenparks" für die Beschäftigten der in der Nähe liegenden Betriebe oder vorbeikommender Passanten verbunden (in München u. a. der Alte Botanische Garten), bis zu großen Anlagen mit einer Reihe von Freizeiteinrichtungen (in München etwa durch den Nymphenburger Park mit 220 ha oder den Englischen Garten mit 360 ha verkörpert). Letztere weisen, was ihre Einzugsbereiche betrifft, häufig auf eine Zweiteilung der Besuchergruppen hin. Zum einen sind es nämlich Personengruppen, die überwiegend aus einer Distanz bis zu 15 Minuten, schichtenspezifisch in enger Korrelation zur Sozialstruktur der umliegenden Wohnbereiche (also im Rahmen der Freizeitverwendung im Wohnumfeld) kommen. Zum anderen aber besitzen diese Anlagen bereits einen beachtlichen überlokalen bzw. -regionalen Bekanntheitsgrad, der dazu beiträgt, daß z. B. im Englischen Garten 65 %, im Nymphenburger Park sogar nur 55 % der Besucher aus München selbst kommen[220].

Die Dimension der Einzugsbereiche wird noch erhöht, wenn man ergänzend zu diesen eher flächenbezogenen Grünanlagen und Parks noch die mehr infrastrukturorientierten Anlagen und Einrichtungen im innerstädtischen Freizeitbereich mit hinzuzieht. Beispielhaft läßt sich dies im Falle des Tierparks Hellabrunn, eines Bundesligaspiels des Fußball-Clubs Bayern München und des Olympia-Turms auf dem Oberwiesenfeld zeigen[221], nimmt doch der Anteil der Besucher aus München von 45 % über 34 % auf 30 % ab[222].

Demgegenüber unterscheiden sich die Raumkonfigurationen im Bereich des Theaterbesuchs in Südbayern nicht nur durch teilweise geringere Distanzen, sondern auch durch eine veränderte sozialstrukturelle Zusammensetzung der Besucher. Geht man einmal von den 33 im Untersuchungsgebiet gelegenen öffentlichen und privaten Theatern (wovon allein 22 auf München entfallen) aus[223], so zeigen ihre Einzugsbereiche[224] trotz der weitgehenden Identität der Standorte mit Mittel- und Oberzentren doch ein anderes Verflechtungsbild als es aus der Analyse des versorgungs- und berufsorientierten Verkehrsbereiches bekannt ist. München (mit 2,3 Mill. Besuchern 1972)[225] z. B. besitzt einen Einzugsbereich, der im Süden bis zur Landesgrenze und darüber hinausreicht und im Osten Mühldorf und Traunstein erreicht, während seine Grenzen im Norden und Westen mit denen bereits vorgeführter Verflechtungsräume größtenteils zusammenfallen. Ähnliches gilt für Augsburg (mit 209.772 Besuchern 1970/71)[226], dessen Theater-Einzugsbereich im Norden und Süden eine wesentliche Distanzausdehnung gegenüber den sonstigen Verflechtungsmustern aufweist (bis nach

---

[219] Vgl. die Typisierungsversuche bei Günzel, R., Freizeitzentren, Teil einer Hamburger Freiflächenkonzeption, in: Stadtbauwelt, 1972, H. 34, S. 114; Law, S., Surveys of the use of open space, Vol. 1, Greater London Research Paper, No. 2, London 1968, S. 72 ff. oder Jordan, P., Wer geht wann und warum in welchen historischen Garten, in: Das Gartenamt, 1972, H. 3, S. 131.

[220] Vgl. Maier, J., München als Fremdenverkehrsstadt . . ., a. a. O., S. 82.

[221] Der Tierpark Hellabrunn und der Olympia-Turm zählen mit 917 000 bzw. 1,2 Mill. Besuchern pro Jahr zu den meist frequentiertesten Freizeiteinrichtungen Bayerns.

[222] Zur Analyse der Reichweiten von Besuchergruppen bei überregionalen Sportveranstaltungen vgl. auch Baumann, H., Wirtschafts- und verkehrsgeographische Auswirkungen von Sportveranstaltungen hohen Publikumsinteresses, Diss. Univ. Erlangen 1972, S. 67.

[223] Vgl. 2. Raumordnungsbericht der Bayer. Staatsregierung, München 1973, S. 108.

[224] Das Datenmaterial wurde neben eigenen Erhebungen bei Münchner Theatern sowie den Städtischen Bühnen Ulms aus der 1967 vom Zentralausschuß für deutsche Landeskunde durchgeführten Erhebung über zentrale Orte und zentralörtliche Bereiche gewonnen.

[225] Schmidt, K., Bildungswesen und kulturelles Leben, in: Münchner Statistik, 1973, H. 1, S. 60 sowie ders., Ein Städtevergleich über das Theaterleben, in: Münchner Statistik, 1966, H. 4, S. 374—388.

[226] Unveröffentlichte Daten des Bayer. Staatsministeriums für Landesentwicklung und Umweltfragen.

Nördlingen bzw. nach Markt Oberdorf). Im Gegensatz dazu besitzen die entsprechenden Bereiche von Memmingen, Kempten und Lindau (mit jeweils 16.000—25.000 Besuchern)[227] meist nur distanzielle Ausdehnungen innerhalb der neuen Landkreisgrenzen, während sich die Raummuster im niederbayerischen Untersuchungsteil noch am ehesten mit den versorgungs- und berufsorientierten Verflechtungsbereichen decken.

Wie der Einzugsbereich des Münchner Nationaltheaters (1972 mit 551.000 Besuchern)[228] zeigt, ist die regionale Verteilung der Herkunftsorte in enger Beziehung zur Differenzierung nach sozialen Schichten unter den Theaterbesuchern zu sehen[229]. Nicht nur die starke Konzentration der Besucher auf die bevorzugten Würmtal-Gemeinden bzw. auf die südlich und westlich an München angrenzenden Stadt-Randgemeinden wird daraus ersichtlich, sondern auch bei innerstädtischer Differenzierung besitzen die von Personengruppen der Mittel- und Oberschicht geprägten Stadtteile Harlaching, Waldperlach, Bogenhausen und Milbertshofen besonders hohe Besucheranteile unter den Abonnenten[230]. Allerdings wird dieser schichtenspezifisch enge Bezug bei Einbeziehung von Schauspielbühnen und/oder der Kartenart des „Freien Verkaufs" durch eine Erweiterung auf Studenten und Schüler etwas aufgelöst.

Zieht man zur weiteren Überprüfung dieser Aussagen noch den Einzugsbereich der Städtischen Bühnen Ulm[231], deren Abonnenten zu 21 % aus Bayern kommen, mit heran (vgl. Karte 23), so bestätigt sich grundsätzlich der Zusammenhang zwischen den Anteilen an Theatergängern unter der Bevölkerung und dem Urbanisierungsgrad einer Gemeinde. Die räumliche Verteilung der Herkunftsorte innerhalb des Regionalverbandes Donau-Iller weist zum anderen aber auch auf die Rolle traditioneller Beziehungen zum kulturellen und wirtschaftlichen Zentrum Ulm und auf die Auswirkungen von Innovationsprozessen (u. a. durch Lehrer als Innovationsträger) bzw. Werbemaßnahmen des „Besucher-Rings" hin.

Auch bei der Analyse bisher dargestellter Naherholungsräume können die bei den Theatern beobachteten asymetrischen, durch bestimmte Attraktionsfaktoren oder besondere Verkehrsgunstlagen hervorgerufenen Raumkonfigurationen festgestellt werden[232]. Erneut wird damit auf die für die praktische Regionalplanung wenig sinnvolle Anwendung eines naiven Zirkelschlagverfahrens hingewiesen, an dessen Stelle in der Regel das Prinzip einer „sektoralen Erreichbarkeit" weit bessere Dienste leistet, allerdings mit der Mühe empirischer Feldarbeit oder Geländekenntnis verbunden[233]. Weitere Einflußkräfte, wie die nach Jahreszeiten sowie nach Berufs- und Altersschichten differenzierten Präferenzen der Naherholungsuchenden und der Bekanntheitsgrad des Zielgebietes spielen dabei nicht unwichtige Rollen. Um gerade den letzten Faktor zu erläutern, sei nur auf die in der Münchner Untersuchung 1968 gewonnenen Ergebnisse unterschiedlicher Zielorientierung im bezug auf autochthone und allochthone Bevölkerungsgruppen hingewiesen[234]. Während die bereits vor 1950 in München Ansässigen häufig Gebiete im Süden und Osten von München bzw. im fränkischen Raum mit nicht allzu hohem Imagewert

---

[227] Vgl. Daten des Bayer. Staatsministeriums für Landesentwicklung und Umweltfragen.

[228] Maier, J., München als Fremdenverkehrs-Stadt..., a. a. O., Karte 10.

[229] Schmidt, K., Bildungswesen..., a. a. O., S. 50.

[230] Auf den Zusammenhang zwischen relativ hoher Beteiligung an Theaterbesuchern und „bürgerlichen" Wohnquartieren weist eine Untersuchung der Abonennten in Berlin hin, vgl. Ifas-Institut, Der Theaterbesuch in Berlin, a. a. O., S. 82.

[231] Dem Besucher-Ring der Städt. Bühnen Ulm sei für die freundliche Auswertung der Abonnenten-Kartei bestens gedankt, vgl. für die Situation 1966/67 den Raumordnungsbericht der Region Donau-Iller-Blau, Ulm 1969, S. 128.

[232] Bei den Untersuchungen von Mücke in Ebersberg und Glonn oder Hoffmann/Schmid (für Augsburg) zeigte sich eine noch stärkere Ausrichtung der Naherholungsströme auf die südlich gelegenen Erholungsgebiete des Alpenraumes und -vorlandes wie bei der Münchner Erhebung, vgl. Mücke, D., Das Naherholungsverhalten der Bevölkerung im großstadtnahen Bereich, dargestellt am Beispiel Ebersberg, Glonn und Taglaching, unveröff. Zul.-Arbeit am Wirtschaftsgeograph Inst. d. Univ. München unter Leitung von Prof. Dr. K. Ruppert, München 1972, S. 54 sowie Hoffmann, H. und Schmid, A., Strukturentwicklung des Fremdenverkehrs in Bayern, Entwicklungsmöglichkeiten und Probleme der bayerischen Fremdenverkehrsgebiete, Gutachten des DWIF, München 1973, Karte 8.

[233] Vgl. dazu als eine der frühen Arbeiten zu diesem Themenbereich Klöpper, R., Einzugsbereiche großstädtischer Massenveranstaltungen, dargestellt am Beispiel der Kirchentage 1956, in: Raumforschung u. Raumordnung, 16. Jg., 1958, H. 3, S. 163—168.

[234] Ruppert, K. und Maier, J., Naherholungsraum und Naherholungsverkehr..., a. a. O., S. 74.

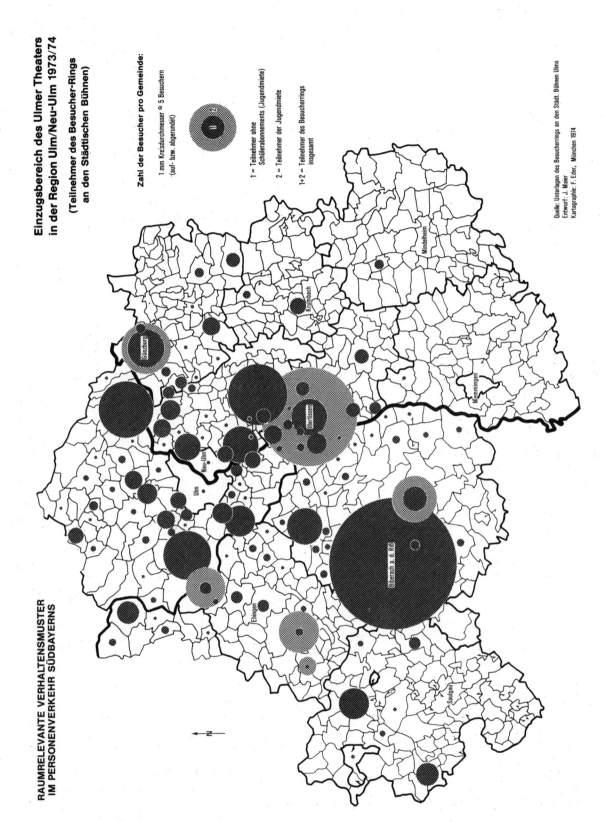

Karte 23

RAUMRELEVANTE VERHALTENSMUSTER IM PERSONENVERKEHR SÜDBAYERNS

aufgesucht haben (traditionelle Erholungsziele), zog es die erst wenige Jahre in München Wohnenden bevorzugt in Erholungsgebiete mit überregionalem Bekanntheitsgrad (u. a. das 4-Seen-Gebiet oder das Tegernsee-/Spitzingsee-Gebiet).

Zur Darstellung der Bedeutung lagespezifischer Faktoren auf der Zielgebietsseite seien etwa nur die Einzugsbereiche von Seilbahnen und Liften erwähnt. Bei einem Großteil der Einrichtungen zerfallen diese in einen Nahbereich (des sekundären Ausflugsverkehrs der Urlaubsgäste und der ortsansässigen Bevölkerung) und einen Fernbereich (i. w. der Naherholungsuchenden)[235]. Während der Nahbereich meist relativ gleichartig auf die umliegenden Gemeinden des Bahn-Standorts begrenzt ist, spiegelt der Fernbereich ein räumliches Muster des spezifischen Angebots der Bahn selbst, ihrer Funktion für die Benutzer und der bestehenden Verkehrsverbindungen wider. Bei einer regionalen Differenzierung der Einzugsbereiche verschiedener Standorte zeigt sich dann neben einem Schwerpunkt der Besucher aus den naheliegenden Großstädten (im Falle des bayerischen Alpenraumes von München und Augsburg) eine Ausdehnung der Aktivitätsräume bis in eine Distanz von 1 ½—2 Stunden[236]. Deutlich zeichnet sich dabei ab, daß nicht die metrische Distanz als limitierender Faktor für den Einzugsbereich einer Bahn anzusehen ist, sondern die für die An- und Rückreise aufzuwendende Zeit in Verbindung mit den sozioökonomischen und verhaltensspezifischen Strukturen in den Herkunftsgebieten.

Demgegenüber weist ein Vergleich der Einzugsbereiche unterschiedlicher Formen von Freizeitwohnsitzen nicht nur auf räumliche Muster im Übergangsbereich zwischen kurz- und längerfristigen Freizeitformen hin, sondern auch auf damit verbundene spezifische Präferenzen und Differenzierungen nach sozialen Schichten. Zieht man dazu einmal einen Dauercampingplatz und eine Ansiedlung von Appartmentwohnungen als zwei relativ extreme Beispiele heran, so weist z. B. die Herkunftsstruktur der Appartement-Eigentümer in Altreichenau/Unterer Bayer. Wald auf die Beziehung zu den Verdichtungsräumen der BRD, insbes. dem Rhein-Ruhr-Gebiet und dem Frankfurter Raum als den Standorten der Verkaufsorganisationen sowie der Käufer von Appartments hin, während die entsprechenden Quellgebiete der Dauercamper in Lechbruck/Ostallgäu neben München und Augsburg i. w. innerhalb einer 1-Std.-Isochrone liegen[237]. Diese unterschiedlichen Distanzrelationen drücken sich denn auch in der Besuchshäufigkeit der Erholungsuchenden bzw. ihren Motivationsstrukturen aus. Kommen die Dauercamper in Lechbruck fast jedes Wochenende, zumindest im Sommer und Herbst, so suchen die in Altreichenau befragten Appartmenteigentümer — wenn überhaupt — ihren Zielort nur an wenigen Wochenenden im Jahr oder im Urlaub auf. Verständlich wird diese Verhaltensweise auch durch deren Beweggründe für den Erwerb, unter denen die Kapitalanlage bzw. die steuerlichen Vorteile und Einnahmeerwartungen aus Vermietung eindeutig im Vordergrund stehen[238].

γ) Analyse sozioökonomischer Einflußgrößen auf die Reichweitensysteme im Naherholungsverkehr

Nachdem über die freizeitbezogenen Reichweitenmuster der Bevölkerungsgruppen in unterschiedlichen Gemeindegrößen schon im Zusammenhang mit den Beteiligungsquoten am Naherholungsverkehr berichtet wurde, gilt es hier nun den Einfluß der Faktoren Alter, gesellschaftliche Integration (Wohndauer am Ort), berufliche Schichtung, Einkommen und Pkw-Besitz auf mögliche Variationen des Freizeitverhaltens einzelner Gruppen zu überprüfen[239]. Dabei muß man sich im klaren sein, daß das hier angesprochene Faktorenbündel keineswegs alle Einflußkräfte für die Beteiligungsquoten und Reichweiten umfaßt, spielen doch gerade im Freizeitbereich eine Reihe von, nur über

---

[235] Vgl. Ruppert, K., Maier, J., Philipp, W., Bergbahnen und Lifte in Bayern — verkehrsgeographische Aspekte spezieller Infrastruktureinrichtungen, Gutachten für das Bayer. Staatsministerium f. Landesentwicklung u. Umweltfragen, München 1971, Karte 9 und 10. Für den Standort Oberjoch/Hindelang und seine Lifte vgl. Maier, J., Allgäu — eine Landschaft im Wandel, in: Mitt. d. Geograph. Ges. München, 60. Bd., 1975, S. 5—36 (Karte 13).

[237] Maier, J., Dauercamping und Ferienzentren als spezielle Probleme der Freizeitwohnsitze, in: Mitt. u. Berichte d. Salzburger Inst. f. Raumforschung, 1974, H. 1, S. 36—51 (Karte 3).

[238] Ders., Die Ferienzentren im Bayer. Wald, a. a. O., S. 153.

[239] Vgl. Albrecht, J., a. a. O., die von einem ähnlichen Spektrum an Einflußgrößen ausgeht, während Hoffmann, H., Der Ausflugsverkehr..., a. a. O., S. 66 ähnlich wie Ruske, W., Stein, A., Angebot und Nachfrage im Wochenendverkehr, in: Raumforschung u. Raumordnung, 31. Jg., 1973, H. 4, S. 194 versuchen, zusätzlich noch den, in den Untersuchungen von Hamburg und München nicht bestätigten Faktor „Wohnzufriedenheit" in seiner Bedeutung für die Naherholung darzustellen.

tiefergehende Motivationsanalysen feststellbaren, Entscheidungsgrößen eine Rolle.

Beginnt man wiederum mit der Differenzierung nach *Altersschichten,* so zeigt sich bei der Frage nach der Außenorientierung der freizeitorientierten Verkehrsbewegungen, daß der Anteil bei den 30—45jährigen am höchsten ist und mit zunehmendem Alter der Naherholungsuchenden zuerst mäßig und dann bei den über 60jährigen stärker abnimmt[240]. Zieht man nur einmal das Beispiel Garmisch-Partenkirchen heran, dann nehmen dort von den 21—45jährigen nur 13 % nicht an der Naherholung im weiteren Umfeld teil, während dieser Anteil bei den über 65jährigen bei über 30 % lag. Dieser Zusammenhang zwischen Alter und Beteiligung an der Naherholung tritt im Gegensatz zu den Verhaltensmustern bei innerstädtischen Parkbesuchern[241] auch in den Untersuchungen für die BRD insgesamt auf. STARK[242] stellt z. B. fest, daß der Anteil der „Häufigfahrer" bei den 25—44jährigen mit 19 % überdurchschnittlich und bei den über 65jährigen mit 8 % weit unterdurchschnittlich ausgeprägt ist. Innerhalb des regionalen Betrachtungsfeldes zeigen sich jedoch erhebliche Unterschiede, wie dies schon bei der Analyse der Beteiligungsquoten nachzuweisen war. Zieht man nur einmal die Gruppe der 30—45jährigen heran, so lagen die Anteile der Außenorientierung, trotz der dominanten Rolle dieser Altersschicht in den einzelnen Gemeinden, vor allem in den städtischen Testgebieten (z. B. München-Lerchenau oder Kempten-St. Mang) sowie in den Unter- und Mittelzentren des eher ruralen Raumes fast doppelt so hoch wie in den noch stärker landwirtschaftlich orientierten Gemeinden sowie den Arbeiter-Bauern-Gemeinden. Dies ist sowohl als Ausdruck höheren Urbanisierungsgrades als auch daraus abgeleiteter höherer Bewertung der Naherholung in der ersten Gruppe von Gemeinden anzusehen.

Da demnach im Naherholungsverkehr vergleichbare Beziehungen zu der entsprechenden Korrelation der Beteiligungsquoten im Urlaubsreiseverkehr bestehen, ist zu fragen, inwieweit dies auch für die altersschichtenspezifischen Reichweiten gilt[243]. Wie Abb. 25 zeigt, sind bei den unter 30—45jährigen dann mittlere und größere Distanzen festzustellen. Insoweit gilt für diese letztgenannte Altersschicht, daß die höheren Beteiligungsquoten auch mit größeren Reichweiten gegenüber den anderen Altersschichten gepaart sind. Bei den 45—60jährigen tritt demgegenüber eine Zweiteilung der Verhaltensweisen auf. Neben geringen Distanzen (unter 50 km) kann man besonders in den stärker urbanisierten Testgebieten auch größere und größte Reichweiten (über 200 km) feststellen. In zahlreichen Fällen wirkt sich hierin teilweise der Besuch im eigenen Freizeitwohnsitz aus. Demgegenüber herrschen bei den über 60jährigen die mittleren Reichweiten vor, was bei wesentlich geringerer Häufigkeit auf Verwandten- und Bekanntenbesuche schließen läßt. Nimmt man dagegen nur die „Häufigfahrer" unter den Personen dieser Altersschicht, so zeigt sich deutlich eine Bevorzugung des Nahbereichs, wobei die Erreichbarkeit (u. a. mit öffentlichen Verkehrsmitteln) eine wichtige Rolle spielt[244].

Vergleicht man dazu den Zusammenhang zwischen der Länge der *Wohndauer am Ort der Befragung* und dem Anteil der Außenorientierung, so erhält man eine negative Korrelation, ist doch der Anteil bei der autochthonen Gruppe weit geringer als bei den erst in den letzten Jahren neu Zugezogenen. Neben der meist mangelnden Integration im gemeindlichen Leben, der Entfaltung von Prestigebedürfnissen oder einfach dem Wunsch, neue Landschaftsbilder um den Wohnort kennenzulernen, spielen sicherlich weitere psychologisch motivierte Faktoren eine Rolle, denn die Personen dieser allochthonen Gruppe legen gleichzeitig auch die größten Strecken bei ihren Naherholungsfahrten zurück[245]. Da diese neu zugezogenen Personen, insbes. in den Stadtrandgemeinden und in großen Teilen der Testgebiete im eher ruralen Raum, häufig Wohnstandorte mit qualitativ guter Ausstattung (teilweise Eigenheime mit Garten) erwerben oder mie-

---

[240] Maier, J. u. Ruppert, K., Zur Naherholung der Bevölkerung ..., a. a. O., S. 396; vgl. auch Albrecht, J., a. a. O., S. 80 (für Hamburg); Freitag, R. D., a. a. O., S. 80 (für Paris) oder Ganser, K., Grundlagenuntersuchung Altstadtentwicklung ..., a. a. O., S. 78 f. (für Ingolstadt).

[241] Vgl. u. a. Gleichmann, P., Sozialwissenschaftliche Aspekte ..., a. a. O., S. 65.

[242] Stark, D., Tagesausflugsverkehr, a. a. O., S. 664.

[243] Statistisches Bundesamt, Reihe 6: Fremdenverkehr, Urlaubs- und Erholungsreisen 1971, Stuttgart-Mainz 1972, S. 4 sowie Gesellschaft für Konsumgüterforschung, Urlaubsreisen, Nürnberg 1963, Tab. 41.

[244] Vgl. u. a. Ruppert, K. und Maier, J., Naherholungsraum und Naherholungsverkehr ..., a. a. O., S. 72 f. (für München); diess., Zur Naherholung ..., a. a. O., S. 397 (für Garmisch-Partenkirchen) oder Mücke, D., a. a. O., S. 49 (für Ebersberg).

[245] Vgl. Arndt, F., Baubkus, L., Lorenz, J. und Wolf, K., Freizeit in der Frankfurter Nordwest-Stadt, in: Rhein-Mainische Forschungen, H. 75, Frankfurt/M. 1972.

Spezifische Reichweiten und Verkehrsmittelwahl im freizeitorientierten Verkehr unter der Bevölkerung in ausgewählten Gemeinden Südbayerns 1971-73

Abb. 25 Verhaltensmuster verschiedener Altersschichten

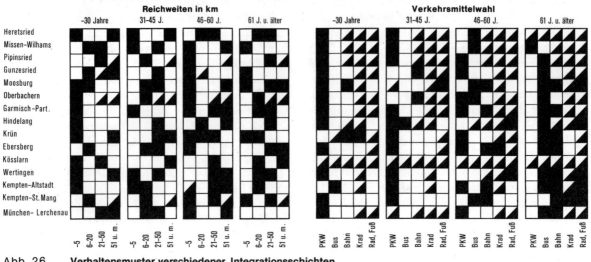

Abb. 26 Verhaltensmuster verschiedener Integrationsschichten

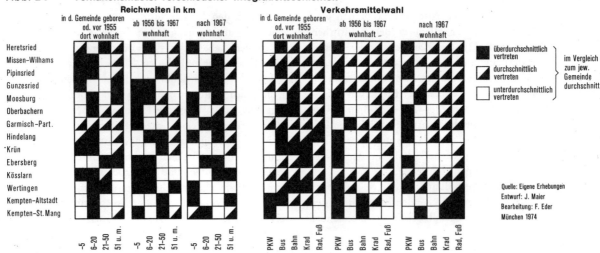

Quelle: Eigene Erhebungen
Entwurf: J. Maier
Bearbeitung: F. Eder
München 1974

ten, kann mit diesem Ergebnis auch nachgewiesen werden, daß zwischen Wohnzufriedenheit und Naherholungsverhalten kein oder höchstens ein indirekter Zusammenhang besteht.

Bei den autochthonen Gruppen herrschen demgegenüber meist geringe Distanzen im Naherholungsverkehr vor, wobei in zahlreichen Fällen naheliegende Städte zu den bevorzugten Zielen (also zentripetale Naherholungsströme) zählen [246]. Davon heben sich allerdings Personengruppen ab, die durch ihre Mitgliedschaft in Vereinen oder sonstigen Vereinigungen zwar nur wenige Male im Jahr, dafür aber relativ große Distanzen zurücklegen. Vor allem in den Testgemeinden Heretsried und Gunzesried, teilweise auch in Moosburg und Ebersberg lassen sich diese im Hinblick auf das Naherholungsverhalten stärker traditionell orientierten Gruppen belegen (vgl. Abb. 26).

In bezug auf die Variation von Freizeitverhaltensmustern unter dem Einfluß verschiedener *Berufsschichten* bestätigt sich dies in gewissem Sinne, liegt doch bei Landwirten und Hilfsarbeitern, zwei in den noch stark landwirtschaftlich orientierten Gemeinden dominant in Erscheinung tretenden Personengruppen, der Anteil der Außenorientierung besonders niedrig. Aber auch in den stärker urbanisierten Bereichen sind bei der sozialen Grundschicht unterdurchschnittliche, bei der Mittelschicht leicht bzw. bei der Oberschicht stark überdurchschnittliche Anteile der Außenorientierung festzustellen. Dies zeigt sich besonders deutlich im Falle von Hopfen am See, wo von den 109 befragten Einwohnern, zu 58 % der sozialen Oberschicht angehörend, 56 % an jedem Wochenende oder zumindest einmal im Monat an der Naherholung teilnehmen. Auch was die zurückgelegten Reichweiten betrifft, zeigte sich erneut das schon bei der Münchner Erhebung [247] erhaltene Ergebnis einer geringeren Distanzempfindlichkeit bei der sozialen Oberschicht gegenüber etwa der Grundschicht. Insoweit hat sich jedoch eine Veränderung ergeben, als in den nun vorliegenden Testgebieten auch bezüglich dieses Einflußfaktors eine Zweiteilung der Distanzrelationen bei der Grundschicht zu beobachten ist (vgl. Abb. 27). Neben geringeren Distanzen treten wiederum in Heretsried und Missen-Wilhams oder auch in Wertingen und Kempten-Altstadt bei nur wenigen Ausflügen im Jahr relativ große Distanzen auf, was auf Reisen in Form größerer Gruppen oder Verwandten-/ bzw. Bekanntenbesuche schließen läßt. Demgegenüber herrschen in der sozialen Mittelschicht die mittleren und großen Distanzen vor und machen deutlich, daß insbesondere diese Gruppe es ist, die im Sommer bis in die Dolomiten oder im Winter in die süd- und nordtiroler sowie schweizerischen Skigebiete führt [248]. Bei der Oberschicht liegt dagegen ein breites Spektrum von Distanzrelationen vor, das von geringen bis extrem großen Reichweiten verläuft, wobei geringe Distanzen vor allem in den Fremdenverkehrsorten und den städtischen Testgebieten auftreten. Ein durchaus ähnliches Strukturbild zeigt sich bei der Analyse nach verschiedenen *Einkommensschichten*, steigt doch auch hier der Anteil der Außenorientierung mit dem Einkommen des Haushalts an [249]. Ebenso nehmen die Reichweiten, wenn auch nicht so ausgeprägt wie im Urlaubsreiseverkehr, zu (vgl. Abb. 28).

Was nun den Einflußfaktor *Pkw-Besitz* betrifft, so wird vielfach in der Literatur von der These ausgegangen, daß die Verwendung des Pkw's im Freizeitbereich geradezu die Antriebskraft für den Erwerb darstelle. Ohne dies mit dem hier angewandten Fragebogen und der Art der Befragung überprüfen zu können, kann jedoch andererseits belegt werden, daß der Anteil der Außenorientierung im Naherholungsverkehr unter den Pkw-besitzenden Haushalten weit höher liegt als unter den nichtbesitzenden [250]. Auf ein vergleichbares Ergebnis aus dem Rhein-Ruhr-Gebiet weist CZINKI [251] hin, wonach 15 % der Pkw-Besitzer, aber nur 2 % der keinen Pkw besitzenden Personengruppe häufig an der Naherholung teilnehmen. Auch in bezug auf die zurückgelegten Distanzen zeigt sich dieser Zusammenhang, legen doch nach den Untersuchungen in Südbayern die Besitzer von Pkw's in der

---

[246] Vgl. Mücke, D., a. a. O., der aufzeigt, daß die autochthonen Gruppen als Ziel München bevorzugen, während dies bei den allochthonen Gruppen der Ebersberger Forst und die Erholungsgebiete des Alpenraumes sind.
[247] Ruppert, K. und Maier, J., Naherholungsraum und Naherholungsverkehr ..., a. a. O., S. 70 f.; vgl. auch Mücke, D., a. a. O., der darauf hinweist, daß insbesondere die soziale Grundschicht München als Ziel der Naherholungsfahrten wählt, S. 45 .
[248] Ruppert, K. und Maier, J., Naherholungsraum und Naherholungsverkehr ..., a. a. O., Karte 2.
[249] Vgl. auch Albrecht, J., a. a. O., S. 80 (für Hamburg) sowie Hoffmann, H., Der Ausflugsverkehr ..., a. a. O., S. 16 (für die BRD allgemein).
[250] Vgl. auch Hoffmann, H., Der Ausflugsverkehr ..., a. a. O., S. 45 sowie Köhl, W., a. a. O., S. 134.
[251] Czinki, L., Wochenendfreizeit ..., a. a. O., S. 65 sowie Ganser, K., Grundlagenuntersuchung Altstadtentwicklung ..., a. a. O., S. 78 f.

Spezifische Reichweiten und Verkehrsmittelwahl im freizeitorientierten Verkehr unter der Bevölkerung in ausgewählten Gemeinden Südbayerns 1971-73

Abb. 27 Verhaltensmuster verschiedener Berufsschichten*

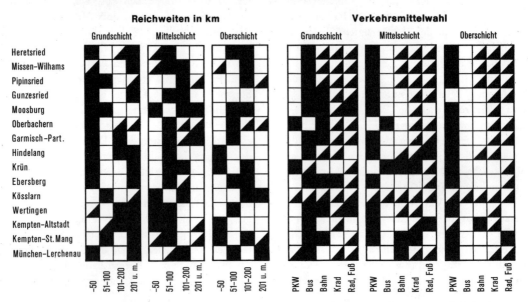

* Zur definitorischen Abgrenzung vgl. Schaffer, F., Untersuchungen zur sozialgeographischen Situation und regionalen Mobilität in neuen Großwohngebieten am Beispiel Ulm-Eselsberg, H. 32 d. Münchner Geogr. Hefte, Kallmünz 1968, S. 57

Abb. 28 Verhaltensmuster verschiedener Einkommensschichten (DM/Monat)

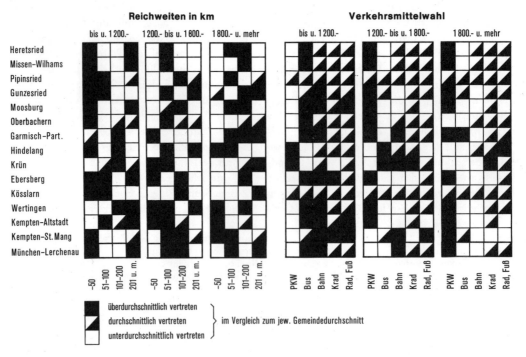

Quelle: Eigene Erhebungen
Entwurf: J. Maier

Bearbeitung: F. Eder
München 1974

Regel mittlere bis größere Distanzen zurück, während die Personengruppen ohne Pkw ihre Naherholungsziele eindeutig innerhalb der 50 km-Distanz suchen.

Zusammengefaßt kann man sagen, daß größere Reichweiten im Naherholungsverkehr insbesondere bei den allochthonen Bevölkerungsgruppen, bei der Altersschicht zwischen 30—45 Jahre, bei den höheren Einkommensschichten und bei den Pkw-besitzenden Haushalten auftreten.

c) Struktur der benutzten Verkehrsmittel innerhalb verschiedener Formen freizeitorientierter Verkehrsbewegungen

Die Verkehrsmittelwahl im freizeitorientierten Verkehrsbereich unterscheidet sich ganz wesentlich von den Strukturmustern bei den berufs- und versorgungsorientierten Verkehrsaktivitäten. Mit Ausnahme der Besucher von innerstädtischen Parks und Grünanlagen, die — insbesondere bis in einen Distanzbereich von 5—7 Minuten — überwiegend zu Fuß kommen [252], steht bei den sonstigen Freizeit-Einrichtungen im weiteren Wohnumfeld, im Naherholungsbereich und seit einigen Jahren auch innerhalb des längerfristigen Reiseverkehrs der Pkw als Verkehrsmittel mit weitem Abstand an der Spitze. Wie die folgende Tabelle zeigt, gilt dies auch für die vorliegenden Testgebiete.

Trotz der Dominanz der Pkw's ergaben sich bei den Untersuchungen sowohl zwischen den einzelnen Freizeitformen als auch innerhalb des regionalen Betrachtungsfeldes durchaus beachtliche Varianzen in der Verkehrsmittelstruktur. Die — wenn auch bescheidene — Differenzierung zwischen den Verhaltensweisen Kino- und Theaterbesuch deutet auf eine unterschiedliche Funktion der Einrichtungen für die Besucher, ihrer Lage zu den Wohngebieten und ihrer Erreichbarkeit hin. So wird der höhere Anteil der Fußgänger beim Kinobesuch aus der Lage im näheren oder weiteren Wohnumfeld verständlich, während die größere Bedeutung des Omnibusses bei Theaterfahrten auf die besonders im ruralen Raum auftretenden Gruppenfahrten („Besucher-Ringe") hinweist. Die Aussagen dieser Durchschnittswerte werden durch die regionalspezifischen Strukturmuster noch erweitert. So besitzen z. B. die zu Fuß gehenden Kinobesucher gerade in Griesbach, Gröbenzell, Kempten-Altstadt und Moosburg, also städtischen oder urbanisierten Testgebieten mit eigenen Kinos, überdurchschnittliche Anteile. Für die Bahn treten — sowohl beim Kino- wie auch beim Theaterbesuch entsprechende Werte vor allem in den großstadtnahen Erhebungsbezirken auf.

Im Falle des Naherholungs- und auch des Urlaubsreiseverkehrs wird deutlich, daß der Anteil des Pkw's in den Testgemeinden höher liegt als in anderen Gebieten. Dies dürfte in erster Linie daran liegen, daß die ausgewählten Orte nicht letztlich repräsentativ zur Bevölkerungsverteilung in Südbayern nach Gemeindegrößenklassen sind bzw. die eher ruralen Gebiete relativ stärker vertreten sind. Wie aus den Beispielen Hamburg und München zu ersehen ist [253], besitzen gerade in Großstädten die öffentlichen Verkehrsmittel aufgrund der besseren Verkehrsbedienung und größeren Leistungsfähigkeit weit höhere Anteile als z. B. in den großstadtnahen Umlandbereichen oder gar im ruralen Raum.

Bezogen auf den Zusammenhang zwischen Distanz und benutztem Verkehrsmittel zeigt sich, vergleichbar zu den Ergebnissen von STARK [254], daß Fußgänger meist nur bis 5—10 km, Erholungssuchende mit dem Fahrrad zwischen 5—20 km auf ihren Ausflugsfahrten zurücklegten. Gegenüber dieser im Nahbereich der Wohnorte anteilsmäßig stärker auftretenden Art der Distanzüberwindung steigt mit zunehmender Entfernung zwischen Quell- und Zielort die Bedeutung des Pkw's rasch an. Während die Bahn noch bis 50 km eine gewisse Bedeutung besitzt, ist bei längeren Ausflugsfahrten neben den eindeutig im Vordergrund stehenden Pkw nur noch der Omnibus (in Gestalt relativ selten durchgeführter Gruppenfahrten) vorhanden. Versucht man diese allgemein formulierten Ergebnisse nun einer regionalen Differenzierung zu unterziehen, wird bei einer Differenzierung nach

---

[252] Vgl. u. a. Sillitoe, K. K., Planning for leisure, London 1969, S. 82 sowie Law, S., a. a. O., S. 64.
[253] Albrecht, J., a. a. O., S. 65 bzw. Ruppert, K. u. Maier, J., Naherholungsraum und Naherholungsverkehr ..., a. a. O., S. 62; vgl. auch Christaller, W., Wochenendausflüge und Wochenendsiedlungen, Wichtige Nebenerscheinungen im modernen Fremdenverkehr, in: Der Fremdenverkehr, 18. Jg., 1966, H. 9 S. 6—9; Freisitzer, K., Die Freizeit- und Naherholungsgewohnheiten der Grazer, in: Ber. z. Raumforschung u. Raumplanung, 15. Jg., 1971, H. 6, S. 24; Houghton-Evans, W. und Miles, I. C., Weekend recreational motoring in the countryside, in: Journal of the Town Planning Institute, Vol. 56, 1970, No. 9, S. 392—397 oder (aus der Sicht des Zielgebietes) Wilhelm, H. und Günter, H., Statistische Analyse des Wochenendverkehrs im Harz, in: Schriftenreihe des Harzer Verkehrsverbandes, H. 5, Goslar 1971, S. 33.
[254] Stark, D., Tagesausflugsverkehr, a. a. O., S. 666 sowie für Paris Freitag, R. D., a. a. O., S. 82

Tabelle 6: Verkehrsmittelstruktur der Nachfrager bei verschiedenen Freizeitformen

Verkehrsmittel Freizeitformen und Testgebiete	Pkw	Omnibus	Struktur der Verkehrsmittel in %			Schiff	Flugzeug
			Straßen, Bundes-, U- und S-Bahn	Motorrad, Moped	Fahrrad, zu Fuß		
Kinobesuch							
Südbayern [1]	85	5	5	0	5	—	—
Theaterbesuch							
Südbayern [1]	78	10	7	—	5	—	—
Naherholungsfahrten:							
München 1968 [2]	65	8	15	0	12	—	—
Emden 1971 [3]	66	4	4	2	6	18	—
Oldenburg 1971 [3]	78	6	6	0	8	2	—
BRD 1971 [4]	80	10	6	1	3	—	—
Südbayern [1]	87	8	4	0	1	—	—
Urlaubsreisen:							
Bayern 1971 [5]							
Inland	63	7	29	0	—	0	0
Ausland	71	8	21	0	—	0	—
Südbayern [1]	77	4	12	—	—	0	7

Quellen: [1] Eigene Erhebungen in den Jahren 1970—73, arithmetisches Mittel der Testgebiete.
[2] Ruppert, K. und Maier, J., Naherholungsraum ..., a. a. O., S. 68.
[3] Fischer, E., Der Ausflugsverkehr der Städte Osnabrück, Oldenburg und Emden, a. a. O., S. 114 a.
[4] Hoffmann, H., Der Ausflugsverkehr ..., a. a. O., S. 34.
[5] Statist. Bundesamt, Reihe 8: Fremdenverkehr ..., a. a. O., Wiesbaden 1972, S. 17 und 22.

Altersschichten ersichtlich, daß die Pkw-Benutzung bei den unter 30jährigen und 30—45jährigen relativ am höchsten ist (vgl. Abb. 25). Während der Anteil des Pkw's bei den Naherholern der weiteren Altersschichten sinkt, nehmen die Anteile von Bus und Bahn unter den Verkehrsmitteln für Ausflugsfahrten zu[255]. Schon in der Gruppe der 45—60jährigen, insbesondere in den städtischen Testgebieten Kemptens sowie in Ebersberg und Garmisch-Partenkirchen, gewinnen sie an Bedeutung, während die Bedeutungszunahme des Omnibusses vor allem in Heretsried und Missen-Wilhams auf traditionelle Verhaltensmuster hinweist. Bei den über 60jährigen treten dann Bus und Bahn, in den städtischen Testgebieten bzw. in den Unter- und Mittelzentren auch Fußgänger, überdurchschnittlich auf.

Nachdem nun bereits mehrfach auf den Zusammenhang zwischen Naherholungsverhalten in größeren Gruppen und der Benutzung des Omnibusses als Verkehrsmittel in verschiedenen, noch stark landwirtschaftlich orientierten Gemeinden hingewiesen wurde, gestattet Abb. 26 in Gestalt der *autochthonen Gruppe* und ihrer Verkehrsmittelwahl den Nachweis für diese These. Durch den gerade in Heretsried und Pipinsried vor der Bahn dominierenden Bus als bevorzugtes Verkehrsmittel für Ausflugsfahrten bei den seit der Geburt oder vor 1955 am Befragungsort Wohnenden zeigt sich deutlich der Unterschied zu den allochthonen Gruppen, bei denen der Pkw als Verkehrsmittel eindeutig im Vordergrund steht. Von der ortsspezifischen Zielgebietsorientierung in Garmisch-Partenkirchen einmal abgesehen, stellten eigentlich nur die städtischen Testgebiete in Kempten-St. Mang und München-Lerchenau Ausnahmen von diesem Zusammenhang dar. Die dort vorhandene überdurchschnittliche Bedeutung des Fahrrads oder des „zu Fuß"-Gehens bei den erst in den letzten Jahren neu Zugezogenen mag daher rühren, daß mancher von ihnen durch die Wohnsitzlage am Stadtrand diese Form der Distanzüberwindung gewählt hat.

Auch bei der Differenzierung nach *Berufsschichten* zeigt sich erneut das Kennzeichen noch traditionel-

---

[255] Dieses Ergebnis deckt sich auf großräumiger Ebene der BRD mit den Untersuchungen von Hoffmann, H., Der Ausflugsverkehr ..., a. a. O., S. 35; für München 1968 vgl. auch Bichlmaier, F., Die Erholungsfunktion des Waldes in der Raumordnung, in: Forstwirtschaftliches Centralblatt, H. 30, Hamburg 1969 oder im Bereich des Urlaubsreiseverkehr vgl. Hoffmann, H., Der Tourismus der Deutschen, a. a. O., S. 79.

ler Verhaltensmuster durch ein überdurchschnittliches Auftreten des Busses vor der Bahn als Verkehrsmittel im Naherholungsverkehr bei der sozialen Grundschicht, z. B. in Gemeinden wie Heretsried, Missen-Wilhams oder Pipinsried (vgl. Abb. 27). Demgegenüber herrscht bei der Mittelschicht schon deutlich und bei der sozialen Oberschicht eindeutig der Pkw vor [256]. Noch klarer wird der Bezug zwischen benutztem Verkehrsmittel und Sozialschicht, wenn man ergänzend aus dem Bereich des Urlaubsreiseverkehrs das Beispiel Hopfen a. S. anführt. In dieser Gemeinde mit ihrem relativ hohen Anteil an sozialer Oberschicht besitzt das Flugzeug mit über 15 % Anteil an allen Verkehrsmitteln den höchsten Wert unter allen Testgebieten. Demgegenüber hat der Bus als Verkehrsmittel auch im Urlaubsreiseverkehr in Uttlau, mit relativ hohem Anteil an sozialer Grundschicht, weit überdurchschnittliche Bedeutung. Ebenso ist dieses Verhaltensmuster bei der Einflußgröße unterschiedlicher *Einkommensschichten* zu beobachten, wobei mit steigendem Einkommen einer Bedeutungszunahme des Pkw's eine entsprechende Abnahme von Bus und Bahn als Verkehrsmittel im Naherholungsverkehr gegenübersteht (vgl. Abb. 28). Jedoch zeigt sich bei den Einkommensbeziehern unter 1.200,— DM/Monat, daß die Bevorzugung öffentlicher Verkehrsmittel auch aus Gründen besserer Verkehrserschließung bzw. aus Mangel an einem eigenen Pkw erfolgen kann. Bus wie Bahn werden in dieser Einkommensschicht auch in Mittel- und Oberzentren (z. B. Ebersberg, Garmisch-Partenkirchen und Moosburg) sowie in den städtischen Erhebungsgebieten Kemptens bzw. München-Lerchenau bevorzugt.

4. Die ausbildungsorientierten Verkehrsbewegungen

a) Zu aktivitätsräumlichen Fragen innerhalb der Geographie des Bildungsverhaltens

Auch diese Ausführungen können aus der disziplingeschichtlichen Entwicklung und aufgrund der geringeren quantitativen Bedeutung der bildungsorientierten Verkehrsbewegungen innerhalb der verkehrsräumlichen Aktivitäten kürzer gefaßt werden. Nimmt man nur einmal die Entwicklung der Geographie des Bildungsverhaltens, so kann man sie zu jenen Teilbereichen der Anthropogeographie rechnen, die erst durch die sozialgeographische Betrachtungsweise an größerer Bedeutung gewonnen haben. Zwar wurden Aussagen über Einzugsbereiche von Realschulen und Gymnasien bereits in einer großen Zahl funktionaler Untersuchungen in Verbindung mit Analysen zentraler Orte bzw. zwischengemeindlicher Beziehungskreise menschlicher Tätigkeit im Raum dargestellt [257], jedoch erst die Arbeiten ab Mitte der 60er Jahre zogen konsequent sozialgeographische Fragestellungen und spezifische regionalplanerische Überlegungen in den Mittelpunkt ihrer Betrachtungen [258].

Nach GEIPEL soll dabei die Geographie des Bildungswesens „das unterschiedliche Bildungsverhalten von Bevölkerungsgruppen als einen Teil des allgemeinen Sozialverhaltens erkennen, es räumlich begrenzen und zur Bestimmung von Räumen gleichen sozialgeographischen Verhaltens einsetzen" [259].

Als Einflußgrößen für die spezifischen Verhaltensmuster werden dabei meist sozioökonomische Faktoren, wie der Sozialstatus der Eltern innerhalb ihrer Wohngemeinden sowie psychologisch bedingte Größen und die Verkehrsgunstlage angeführt. Diese Aspekte und die regionalen Verteilungsstruktur der Beteiligungsquoten bei verschiedenen Schularten, die Standortplanung der Schulen selbst sowie insbesondere deren Lage im vorhandenen Verkehrsnetz stellen zentrale Fragen der vorliegenden Studie dar. Die Diskussion verkehrsräumlicher Aktivitätsmuster kommt bislang vor allem in den Analysen des zeitlichen, physischen und finanziellen „Transportwiderstandes" bei Fahrschülern [260] zum Ausdruck.

Wenn auch eine umfassende Darstellung für alle Schularten in einem größeren Raum bisher nicht vorliegt, so bestehen doch für Realschulen und

---

[256] Vgl. für die BRD wiederum Hoffmann, H., Der Ausflugsverkehr..., a. a. O., S. 35; für München u. a. Ruppert, K. und Maier, J., Naherholungsraum und Naherholungsverkehr..., a. a. O., S. 70 sowie für Ebersberg Mücke, D., a. a. O., S. 44.

[257] Vgl. u. a. Meynen, E., Klöpper, R., Körber, J., a. a. O.

[258] Vgl. u. a. Besch, H.-W., Geographische Aspekte bei der Einführung von Dörfergemeinschaftsschulen in Schleswig-Holstein, H. 1, Bd. 26 d. Schriften d. Geograph. Inst. d. Univ. Kiel, Kiel 1966; Geipel, R., Sozialräumliche Strukturen des Bildungswesens, Studien zur Bildungsökonomie und zur Frage der gymnasialen Standorte in Hessen, Frankfurt/M. 1965 sowie Schorb, A. O., Schmidbauer, M., Bildungsbewegung und Raumstruktur, Stuttgart 1969.

[259] Geipel, R., Der Standort der Geographie des Bildungswesens innerhalb der Sozialgeographie, in: Münchner Studien z. Sozial- u. Wirtschaftsgeographie, Bd. 4, Kallmünz/Regensburg 1968, S. 155 f.

[260] Vgl. Geipel, R., Sozialräumliche Strukturen..., a. a. O., S. 14.

Gymnasien eine Reihe von Untersuchungen über gruppen- bzw. schichtenspezifische Reichweiten und Raumdimensionen. In den Studien über Bayern wird allerdings meist von der Situation auf Kreisbasis ausgegangen[261], so daß die vorliegende Arbeit versucht, diesen Ansatz durch die Befragungsergebnisse in den Testgebieten i. S. kleinräumiger Bemühungen auf Gemeinde- und Haushaltsbasis zu erweitern.

Bereits einen weiteren Schritt im Untersuchungsablauf in Richtung verhaltensanalytischer Forschung, mit dem Ziel einer Beschreibung individueller Wegewahl innerhalb der bildungsorientierten Verkehrsbewegungen, gehen neuere Studien von VOGEL und MAXFIELD[262]. Ohne erneut auf die Probleme einer Erfassung des „action space" (Wahrnehmungsraumes) einzugehen (vgl. Abschn. I. A. 1), zeigte sich in beiden Untersuchungen, daß die Distanzen in diesem Teilbereich der Verkehrsbewegungen häufig von Sachzwängen (z. B. in Gestalt administrativer Entscheidungen in bezug auf die Wahl des Schulstandorts) abhängig sind, die Wegewahl zum Schulstandort jedoch in Grenzen variierbar ist.

Gerade der Aspekt einer relativ starken „Zwanghaftigkeit" der verkehrsräumlichen Aktivitäten im Bildungsbereich ist der zweite Grund für die eingeschränkte Darstellung in diesem Untersuchungsansatz. Dies ist nämlich, trotz verschiedener verwandter Eigenschaften in bezug auf die Häufigkeit der Verkehrsbewegungen und Kontinuität der Wegewahl auch ein wesentliches Unterscheidungskriterium (neben der Motivation, den benutzten Verkehrsmitteln und der Dimension der Verkehrsräume) zu den berufsorientierten Verkehrsbewegungen. Die Einschränkung in der Wahl der Ausbildungsstätte fällt besonders bei den Grund- und Hauptschulen durch die Festlegung des jeweiligen Schulsprengels auf, sie tritt aber auch bei Realschulen und Gymnasien, vor allem im ruralen Raum, durch die nicht vorhandene Wahlmöglichkeit zwischen Schulen gleichen Typs, in Erscheinung. Infolgedessen wird auf Distanzen und Raumdimensionen bei Grundschulen nur in Einzelfragen eingegangen, ansonsten aber bevorzugt die Raummuster von Realschulen und Gymnasien dargestellt. Die in den letzten Jahren häufig angesprochenen Analysen der Einzugsbereiche von Universitäten und sonstigen Hochschulen[263] werden ebenso wie die entsprechenden Untersuchungen bei Berufsschülern aufgrund des zu geringen Erfassungswertes bei den Befragungen außer Betracht gelassen.

b) Schichten- und regionalspezifische Reichweitensysteme

α) Distanzrelationen von Schülern unterschiedlicher Schularten (Fall-Studien)

Ausgehend von den Ergebnissen der Volks- und Berufszählung 1970 kann man feststellen, daß der benötigte Zeitaufwand für die Überwindung der Entfernung zwischen Wohn- und Ausbildungsstätte im Durchschnitt kleiner ist als im berufsorientierten Verkehrsbereich. So betrug er in Bayern insgesamt bei den 468.000 (Gemeindegrenzen überschreitenden) Ausbildungspendlern 21 Min., bei den rd. 1,2 Mill. innergemeindlichen Pendlern nur 11 Min. Der Schwerpunkt der zurückgelegten Zeitdistanzen in den bildungsorientierten Verkehrsbewegungen lag demnach im zwischengemeindlichen Bereich bei unter 15 Min. bzw. zwischen 15 — unter 30 Min., während er sich im innergemeindlichen Bereich eindeutig auf die Fahrtzeiten unter 15 Min. konzentrierte[264]. Dieses Ergebnis deckt sich auch mit den Erhebungen in den vorliegenden Testgebieten und Fall-Studien.

Um nun zu klären, ob dieses Verhaltensmuster gleichartig für die Schüler verschiedener Schularten gilt bzw. inwieweit sich spezifische, möglicherweise auch regionalbestimmte Varianzen um diese

---

[261] Eine Ausnahme stellen die beiden Karten über die Einzugsbereiche von Realschulen und Gymnasien 1969/70 im Raumordnungsbericht 1971 der Bayer. Staatsregierung, München 1972 sowie die entsprechenden Ausführungen bei Ruppert, K. und Mitarbeiter, Wirtschaftsgeographische Planungsgrundlagen für den bayerischen Alpenraum, Ideenskizze eines regionalen Siedlungsleitbildes, unveröff. Gutachten, München 1973, dar.

[262] Vogel, W., Wegewahl und Raumwahrnehmung, ein Arbeitsbericht über Untersuchungen an Gymnasiasten der 11. und 12. Klassen von fünf Erlanger Gymnasien, unveröff. Zul.-Arbeit am Geograph. Inst. d. Univ. Erlangen unter Leitung von Prof. Dr. E. Wirth, Erlangen 1973 sowie Maxfield, D. W., Spatial Planning of School Districts, in: Annals of the Association of American Geographers, Vol. 62, 1972, No. 4, S. 582—589.

[263] Vgl. u. a. Geissler, C., Hochschulstandorte — Hochschulbesuch, Hannover 1965; Mayr, A., Die Ruhr-Universität Bochum in geographischer Sicht, in: Berichte z. dt. Landeskunde, Bd. 44, Bad Godesberg 1970, S. 221—224 oder Geipel, R., Die Universität als Gegenstand sozialgeographischer Forschung, in: Mitt. d. Geographischen Gesellschaft München, Bd. 56, 1971, S. 17—32.

[264] Vgl. Berger, H., Verkehrsmittel und Zeitaufwand ..., a. a. O., S. 111 f. sowie Ifo-Institut für Wirtschaftsforschung, Die voraussichtliche Entwicklung ..., Teil II: Personenverkehr, a. a. O., S. 92.

Grundtendenz ergeben, wurden eine Reihe von Fall-Studien in bewußt ausgewählten Schulstandorten und -arten durchgeführt. Gemessen an den 175 Realschulen bzw. 206 Gymnasien in den Regierungsbezirken Oberbayern, Niederbayern und Schwaben können selbstverständlich diese Erhebungen (Befragungen der Schüler und Auswertungen der Schülerlisten) in 2 Realschulen (Dingolfing und Moosburg) sowie 4 Gymnasien (Werdenfels-Gymnasium Garmisch-Partenkirchen, Hans Leinberger-Gymnasium Landshut, Maria-Theresia-Gymnasium München und Gymnasium Oberstdorf) kein letztlich repräsentatives Bild für alle Schüler des Untersuchungsgebietes abgeben. Sie lieferten jedoch erste Orientierungswerte, die in Teilfragen durchaus typische Erscheinungen (vergleichbar mit den Ergebnissen bereits vorliegender Studien) belegen.

Erwartungsgemäß zeigte sich ein großer Unterschied in den Distanzrelationen bei den Schülern mit Wohnsitz am Schulort und den von auswärts einpendelnden Schülern. Während die erste Gruppe, nach Altersklassen und Schulstandorten variierend, durchschnittliche metrische Distanzen zwischen 1600 und 3700 m aufwies, betrugen die entsprechenden Werte bei der zweiten Gruppe mit 12.400 bis 17.700 m fast das 5- bis 6-fache. Die Situation bei den Realschülern unterschied sich dabei von der der Gymnasiasten nur insoweit, als die auswärtigen Schüler dort 1—2 km kürzere Entfernungen zwischen Wohnung und Schule zurückzulegen hatten. Die stärkere regionale Dezentralisierungstendenz der Standorte dieser Schulart in Bayern dürfte hierfür eine erklärende Variable sein. Auch bei den beiden, zu Testzwecken mit durchgeführten Befragungen in den Grundschulen Altfraunhofen (Landkreis Landshut) und Maisach (Landkreis Fürstenfeldbruck) waren bei den Schülern des jeweiligen Schulstandorts nur geringfügige Strukturunterschiede zu beobachten, jedoch lagen bei den auswärtigen Grundschülern die Entfernung mit rd. 5.000 m weit unter den Daten der Realschüler und Gymnasiasten.

Bezogen auf den benötigten Zeitaufwand für den Schulweg ergab sich demgegenüber ein anderes Bild. Zwar hatten wiederum die Gymnasiasten (mit 17—30 Minuten bei Wohnsitz am Schulstandort bzw. 27—46 Min. bei auswärtigen Schülern) die längsten Anmarschwege, jedoch konnte nun bei den Grundschülern mit rd. 20 bzw. 35 Min. sogar ein längerer Fahrtaufwand wie bei den Realschülern festgestellt werden. Wie bei der Strukturanalyse der benutzten Verkehrsmittel noch gezeigt wird, liegt dies u. a. daran, daß die Grundschüler überwiegend zu Fuß oder mit dem Schulbus zur Schule kommen. Ein Vergleich zwischen Standorten von Grundschulen im regionalen und im innerstädtischen Betrachtungsfeld ist schon deshalb angebracht, weil in den Untersuchungen in München-Blumenau und Passau [265] wesentlich kürzere Zeitdistanzen (über 70 % der Schüler hatten Schulwege unter 15 Min.) ermittelt werden konnten gegenüber den Beispielen Altfraunhofen und Maisach (wo nur knapp 30 % in diese Distanzzone fielen). Bedingt durch die spezifische Siedlungsstruktur und Bevölkerungsdichte im innerstädtischen Bereich ist der Schulsprengel dort häufig noch mit dem engeren Wohnumfeld identisch, während er im weniger urbanisierten Raum mit geringerer Bevölkerungsdichte weit darüber hinausreichen kann.

Ein gutes Beispiel liefert hierfür das Strukturgefüge in großen Teilen Niederbayerns. Die einzelnen Grundschulen erfassen in diesem Streusiedlungsgebiet [266] neben den Schülern der Standortgemeinde meist noch die Schüler zahlreicher anderer Gemeinden, so daß ein dichtes Verflechtungsmuster von Ausbildungspendlern bereits in dieser Schulart besteht. Zum Beispiel erfaßte die Grundschule in Griesbach i. Rottal 1970 neben Schülern aus Griesbach ebenso Schüler aus den inzwischen mehr oder weniger zusammengelegten Gemeinden [267] Sachsenham, Haarbach, Uttlau, Weng, Kindlbach, Karpfham, Poigham, Reutern, Schmidham und Sankt Salvator, wobei sowohl Haarbach, Weng, Karpfham, Poigham und Schmidham selbst Standorte von Grundschulen mit teilweise kleineren Verflechtungsbereichen waren.

Erweitert man nun die für einzelne Schularten globale Analyse auf die Diskussion der Ergebnisse verschiedener Schulstandorte, so wird deutlich, daß neben der eben besprochenen Siedlungsstruktur auch die Erreichbarkeit der Schulstandorte, die Aus-

---

[265] Hundhammer, F., a. a. O., S. 23 bzw. Ergebnisse des Praktikums des Wirtschaftsgeograph. Inst. d. Univ. München in SS 1972 sowie Kutter, E., a. a. O., S. 72.

[266] Vgl. u. a. Maier, J., Vierseithöfe im niederbayerischen Tertiärhügelland, in: Luftbildatlas Bayern, München 1973, S. 96 f.

[267] Im Rahmen der Gebietsreform erfolgten z. B. Zusammenschlüsse und Eingemeindungen von Sachsenham und Uttlau nach Haarbach; Weng, Karpfham, Schmidham, Reutern und Sankt Salvator nach Griesbach, Poigham nach Tettenweis sowie Kindlbach nach Bayerbach.

stattung mit konkurrierenden Schulen gleichen Schultyps [268] und die sozioökonomische Struktur der Bevölkerung im Einzugsbereich des jeweiligen Schulstandorts eine Rolle spielen. Während z. B. die Realschüler in Dingolfing und Moosburg, zwei Industriestandorten im unteren Isartal in einem ansonsten noch relativ stark ruralen Raum, sowohl im inner- als auch zwischengemeindlichen Bereich ausbildungsorientierter Verkehrsbewegungen weitgehend identische Zeitdistanzen (14 bzw. 25 Min.) aufwiesen [269], ergaben sich bei den Gymnasiasten der verschiedenen Schulen doch erhebliche Unterschiede.

Die Ergebnisse bei den Münchner Schülern des Maria-Theresia-Gymnasiums in München traten besonders hervor, besitzen diese Schüler doch, durch die Belastungen und Hemmnisse des großstädtischen Verkehrs verursacht, fast doppelt so hohe Distanzwerte als die Schüler der drei übrigen Schulstandorte (30—33 Min. gegenüber 16—19 Min.). Bei den auswärtigen Schülern verschwindet jedoch dieses Faktum des Münchner Beispiels [270]. An seiner Stelle erscheinen nun regionalspezifische und/ oder durch die Zusammensetzung der Schüler einer Klasse bedingte Faktoren. Das Hans Leinberger-Gymnasium in Landshut mit seinem noch stark landwirtschaftlich orientierten Hinterland zeigt dabei unter den vier Fall-Studien die kürzesten Distanzwerte auf, während für das Gymnasium in Oberstdorf mit weitem Abstand die größten Zeitangaben festzustellen waren [271]. Dies dürfte nicht zuletzt an der großen Nachfrage nach einer Ausbildung in Gymnasien in dem durch den Fremdenverkehr des Oberallgäus einerseits bzw. die zunehmende Industrialisierung und Verstädterung des oberen Illertales andererseits relativ stark urbanisierten Einzugsbereich liegen. Diese großen Besatzwerte haben dazu geführt, daß 1968 in Sonthofen ein neues Gymnasium gegründet wurde. Das Ergebnis der dadurch bewirkten distanziellen Einengung des Schülereinzugsbereichs zeigte sich bereits 1974 (vgl. Karte 28). Während bei den auswärtigen Schülern der 10. und 13. Klasse noch 41 bzw. 46 Min. als Zeitaufwand zu erfragen waren (Reichweite des bisherigen Einzugsbereiches), sank der entsprechende Wert bei den Schülern der 5. Klasse bereits auf 23 Min. ab (Reichweite des Einzugsbereiches von Oberstdorf unter Berücksichtigung der Zweigschule in Sonthofen).

Vergleicht man nun die Ergebnisse dieser Zielgebietserhebungen mit den Angaben aus den Quellgebietsuntersuchungen der Testgebiete, so kann man feststellen, daß die durchschnittlichen Fahrzeiten der Realschüler und Gymnasiasten mit 23 Min. den bisher genannten Distanzwerten weitgehend entsprechen. Die in Abb. 29 auftretenden Abweichungen vom Durchschnittswert rühren daher in besonderem Maße von den bereits erwähnten Faktoren "Lage der Wohngemeinde zum Schulstandort" bzw. „Erreichbarkeit des Schulstandortes" her. Überdurchschnittlich hohe Distanzangaben erhält man in Gemeinden des eher ruralen Raumes, wie z. B. Baumgarten, Schalldorf oder Unterammergau, aber auch in Bereichen des urbanisierten Raumes ohne eigene Realschule oder Gymnasium (z. B. Gröbenzell, Sauerlach oder München-Lerchenau). Demgegenüber weisen die Mittel- und Unterzentren mit entsprechenden Einrichtungen unterdurchschnittliche Werte im benötigten Zeitaufwand für den Schulweg auf. Ebersberg, Garmisch-Partenkirchen, Moosburg und Pocking fallen ebenso wie die, entsprechenden Zentren naheliegenden Testgebiete (u. a. Hörzhausen, Schwangau und Hopfen a. S. sowie Icking) unter diese Gruppe von Gemeinden.

β) Räumliche Verflechtungsmuster der Ausbildungspendler

Durch Neugründungen konkurrierender Schulen werden jedoch, wie vorgeführt, nicht nur die äußeren Grenzen des Schülereinzugsbereiches verändert, sondern auch die innere Struktur des erfaßten Raumes erfährt eine Reihe neuer Einflüsse. Um dies zu erläutern, wurden in Karte 24 die Herkunftsorte der Schüler der Realschule Moosburg in den Jahren 1966 und 1971 dargestellt. Im ersten Erfassungsjahr erstreckte sich der Schüler-

---

[268] Welchen Einfluß ein relativ hoher Schulbesatz auf den durchschnittlichen Zeitaufwand der Schüler für ihren Weg von der Wohn- zur Schulstätte ausübt, zeigt sich besonders deutlich im Wiener Becken oder im Nahbereich von Frankfurt, vgl. Kunze, E., Reichert, O., Wallner, V., Wurzer, R., Stadtplanung in Baden, Entwicklung, Ziele, Maßnahmen, Bd. 11 d. Schriftenreihe d. Inst. f. Städtebau, Raumplanung und Raumordnung d. TH Wien, Wien 1972 oder Geipel, R., Sozialräumliche Strukturen . . ., a. a. O.

[269] Vgl. auch die Daten des Schulentwicklungsplans Baden-Württemberg, in: Schriftenreihe d. Kultusministeriums Baden-Württemberg zur Bildungsforschung, Bildungsplanung, Bildungspolitik, Reihe A, Nr. 14, Villingen 1968, S. 175.

[270] Vgl. auch Hus, E., a. a. O., S. 357, der aufzeigt, daß 84 % der nach München einpendelnden Ausbildungspendler 1970 länger als 30 Min. für ihren Ausbildungsweg benötigten.

[271] Vgl. Hus, E., a. a. O.

Abb. 29

Regionale Differenzierung der Beteiligungsquoten und Zeitdistanzen im bildungsorientierten Verkehrsbereich von privaten Haushalten in ausgewählten Gemeinden Südbayerns 1971-73

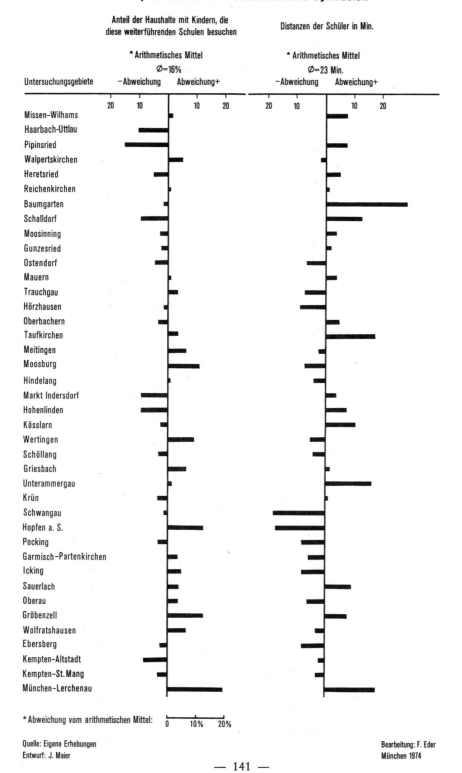

Karte 24

Veränderung des Einzugsbereiches der Realschule Moosburg aufgrund der Neugründung von Realschulen in Freising und Erding

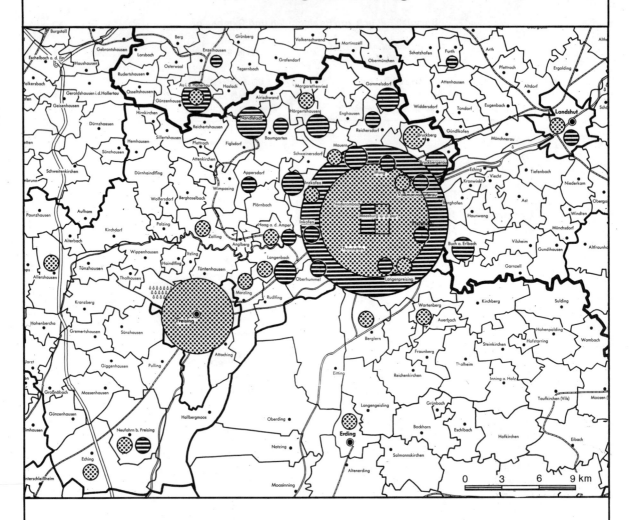

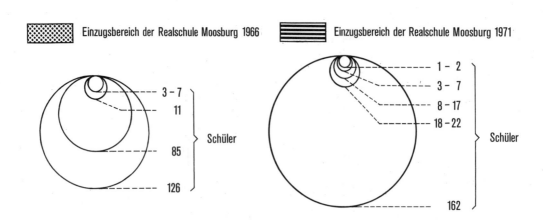

Einzugsbereich der Realschule Moosburg 1966   Einzugsbereich der Realschule Moosburg 1971

Quelle: Erhebungen von Herrn J. Bauer im SS 1972 während des Verkehrsgeographischen Proseminars im Wirtschaftsgeographischen Institut d. Universität München unter Leitung von Prof. Dr. K. Ruppert

Entwurf: J. Maier   Kartographie: F. Eder, München 1974

einzugsbereich überwiegend entlang der Bahnlinie in Richtung München (70 % aller auswärtigen Schüler), besaß in Freising einen zweiten Schwerpunkt neben Moosburg und erreichte mit Neufahrn und Eching doch beachtliche Distanzwerte. Weitere 10 % der nach Moosburg einpendelnden Realschüler kamen aus Orten entlang der Omnibuslinie aus Erding. Nach der Neugründung der Realschule Freising 1967 bzw. der Umwandlung der Realschule Erding zeigten sich im Laufe der nachfolgenden Jahre erhebliche Veränderungen, sowohl im Reichweitensystem als auch in der Freisetzung von Bildungsreserven in bisher nicht von der Realschule Moosburg erreichten Bereichen [272]. So wurden eine Reihe von Gemeinden im nördlichen Hinterland von Moosburg neu oder in verstärktem Maße erfaßt. Dabei spielte die Verkehrserschließung mit neugeschaffenen Omnibuslinien eine wichtige Rolle, so daß z. B. die Bevölkerung in den Gemeinden Nandlstadt oder Au i. d. Hallertau, Mauern, Gammelsdorf, Hörgertshausen, Langenbach oder Buch am Erlbach gewissermaßen in einer zweiten Prozeßphase schulischer Bildungsbereitschaft (nach den Bevölkerungsgruppen der Zentren) räumlich aktiv wurde. Die verschiedenen, der Schülerzahl nach kleineren Gemeinden um Moosburg mit teilweise noch starker Orientierung auf die Landwirtschaft weisen ferner darauf hin, daß bei entsprechendem Verkehrsanschluß auch in derartigen Gemeinden (insbesondere mit rückläufiger Entwicklung in der Landwirtschaft bzw. der wachsenden Tendenz, auch die Schüler von Landwirten auf weiterführende Schulen zu schicken) die Nachfrage nach dem Besuch weiterführender Schulen geweckt werden kann. Der Anstieg der Schülerzahlen in Moosburg selbst dürfte nicht zuletzt dadurch bewirkt worden sein, daß die Bildungsbereitschaft gerade im engeren Einzugsbereich einer Schule im allgemeinen besonders stark gefördert wird.

Versucht man nun, aufbauend auf diesen ersten Ansätzen, Aussagen über die Kapazitäten-Reichweitensysteme im bildungsorientierten Verkehrsbereich in Südbayern zu machen, so bieten sich zunächst einmal die beiden Karten über die Einzugsbereiche der Realschulen und Gymnasien in Bayern 1969/70 (Raumordnungsbericht 1971 der Bayer. Staatsregierung) an. Durch die Addition der Einzugsbereiche verschiedener Schulen an einem Standort werden dabei allerdings manche individuellen Phänomene einzelner Schulen überdeckt. Der Vergleich der beiden Karten für das südbayerische Untersuchungsgebiet weist u. a. deshalb auf sehr ähnliche Raummuster hin. Unterschiede ergeben sich, neben einzelnen Erscheinungen ungleicher Standortverteilung bei den beiden Schularten, vor allem in bezug auf die flächendeckende Funktion der Einzugsbereiche im Untersuchungsgebiet. So führen die, nicht zuletzt aus Gründen der Stabilisierung des eher ruralen Raumes durchgeführten Bemühungen um eine möglichst große Dezentralisierung der Standorte von Realschulen (als Teil zentralörtlicher Infrastruktur) dazu, daß nur noch in Teilen Niederbayerns oder im schwäbisch-oberbayerischen Grenzbereich zwischen Wertingen, Neuburg a. d. Donau und Pfaffenhofen relativ kleine Übergangszonen nicht eindeutig zugeordneter Gemeinden zu finden sind. Bei den Gymnasien bestehen dagegen in verschiedenen Teilbereichen des Untersuchungsgebietes derartige Bereichsbildungen.

Bezogen auf einen Einzelfall allerdings, z. B. der Knabenrealschule Kempten im Vergleich zum dortigen Allgäu-Gymnasium, zeigt sich jedoch, daß sowohl in den Distanzen als auch in der sozioökonomischen Struktur der Herkunftsgebiete Unterschiede bestehen können. Während die Realschüler 1972/73 verstärkt aus einem Einzugsbereich von 10—15 km, aus Stadt-Rand-, Arbeiter-Bauern- und noch landwirtschaftlich orientierten Gemeinden kamen, reichte der Einzugsbereich des Gymnasiums mit größeren Beteiligungsintensitäten bis zu 20—25 km und bezog vor allem Schüler aus größeren Siedlungen und Städten sowie stärker entwickelten Fremdenverkehrsorten aus süd- und südwestlicher Richtung (bis Lindenberg) mit ein [273].

Zur weiteren Klärung der anstehenden Fragen sollen nun die Aussagen von Karte 25 herangezogen werden, die analog zu den Karten der Verflechtungsbeziehungen im berufsorientierten Verkehrsbereich, allerdings aufgrund der quantitativ kleineren Verkehrsströme der Ausbildungspendler mit Minimumwerten von 100 Ein- und 10 Auspendlern je Gemeinde, aufgebaut wurde. Da hierbei die verschiedensten Schularten und ihre Pendlerstrukturen zusammen dargestellt sind, kann damit nur versucht werden, allgemeine Zusammenhänge im verkehrsräumlichen Bildungsverhalten zu analysieren. So wird z. B. deutlich, daß auch unter diesen Verflechtungsräumen, ähnlich der Situation im berufsorientierten Verkehrsbereich, unterschiedliche Raumkonfigurationen und -dimensionen auftreten.

---

[272] Vgl. dazu auch Geipel, R., Sozialräumliche Strukturen ..., a. a. O., S. 114—128.
[273] Vgl. Feneberg, M., a. a. O., S. 86 f. sowie Zeising, O., Die Stadt Kempten — ein Schulzentrum, Denkschrift Alpenuniversität Kempten, Kempten 1970, S. 20 ff.

So hebt sich z. B. der Pendlerraum von München seiner Ausdehnung nach von dem kleineren Muster von Augsburg ab. Dieser wiederum unterscheidet sich deutlich von den größeren (identisch mit zentralörtlichen Ober- und Mittelzentren) oder gar den kleineren Schulzentren im eher ruralen Raum. Die bereits bei den vorhergehenden Verflechtungsanalysen räumlicher Aktivitäten genannten Typen hierarchisch-zentrierter und monozentrischer Räume treten ebenfalls auf, während der Typus des polyzentrischen Raumes nur wenig aufscheint. Demgegenüber sind einzelne Schulstandorte (z. B. mit Internatsschulen) als neue bildungsspezifische Raumelemente zu beobachten, die sowohl im berufs- als auch im versorgungsorientierten Verkehrsbereich als Zentren nicht vorhanden sind.

Wie das Beispiel München zeigt, ist im Vergleich zu den Verflechtungsmustern im Berufsverkehr der Einzugsbereich der Ausbildungspendler durch wesentlich geringere Distanzwerte gekennzeichnet.

Im allgemeinen werden nur die an München angrenzenden Gemeinden erreicht, metrische Entfernungen von 10—15 km dominieren. Allein entlang verschiedener Bahnlinien werden teilweise Distanzen erreicht, wie sie aus dem Berufsverkehr bekannt sind. Dabei sind die Verkehrsströme in den Jahren vor 1970 aufgrund der Wanderungsbewegungen aus München in die Region sogar noch stark gewachsen, gegenüber 6.483 Ausbildungspendlern 1956 besaß München 1970 16.857 einpendelnde Schüler und Studenten [274]. Andererseits weist gerade das Beispiel München darauf hin, daß im Bildungsbereich innergebietliche Verflechtungen nicht nur ebenso existieren, sondern sogar an Bedeutung gegenüber dem Berufsverkehr gewonnen haben. In weit stärkerem Maße ist es dabei einer Reihe von kleineren Zentren gelungen, eigene Einzugsbereiche ohne allzu große Verflechtung mit München zu entwickeln (z. B. um Erding, Ebersberg oder Starnberg), während München tributäre Beziehungsfelder nur noch im Falle von Fürstenfeldbruck und Freising vorhanden sind.

Zusammenfassend kann man für das regionale Bezugsfeld im bildungsorientierten Verkehrsbereich feststellen, daß die Verflechtungsräume i. d. R. etwas kleiner als im berufsorientierten Bereich (insbesondere was die Zentren München und Augsburg betrifft) sind. Ferner gilt, daß die Bindung an die öffentlichen Verkehrsmittel und deren Liniennetz sehr eng ist, in vielen Fällen der Zugang zu diesen Verkehrsmitteln schon fast zum limitierenden Faktor (für den Besuch weiterführender Schulen) wird. Für die Größe des einzelnen Zentrums bzw. seines Einzugsbereiches sind selbstverständlich neben der Zahl, Kapazität und Qualität der verschiedenen Bildungseinrichtungen am Standort sowie ihrer Zugänglichkeit auch die Nähe entsprechender konkurrierender Schulen sowie das Bildungsverhalten der vorhandenen Sozialschichten ganz allgemein von Bedeutung.

Bei der Betrachtung der innerstädtischen Strukturmuster in München fällt nicht nur auf, daß der Anteil der Gymnasien an den weiterführenden Schulen weit höher liegt als im regionalen Betrachtungsfeld [275], sondern ebenso sticht die hohe Konzentration dieser beiden Schularten in der Innenstadt, in Schwabing, Neuhausen und Pasing hervor [276]. In Karte 26, die analog zu den beiden vorhergehenden Darstellungen innerstädtischer Verkehrsverflechtung entwickelt wurde (als Minimumwerte wurden 1.500 ein- und 100 auspendelnde Bildungsfahrten je Stadtteilbezirk gewählt), wird versucht, die Muster im Ausbildungssektor zu reproduzieren. Auf eine Wiedergabe der Fahrten mit individuellen Verkehrsmitteln wurde aufgrund der geringen Quantität dieser Verkehrsströme insgesamt verzichtet, was allerdings zur Folge hatte, daß der Einpendlerbereich Maxvorstadt-Universitätsviertel mit seiner großen Zahl einpendelnder Studenten (und beachtlichem Anteil des Pkw's als Verkehrsmittel) gegenüber dem Citybezirk unterrepräsentiert auftritt.

Was nun die Gestaltform und Ausdehnung der Verflechtungsräume der Bildungspendler in München betrifft, so unterscheiden sich die beiden eben genannten Einpendlerbezirke nicht nur bezüglich ihrer Größe von den anderen Bereichen, sondern auch dadurch, daß die Herkunftsgebiete ihrer Ausbildungseinpendler über große Teile des Stadtgebietes verteilt sind. Die Schulstandorte der City besitzen dabei einen besonders breitgefächerten Einzugsbereich, der jedoch im Vergleich zum berufs- oder versorgungsorientierten Gravitationsbereich einen quantitativ bescheideneren Verkehrsstrom und

---

[274] Hus, E., a. a. O.
[275] o. V., Allgemeinbildende Schulen, in: Münchner Statistik, 1973, H. 1, S. 41 ff., wonach 44 Gymnasien mit 37 000 Schülern 26 Realschulen mit 14 900 Schülern gegenüberstehen.
[276] Vgl. die Karte Realschulen und Gymnasien in München im Schuljahr 1971/72, hrsg. vom Staatsinstitut für Bildungsforschung u. Bildungsplanung, München 1972 bzw. Schulreport des Bayer. Staatsministeriums f. Unterricht u. Kultus, München 1974, H. 2, S. 26.

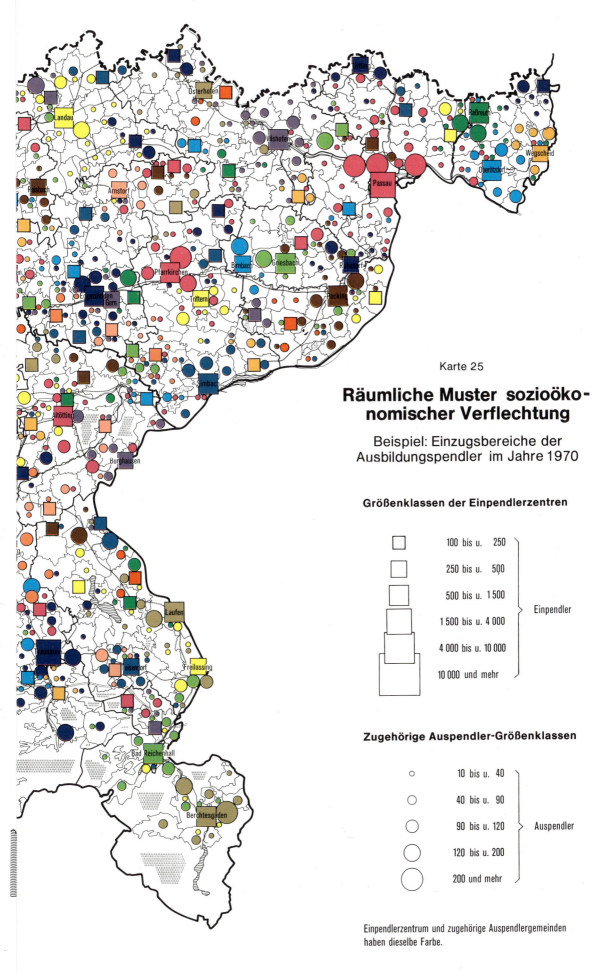

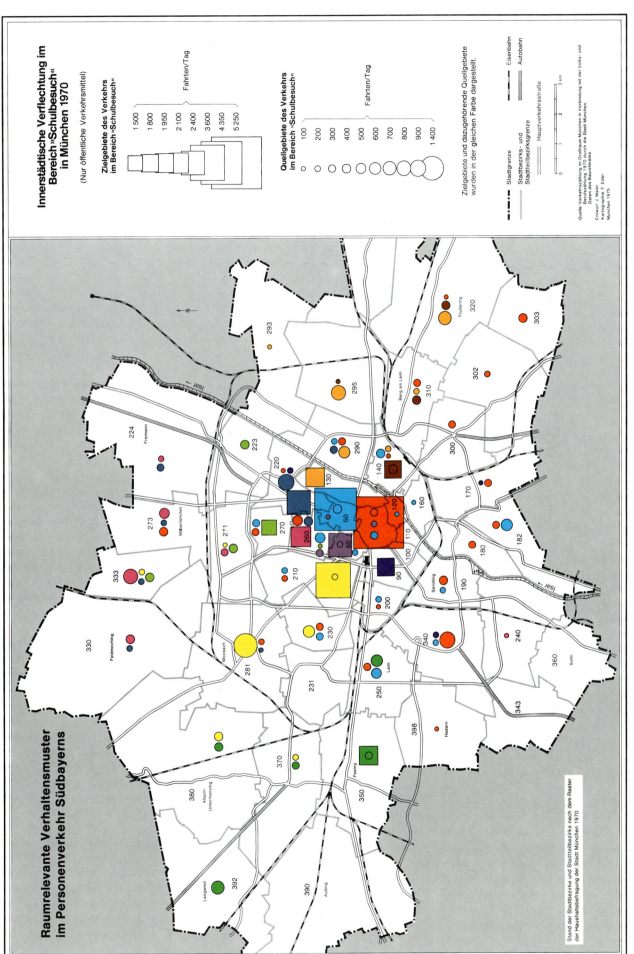

kleinere Distanzwerte aufweist. Im Bezirk Maxvorstadt-Königsplatzviertel setzt sich, ähnlich wie im Universitätsviertel, zwar der größte Teil der Einpendler aus Studenten (in diesem Falle der Technischen Universität) zusammen, jedoch ist der Einzugsbereich nun weit stärker auf die angrenzenden Stadtteilbezirke beschränkt. Noch ausgeprägter ist diese Orientierung auf den „Nahbereich" dann am Beispiel des Einpendlerbereiches Neuhausen-Oberwiesenfeld festzustellen, wobei als weiteres Unterscheidungskriterium hier wie auch in den anderen kleineren Zentren noch eine „sektorale Erreichbarkeit" hinzukommt. Sind es im Falle der Bildungseinrichtungen von Neuhausen-Oberwiesenfeld die Herkunftsgebiete Neuhausen, Moosach und Allach, aus denen ein großer Teil der Schüler und Studenten kommt, so ist der Einzugsbereich entsprechender Realschulen und Gymnasien in Schwabing und Milbertshofen bevorzugt auf die nördlichen, mit Bildungseinrichtungen unterversorgten, Stadtteilbezirke ausgerichtet.

Eine Ausnahme aus der Konzentrationstendenz der Bildungseinrichtungen auf die Innenstadt und Schwabing stellt insbesondere der Einpendlerbereich Pasing mit seinen Realschulen, Gymnasien, der Pädagogischen Hochschule und dem Staatsinstitut für die Realschullehrer-Ausbildung dar. Jedoch kommt in Karte 26 die Bedeutung dieses Zentrums nur teilweise zum Ausdruck, versorgt es doch neben den westlichen Stadtbezirken Münchens noch einige der angrenzenden Gemeinden mit (u. a. Gröbenzell oder Puchheim-Bahnhof). Insgesamt gesehen belegen also auch die innerstädtischen Verflechtungsbereiche die aus dem regionalen Betrachtungsfeld bekannten Ergebnisse.

γ) Ansätze für eine Bestimmung von Einflußgrößen

Auch für den Bereich der bildungsorientierten Verkehrsbewegungen gilt es nun, der Frage nach den Einflußgrößen des unterschiedlichen gruppen- und regionalspezifischen Distanzverhaltens nachzugehen. Dabei muß die Analyse dieses Problembereichs insoweit kürzer gefaßt werden, als bei den bisher besprochenen Aktivitätenmustern sowohl die Quellgebietserhebungen als auch die Fallstudien in mehreren Schulen nicht über die notwendige Repräsentanz für detaillierte, theoriebildende Aussagen im überregionalen Sinne verfügen. Die folgenden Ausführungen sollen deshalb eher als Orientierung für weiterführende Arbeiten und als teilweise Bestätigung bereits vorliegender Regionalstudien betrachtet werden.

In der Literatur [277] wird für diesen Teil der Analysen häufig von den Informationen der „Übertrittsquoten an Realschulen und Gymnasien" als Indikator für das regionale Bildungsgefälle eines Gebietes ausgegangen. Ein derartiges „Gefälle" zeigt sich, wie Karte 27 deutlich macht, trotz des erheblichen Investitionsaufwandes von seiten des Bayer. Staatsministeriums für Unterricht und Kultus, einer Vielzahl neuer Schulgründungen in den Mittel- und Unterzentren des weniger urbanisierten Bereichs bzw. dem Einsatz bildungspolitischer Werbemaßnahmen immer noch. So wird aus der Darstellung der Übertrittsquoten 1972/73 an Gymnasien und Realschulen ersichtlich, daß im eher ruralen Raum Niederbayerns sowie in den Landkreisen Unterallgäu und Neuburg-Schrobenhausen ein beachtliches Nachhinken hinter den Werten der Verdichtungsgebiete und größeren Städte vorhanden ist. Während z. B. im Regierungsbezirk Niederbayern (ohne die Städte Landshut, Passau und Straubing) nur 17 % der Volksschüler an Gymnasien überwechselten, erreichten die Übertrittsquoten in den Landkreisen München und Starnberg mit 48 bzw. 46 % Spitzenwerte [278]. Die regional stark differenzierte Annahme der Bildungseinrichtung Gymnasium zeigt sich auch im Vergleich der absoluten Schülerzahlen an Gymnasien 1972/73 mit denen der Realschüler. Während in den eher ruralen Bereichen beide Schularten häufig ähnliche Schülerzahlen aufweisen, übertreffen in den urbanisierten Gebieten die Gymnasiasten erheblich die Zahl der Realschüler. Man muß allerdings auch feststellen, daß die verschiedenen bildungspolitischen Maßnahmen *und* ein durch den gesellschaftlichen Wandel bedingtes Umdenken in den Bildungsvorstellungen der Bevölkerung im eher ruralen Raum dazu beigetragen haben, daß das so ermittelte Bildungsgefälle, insbes. beim Realschulbesuch, sich im Laufe der Jahre deutlich verringert hat und gegenüber früheren Jahren durch eine bemerkenswerte Anhebung der Übertrittsquoten gekennzeichnet ist [279].

---

[277] Für Bayern vgl. etwa Schorb, A. O., Schmidbauer, H., a. a. O., oder neuerdings Ritter, R., Übertrittsquoten 1972, Staatsinstitut f. Bildungsforschung und Bildungsplanung unter Leitung von Prof. Dr. A. O. Schorb, München 1973.
[278] Vgl. Ritter, R., a. a. O., S. 4 bzw. 6.
[279] Für die Jahre 1963 und 1969 vgl. die kartographischen Darstellungen im Schulreport des Bayer. Staatsministeriums f. Unterricht u. Kultus, München 1971, H. 1, S. 10—13 sowie Schorb, A. O., Schmidbauer, H., a. a. O., S. 25 ff.

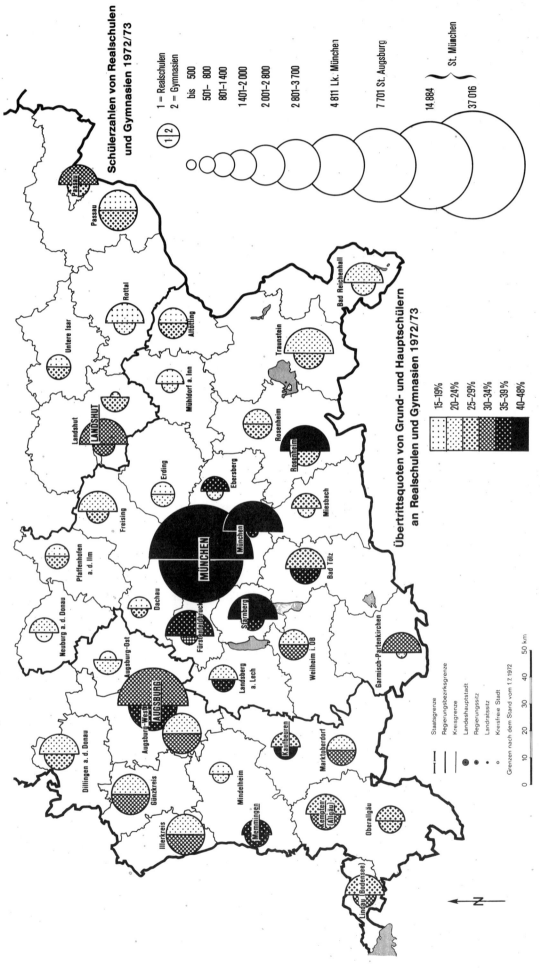

Versucht man nun aus der Vielzahl von Einflußfaktoren einige wenige isoliert zu betrachten, so ist bei der Analyse der unterschiedlichen regionalen Beteiligungsquoten (die ebenso unterschiedliche gruppenspezifische Beteiligungsquoten beinhalten) einmal von den Vorstellungen der einzelnen Bevölkerungsgruppen über die Ausbildung ihrer Kinder (einschl. möglicher Mentalitätssperren oder gesellschaftlicher Barrieren) auszugehen. In den 40 Testgebieten in Südbayern schickten z. B. über 65 % der Familien aus der sozialen Oberschicht ihre Kinder auf Realschulen und Gymnasien, während dies bei der sozialen Grundschicht nur zwischen 10—25 % der befragten Familien geschah. Die Anteilswerte in bezug auf den Besuch von Gymnasien waren insbesondere bei höheren Beamten und Freien Berufen hoch, bei Arbeitern und Landwirten demgegenüber besonders niedrig[280]. Wie der relativ breite Schwankungsbereich der Beteiligung von Kindern aus der sozialen Grundschicht am Besuch weiterführender Schulen jedoch zeigt, ist das Verhalten im regionalen Betrachtungsfeld nicht einheitlich, sondern variiert mit der Lage und sozioökonomischen Struktur der Wohngemeinden. In stärker urbanisierten Gemeinden z. B. ist der Besuch von Realschulen und Gymnasien bei den Kindern aus Familien der sozialen Grundschicht stärker ausgeprägt wie im eher ruralen Raum[281].

Der positiv korrelative Zusammenhang zwischen dem Besuch weiterführender Schulen und dem Urbanisierungsgrad zeigt sich ganz allgemein[282]. Während die Beteiligungsquoten bei den noch stark landwirtschaftlich orientierten Gemeinden und den Arbeiter-Bauern-Gemeinden überwiegend unterdurchschnittlich ausgeprägt sind, trifft man in den Unter- und Mittelzentren, in den stärker urbanisierten Gemeinden überdurchschnittliche Beteiligungsquoten an.

Als dritter Einflußfaktor für das regionale Bildungsgefälle wird in den bisher vorliegenden Analysen meist die Wirtschaftsstruktur bzw. die wirtschaftliche Leistungsfähigkeit eines Gebietes erwähnt[283]. Die Vielfalt, insbes. im Hinblick auf sog. Wachstumsbranchen, der Beschäftigungsmöglichkeiten wird dabei als günstige Voraussetzung für die qualifizierte Arbeitsplatzwahl der Absolventen weiterführender Schulen angesehen, was sicherlich mit zu einer positiven Einstellung der Bevölkerung zu derartigen Bildungseinrichtungen beitragen kann. Wie sehr sich die Realschulen schon in einer zweiten Prozeßphase der Annahmebereitschaft durch die Bevölkerung des eher ruralen Raumes befinden, zeigt Karte 27. Als vierte Einflußgröße muß noch die Verkehrserschließung, insbesondere mit öffentlichen Verkehrsmitteln, gerade in diesen Gebieten unbedingt noch mit angefügt werden.

In welcher Weise gelten nun diese Einflußfaktoren einer Differenzierung des Schulbesuchs auch für unterschiedliche Distanzrelationen der Schüler. Zieht man dazu stellvertretend die Schüler an Gymnasien und ihr verkehrsräumliches Bildungsverhalten heran, so kann man bei den Testfällen einmal feststellen, daß von der Gruppe der nach Oberstdorf und Garmisch-Partenkirchen einpendelnden Schüler in der Regel größere metrische und zeitliche Distanzen zurückgelegt werden als im Falle der Städte München und Landshut. In bezug auf die Distanzen der am Schulort wohnenden Schüler wird jedoch deutlich, daß in München mit weitem Abstand der größte Zeitaufwand zum Erreichen der Schule notwendig ist.

Zum anderen zeigte sich, daß die differenzierende Betrachtung nach Geschlechtern bei den Schülern mit Ausnahme der 5. Klasse im Werdenfels-Gymnasium in Garmisch-Partenkirchen keine merklichen Unterschiede bezüglich der Distanzrelation erbringt (dieses Ergebnis traf auch bei den beiden untersuchten Grund- sowie den Realschulen zu)[284]. Ebenso trägt eine Erweiterung des analytischen Ansatzes auf das Alter des Erziehungsberechtigten nur wenig zur Klärung der Einflußfaktoren über unterschiedliches Distanzverhalten bei.

Von Bedeutung scheint dagegen die berufliche Schichtung der Erziehungsberechtigten zu sein. So

---

[280] Vgl. für Baden-Württemberg vor allem Loreth, H., Das soziale und regionale Bildungsgefälle, in: Baden-Württemberg in Wort und Zahl, 20. Jg., 1972, H. 3, S. 94 sowie für verschiedene Stadt-Randgemeinden in Nordrhein-Westfalen vgl. Bucholz, H. G., a. a. O., S. 35.

[281] Vgl. Loreth, H., a. a. O., S. 97.

[282] Eine entsprechende inhaltliche Darstellung findet sich bei Schorb, A. O., Staatsinstitut f. Bildungsforschung u. Bildungsplanung, in: Schulreport d. Bayer. Staatsministeriums f. Unterricht u. Kultus, München 1973, H. 3, S. 4.

[283] Dieser breiter gefaßte Bezug auf die gesamte Wirtschaftsstruktur (vgl. auch bei Loreth, H., a. a. O., S. 95) erscheint exakter als der von Schorb, A. O., Schmidbauer, H., a. a. O., S. 47 erwähnte engere Zusammenhang zum Industrialisierungsgrad, angesichts der hohen Beteiligungsquoten in den häufig auf den tertiären Sektor ausgerichteten Städten bzw. in Fremdenverkehrsgebieten.

[284] Vgl. auch Martin, E., a. a. O., S. 18, der bei seiner Totalerhebung unter den Karlsruher Schülern zum gleichen Ergebnis kam.

zeigten schon die Beispiele aus den Testgebieten, daß bei den Schülern aus Familien der sozialen Grundschicht in der Regel kürzere Distanzen des Schulwegs vorherrschen (meist unter 30 Min.) als bei Schülern aus der sozialen Mittel- und insbesondere der Oberschicht (teilweise bis zu 60 Min.). Um diesen Aspekt näher diskutieren zu können, wurden in Karte 28 drei Fälle verschiedener Altersklassen des Gymnasiums Oberstdorf 1970/71 mit ihren jeweiligen Herkunftsbereichen und Berufsgruppierungen der Erziehungsberechtigten dargestellt. Dabei wird nicht nur die Abnahme der absoluten Schülerzahlen bei den höheren Klassen ersichtlich, sondern auch die zunehmende Konzentration der Herkunftsorte auf Gemeinden entlang der Bahnlinie Immenstadt—Oberstdorf bzw. der an ihr liegenden kleineren Städte und ihre Stadt-Randgemeinden, auf einzelne Fremdenverkehrs-Schwerpunkte (z. B. Hindelang oder Fischen) sowie den Schulstandort selbst. Während die größeren Siedlungen, wie Oberstdorf und Sonthofen, bei den Berufen der Erziehungsberechtigten weitgehend das Bild der Sozialstruktur ihrer Bevölkerung widerspiegeln, gilt dies für die kleineren Gemeinden nicht. Hier nimmt i. a. in der Klasse 10 der Anteil der sozialen Mittelschicht und in Klasse 13 der der sozialen Oberschicht beachtlich zu und gibt, insbesondere in größerer Entfernung zu Oberstdorf, keineswegs mehr ein repräsentatives Bild der Sozialstruktur in den Herkunftsgemeinden wider. Dieser Prozeßablauf schichten- und regionalspezifischer Sortierung deckt sich sowohl mit den Untersuchungen GEIPELS in Hessen als auch denen von SCHORB/SCHMIDBAUER in Bayern insgesamt [285]. Insbesondere beim Übergang auf die Oberstufe bei Gymnasien treten unter den einpendelnden Schülern (Fahrschüler) die Kinder der sozialen Mittel- und vor allem Oberschicht (bei GEIPEL Kinder der „Dorfintelligenz", bei SCHORB/SCHMIDBAUER Schüler aus Haushalten mit „städtischen" Berufen) in den Vordergrund. Für den Einzelfall kann jedoch die spezielle regionale Situation eine nicht unwichtige Rolle für Variationen dieser sehr allgemein gehaltenen Aussage spielen.

c) Struktur der benutzten Verkehrsmittel unter den Schülern unterschiedlicher Schularten

Wie soeben aufgezeigt, war die Orientierung auf die öffentlichen Verkehrsmittel von großer Bedeutung. Welche strukturelle Zusammensetzung der benutzten Verkehrsmittel im Rahmen der ausbildungsorientierten Verkehrsbewegungen besteht nun allgemein bzw. wie verändert sie sich bei regional differenzierender Betrachtung?

Wenn man zunächst von dem Verteilungsmuster in Bayern insgesamt ausgeht, so erkennt man, daß sich gerade die Beteiligten des bildungsorientierten Verkehrsbereichs im Hinblick auf die benutzten Verkehrsmittel deutlich von denen der berufs-, versorgungs- und vor allem der freizeitorientierten Bewegungsabläufe unterscheiden (vgl. Tab. 7). Die Erklärung dafür, daß bei den (Gemeindegrenzen überschreitenden) Bildungspendlern der Schulbus (55 %) mit weitem Abstand vor der Eisenbahn bzw. dem öffentlichen Linienbus als bevorzugtem Verkehrsmittel steht, liegt zum großen Teil allein an der Altersschichtung der Schüler, am spezifisch durch die Gesetzgebung dafür eingerichteten Verkehrsangebot, an den aufzuwendenden Kosten sowie auch an der Siedlungsstruktur. Im innergemeindlichen Bereich mit seiner Dominanz der Fußgänger von fast 70 % ist die metrische Nähe des Standorts mancher Schule von großer Bedeutung.

Um nun weitere Informationen über die unterschiedlichen Strukturmuster der von den Ausbildungspendlern i. w. S. benutzten Verkehrsmittel zu erhalten, soll in einem ersten Schritt von der Differenzierung nach Schularten ausgegangen werden. Während bei den Schülern der Grundschulen Maisach und München-Blumenau [286] erwartungsgemäß das zu Fuß-Gehen überwiegt (zu über 75 %), ergibt sich im eher ruralen Raum, vor allem seit dem stärkeren Vordringen der Mittelpunktsschulen, eine andere Verteilung. Die mit der Konzentration im bayerischen Volksschulbereich [287] einhergehende Erschließung mit öffentlichen Verkehrsmitteln brachte es mit sich, daß z. B. in der Volksschule Altfraunhofen (Landkreis Landshut) 58 % der Schüler mit dem Schulbus zur Schule kamen. Sofern die zeitliche Unterrichtsstruktur oder die Standorte der Schulen dies nicht verhindern, könnte in dieser verstärkten Erschließung des ruralen Raumes mit Schulbussen auch eine Chance zur Verbesserung der Verkehrserschließung für die Bevölkerung ganz allgemein (insbes. im versorgungsorientierten Verkehrsbereich) liegen.

Auch bei den Quellgebietserhebungen in den 40

---

[285] Geipel, R., Sozialräumliche Strukturen ..., a. a. O., S. 32 sowie Schorb, A. O., Schmidbauer, H., a. a. O., S. 29.
[286] Hundhammer, F., a. a. O., S. 25; vgl. auch Martin, E., a. a. O., S. 9 (für Karlsruhe) oder Mäcke, P. A., Hölsken, H., List, H., a. a. O., S. 37 (für den Landkreis Monschau).
[287] Raumordnungsbericht 1971 der Bayer. Staatsregierung, München 1971, S. 183.

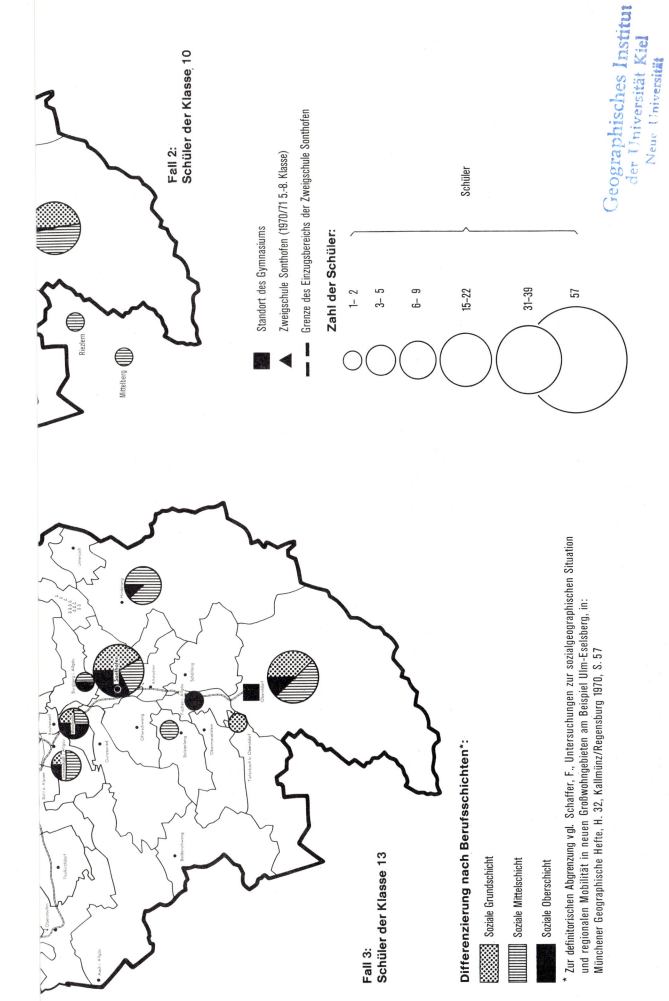

Tabelle 7: Anteile der benutzten Verkehrsmittel im bildungsorientierten Verkehrsbereich in Bayern 1970

Verkehrsmittel	Schüler und Studenten Innergemeindliche	Zwischengemeindliche
	Ausbildungspendler in %	
Eisenbahn	0,2	13,9
Straßenbahn	3,7	0,5
Schulbus	7,7	55,3
öff. od. priv. Linienbus	3,1	13,9
Motorrad, Moped	0,3	0,3
Fahrrad	13,2	7,5
Pkw (Selbstfahrer)	1,5	1,8
Pkw (Mitfahrer)	1,4	2,5
zu Fuß	69,9	5,3
insgesamt	1 184 436 = 100 %	468 261 = 100 %

Quelle: Berger, H., Verkehrsmittel und Zeitaufwand ..., a. a. O., S. 110.

Testgemeinden Südbayerns, mit der Erfassung der Verkehrsmittelstruktur bei Realschülern und Gymnasiasten, erreichte der Schul- zusammen mit dem Linienbus bei 54 % der Befragten die Spitzenposition (einschl. der Bahn waren es 83 %). In regionaler Hinsicht zeigten sich jedoch beachtliche Schwankungsbereiche um diesen Durchschnittswert. In den Fremdenverkehrs-, den Arbeiter-Bauern- und auch in den noch stark landwirtschaftlich orientierten Gemeinden besaßen die öffentlichen Verkehrsmittel sogar teilweise noch höhere Anteilswerte (u. a. in Hindelang oder Krün, Hohenlinden oder Kösslarn, Baumgarten oder Pipinsried). Ähnliches gilt für einzelne Unter- und Mittelzentren (z. B. Meitingen oder Wolfratshausen), die innerstädtischen Testgebiete oder Gemeinden im S-Bahn-Bereich Münchens. Der Pkw konnte vor allem in den mit öffentlichen Verkehrsmitteln schlecht erschlossenen Gebieten (mit über 30 % z. B. in Trauchgau und Uttlau) bemerkenswerte Anteile verbuchen.

Das Beispiel der Schüler aus Hopfen a. S., das ebenfalls zu dieser letztgenannten Gruppe von Gemeinden zählt, verweist schon auf die Auswirkungen eines weiteren Einflußfaktors, nämlich die Zugehörigkeit zu bestimmten Sozialschichten. Die Schüler aus dieser Gemeinde, in metrisch geringer Nähe zu Füssen gelegen und mit relativ guter Verkehrserschließung, benutzten zu 55 % den Pkw als Verkehrsmittel auf dem Weg zur Schule. Die Bedeutung der Zugehörigkeit des Elternhauses zu verschiedenen Berufs- und Einkommensschichten wird aber auch bei den Testgemeinden in Südbayern ganz allgemein sichtbar. Die Schüler aus Familien der sozialen Grundschicht benutzen im Vergleich zum jeweiligen Durchschnitt in einer Gemeinde überdurchschnittlich öffentliche Verkehrsmittel oder gingen zu Fuß zur Schule, während der Pkw — wenn überhaupt — fast nur in Verbindung mit Schülern aus Familien der sozialen Oberschicht auftrat.

Der Zusammenhang zwischen benutzten Verkehrsmitteln und dem Alter der Gymnasiasten zeigte sich andererseits deutlich bei den Fall-Studien. Während die öffentlichen Verkehrsmittel bei den Schülern der 5. Klassen durchschnittlich 79 % erreichten, sank dieser Anteil bei den Schülern der 10. und 13. Klassen auf 69 % ab. Demgegenüber stieg die Bedeutung des Pkws als Verkehrsmittel von 2 % bei den Schülern der 10. Klassen (in Gestalt des Mitfahrens) auf 17 % bei den Abiturienten.

In Verbindung mit diesen Einflußgrößen ist auch auf die mögliche Differenzierung der Verhaltensweisen nach Geschlechtern hinzuweisen. Wie die Fall-Studien zeigten, besteht dabei ebenfalls eine Abhängigkeit von der Altersstruktur der Schüler. Erst bei den Schülern der Klassen 10 und 13 kamen unter den männlichen Schülern Mofa, Moped und Pkw auf. Bei weiterer Differenzierung wird jedoch deutlich, daß die regionale Herkunftsstruktur und damit auch das vorhandene Verkehrsangebot einen nicht unwesentlichen Einfluß dabei besitzt.

Es soll deshalb abschließend zu diesen Fragen dem Zusammenhang zwischen Verkehrsmittelstruktur und Distanz nachgegangen werden. Nach den Untersuchungen von MARTIN[288] in Karlsruhe 1968

---

[288] Martin, E., a. a. O., S. 16 bzw. 32.

legten die Schüler Schulwege bis 800 m überwiegend zu Fuß zurück (bei Gymnasiasten bis 1.000 m [289]), darüber hinaus besitzt bis 2,7 km das Fahrrad eine dominante Rolle und von da ab herrschen die öffentlichen Verkehrsmittel vor. In zeitlicher Hinsicht standen in den südbayerischen Fall-Studien bis 15 Min. Schulweg das „Zu-Fuß-Gehen" und die Benützung des Fahrrads im Vordergrund. Ab 10 Min. erhielten die weiterhin stark vorhandenen Radfahrer Konkurrenz durch die Benutzer des Schulbusses. Dieser unterscheidet sich von der Eisenbahn vor allem dadurch, daß er bis in eine Distanz von 45 Min. reicht und bei 20—30 Min. häufigste Benutzungswerte aufweist, während dies bei der Bahn für Distanzen bis 60 Min. und darüber hinaus sowie für häufigste Werte zwischen 30—45 Min. gilt. Die Beliebtheit der Bahn bei längeren Strecken rührt nach den Schülerbefragungen nicht zuletzt daher, daß sie neben Sicherheit und Bequemlichkeit für die Fahrschüler auch die Möglichkeit schulischer Vor- und Nachbereitung sowie einer breiten Kommunikation bietet.

Mit diesen Betrachtungen werden die Analysen regional- und schichtenspezifischer Verhaltensweisen in bezug auf einzelne Grundfunktionen menschlicher Aktivität im Raum abgeschlossen. Es soll nun versucht werden, aus der Zusammenschau der verschiedenen Strukturmuster Aussagen über gruppenspezifische verkehrsräumliche Aktivitäten zu machen.

C. Bestimmung und Interpretation von sozialgeographischen Gruppen als Gruppen gleichartigen verkehrsräumlichen Verhaltens

1. Bestimmung der sozialgeographischen Gruppen und ihrer regionalen Verteilungsvarianz

Wie bereits in Kap. I. 1. c) ausgeführt, wurden die raumwirksamen Aktivitäten der sozialgeographischen Gruppen im Prozeßfeld Landschaft (RUPPERT) als eines der zentralen Objekte der Sozialgeographie angesehen. Die Gruppe wurde bereits zu Beginn der Ausführungen nicht als „Merkmalsgruppe" definiert, sondern als Ergebnis gleichartigen verkehrsräumlichen Verhaltens angesehen. Der Ausgangspunkt der Betrachtungen ist dabei nicht nur die Unterscheidung des verkehrsräumlichen Verhaltens von Bevölkerungsgruppen nach einzelnen Grundfunktionen, sondern auch nach den Strukturmustern innerhalb eines Funktionalbereiches sowie der Analyse bestehender Zusammenhänge mit sozioökonomischen und regionalen Einflußgrößen. Das Interesse der Untersuchungen in diesem Abschnitt liegt also auf den, gegenüber anderen Gruppen durch differenzierte Verhaltensmuster, innerhalb der Gruppe aber durch gleichartiges Verhalten in bezug auf Beteiligungshäufigkeiten, Reichweiten und Verkehrsmittelbenutzung gekennzeichneten menschlichen Organisationsformen.

Einmal geht es also darum, diese gleichartigen Verhaltensgruppen unter den befragten Haushalten zu erfassen und sie — auf Gemeindebasis — in ihrer regionalen Varianz darzustellen. Zum zweiten werden dann diese verkehrsräumlichen Verhaltensgruppen auf mögliche gemeinsame Einflußgrößen hin überprüft, in bezug auf sozioökonomische Merkmale (wie Alters- und Berufsschichten) ebenso wie auf die Dauer der Anwesenheit am Wohnort oder den Besitz eines Pkw's. Damit aber unterscheidet sich diese Methode von dem, der technischen Verfahrensweise nach ähnlichen Weg DÜRRs [290], der jedoch bei seiner Analyse der sozialgeographischen Gruppen Merkmalsstrukturen und Raumverhaltensweisen miteinander verbindet. Da hierin die Gefahr von Tautologieschlüssen (etwas bei der Korrelation zwischen Rentnerhaushalten und stark ortsorientiertem verkehrsräumlichen Verhalten [291]) oder von allzu großer Schematisierung (z. B. die Annahme homogenen Verhaltens bei der, in den vorliegenden Untersuchungen mit sehr heterogenen Verhaltensmustern zu beschreibenden Personengruppe der unselbständigen Arbeitnehmer [292]) gesehen wird, wurde dieser konzeptionelle Ablauf nicht durchgeführt.

Um Gruppen gleichartigen verkehrsräumlichen Verhaltens bestimmen zu können, wurden aus den Erfahrungen der bisherigen Analysen als erklärende Faktoren vor allem die berufsorientierten (aufgrund ihrer quantitativ bedeutsamen Funktion im Vergleich zu den Verkehrsabläufen insgesamt), die versorgungs- und die freizeitorientierten Verkehrs-

---

[289] Vgl. auch Vogel, W., a. a. O., S. 37 (für Erlangen).
[290] Dürr, H., Boden- und Sozialgeographie ..., a. a. O., S. 164.
[291] Ders., ebd., S. 167.
[292] Ders., ebd., S. 166.

bewegungen herangezogen. Die bildungsorientierten Verkehrsabläufe blieben nicht zuletzt deshalb unberücksichtigt, weil für den zweiten Schritt der Analyse, nämlich der Frage nach den hinter diesen räumlichen Aktivitäten stehenden sozioökonomischen Strukturmustern, von den jeweiligen Vorständen der befragten Haushalte ausgegangen wurde. Bei den versorgungsorientierten Verkehrsbewegungen wurde die Faktorenwahl auf die Distanzrelationen im Bereich der mittelfristigen Bedarfsdeckung eingeschränkt, wiesen doch die Ergebnisse in bezug auf die kurzfristige Bedarfsdeckung durch ihre eindeutige Wohngebietsorientierung weit weniger differenzierende raumdistanzielle Verhaltensmuster auf, während die Strukturmuster bei der längerfristigen Bedarfsdeckung denen im mittelfristigen Bedarfsbereich stark ähnelten. Eine vergleichbare Einschränkung aus der Vielfalt freizeitorientierter Verkehrsbewegungen geschah mit der Wahl der Aktivitäten aus dem Naherholungsverkehr, wobei gegenüber den anderen untersuchten Teilaspekten aus der Grundfunktion „Freizeitverhalten" insbesondere die größere quantitative Beteiligungshäufigkeit und das breite regionale Spektrum unterschiedlicher Distanzrelationen für diese Auswahl sprachen.

Bei der Bildung der aktivitätsräumlich sich gleichartig verhaltenden Haushaltstypen wurde von einer Mehrfach-Matrix der ausgewählten verkehrsräumlichen Aktivitäten und ihren Distanzrelationen ausgegangen (siehe Tab. 8, vergleichbar etwa der Interaktionen-Matrix bei BERRY[293]). Dabei wurde jeder Aktivitätsbereich entsprechend der auftretenden Häufigkeitsverteilung in vier Distanzzonen unterteilt:

Tabelle 8: Ermittlung von Haushaltstypen verkehrsräumlichen Verhaltens nach ausgewählten Aktivitätsbereichen und Distanzzonen

Art und Weise der Beteiligung an der jeweiligen Aktivität	Ausgewählte Bereiche verkehrsräumlichen Verhaltens		
	berufsorientierte Verkehrsbewegungen (des Haushaltsvorstands)	versorgungsorientierte Verkehrsbewegungen (im mittelfristigen Bedarfsbereich)	freizeitorientierte Verkehrsbewegungen (innerhalb des Naherholungsverkehrs)
Ziel räumlicher Aktivität liegt im Wohngebiet *(Innenorientierung)*	aus Alters- und sonst. Gründen erfolgt keine Beteiligung an dieser Aktivität *oder* die Nachfrage findet ihr Ziel innerhalb des Wohngebiets	die Nachfrage findet im Wohngebiet ihr Ziel *oder* die Bedarfsdeckung erfolgt durch Versandhaus	eine Nachfrage nach Naherholungszielen außerhalb des Wohnortes erfolgt nicht *oder* nur an wenigen Malen im Jahr
Ziel räumlicher Aktivität liegt außerhalb des Wohngebiets *(Außenorientierung)*	Eine Beteiligung an dieser Aktivität findet regelmäßig in einer Distanz		
— in kurzer Distanz	bis 15 Min.	bis 10 km	bis 50 km
— in mittlerer Distanz	16—25 Min.	11—19 km	51—99 km
— in größerer Distanz	30 Min. u. mehr	20 km u. mehr	100 km u. mehr
		statt.	

Die dargestellte Schwellenwertbildung bei den Distanzrelationen wurde durch Stichproben unter 15 der Testgemeinden über Häufigkeitsverteilungen bei den befragten Haushalten vorgenommen, wobei aus den freizeitorientierten Verkehrsbewegungen für die Analyse der außenorientierten Distan-

---

[293] Berry, B. J. L., Die wechselseitige Abhängigkeit ..., a. a. O., S. 84.

zen nur jene Haushalte herangezogen wurden, die sich mindestens einmal im Monat an der Naherholung außerhalb des Wohngebiets beteiligten.

Die Übertragung der Antworten aus den Befragungen in den gesamten 40 Testgebieten in Südbayern ergab, daß die 64, nach der Matrixstruktur in Tab. 8 theoretisch möglichen Kombinationen alle, wenn auch ungleichmäßig, besetzt waren. Um jedoch zu interpretierfähigen Haushaltstypen verkehrsräumlichen Verhaltens zu gelangen, wurden die vorliegenden Kombinationsmöglichkeiten zu 11, in Tab. 9 dargestellten Typen zusammengefaßt. Die Situation im Bereich der berufsbezogenen Verkehrsbewegungen erhielt dabei aufgrund ihrer quantitativen Bedeutung eine gewisse vorsortierende Rolle. Das Ziel dieser Typenauswahl war es, Grundmuster darzustellen, die von überaus stark innenorientierten (Verhaltenstyp 1) bis zu überaus stark außenorientierten Verhaltensmustern (im Extrem der Verhaltenstyp 11) reichen.

Was die relative Bedeutung der einzelnen Verhaltenstypen in den vorliegenden Testgebieten betrifft, so stand der Verhaltenstyp 1 mit weitem Abstand an der Spitze unter den erfaßten Haushalten, gefolgt von den Typen 2 und 8. Damit weist auch diese Verteilung auf den Charakter der untersuchten Gebiete in Südbayern hin, handelt es sich doch bei Typ 1 um überaus stark innenorientierte Haushalte, wie sie — als Ausdruck standortgebundenen, konservativ-traditionellen Verhaltens — im ruralen Raum typisch sind [294]. Auch Typ 2 zählt gewissermaßen zu diesem räumlichen Verhaltensbereich, bringt es allein die Lage dieser Haushalte in Gemeinden mit Distanzen über 11 km zum nächsten Zentrum mit sich, daß ein Unterschied zu Typ 1 auftritt. Auch der ebenfalls relativ stark vorhandene Typ 8 kann als charakteristisch für viele Teile des ruralen Raumes in größerer Entfernung zu Arbeitsmarktschwerpunkten angesehen werden, besitzt er doch neben einer mehr oder weniger starken Innenorientierung bei den versorgungs- und den freizeitbezogenen Verkehrsbewegungen allein im Berufsverkehr eine Außenorientierung mit Distanzen über 30 Minuten.

Faßt man nun zur weiteren Analyse die einzelnen Haushalte einer Gemeinde nach dem in Tab. 9 vorgeführten Typisierungsschema zusammen, so erhält man für jede Gemeinde eine spezifische, relative Verteilung von Haushalten, die sich in bezug auf die ausgewählten verkehrsräumlichen Aktivitäten gleichartig verhalten (vgl. Abb. 30). Selbstverständlich spielt dabei u. a. die Lage der Gemeinden zum nächsten arbeits- und versorgungszentralen Ort bzw. zu gegebenen Erholungsgebieten, die Lage im Urbanitätsfeld, der Grad der Verkehrserschließung und die sozioökonomischen Strukturmuster der Bevölkerung in den Untersuchungsgemeinden eine Rolle. So bestehen in den verschiedenen Gemeinden erhebliche Differenzierungen in der Verteilung der Verhaltensgruppen. Der stark innenorientierte Verhaltenstyp 1 erreicht in Gemeinden wie z. B. Gunzesried, Hindelang, Pipinsried und Oberau, also ihrer wirtschaftlichen und sozialen Struktur nach recht unterschiedlichen Gemeinden, Anteilswerte über 40 %. In der Arbeiter-Bauern-Gemeinde Gunzesried rührt dies, ähnlich wie in den stärker von Industrie oder von Tourismus und Naherholung überformten oder bestimmten Gemeinden Oberau und Hindelang, von der Nähe zentraler Orte (Garmisch-Partenkirchen sowie Sonthofen-Immenstadt), von einer — wenn auch noch bescheidenen — Arbeitsplatzkapazität innerhalb der Gemeinden und von der Lage im Erholungszielgebiet her. Allein Pipinsried verkörpert unter diesen Gemeinden den Typus einer noch stark landwirtschaftlich orientierten Bevölkerung in größerer Entfernung vom arbeits- und versorgungszentralen Ort. Die Unterschiede gegenüber den anderen drei erwähnten Gemeinden zeigen sich vielmehr erst bei weiterer Analyse der übrigen Verhaltenstypen, unter denen z. B. der Typ 8 in Pipinsried weit höhere Anteilswerte erreicht.

Der Eindruck, daß hohe Anteilswerte für den stark innenorientierten Typ nicht nur in landwirtschaftlich orientierten Gemeinden anzutreffen sind, wird auch durch die zweite Reihe von Gemeinden in Abb. 30 verstärkt, treten nun mit Griesbach und Moosburg bereits ein Unter- bzw. Mittelzentrum mit hinzu. Neben einem Großteil der Landwirte, die in der Literatur [295] häufig als typische Vertreter standortgebundenen Verhaltens angesehen werden, müssen demnach auch Berufsschichten in den Städten (Arbeiter und Handwerker sowie teilweise Beamte und Freie Berufe) vergleichbare Verhaltensmuster aufweisen [296]. Während jedoch Moosburg mit schon steigendem Anteil außenorientier-

---

[294] Vgl. auch Schöller, P., Leitbegriffe zur Charakterisierung von Sozialräumen, in: Münchner Studien z. Sozial- u. Wirtschaftsgeographie, Bd. 4, Kallmünz/Regensburg 1968, S. 181.

[295] Vgl. u. a. Buchholz, H. G., Formen städtischen Lebens ..., a. a. O., S. 34.

[296] Dürr, H., Boden- und Sozialgeographie ..., a. a. O., S. 166 bestätigt durch seinen Untersuchungsansatz, daß bei Handwerkern und teilweise auch unter den unselbständigen Erwerbstätigen vergleichbare, stark innenorientierte Verhaltensmuster auftreten können.

Tabelle 9: Typen verkehrsräumlichen Verhaltens unter den Privathaushalten ausgewählter Gemeinden in Südbayern 1971—73

Verhaltenstypen	Verhaltensmuster in raumdistanzieller Hinsicht in den		
	berufsorientierten	versorgungsorientierten Verkehrsbewegungen	freizeitorientierten
1	Ausschließlich innenorientiert	Innenorientiert und kurze Distanzen einer Außenorientierung	Ausschließlich innenorientiert
2	Ausschließlich innenorientiert	Mittlere bis größere Distanzen einer Außenorientierung	Ausschließlich innenorientiert
3	Ausschließlich innenorientiert	Innenorientiert und kurze Distanzen einer Außenorientierung	Außenorientiert mit breitem Distanzenspektrum
4	Ausschließlich innenorientiert	Mittlere bis größere Distanzen einer Außenorientierung	Außenorientiert mit breitem Distanzenspektrum
5	Kurze bis mittlere Distanzen einer Außenorientierung	Innenorientiert und kurze bis mittlere Distanzen einer Außenorientierung	Ausschließlich innenorientiert
6	Kurze bis mittlere Distanzen einer Außenorientierung	Ausschließlich größere Distanzen einer Außenorientierung	Innenorientiert und kurze bis mittlere Distanzen einer Außenorientierung
7	Kurze bis mittlere Distanzen einer Außenorientierung	Innenorientiert und kurze bis mittlere Distanzen einer Außenorientierung	Außenorientiert mit breitem Distanzenspektrum
8	Ausschließlich größere Distanzen einer Außenorientierung	Innenorientiert und kurze Distanzen einer Außenorientierung	Ausschließlich innenorientiert
9	Ausschließlich größere Distanzen einer Außenorientierung	Innenorientiert und kurze Distanzen einer Außenorientierung	Außenorientiert mit breitem Distanzenspektrum
10	Ausschließlich größere Distanzen einer Außenorientierung	Mittlere bis größere Distanzen einer Außenorientierung	Ausschließlich innenorientiert
11	Ausschließlich größere Distanzen einer Außenorientierung	Mittlere bis größere Distanzen einer Außenorientierung	Außenorientiert mit breitem Distanzenspektrum

ter Verhaltensmuster bereits zu den in den nächsten Reihen folgenden Strukturmustern überleitet, zeigt sich in Trauchgau ebenso wie in Krün die besondere Lage zu den nächsten Zentren (Füssen und Garmisch-Partenkirchen) sowie die wirtschaftliche Struktur der Gemeinden (Arbeiter-Bauern-Gemeinde mit überwiegend Nebenerwerbslandwirtschaft bzw. Fremdenverkehrsgemeinde).

Gegenüber diesen Gemeinden erhält man ein völlig anders gelagertes Verteilungsbild der Verhaltensgruppen sowohl in den städtischen Beispielen als auch in den stadtnahen bzw. stärker urbanisierten Gemeinden. In München-Lerchenau, verstärkt sogar noch in Gröbenzell und Sauerlach besitzen die außenorientierten Verhaltensgruppen, insbesondere der Typ 11 als extremer Vertreter dieser

Abb. 30

Regionale Differenzierung der Struktur unterschiedlicher verkehrsräumlicher Verhaltenstypen unter den Privathaushalten ausgewählter Gemeinden Südbayerns 1971–73
(Verteilung sozialgeographischer Gruppen als Gruppen gleichartigen verkehrsräumlichen Verhaltens)

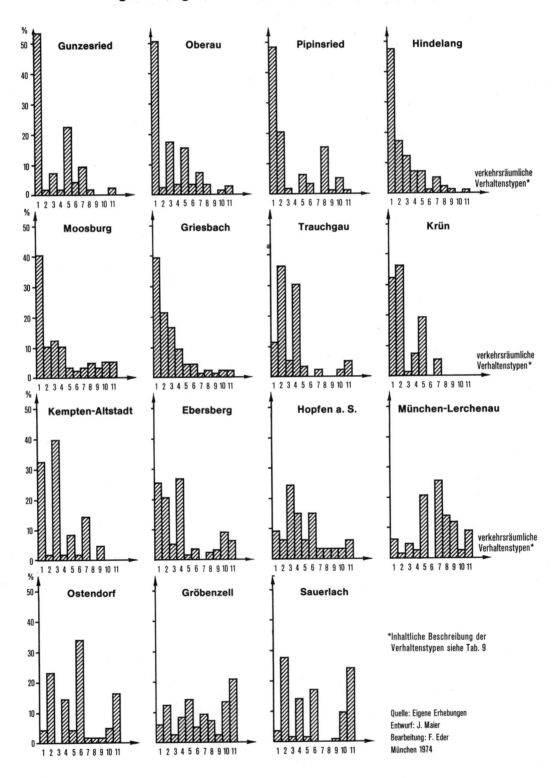

*Inhaltliche Beschreibung der Verhaltenstypen siehe Tab. 9

Quelle: Eigene Erhebungen
Entwurf: J. Maier
Bearbeitung: F. Eder
München 1974

Raummuster, beachtliche Anteilswerte und überragen anteilsmäßig zum Teil sogar die eindeutig innenorientierten Verhaltensgruppen. Sie unterscheiden sich in dieser Hinsicht deutlich von den Beispielen Kempten-Altstadt und Ebersberg mit teilweise noch größerer Bedeutung konservativ-traditioneller Gruppen in bezug auf räumliche Aktivitäten. Unterstrichen wird diese Differenzierung noch durch die den stadtnahen Gemeinden vergleichbare Situation in Ostendorf, einer Wohnvorortsgemeinde von Meitingen sowie in der durch ihre besondere Sozialstruktur der Bevölkerung ausgezeichneten Gemeinde Hopfen a. S. Es ist deshalb für die weitere Analyse die These angebracht, daß sowohl die relative Bedeutung der allochthonen Bevölkerung (insbes. der in den letzten 5 Jahren Zugewanderten) als auch die spezifische Berufs- und Einkommensstruktur in einer Gemeinde gerade für die Ausprägung außenorientierter Verhaltensgruppen wichtige Einflußkräfte darstellen.

2. Ermittlung sozioökonomischer Einflußgrößenbündel

Die bisher vorliegenden Untersuchungen über aktivitätsräumliches Verhalten weisen in bezug auf die Analyse der Einflußgrößen zwar weniger auf eine Differenzierung in den ausgewählten Determinanten hin (überwiegend wird neben Alters-, Berufs- und Einkommensschichtung die Dauer der Anwesenheit am Wohnort und der Pkw-Besitz herangezogen) als auf eine recht unterschiedliche Prioritätensetzung unter den „entscheidungsführenden" Einflußgrößen. So geht KUTTER [297] in seinem „Individual-Faktoren"-Modell davon aus, daß neben dem Geschlecht vor allem das Alter ein besonderes Gewicht für eine räumliche Verhaltensdifferenzierung besitzt, während er z. B. dem sozialen Status keine große Bedeutung unter den Einflußkräften zumißt. Dies scheint insoweit einen gewissen Widerspruch zu beinhalten, als er andererseits die Motorisierung mitentscheidend für die spezifischen Aktivitätenmuster ansieht. Wie in den vorliegenden Untersuchungen bereits mehrfach aufgezeigt werden konnte, besteht jedoch zwischen Pkw-Besitz und Berufs- bzw. Einkommensschichtung eine relativ enge positive Korrelation, so daß diese Prioritätenskala wenig verständlich erscheint. Demgegenüber erkennt DÜRR [298] gerade der beruflichen Schichtung den höchsten Indikatorwert für die räumlichen Verhaltensdifferenzierungen an. Neben der Altersschichtung weist er ferner auf die Dauer der Anwesenheit in der Wohngemeinde als weiteren wichtigen Faktor hin.

Anhand einer Differenzierungsanalyse soll nun versucht werden, den hinter den verschiedenen Verhaltensgruppen stehenden Einflußkräften nachzugeben. Der Ausgangspunkt der Betrachtungen war dabei die Frage nach der Zuordnung der ausgewählten Faktoren „Alters-, Einkommens- und Berufsschichtung, Wohndauer am Ort und Pkw-Besitz" zu den soeben dargestellten Verhaltensgruppen. Der Pkw-Besitz wurde trotz des bestehenden allgemeinen korrelativen Zusammenhangs zu der Berufs- und Einkommensschichtung noch miteinbezogen, um in bezug auf Einzelfragen weitere Tests durchführen zu können. Eine Mehrfach-Matrix dieser fünf Faktoren mit insgesamt 360 theoretisch möglichen, praktisch jedoch mit geringeren Nennungen in den einzelnen Verhaltensgruppen gestattete sowohl für jede Gemeinde einzeln als auch für alle 40 Testgebiete gemeinsam eine Information über die spezifischen Einflußkräfte der Verhaltensgruppen zu gewinnen.

Zur Verdeutlichung dieses Ansatzes seien einmal nur die beiden Extremvarianten der 11 Verhaltensgruppen, die Typen 1 und 11, dargestellt. Bei der isolierten Betrachtung der einzelnen Einflußkräfte im Fall des Verhaltenstypus 1 zeigt sich, daß es sich bei diesem verstärkt um Personen über 46 Jahre bzw. über 65 Jahre, in kleinerem Maße um solche zwischen 31 — unter 45 Jahre, handelt. Noch eindeutiger als dieser altersspezifische Bezug ist der auf die Wohndauer abzielende Zusammenhang, denn hier wird ersichtlich, daß diese Verhaltensgruppe meist den autochthonen Bevölkerungsschichten entstammt. Die Dauer der Anwesenheit scheint, zusammen mit anderen Faktoren, zur Standortbildung der sozialgeographischen Gruppen und damit zur geringeren verkehrsräumlichen Aktivität (in bezug auf die Distanzüberwindung) beizutragen. Demgegenüber ist die Differenzierung bei der Frage nach dem Pkw-Besitz ebenso groß wie bei der Berufs und Einkommensschichtung (erneut ein Hinweis auf die bestehende Korrelation dieser Faktoren), wenngleich bei der Berufsschichtung ein relatives Übergewicht der Personen aus der sozialen Grundschicht und bei der Einkommensschichtung aus den unteren Einkommensgruppen nicht zu übersehen ist.

Auf einzelne Gemeinden des Untersuchungsgebietes bezogen, lassen sich jedoch in der Verbindung aller fünf Einflußgrößen verschiedene Klumpen-

---

[297] Kutter, E., a. a. O., S. 93.
[298] Dürr, H., Boden- und Sozialgeographie..., a. a. O., S. 171.

oder Haufenbildungen unterscheiden. So treten z. B. in den noch stärker landwirtschaftlich orientierten Gemeinden im wesentlichen zwei Gruppierungen erklärender Faktoren auf. Einmal ist dies ein Personenklumpen, der umschrieben werden kann als „Personen zwischen 45 — unter 65 Jahre der autochthonen Bevölkerung, aus der sozialen Grund- bzw. den unteren Einkommensschichten, mit und ohne Pkw". Der zweite Klumpen unterscheidet sich davon durch das Auftreten älterer Personen (über 65 Jahre), die ohne Pkw-Besitz sind, also bereits von den Voraussetzungen her räumlich als inaktiver bezeichnet werden können.

Bei den Arbeiter-Bauern-Gemeinden werden diese beiden Haufenbildungen noch durch einen dritten erweitert, der Personen zwischen 31 — unter 45 Jahre aus den autochthonen Bevölkerungskreisen, sowohl aus der sozialen Grund- wie Mittelschicht umfaßt. Trotz des meist vorhandenen Pkw's sind die standortbindenden Elemente dieser teilweise in der Familienausbau-Phase befindlichen Haushalte derart groß, daß sie ebenfalls eine Untergruppe des stark innenorientierten Verhaltenstyps 1 bilden.

In den traditionellen zentralen Orten (z. B. in Moosburg oder Wertingen) sowie auch in der urbanisierten Fremdenverkehrsgemeinde Garmisch-Partenkirchen kann man als vierten Klumpen unter den Einflußgrößen für dieses Verhalten dann noch Personen erkennen, die durch völlig andere erklärende Faktoren gekennzeichnet sind. Es handelt sich dabei nämlich um Personen zwischen 31 — unter 45 Jahre, die erst in den letzten fünf Jahren (1968—1973) zugezogen sind, i. d. R. über einen Pkw verfügen und der sozialen Oberschicht bzw. den höheren Einkommensschichten angehören. Gegenüber den Ergebnissn der Analysen bei den einzelnen Aktivitätenmustern, in denen dieser Fall nur wenig durchschien, dürfte es sich hier um Bevölkerungsteile handeln, die aus beruflichen oder geschäftlichen Interessen an einer zeitlich raschen Integration in ihrer Wohngemeinde interessiert sind (z. B. Geschäftsinhaber, Freie Berufe). Die berufswie auch die versorgungsorientierte Fixierung auf den Wohnort wird dabei noch durch einen räumlich eng gezogenen Verkehrskreis im Freizeitbereich ergänzt.

Von den Haufenbildungen innerhalb der Determinanten des Verhaltenstyps 1 (und ähnlichen Abhängigkeitsstrukturen und Klumpenbildungen bei den Typen 2 und 8)[299] unterscheiden sich deutlich die entsprechenden Einflußkräfte beim Verhaltenstyp 11. Wiederum isoliert betrachtet handelt es sich bei der stark außenorientierten Verhaltensgruppe im allgemeinen um weit jüngere Personen (Personen unter 45 Jahre, meist sogar unter 30 Jahre), mit wenigen Ausnahmen im Besitz eines Pkw's[300]. Demgegenüber herrscht nun sowohl bei der Wohndauer am Ort wie auch bei den Berufs- und Einkommensschichten ein recht breites Spektrum in Frage kommender Kombinationen vor, wenngleich die soziale Mittel- und Oberschicht nun relativ stärker auftritt.

Bezogen auf einzelne Gemeinden des Untersuchungsgebietes wird jedoch deutlich, daß auch in dieser sozialgeographischen Gruppe nicht nur ein Klumpen an erklärenden Einflußkräften auftritt, sondern bei den meisten Gemeinden zwei Haufenbildungen von Kombinationen vorkommen. Zum einen besteht die stark außenorientierte sozialgeographische Gruppe aus jüngeren Personen der allochthonen Bevölkerungsgruppe, bevorzugt aus der beruflichen Mittel- und Oberschicht (bzw. höhere Einkommensbezieher). Regional betrachtet läßt sich dieser Klumpen in den Zentren des eher ruralen Raumes (z. B. in Moosburg oder Wertingen) sowie vor allem in den urbanisierten, großstadtnahen Gemeinden (z. B. Gröbenzell, Icking oder Sauerlach, teilweise auch in Ebersberg) und den neuen Stadtrandsiedlungen der großen Städte (unter den Testgebieten z. B. München-Lerchenau) feststellen.

Andererseits setzt sich die stark außenorientierte sozialgeographische Gruppe in verschiedenen Arbeiter-Bauern- und Fremdenverkehrsgemeinden (z. B. Oberbachern oder Hindelang) aus einem zweiten Klumpen zusammen, der ebenfalls jüngere Personen, nun aber verstärkt aus der beruflichen Grund- und Mittelschicht der autochthonen Bevölkerung angehören. Ob dies bereits ein Ausdruck zunehmender Urbanisierungstendenzen oder/und Folge gesellschaftlicher Anpassungsprozesse oder — ganz einfach — die durch den Pkw oder die Erschließung mit öffentlichen Verkehrsmitteln möglich gewordene Wahrnehmung von neuen Arbeitsplatz-, Versorgungs- und Freizeitverwendungschancen außerhalb des Wohnortes ist, konnte aufgrund des vorliegenden Untersuchungsansatzes nicht ermittelt werden.

---

[299] Vgl. Kutter, E., a. a. O., S. 102, der Rentner und Hausfrauen als typische Vertreter für diese Sozialgruppe ansieht, wobei allerdings der Berufsschichtenansatz nach Meinung d. Verf. eine zu starke Vereinfachung des komplexen Faktorenbündels an möglichen Einflußkräften darstellt.
[300] Vgl. auch Buchholz, H. G., a. a. O., S. 34.

Sicherlich spielen jedoch diese Argumente eine nicht unwichtige Rolle für die spezifische Zusammensetzung der Faktorenbündel.

Insgesamt gesehen kann man damit sagen, daß bei den vorgeführten sozialgeographischen Gruppen als Gruppen gleichartigen verkehrsräumlichen Verhaltens keineswegs nur monostrukturierte Einflußgrößen-Kombinationen auftreten, sondern daß verschiedene regional und funktional differenzierte Haufenbildungen vorhanden sind. Während dabei die Altersschichtung der beteiligten Personen in Grenzen mit den Verhaltensvarianzen in bezug auf Innen- oder Außenorientierung korreliert, dies abgeschwächt auch für die Berufs- und Einkommensschichten gilt, kommt der Faktor Wohndauer am Ort speziell bei den innenorientierten und der Pkw-Besitz bei den außenorientierten Gruppen als erklärende Variable zum Tragen.

ZUSAMMENFASSUNG

Die Zahl der Untersuchungen über Gegenstand und Methoden des Gesamtgebietes der Allgemeinen Geographie, wie auch in bezug auf einzelne Teildisziplinen, ist in den letzten Jahren wieder stark angestiegen.

Auch die vorliegende Untersuchung versucht einen Beitrag zur Weiterentwicklung der Geographie des Menschen zu liefern, wobei neben der regional differenzierten Analyse von Strukturmustern und Prozeßabläufen menschlicher Gruppen im Raum ein zweiter, immanenter Aufgabenbereich in der Analyse der hinter diesen Organisationsformen stehenden Einflußkräfte gesehen wurde. Das Ziel der Bemühungen sollte auf der Erfassung allgemeiner Zusammenhänge räumlichen Verhaltens menschlicher Gruppen liegen.

Aufgrund der Komplexität von Faktoren und Verflechtungen im regionalen Feld wurde der Versuch gemacht, bei der beabsichtigten Fortführung der Vorstellungen der funktionalen Verkehrsgeographie durch die Einbeziehung der Gedanken der Sozialgeographie von einem interdisziplinären Ansatz unter den verschiedensten verkehrswissenschaftlichen Fachbereichen auszugehen. Neben der Entwicklung einer sozialgeographisch aufgebauten Geographie verkehrsräumlicher Aktivitäten ging es ebenso um eine Darstellung einer möglichen Weiterentwicklung des sozialgeographischen Konzepts, etwa im Hinblick auf Fragen der Gewichtung der Grundfunktionen anhand der Verkehrsbewegungen, der sozialgeographischen Gruppen als Gruppen gleichartigen verkehrsräumlichen Verhaltens und der Reichweiten in regional- und gruppenspezifischer Differenzierung. Als Einflußkräfte wurden neben sozioökonomischen Faktoren auch Variable wie Lage bzw. distanzielle Nähe zu einzelnen verorteten Einrichtungen, die Verkehrsgunst oder der Urbanisierungsgrad eines Gebietes herangezogen. Der Schwerpunkt der Analyse lag dabei auf aktivitätsräumlichem Gebiet, was keineswegs eine Negierung wahrnehmungsgeographischer Ansätze darstellt, sondern nur eine Konzentration in heuristischem Sinne auf diesen Teil sozialgeographischer System-Betrachtung bedeutet.

Der erste Teil der Arbeit kennzeichnet, bis hin zur Entwicklung ausgewählter Fragestellungen über verkehrsräumliche Aktivitäten, die Prämissen und Hypothesen des empirisch-theoretischen Bezugsrahmens. Die Verankerung im sozialgeographischen Konzept wird besonders betont, die Reichweiten sozialgeographischer Gruppen innerhalb der verschiedenen Grundfunktionen werden als Basis eines Systems verkehrsräumlicher Aktivitäten herangezogen. Lage, Distanz und Funktionsbezogenheit werden zu Grundelementen der räumlichen Analyse, die verkehrsräumlichen Bewegungsabläufe als Folge von Aktionen menschlicher Gruppen angesehen.

Ein Überblick über die Entwicklungsphasen der Verkehrsgeographie seit Kohl und Hettner dient als weiterer Teilaspekt der Arbeit zur Kennzeichnung des spezifischen Untersuchungsstandortes. Die historische Betrachtung der Verkehrsgeographie macht deutlich, daß hier ein Beispiel einer geographischen Teildisziplin vorliegt, in der der gesellschaftliche und technologische Wandel besonders deutlich wird. Dies spiegelt sich sowohl in der Wahl der Untersuchungsobjekte als auch in der Art der Betrachtung wider. Die technische Entwicklung der Verkehrsmittel und -wege, angefangen von dem Bedeutungszuwachs der Eisenbahn und der dabei notwendigen Hilfsmittel, über das Vordringen des Kraftwagens und ab den dreißiger Jahren des Flugzeugs, kann geradezu als Leitlinie der Entwicklung auch in der Verkehrsgeographie angesehen werden. Verkehrswege und -mittel standen im Mittelpunkt der Untersuchungen, was etwa in der Definition Hettners von der Verkehrsgeographie als einer „Verbreitungslehre der Verkehrsverhältnisse über die Erde und in ihrer Differenzierung in verschiedenen Erdräumen" klar zum Ausdruck kommt.

Eine deutliche Veränderung ergab sich mit der wachsenden Zuwendung zur funktionalen Betrachtungsweise, wobei nun der Verkehrsraum i. S. von Otremba zum zentralen Betrachtungsobjekt wurde. Wenn auch in der Darstellung von Kräftelehre und Wirkungsanalyse ein entscheidender Fortschritt etwa zur morphogenetisch-statistischen Betrachtungsweise zu sehen ist, so rangiert der Mensch als Initiator des Verkehrsgeschehens weiterhin am Ende der Kausalkette Verkehrswege, -einrichtungen, -mittel und -güter. Diese Rangfolge der Betrachtung umzukehren, da der Verkehr Voraussetzung und gleichzeitig Folge jeglicher räumlicher Betätigung

des Menschen ist und sie mit der Vorstellung räumlicher Aktivitäten spezifischer menschlicher Gruppen bei der Entfaltung ihrer Grundfunktionen zu verbinden, darauf war der Entwurf einer Geographie verkehrsräumlicher Aktivitäten ausgerichtet.
Wie der Vergleich mit Bereichen der Verkehrswissenschaft und der Mikroökonomie zeigt, ist die Analyse im wesentlichen auf die Nachfrageseite bzw. auf den Bereich der reagierenden Gruppen räumlichen Verhaltens beschränkt. Zwar kommt das Verkehrsangebot und seine spezifische, auch regionale Ausformung unter den Bestimmungsfaktoren bzw. Einflußkräften räumlichen Verhaltens vor, jedoch werden etwa die vorhandene Wettbewerbspolitik der einzelnen Verkehrsunternehmen oder tarifpolitische Differenzierungen und ihr Einfluß auf menschliche Verhaltensweisen im Raum nur randlich angesprochen. Hierzu ist eine Ergänzung in weiterführenden Arbeiten ebenso notwendig wie die Analyse politischer Kräfte in ihrer Ausstrahlung auf die Verkehrsstruktur.
Im zweiten Teil der Untersuchung wird der methodisch-empirische Ansatz für die Geländestudien im südbayerischen Raum diskutiert. Neben der Verkehrslage, der Verkehrsbedienung und verschiedenen Informations- und Kommunikationskreisen (repräsentiert etwa durch den Telefonbesatz, das Zeitungsabonnement und die Mitgliedschaft in Vereinen) als Rahmenbedingungen für die räumlichen Aktivitätenmuster geht es hier um die Erläuterung der Verfahrensweisen für die Messung der beobachtbaren, quantitativ meßbaren funktionsbezogenen Verhaltensweisen. Grundlage der empirischen Analysen ist dabei einerseits ein Gebiet südlich der Donau, das sowohl hinsichtlich der Lagefaktoren als auch der sozioökonomischen Struktur- und Verflechtungsmuster ein breites Spektrum unterschiedlichster Gemeindetypen umfaßt (mit rd. 48 % der bayerischen Bevölkerung). Neben dem größten bayerischen Verdichtungsraum München sowie jenem von Augsburg bzw. einer größeren Zahl zentraler Orte und/oder Industrieorte zählt dazu der Freizeitzielbereich des Alpenraumes und -vorlandes sowie die für weite Teile Niederbayerns und Mittelschwabens typische, noch stark landwirtschaftliche Orientierung. Zum anderen wurde, da eine Totalerhebung ausgeschlossen werden konnte, jedoch Aussagen für großräumige Gebiete als ein weiteres Ziel angesehen wurden, eine Stichprobenerhebung in 40 ausgewählten, regionalen und innerstädtischen (in Kempten und München) Testgebieten durchgeführt. Eine strukturierte Haushaltsbefragung — im Unterschied zu den meist angewandten Time-Budget-Studien — hatte Nachfrageanalysen des Verkehrsverhaltens zum Inhalt.
Der dritte Teil der Untersuchung widmet sich der Analyse der verkehrsräumlichen Aktivitätenmuster, der Reichweitensysteme und der Verkehrsmittelwahl in regional- und gruppenspezifischer Differenzierung. An das Schema der Grundfunktionen anknüpfend, wurde zwischen erwerbs- oder arbeitsorientierten, versorgungs-, freizeit- und ausbildungsorientierten Verkehrsbewegungen unterschieden. Bereits bei der Gewichtung dieser verschiedenen Aktivitäten anhand der Häufigkeit und Distanzen der Vorgänge zeigte sich, daß der arbeitsfunktionale Teilbereich 48 % aller Verkehrsbewegungen bestimmt, gefolgt von dem versorgungsorientierten Teilbereich (mit 21 % Anteil). Gerade hierbei wird jedoch ersichtlich, daß zwischen den einzelnen Aktivitäten, entsprechend der These von den spezifischen Flächen- und Raumansprüchen der Grundfunktionen bei gleichzeitiger regionaler und zeitlicher Überlagerung, eine Reihe von Verbindungen in der Nachfragestruktur bestehen. So werden rd. 20 % der Einkaufsbeziehungen im Bereich des kurzfristigen Bedarfs im Rahmen der arbeitsfunktionalen Verkehrsaktivitäten mit erledigt.
Bei der Darstellung der relativen Gewichtung im regionalen Untersuchungsfeld zeigte es sich, daß ein breites Spektrum an Erscheinungsformen auftrat, etwa eine überdurchschnittliche Bedeutung des arbeitsfunktionalen Verkehrsbereichs in noch stark landwirtschaftlich orientierten Gemeinden zentrumsferner Lagen gegenüber einer überdurchschnittlichen Bedeutung des freizeitfunktionalen Verkehrsbereichs im innerstädtischen Untersuchungsbereich. Man kann feststellen, daß für die regionalen Verteilungsmuster dieser Aktivitätsbereiche neben sozioökonomischen und -kulturellen Strukturen bzw. Entwicklungsstadien einschließlich der Wunschvorstellungen und gesellschaftlichen Normenkonstellation der Bewohner auch die Lage innerhalb des Urbanisierungsfeldes, die Ausstattung mit verorteten Einrichtungen und die Distanz zu diesen bzw. der Grad der Verkehrserschließung und -anbindung als Einflußfaktoren eine Rolle spielen.
Bei der Analyse der Reichweiten (in schichten- und regionalspezifischer Hinsicht), der Raumkonfigurationen und der Verkehrsmittelwahl (u. a. auch der Affinitäten) innerhalb der einzelnen Verkehrsaktivitäten war es möglich, die dafür spezifischen Einflußgrößen (i. S. einer Prioritätenskala zwischen den Größen Alters-, Integrations-, Berufs- und Einkommensschichten sowie dem PKW-Besitz) herauszuarbeiten. Nimmt man z. B. nur den Bereich der

versorgungsorientierten Verkehrsbewegungen bei der Deckung des mittelfristigen Bedarfs (repräsentiert etwa durch den Kauf von Haushaltsgeräten oder Textilien), so ist vor der Diskussion der Einflußkräfte vor allem zu prüfen, welche Position in die Untersuchung einbezogene Gemeinden oder Ortsteile innerhalb der zentralörtlichen Hierarchie innehaben bzw. welche Rolle der Versandhandel als Angebotsart spielt. So fragen z. B. bis zu 25 % der erfaßten Haushalte im weniger urbanisierten Bereich des Untersuchungsgebietes ihren mittelfristigen Bedarf hauptsächlich über den Versandhandel nach, während diese Angebotsform in den städtischen oder stärker urbanisierten Testgebieten nur Anteilswerte bis zu 6 % erreicht.

Bezogen auf die ausgewählten Einflußgrößen des räumlichen Verhaltens im versorgungsorientierten Verkehrsbereich mittelfristiger Bedarfsdeckung wurde u. a. deutlich, daß sich mit zunehmendem Alter der befragten Haushaltsmitglieder eine größer werdende Distanzempfindlichkeit bemerkbar machte. Da die Altersschicht der 30— unter 45jährigen die größten Reichweiten aufweist, und sie auch innerhalb der berufsorientierten Verkehrsbewegungen entscheidenden Anteil an den Berufspendlern hat, wurde geprüft, inwieweit dabei nicht die Differenzierung zwischen allochthonen und autochthonen Bevölkerungsgruppen besondern Einfluß ausübt. Danach bestätigte sich, daß bei der Gruppe der alteingesessenen Bürger meist kürzere Versorgungswege vorliegen, während bei den Neubürgern in Verbindung mit einer stärkeren Arbeitsort-/Versorgungsort-Identifikation häufig längere Distanzen existieren. Dabei spielt jedoch auch der soziale Status eine maßgebliche Rolle. Dies zeigt sich einmal darin, daß die berufliche Oberschicht häufiger als die Mittelschicht und insbesondere die Grundschicht einkauft; zum anderen darin, daß vor allem die Mittelschicht die größten Distanzen zurücklegt. Dabei kann es sich sowohl um Neubürger mit noch starker Bindung an das Einkaufszentrum im früheren Wohngebiet als auch um soziale Aufsteiger der autochthonen Bevölkerungsgruppe handeln, deren Versorgungs-Leitbild auf die nächstgelegene größere Stadt ausgerichtet ist.

Anhand der räumlichen Verhaltensmuster in den verschiedenen Aktivitätsbereichen konnte nachgewiesen werden, daß nicht nur regionale und schichtenspezifische Unterschiede bestehen, sondern daß auch Personen der gleichen Schicht aufgrund unterschiedlicher Gruppenzugehörigkeit im regionalen Betrachtungsfeld unterschiedliche Verhaltensweisen besitzen. Dies führte schließlich zum letzten Abschnitt der empirischen Umsetzung der Konzeption einer Geographie verkehrsräumlicher Aktivitäten, nämlich der Bestimmung sozialgeographischer Gruppen als Gruppen gleichartigen verkehrsräumlichen Verhaltens.

Bezüglich der Bestimmung und regionalen Verteilung der Gruppen gleichartigen verkehrsräumlichen Verhaltens gelangt man zur zentralen Frage einer sozialgeographisch aufgebauten Untersuchung. Es galt dabei jene Gruppendifferenzierung zu ermitteln, die sich gegenüber anderen Gruppen durch unterschiedliche Verhaltensmuster, innerhalb der Gruppe jedoch durch gleichartiges Verhalten in bezug auf Beteiligungshäufigkeiten, Reichweiten und Verkehrsmittelbenutzung kennzeichnen läßt. Ausgegangen wurde dabei von einer Mehrfach-Matrix ausgewählter Aktivitäten und ihren Distanzrelationen. Das Ergebnis waren 11 Grundtypen verkehrsräumlichen Verhaltens, die von überaus stark innenorientierten (Ausdruck des standortgebundenen Verhaltens im ruralen Raum) bis zu stark außenorientierten Mustern (häufig etwa in städtischen oder stärker urbanisierten Gemeinden) reichen.

Zum zweiten wurden dann diese Verhaltensgruppen auf mögliche gemeinsame Einflußgrößen-Bündel hin überprüft, in bezug auf sozioökonomische Merkmale ebenso wie auf die Dauer der Anwesenheit am Wohnort oder den Besitz eines PKW's. Auch hierbei gestattete das Verfahren einer Mehrfach-Matrix-Auswahl dieser Faktoren für jede Gemeinde und jede Verhaltensgruppe Informationen über die spezifischen Einflußkräfte bzw. deren Rangfolge zu gewinnen. Rein monostrukturierte Einflußgrößen-Kombinationen traten dabei nicht auf, sondern es zeigten sich regional und funktional differenzierte Klumpenbildungen, wobei der Faktor Wohndauer am Ort besonders bei den innenorientierten und der PKW-Besitz bei den außenorientierten Gruppen als erklärende Variable zum Tragen kommen.

Insgesamt gesehen bieten sich mit den Ergebnissen der empirischen Analysen, in Verbindung mit vergleichbaren Studien in der BRD und den USA erste Schritte in Richtung einer Theorienbildung verkehrsräumlichen Verhaltens.

SUMMARY

In the last years, there has been a considerable increase in the number of studies dealing with the subject matter and the methods of geography as a whole and of specific aspects of geographical research. This study also tries to deliver a contribution to the further development of human geography in two directions: the analysis of regional patterns and processes of the spatial behaviour of social groups and the analysis of the influences and forces inducing these spatial patterns of human organization. The aim was to get nearer to an explanation for types of spatial behaviour of human groups.

Seen from the methodological aspect, efforts were made to extend the functional geography of transport by integration conceptions of social geography. Because of the complexity and the interweaving of regional structures and process patterns, it was necessary th take into consideration research done by all the different sciences dealing with traffic flows and transportation. From the side of geography, the following aspects had to be regarded: the social geography of spatial activities, the basic functions of human life and their different importances weighed by traffic flows, social geographic groups understood as groups of similar traffic behaviour, the ranges of spatial activities of human groups in their regional differentiation, social and economic factors, the spatial positions of and the distances between different institutions of settlement infrastructure, the degree of urbanization of specific regions, and so on.

The first part of the study displays the premises and hypotheses of the empirical and theoretical research. Special emphasis is laid on the social geographic concept as the main foundation of the work and on the different distances of social geographic groups by exercising the basic functions of human life, which serve as the basis of a system of transport activities. Spatial position, distance, and function become basic elements of the regional analysis, the triffic movements in space are seen as consequences of the spatial actions of human groups.

A further part of the study deals with the development of the geography of transport since Kohl and Hettner. The historical view shows clearly that the geographical treatment of transport and traffic is a discipline proving social and technological changes in a distinct way. This can be seen in the choice of themes as well as in the way doing research. The technological development of means and ways of transport and communications — starting with the preponderance of the railway, to the growing importance of the motor-car and, from the thirties on, of the air-plane — can also be taken as the guiding line of the development of transport geography. On routes and means of transport the emphasis of geographical studies was laid, clearly expressed, for instance, by Hettner in this definition of transport geography as the „science of the distribution of transport conditions over the world and their differentiation in diverse countries".

A distinct change came with the growing importance of functional studies in human geography, when the so-called transport area became one of the central subjects of research. Though the description and explanations of forces and effects must be seen as important progress compared with the morphogenetical and statistical view, yet man, the author of all transport movements, still remains at the end of the chain transport routes — institutions — ways and goods. To turn round this order of precedence, this is the aim of a new geography of transport activities established here under the consideration that transport is at the same time condition and consequence of any spatial activity of man and that specific human groups and their basic functions of life can be connected with their specific spatial activities.

The second main part of the study discusses the methodological and empirical basis of the field studies in Southern Bavaria. This chapter deals with elements like transport routes and networks and their frequency of use and with the different spheres of information and communication (represented, for instance, by telephone connections, newspaper subscription areas, and membership in clubs and societies) — all this seen as conditions for patterns of spatial activities — as well as with the methods of measuring the observable and comprehensible ways of behaviour in the different functions of human life. The empirical studies were carried out in Bavaria south of the river Danube, in an area comprising types of settlement quite different from each other in their socio-economic structure. Besides, 40 selected communities and intra-urban areas (at Kempten and München) were rested at random. In these test areas the households were inquired after their communication behaviour.

The third part of the study deals with the analysis of the spatial patterns of transport activities, of the distance systems, and of the means of transport used, each of them in their regional and social differentiation. Following the scheme of the basic functions of human life, transport movements orientated towards the labour, the supply, the leisure, and the education functions respectively, were separated from each other. The valuation of these different activities according to the frequency and the distance of movements showed that 48 % of all transport movements belong to the labour function, which is followed by the supply function.

The study of the different valuations in specific areas showed a great number of aspects, so, for instance, an importance of transport movements induced by the labour function lying highly above the average in agricultural communities with greater distances to urban centres, compared with a growing importance of movements belonging to the leisure function, in intra-urban test areas. Generally speaking, the regional patterns of all these transport activities are influenced by socio-economic and -cultural structures and phases of development, by social standards of the inhabitants, by the situation of the communities in the fields of urbanization, by their supply with, and distance to institutions belonging to spatial infrastructure, by the degree of traffic intensity and the density of connections.

The analysis of the distances typical for specific social groups and for regions and of the choice of means of transport was also able to find specific influencing factors, such as age, profession, income, and motor-car ownership. It was found, for instance, a correlation between the age of the household members and their sensitivity towards greater distances. As the population between 30 and 45 years of age show the greatest distances and the highest percentage of commuters, the influence exercised by allochthone and autochthone groups respectively was tested. The supposition was proved true that the group of the autochthone inhabitants prefer short ways of supply, whereas the newcomers more frequently cover longer distances and show stronger identifications of the places where they work and supply themselves. Social status is also of great importance in this case.

With the help of the spatial patterns of behaviour in the spheres of the different activities, the further supposition was proved true that these patterns not only show regional and social differences, but that even individuals of the same social group may display, regionally seen, different ways of spatial behaviour. This was the basis of the last chapter, namely the definition of social geographic groups as groups of similar communication and transport behaviour.

The definition and regional distribution of these groups is one of the central questions of any social geographic study. The aim is to find those groups that can be separated from other groups by different patterns of behaviour and that are joined together under the aspects of frequency of use, distance and similar means of transport. We found eleven basic types of spatial transport behaviour, reaching from very strongly inside-orientated patterns (behaviour in rural areas) to strongly outside-orientated patterns (freqently to be found in urban or highly urbanized communities).

These behaviorial groups were submitted to a further test referring to possible forces of influence, for instance socio-economic characteristics, the time of living at the present place of residence, the ownership of a motor-car. Valuable information on specific forces of influence and their hierarchy could be obtained. There were no simple combinations of forces, but complex factor scores with regional and functional differentiations. The factor „time of living at the place of residence" was especially important in connection with inside-orientated groups, the factor „motor-car ownership" with exterior orientation.

The empirical studies described above do not yet enable us to establish complete theory of spatial behaviour, but — in connection with comparable studies in Germany and the United States — they allow us to go first steps in this direction.

RÉSUMÉ

Le nombre de recherches sur l'objet et les méthodes de la géographie sur le plan autant général que sous les différents aspects qui y touchent — a considérablement augmenté ces dernières années. De même, cette pésente recherche a essayé de fournir une contribution au dévelopement de la géographie de l'homme, considérant non seulement l'analyse régionalement différenciée de structures et processus des groupes humains dans l'espace, mais encore une deuxième sphère importante dans l'analyse des forces d'influence qui se trouvent derrière les formes d'organisation. Le but de notre tentative doit être vu dans la perception, visée à long terme de rapports généraux du comportement de groups humains dans l'espace.

Envisageant le concept de la géographie de transport fonctionnelle et en comprenant les idées de la géographie sociale, nous avons tenté, en raison de la complexité de facteurs et d'interpénétration, de partir d'une méthode interdisciplinaire parmi les domaines de la géographie de transport les plus divers. A côté d'une géographie vu sur le plan socio-géographique des activités dépendant de la mobilité il s'agissait tout autant de la description d'une évolution possible du concept socio-géographique par exempleà l'égard de questions de l'importance des fonctions fondamentales s'appuyant sur la mobilité, sur les groupes socio-géographiques vus tant que groupes dont le comportement concernant la mobilité est le même, et la portée dans la différenciation régionale et spécifique à certains groupes. Outre les forces d'influence de facteurs socio-économiques, nous avons considéré des facteurs variables tès que la situation, voire la proximité d'équipements communs, la facilité des transports ou le degré d'urbanisation d'une région.

La première partie de ce travail — partant des prémisses et des hypothèses d'un cadre empiriquement et théorique — vise à formuler un choix de questions portant sur la mobilité. L'insertion dans le concept socio-géographique est particulièrement mise en valeur — l'étendue de groupes socio-géographiques dans diverses fonctions fondamentales servent de base pour un système d'activité de déplacement. La situation, la distance, la dépendance fonctionelle sont considérées comme les éléments fondamentaux de l'analyse spatiale — les déplacements comme conséquences d'actions de groupes humains.

Un aperçu sur les phases de développement de la géographie des transports depuis Kohl et Hettner sera un aspect du travail devant caractériser le point de départ spécifique de l'analyse. La considération historique de la géographie des transports démontre qu'il s'agit ici d'un exemple d'un domaine géographique où se revéle particulièrement la transformation sociale et technologique. Cela se reflète tant dans le choix des objets de la recherche que dans la manière de considérer les problèmes. L'évolution technique des moyens et réseaux de transports à commencer par l'accroissement de l'importance des chemins de fer et de tout ce qui y touche, puis la poussée de l'automobile et à partir des années 30- de l'avion peut être considéré comme ligne directive de l'evolution de la géographie des transports. Au centre de nos recherches se trouvent les réseaux et moyens de communication, chose que Hettner, dans sa définition de la géographie des transports indique comme étant „l'étude concernant l'étendue du transport sur terre et son différenciation dans les différentes sphères d'habitation. Nous avons changé de point de vue à mesure que nous avons procédé à une étude fonctionnelle de la sphère de transports de par exemple Otremba, objet principal de nos recherches.

Même si on doit tenir compte d'un progrès décisif dans la considération de statistiques morphogénétiques dans la déscription de sphères d'influence — — c'est tout de même l'homme qui est l'initiateur de la mobilité et que l'on retrouve au bout de la ligne qui influence les réseaux, les équipements et les moyens de transports. Etant donné que le transport est la condition et en même temps la conséquence de toute affirmation spatiale de l'homme, notre but était de renverser l'enchaînement des points considérés et de le lier au concept d'activité spatiale de groupes humains spécifiques dans le déploiement de leurs fonctions fondamentales.

Dans la deuxième partie de cette recherche nous discutons la méthode empirique pour l'étude de terrains dans le sud de la Bavière. En dehors de la situation des transports, de leur desserte et de différents moyens d'information et de communication représentés par exemple par le nombre d'abonnements au téléphone, d'abonnements de journaux et l'adhérence à des associations vus comme cadre pour l'activité spatiale, il s'agissait ici d'expliquer les processus d'évaluation des comportements fonctionnells visibles et quantitativement évaluables. La base des analyses empiriques est constituée d'une part par une région situé au sud du Danube qui comprend un éventail des types de commune les plus divers tant du point de vue des facteurs de situation que de la structure et de l'interpénétration socio-économique. D'autre part, étant donné qu'une enquête complète était impossible mais que notre intention était aussi d'analyser des territoires plus étendus, nous avons fait des coups de sonde dans 40 régions choisies sur le plan régional et urbain (Kempten—München). En opposition aux études éffectuées habituellement sur le temps de transport, le formulaire se composait de questions concernant le comportement des interrogés à l'égard des transports.

La troisième partie de notre recherche se consacre à l'analyse des types d'activité concernant la mobilité, des systèmes de desserte, et du choix des moyens de transports en tenant compte d'une différenciation spécifique régionale et dépendant des groupes. En partant de la base du schéma des fonctions fondamentales, nous avons différencié entre la mobilité se rapportant aux activités de travail et de loisir, à la desserte scolaire et aux courts transports. En s'appuyant sur la fréquentation et les distances il s'est revelé que le domaine concernant le travail comprenait 48 % de la mobilité totale, suivi du domaine des transports à courtes distances. Selon les lieux où se sont opérées les recherches et selon leur relativité nous avons pu mettre en valeur tout un éventail de types de mobilité, par exemple une importance prépondérante du domaine des transports concernant le travail dans les communes principalement agricoles et loin des centres contre une importance prépondérante concernant le domaine des loisirs sur le lieu de l'analyse dans les centres des villes. Outre des structures socio-économiques et culturelles voire des stades de développement y compris les désirs et les normes sociales des habitants, entrent aussi enligne de compte la situation à l'intérieur de la sphère d'urbanisation, l'aménagement en équipements intercommunaux et la distance pour y parvenir, voire le grade d'aménagement et de liaison au réseau de transports. Lors de l'analyse des trajets (selon les couches sociales et la région) du caractère régional et du choix des moyens de transports (entre autres également des affinités) concernant les diverses activités, il nous fut possible des démontrer le degré d'influence des facteurs nommés (après avoir établi une échelle de priorités entre les différents facteurs: âge, intégration, profession, et revenu ainsi que la présence d'un automobile particulier). Pour ce qui est du degré d'influence des facteurs nommés concernant le comportement de transports dans le domaine des transports pour l'approvisionnement de moyenne distance on a pu constaté qu'avec l'âge les membres des familles interrogées étaient plus sensibles aux distances. Etant donné que ce sont les personnes entre 30 et 45 ans qui parcourent les plus grandes distances, et que — en ce qui concerne la mobilité du travail elles forment le groupe le plus important des travailleurs migrants — nous avons essayé de ne pas tenir compte de la différenciation entre les groupes autochtones et allochtones de la population. En résultat, il s'est confirmé que le groupe des personnes, établies dans un lieu depuis longtemps, parcour ent les plus petites distances tandis que les personnes qui viennent de s'établir dans une localité parcourent bien souvent de plus longues distances à cause d'une affinité au lieu de travail et d'approvisionnement. Il faut ajouter que le statut social joue un rôle prépondérant.

S'appuyant sur les structures de comportement concernant la mobilité dans les différents secteurs d'activité, nous avons pu prouver qu'il n'y a pas seulement des différences spécifiques régionales et concernant les couches sociales mais que des personnes de la même chouche sociale font preuve de différents comportements dans les sphères d'analyse à l'intérieur d'une certaine région. Ceci nous a conduit dans le dernier paragraphe à procéder à une application empirique de la conception d'une géographie des activités de transports c'est-à-dire à la détermination de groupes socio-géographiques vus en tant que groupes qui font preuve du même comportement concernant leur mobilité.

En ce ui concerne la détermination et la répartition régionale de ces groupes on en arrive à la question centrale d'une analyse socio-géographique. Il s'agissait de découvrir cette différenciation de groupes qui par rapport á d'autres groupes se caractérisent par un même comportement en ce qui concerne la fréquentation, les distances et l'usage des transports.

Nous sommes partis d'un questionnaire varié d'activités differenciées et de leurs relations à l'égard des distances. Nous sommes parvenus à différencier onze types fondamentaux de comportement à l'égard des transports qui vont d'une structure fortement orientée sur la région (expression du comportement rural, attaché au terroir) à une structure qui est largement orientée vers l'extérieur (bien souvent dans les communes à caractére citadin ou fortement urbanisées). Ensuite nous avons examiné ces groupes de comportement en les regroupant selon des points communs qui entrent dans le facteurs d'influence — en ce qui concerne les caractéristiques socio-économiques ainsi que la durée de la présence au lieu d'habitation ou la présence d'un automobile particulier. Là aussi le procédé d'un questionnaire séléctioné de ces facteurs nous a permis pour chaque commune et chaque groupe de comportement d'obtenir des informations sur les forces d'influence spécifiques et leur priorité. Nous n'avons pas découvert de sphères influencées uniquement par un seul facteur mais des groupements de facteurs différenciés régionalement et fonctionnellement, où le facteur de la durée de l'habitation dans la localité joue en tant que facteur de variabilité surtout pour les personnes qui sont orientées sur l'intérieur de la région et ainsi la présence de l'automobile joue pour les groupes orientés vers l'extérieur.

D'une façon générale il n'est pas encore possible à l'aide des analyses empiriques d'établir une théorie de comportement concernat la mobilité; ces analyses cependant nous permettent, en relation avec les études comparables éffectuées en BRD et aux USA de faire un premier pas pour y parvenir.

Резюме

Число исследований предмета и методов географии, как по общим вопросам, так и в отношении отдельных частных дисциплин, за последние годы вновь значительно возросло.

Настоящее исследование также является попыткой внести вклад в дальнейшую разработку географии людей, причём наряду с регионально дифференцированным анализом структурных образцов и протекания процессов, связанных с пространственным перемещением человеческих групп вторая, имманентная область задач заключалась в анализе скрывающихся за этими организационными формами влияющих сил. Целью усилий являлся учёт общих условий пространственного поведения человеческих групп на длительный период.

Вследствие комплексного характера факторов и переплетений в региональной области была предпринята попытка исходить при задуманном продолжении представлений функциональной географии миграций путём использования положений социальной географии из межпредметного подхода, имея основой самые различные специальные области науки о миграции. Наряду с разработкой миграционной географии на основе социальной географии ставилась также задача изображения возможной дальнейшей разработки социально-географического плана в аспекте вопросов дифференциации основных функций по степени важности на основании миграционных перемещений социально-географических групп как групп однородного миграционного поведения и пределов досягаемости при региональной и групповой дифференциации. В качестве влияющих сил наряду с социально-экономическими факторами принимались такие переменные величины, как положение или пространственная близость к отдельным населённым пунктам, удобство сообщения или степень урбанизации района.

Первая часть работы характеризует предпосылки и гипотезы эмпирико-теоретических соотносительных рамок вплоть до разработки избранных вопросов миграции. Особенно подчёркивается закрепление в социально-географическом плане, пределы перемещения социально-географических групп в рамках различных основных функций берутся в качестве основы системы миграционных процессов. Положение, отдалённость и функциональная соотнесённость становятся основными элементами пространственного анализа, процессы миграционных перемещений рассматриваются как следствие действий человеческих групп.

Обзор стадий разработки географии миграции начиная от Коля и Хеттнера служит другим частным аспектом работы по характеристике конкретной исследуемой территории. Историческое рассмотрение географии транспортного сообщения показывает, что здесь имеет место пример частной географической дисциплины, в которой особенно ясно проявляется социальная и технологическая перемена. Это находит своё отражение как в выборе объектов исследования, так и в способе рассмотрения. Техническое развитие средств и путей ссобщения, от возрастания значения железной дороги и соответствующих вспомогательных средств, затем автомобиля, а с 30-х годов и самолёта, вполне может считаться ведущей линией и в развитии географии миграции. Пути и средства сообщения находились в центре внимания исследований, что находит ясное выражение в определении Хеттнера относительно географии миграции как «учения о распространении условий сообщения по Земле и дифференцированно в различных частях Земли».

Отчётливое изменение проявилось по мере увеличения интереса к функциональному подходу, причём теперь центральным объектом рассмотрения стал район миграции по Отрембе. Несмотря на то, что представление теории сил и анализ действия является значительным шагом вперёд по сравнению, например, с морфогенетико-статистическим подходом, человек как инициатор процесса миграции продолжает оставаться в конце причинной цепи пути сообщения, транспортные устройства, средства сообщения и перевозимый материал. Проект географии миграционной деятельности был направлен на изменение такого порядка рассмотрения, поскольку сообщение есть предпосылка и ондовременно следствие всякой пространственной деятельности человека; а также проект был направлен на соединение этого подхода с представлением пространственной деятельности конкретных человеческих групп при осуществлении их основных функций.

Во второй части исследования дискутируется методико-эмпирический подход к исследованиям на местности в южнобаварском регионе. Наряду с расположением места с точки зрения удобства сообщения, транспортным обслуживанием и с различными информационными и коммуникативными системами (представленными, например, размерами телефонной абонентной сети, количеством подписчиков на газеты и членством в обществах), выступающими в качестве типовых условий для образцов пространственной деятельности, здесь речь идёт об объяснении способов измерения наблюдаемых, количественно измеримых функционально обусловленных видов поведения. Основой эмпирического анализа здесь является с одной стороны район южнее Дуная, который как в отношении факторов местоположения, так и относительно образцов социоэкономических структур и переплетений охватывает широкий спектр самых разнообразных типов общин.

С другой стороны, вследствие отказа от полного исследования, но с намерением собрать данные по крупным районам, было проведено выборочное исследование в 40 региональных и внутригородских (в Кемптене и Мюнхене) районах. Дифференцированный опрос членов семей — в отличие от наиболее часто используемым исследованиям времени бюджета — представлял собой анализ потребностей в области миграции.

Третья часть исследования посвящена анализу образцов миграционной деятельности, систем пределов перемещения и выбора средств сообщения с дифференциацией по регионам и группам. В связи со схемой основных функций проводилось различие между миграцией к месту работы, торговым точкам, местам проведения свободного времени и к учебным заведениям. Уже при определении удельного веса этих различных видов миграции на основании частоты и длительности процессов оказалось, что миграция к месту работы составляет 48 %, опережая миграцию к предприятиям торговли.

При определении относительного удельного веса видов миграции в исследуемом регионе проявился широкий спектр форм проявления: например, первостепенная роль миграции на работу в отдалённых, в значительной степени ориентирующихся на сельское хозяйство общинах по отношению к первостепенной роли миграции к местам проведения свободного времени внутри города. Можно констатировать, что для образцов регионального распределения этих видов деятельности наряду с социоэкономическими и социокультурными структурами или стадиями развития, включая представления и общественное положение жителей, в качестве влияющих факторов играют роль расположение внутри района урбанизации, наличие населённых пунктов и расстояние до них, или степень развития сообщения.

При анализе пределов миграции (дифференцированно по слоям и регионам), географического вида района и выбора средств сообщения (в том числе и склонностей) внутри отдельных видов миграции были разработаны специальные параметры влияния (типа шкалы приоритета между величинами: возрастные слои, интегрированные слои, профессиональные слои и имущественные слои, а также фактор владения легковым автомобилем).

Относительно выбранных параметров влияния пространственного поведения в области миграции к торговым точкам с целью покрытия потребностей на средние сроки, в частности, выяснилось, что с увеличением возраста опрошенных членов семей повышается чувствительность к расстояниям. Поскольку в возрастном слое 30—45-летних наблюдаются наибольшие пределы миграции и этот слой в рамках миграции к месту работы составляет основную часть маятниковых мигрантов, то было прослежено, насколько здесь оказывает особое влияние дифференциация между аллохтонными автохтонными группами населения. Исследование подтвердило, что автохтонные группы, как правило, проделывают более короткий путь к торговым точкам, в то время как аллохтоны, нередко идентифицируя населённый пункт, в котором они работают, с местом, пригодным для совершения покупок, зачастую покрывают бо́льшие расстояния. Однако при этом важную роль играет и социальный статус.

На основании образцов пространственного поведения в различных видах деятельности было показано, что последние имеют различия не только по слоям и регионам, но что и у лиц одного слоя с региональной точки зрения наблюдаются различные виды поведения. Это привело в конечном итоге к последнему разделу эмпирического превращения плана географии миграционной деятельности, а именно к определению социальногеографических групп как групп аналогичного миграционного поведения.

Относительно определения и регионального распределения этих групп мы приходим к главному вопросу социальногеографически построенного исследования. При этом необходимо найти такую групповую дифференциацию, которая по отношению к другим группам характеризовалась различными образцами поведения, а внутри группы — аналогичным поведением относительно частоты участия, пределов миграции и использования средств сообщения. При этом мы исходим из комплексно-сопряжённой матрицы выбранных видов деятельности и их дальностных соотношений. Результатом явились 11 основных типов миграционного поведения — от образцов со значительной ориентацией вовнутрь (выражение привязанности поведения в сельском районе) до образцов со значительной внешней ориентацией (зачастую в городских или более урбанизированных общинах).

Во-вторых, эти поведенческие группы были проверены с точки зрения возможных общих связок параметров влияния, в отношении социоэкономических признаков, а также длительности пребывания в месте жительства или владения легковым автомобилем. При этом метод выбора этих факторов с помощью матрицы позволил получить информацию по каждой общине и каждой поведенческой группе относительно конкретных влияющих сил или их последовательности. Чисто моноструктурные комбинации влияющих величин при этом не возникали, а обнаружились регионально и функционально дифференцированные нагромождения, причём фактор длительности проживания в населённом пункте, в особенности у лиц с ориентированием вовнутрь и факт владения легковым автомобилем у групп с внешним ориентированием выступают в качестве объяснительных переменных величин.

В целом эмпирический анализ не даёт возможности построить теорию пространственного поведения, однако в сочетании со сравнимыми исследованиями в ФРГ и США он позволяет осуществить первые шаги в этом направлении.

LITERATURVERZEICHNIS

Abele, G.: Abgrenzung und Bewertung der Geschäftszentren von Karlsruhe, in: Karlsruher Geographische Hefte, Bd. 3, Karlsruhe 1968, S. 37—51.

Ackroyd, L. W.: Traffic flows patters on a rural motorway: a comparison with some other types of highway, in: The East Midland Geographer, Vol. 5, Part 3, Nottingham 1971, S. 144—150.

Ahner, H.: Betriebs- und volkswirtschaftliche Konsequenzen eines unentgeltlichen Angebots der öffentlichen Nahverkehrsmittel in Ballungsräumen, Institut für Verkehrswirtschaft und öffentliche Wirtschaft der Universität München unter Leitung von Prof. Dr. K. Oettle, München 1970.

Albrecht, J.: Untersuchungen zum Wochenendverkehr der Hamburger Bevölkerung, Teil A, Die Wochenendverkehrsregion, Hamburg o. J. (1967).

Aldskogius, H.: Recreational day trip patterns in urban regions: some thoughts on the relationship between information and activity space, in: Frankfurter Wirtschafts- und Sozialgeograph. Schriften, Frankfurt/M., 1974, H. 17, S. 137—156.

Arndt, F., Baubkus, L., Lorenz, J., und Wolf, K.: Das Freizeitverhalten der Bevölkerung in der Frankfurter Nordwest-Stadt, H. 75 d. Rhein-Mainischen Forschungen, Frankfurt/M. 1972.

Asemann, K. H.: Einpendler und Auspendler in Frankfurt/Main, in: Statist. Monatsberichte d. Statist. Amtes d. Stadt Frankfurt/Main, Sonderheft 26, 1972.

— Der Weg zum Arbeitsplatz. Eine Untersuchung über die innerstädtischen Pendelwanderung in Frankfurt/Main, in: Statist. Monatsberichte d. Statist. Amtes d. Stadt Frankfurt/Main, Sonderheft 16, 1964.

Atteslander, P.: Der Begriff der Nachbarschaft in der neueren Gemeindesoziologie, in: Schweizerische Zeitschrift für Volkswirtschaft und Statistik, 96. Jg., 1960, S. 443 ff.

— Methoden der empirischen Sozialforschung, Berlin 1971.

Aust, B.: Stadtgeographie ausgewählter Sekundärzentren in Berlin/West, in: Abhandl. d. Geograph. Inst. d. FU Berlin, Bd. 16, Berlin 1970.

Autorenkollektiv: Das Zeitbudget der Bevölkerung, H. 42 d. Zeitschriftenreihe Planung und Leitung d. Volkswirtschaft, Berlin 1970.

Backé, B.: Die sozialräumliche Differenzierung in Floridsdorf, in: Diss. d. Universität Wien, H. 9, Wien 1968.

Bähr, J.: Gemeindetypisierung mit Hilfe quantitativer statistischer Verfahren, Beispiel Regierungsbezirk Köln, in: Erdkunde, Bd. 25, 1971, H. 4, S. 249—264.

Bahrdt, H. P., Nachbarschaft oder Urbanität, in: Bauwelt, 51. Jg., 1960, S. 1467 ff.

— Die moderne Großstadt, Hamburg 1969.

Bahrenberg, G.: Räumliche Betrachtungsweise und Forschungsziele der Geographie, in: Geographische Zeitschrift, 60. Jg., 1972, H. 1, S. 8—24.

Barr, B. und Smillie, K.: Some spatial interpretations of alternative optimal and suboptimal solution to the transportation problem, in: the Canadian Geographer, Vol. XVI, H. 4, 1972, S. 356—364.

Bartels, D.: Nachbarstädte, Eine siedlungsgeographische Studie anhand ausgewählter Beispiele aus dem westlichen Deutschland, in: Forsch. z. deutschen Landeskunde, Bd. 110, Remagen 1960.

— Das Problem der Gemeindetypisierung, in: Geograph. Rundschau, 17. Jg., 1965, H. 1, S. 22—25.

— Zur wissenschaftstheoretischen Grundlegung einer Geographie des Menschen, in: Beihefte zur Geographischen Zeitschrift, H. 19, Wiesbaden 1968.

— Der Harmoniebegriff in der Geographie, in: Die Erde, 1969, 100. Jg., S. 124—137.

Baumann, H.: Wirtschafts- und verkehrsgeographische Auswirkungen von Sportveranstaltungen hohen Publikumsinteresses, Diss. Universität Erlangen bei Prof. Dr. E. Wirth, Erlangen 1972.

Baureferat der Stadt München: Stadtplanung in München, Münchner Stadtverkehr, Bericht 1972, München 1972.

— Stadtplanung in München, Der fließende Verkehr, München 1972.

Bayer. Staatsministerium f. Landesentwicklung u. Umweltfragen: Programm Zentrale Orte und Nahbereiche in Bayern innerhalb des Landesentwicklungsprogrammes, München 1972.

Bayer. Staatsministerium f. Unterricht u. Kultus: Schulreport, München 1971, H. 1, S. 10—13.

— Schulreport, München 1974, H. 2, S. 26.

Bayer. Staatsministerium f. Wirtschaft u. Verkehr: Programm zur Regionalförderung von Industrieansiedlungen, München 1973.

Bayer. Staatsregierung: Programm Bayern I, München 1970.

— Gesamtverkehrsplan Bayern, München 1970, Kurzfassung.

— Raumordnungsbericht Bayern 1971, München 1971.

— 2. Raumordnungsbericht, München 1973.

Bayer. Stat. Landesamt: Gemeindedaten, München 1973.

Becker, Chr.: Unmittelbare Auswirkungen einer Autobahn auf den von ihr durchzogenen ländlichen Raum (Beispiel Autobahn-Hansalinie), in: Informationen, 22. Jg., 1972, H. 1, S. 1—24.

Berenschot, H. W.: De factor „afstand" in het model van een recreatieplan, in: stedeboeuv & volkshuisvesting, 1971, H. 2, S. 69—73.

Berger, H.: Die Einpendlerzentren Bayerns und deren Einzugsgebiete, in: Bayern in Zahlen, 1971, H. 4, S. 114—116.

— Verkehrsmittel und Zeitaufwand für Arbeits- und Schulwege, in: Zeitschrift d. Bayer. Stat. Landesamtes, 103. Jg., 1973, H. 2, S. 109—115.

Bericht d. Sachverständigen-Kommission (Brand-Kommission): Maßnahmen zur Verbesserung der Verkehrsverhältnisse der Gemeinden, BT-Drucksache IV/2661, Bonn 1964.

Bericht d. Sachverständigen-Kommission: für die Neugliederung des Bundesgebietes, Bonn 1972.

Berry, B. J. L.: Geography of Market Centers and Retail Distribution, Englewood Cliffs 1967.

— Die wechselseitige Abhängigkeit zwischen Bewegungen im Raum und räumlichen Strukturen, in: Geographische Zeitschrift, 59. Jg., 1971, H. 2, S. 82—100.

— A paradigm for modern geography, in: Directions in Geography (ed. by R. J. Chorley), London 1973, S. 3—21.

— Retail location and consumer behaviour, in: Papers and Proceedings of the Regional Science Association, 9. Jg., 1962, S. 65—106.

Beery, B. J. L., und Garrison, W. L.: A note on central place theory and the range of a good, in: Economic Geography, Vol. 34, 1958, S. 304—311.

Besch, H. W.: Geographische Aspekte bei der Einführung von Dörfergemeinschaftsschulen in Schleswig-Holstein, H. 1, Bd. 26 d. Schriften d. Geograph. Inst. d. Universität Kiel, Kiel 1966.

Bichlmaier, F.: Die Erholungsfunktion des Waldes in der Raumordnung, in: Forstwirtschaftl. Centralblatt, H. 52, Hamburg 1969.

Blum, O.: Betrachtungen zur Eisenbahngeographie, in: Archiv für das Eisenbahnwesen, 1920.

Bobek, H.: Grundfragen der Stadtgeographie, in: Geographischer Anzeiger, 28. Jg., 1927, S. 213—224.

— Innsbruck, Eine Gebirgsstadt, ihr Lebensraum und ihre Erscheinung, in: Forschungen zur deutschen Landes- u. Volkskunde, 25. Bd., Stuttgart 1928.

— Stellung und Bedeutung der Sozialgeographie, in: Erdkunde, 1948, Bd. 2, S. 118—126.

— Über den Einbau der sozialgeographischen Betrachtungsweise in die Kulturgeographie, in: Tagungsber. u. wiss. Abh. d. Geographentages Köln 1961, Wiesbaden 1962, S. 148—165.

— Bobek, H.: Die Theorie der zentralen Orte im Industriezeitalter, in: Tagungsber. und wiss. Abh. d. Dt. Geographentages, Bad-Godesberg 1967, Wiesbaden 1969, S. 199—207.

— Die Entwicklung der Geographie-Kontinuität oder Umbruch?, in: Mitt. d. Österr. Geograph. Ges., Bd. 114, H. 1/2, 1972, S. 3—17.

Böhme, U.: Grundlagen zur Berechnung des städtischen Personenverkehrs, Diss. TU Dresden, Dresden 1970.

Bökemann, D.: Das innerstädtische Zentralitätsgefüge, dargestellt am Beispiel der Stadt Karlsruhe, Karlsruhe 1967.

Böventer, E. v.: Wirtschaftstheoretische Aspekte des Fremdenverkehrs, in: Wiss. Zeitschrift d. Hochschule f. Verkehrswesen „Friedrich-List" in Dresden, 14. Jg., 1967, H. 2, S. 519—527.

Borcherdt, Chr.: Die neuere Verkehrserschließung in Venezuela und ihre Auswirkungen in der Kulturlandschaft, in: Die Erde, 99. Jg., 1968, S. 42—76.

— Zentrale Orte und zentralörtliche Bereiche, in: Geographische Rundschau, 22. Jg., 1970, H. 12, S. 473—483.

— Versorgungsorte und zentralörtliche Bereiche im Saarland, in: Geographische Rundschau, 25. Jg., 1973, H. 2, S. 48—54.

Borcherdt, Chr., Grotz, R., Kaiser, K. und Kulinat, K.: Verdichtung als Prozeß, dargestellt am Beispiel des Raumes Stuttgart, in: Raumforschung und Raumordnung, 29. Jg., 1971, H. 5, S. 201—207.

Borchert, G.: Methoden wirtschaftsräumlicher Gliederung in Entwicklungsländern, in: Hamburger Geograph. Studien, H. 24, Hamburg 1971.

Boustedt, O.: Die zentralen Orte und ihre Einflußbereiche, in: Lund-Studies in Geography, Ser. B., Bd. 24, Lund 1962, S. 201 ff.

— Stichwort Pendelverkehr, in: Handwörterbuch f. Raumforschung und Raumordnung, 1. Aufl., Hannover 1970, Sp. 2282 ff.

Boysen, L.: Schiffs-, Tonnen- und Personenfrequenz auf dem Atlantischen Ozean, Diss. Berlin 1890.

Brandes, H.: Struktur und Funktion des Personen- und Güterverkehrs in der Stadtlandschaft Hamburg, in: Hamburger Geogr. Studien, H. 12, Hamburg 1961.

Braun, G.: Komplexes Faktorensystem räumlicher und zeitlicher Bewegungen, in: Würzburger Geograph. Arbeiten, H. 37, Würzburg 1972, S. 1—28.

Buchholz, H. G.: Formen städtischen Lebens im Ruhrgebiet, in: Bochumer Geographische Arbeiten, H. 8, Bochum 1966.

Burckhardt, G.: Kritisches zur Verkehrsisochrone, in: Der Schweizer Geograph, 11. Jg., Basel 1934, S. 9—11.

Carl, D.: Koordinierte Verkehrsplanung in Stadtregionen, Bonn/Bad Godesberg 1969.

Carol, H.: Zur Diskussion um Landschaft und Geographie, in: Geographica Helvetica, 11. Jg., 1956, S. 111—133.

— Sozialräumliche Gliederung und planerische Gestaltung des Großstadtbereiches, dargestellt am Beispiel Zürich, in: Raumforschung und Raumordnung, 14. Jg., 1956, H. 2/3, S. 80—92.

— Die Geschäftsstraßen der Großstadt, dargestellt am Beispiel der Stadt Zürich, in: Berichte z. Landesforschung u. Landesplanung, 1959, H. 3, S. 132—144.

— Hierarchie der Funktionen innerhalb der City, in: Lund-Studies in Geography, Serie B, Bd. 24, Lund 1962, S. 555 ff.

— Zur Theorie der Geographie, in: Mitt. d. Österr. Geograph. Ges. zu Wien, 105 Jg., 1963, S. 23—38.

Chapin, F. S., und Hightower, H. C.: Household activity systems — a pilot investigation, Center for urban and regional studies, Institute for Research in Social Sciences, University of North Carolina, Chapel Hill 1966, S. 76—81.

Chatchaturow, T. S.: Ökonomik des Transportwesens, Berlin (Ost) 1962.

Chatelain, A.: Le journal, facteur géographique des régionalisme, in: Revue de Géographie de Lyon, 1948, S. 55—59.

— La Géographie du journal, in: Annales, 1955, S. 554—558.

Christaller, W.: Die Parallelität der Systeme des Verkehrs und der zentralen Orte, dargestellt am Beispiel der Schweiz, in: Tagungsber. u. wiss. Abh. d. Dt. Geographentages Frankfurt/M. 1951, Remagen 1952, S. 159—163.

— Formen und Gründe des Pendelns, in: Bd. 365 d. Forschungsberichte d. Wirtschafts- u. Verkehrsministeriums d. Landes Nordrhein-Westfalen, Düsseldorf 1957, S. 124—256.

— Wochenendausflüge und Wochenendsiedlungen, wichtige Nebenerscheinungen im modernen Fremdenverkehr, 18. Jg., 1966, H. 9, S. 6—9.

— Die zentralen Orte in Süddeutschland, 2. Aufl., Darmstadt 1968.

Clauss, Chr.: Karten des Verkehrs und des Fremdenverkehrs in Nationalatlanten, in: Petermanns Geographische Mitteilungen, 112. Jg., 1968, S. 222—237.

Claval, P.: L'espace en géographie humaine, in: The Canadian Geographer, Vol. XIV, 1970, H. 2, S. 110—124.

Crkvenčić, I.: Die Folgen der Urbanisierung in Jugoslawien am Beispiel der sozial-ökonomischen Struktur der Pendler und des Stadtrandes von Zagreb, in: Münchner Studien z. Sozial- u. Wirtschaftsgeographie, Bd. 4, Kallmünz/Regensburg 1968, S. 57—65.

Czinki, L., Wochenendfreizeit in den Freiräumen Nordrhein-Westfalens, ein Beitrag zu Modellvorstellungen der Landesplanung, H. 15 d. AHT-Schriftenreihe, Essen 1974.

Czinki, L. und Zühlke, W.: Erholung und Regionalplanung, in: Raumforschung und Raumordnung, 1966, H. 4, S. 155—164.

Demangeon, A.: Problèmes de Géographie humaine, Paris 1947.

Dheuss, E.: Die Entwicklung des Kraftfahrzeugbestandes in München, in: Münchner Statistik, 1973, H. 4, S. 195—203.

Dickinson, R.: The Geography of Community in West Germany, in: Annals of the Association of American Geographers, 1959, Bd. 49, H. 4, S. 443—456.

Dove, K.: Ziele und Aufgaben der Verkehrsgeographie, in: Petermanns Geographische Mitteilungen, 56. Jg., 1910, S. 1—5.

Dovivat, E.: Zeitungslehre, Bd. I, Berlin 1967.

Dress, G.: Raumrelevantes Freizeitverhalten in einer urbanisierten Fremdenverkehrsgemeinde, dargestellt am Beispiel Garmisch-Partenkirchen, unveröffentl. Zul.-Arbeit am Wirtschaftsgeograph. Inst. d. Universität München unter Leitung von Prof. Dr. K. Ruppert, München 1972.

Drexler, O.: Die Entwicklung der Verkehrsgeographie und ihre Stellung im System der Allgemeinen Geographie, unveröffentl. Seminararbeit am Wirtschaftsgeograph. Inst. d. Universität München unter Leitung von Prof. Dr. K. Ruppert, München 1972.

Dürr, H.: Boden- und Sozialgeographie der Gemeinden um Jesteburg/Nördliche Lüneburger Heide, H. 26 d. Hamburger Geograph. Studien, Hamburg 1971.

— Empirische Untersuchungen zum Problem der sozialgeographischen Gruppe: der aktionsräumliche Aspekt, in: Münchner Studien z. Sozial- und Wirtschaftsgeographie, Bd. 8, Kallmünz/Regensburg, 1972, S. 71—81.

Feneberg, M.: Kempten als zentraler Ort und seine Auswirkungen auf die innerstädtische Differenzierung, unveröffentl. Manuskript, München 1973.

Fiegl, H.: Schneefall und winterliche Strassenglätte in Nordbayern als witterungsklimatologisches und verkehrsgeographisches Problem, in: Mitt. d. Fränk. Geograph. Ges., Bd. 9, Erlangen 1963, S. 1—52.

Fischer, E.: Der Ausflugsverkehr der Städte Osnabrück, Oldenburg und Emden. Eine vergleichende Untersuchung, in: Neues Archiv für Niedersachsen, 21. Jg., 1972, H. 2, S. 108—131.

Fochler-Hauke, G.: Verkehrsgeographie, in: Westermanns Das Geographische Seminar, 3. Aufl., Braunschweig 1972.

Forsteneichner, K.: Sozialgeographische Probleme des Olympia-Einkaufszentrums, unveröffentl. Zul.-Arbeit am Wirtschaftsgeograph. Inst. d. Universität München unter Leitung von Prof. Dr. F. Schaffer, München 1972.

Friedrich, E.: Geographie des Welthandels und Weltverkehrs, Jena 1926, 2. Aufl., bearb. von W. Schmidt, Jena 1930.

Freisitzer, K.: Die Freizeit- und Naherholungsgewohnheiten der Grazer, in: Berichte z. Raumforschung und Raumplanung, 15. Jg., 1971, H. 6, S. 21—28.

Freitag, U.: Verkehrskarten, Systematik und Methodik der kartographischen Darstellung des Verkehrs mit Beispielen zur Verkehrsgeographie des mittleren Hessen, in: Giessener Geograph. Schriften, Gießen 1966, H. 8.

Galton, F.: On the construction of isochronic passage-charts, in: Proceedings of the Royal Geographical Society of London, Bd. 3, London 1881, S. 657/658.

Ganser, K.: Stadtgeographische Fragestellungen und Flächennutzungsplan am Beispiel von München, in: Nürnberger wirtschafts- und sozialgeographische Arbeiten, Bd. 5, Nürnberg 1966, S. 193—207.

— Sozialgeographische Gliederung der Stadt München aufgrund der Verhaltensweisen der Bevölkerung bei politischen Wahlen, in: Münchner Geographische Hefte, H. 28, Kallmünz/Regensburg 1966.

— Pförring- Modelluntersuchung zur Dorferneuerung, in: H. 30 d. Münchner Geograph. Hefte, Kallmünz/Regensburg 1967.

— City München, in: Topographischer Atlas Bayern (hrsg. v. H. Fehn), München 1968, S. 240.

— Pendelwanderung in Rheinland-Pfalz, Struktur, Entwicklungsprozesse und Raumordnungskonsequenzen, Mainz 1969.

— Planungsbezogene Erforschung zentraler Orte in einer sozialgeographisch prozessualen Betrachtungsweise, in: H. 34 d. Münchner Geographischen Hefte, Kallmünz/Regensburg 1969, S. 45—56.

— Die Entwicklung der Stadtregion München unter dem Einfluß regionaler Mobilitätsvorgänge, in: Mitt. d. Geograph. Gesell. München, 55. Bd., 1970, S. 45—76.

— Grundlagenuntersuchung zur Altstadtentwicklung Ingolstadts, in: Münchner Geographische Hefte, H. 36, Kallmünz/Regensburg 1973.

Gauthier, H. L.: Geography Transportation and regional development, in: Economic Geography, Vol. 46, No. 4, 1970, S. 612—619.

Geiger, M.: Ermittlung des Zeitgewinnes im Verkehr und seine volkswirtschaftliche Bewertung, München 1971.

Geipel, R.: Sozialräumliche Strukturen des Bildungswesens, Studien zur Bildungsökonomie und zur Frage der gymnasialen Standorte in Hessen, Frankfurt/M. 1965.

— Der Standort der Geographie des Bildungswesens innerhalb der Sozialgeographie, in: Münchner Studien zur Sozial- und Wirtschaftsgeographie, Bd. 4, München 1968, S. 155—161.

— Die Universität als Gegenstand sozialgeographischer Forschung, in: Mitt. d. Geograph. Gesell. München, Bd. 56, 1971, S. 17—32.

Geissler, C.: Hochschulstandorte-Hochschulbesuch, Hannover 1965.

Gerhardt, H.: Verkehrserzeugung und Verkehrsprognose des Personenverkehrs in Ballungsgebieten, in: H. 19 der Verkehrswissenschaftlichen Studien d. Universität Hamburg, Göttingen 1971.

Gerhardt, J.: Die Pendelbewegung in der Region Hamburg/Umland (I), in: Hamburg in Zahlen, 1973, H. 6, S. 211—219.

Gerling, W.: Die Problematik der Sozialgeographie, Würzburg 1968.

Gesellschaft f. Konsumgüterforschung: Urlaubsreisen, Nürnberg 1963.

Gläser, H.: Zu Problemen des Verkehrs in Naherholungsgebieten unter besonderer Berücksichtigung des Straßenverkehrs — dargestellt am Beispiel der Hauptstadt der DDR, Berlin, in: Geographische Berichte, 59. Jg., 1971, H. 2, S. 134—150.

Gleichmann, P.: Sozialwissenschaftliche Aspekte der Grünplanung, Stuttgart 1963.

— Der Zweck eines allgemeinen Freizeitkonzepts und seine verhaltenswissenschaftlichen Grenzen, in: Landschaft und Stadt, 1. Jg., 1969, H. 4, S. 173—176.

Gleissner, E.: Transportelastizität und wirtschaftliche Entwicklung, Ein internationaler Vergleich, in: Schriftenreihe des IFO-Instituts für Wirtschaftsforschung, Nr. 65, Berlin-München 1967.

Götz, W.: Die Aufgaben der „wirtschaftlichen" Erdkunde (Handelsgeographie), in: Zeitschrift d. Ges. f. Erdkunde, 17. Jg., Berlin 1882.

Gradmann, R.: Süddeutschland, Stuttgart 1931, Bd. 2.

— Das ländliche Siedlungswesen des Königreiches Württemberg, in: Forschungen z. deutschen Landeskunde, Bd. 21, Stuttgart 1913, S. 1 ff.

Green, F. H. W.: Urban Hinterlands in England and Wales, in: An Analysis of Bus Services, The Geographical Journal, 116. Jg., 1950, S. 64—81.

Greipl, E.: Einkaufszentren in der Bundesrepublik Deutschland, Bedeutung sowie Grundlagen und Methoden ihrer ökonomischen Planung, Nr. 79 d. Schriftenreihe d. Ifo-Instituts f. Wirtschaftsforschung, Berlin-München 1972.

Grimm, F., Hönsch, J., Taege, G.: Gebietliche Zentren in der DDR und ihre verkehrsbezogenen Dominanzbereiche, in: Geographische Berichte, 1972, H. 3/4, S. 205—217.

Grötzbach, E.: Geographische Untersuchung über die Kleinstadt der Gegenwart in Süddeutschland, in: Münchner Geographische Hefte, H. 24, Kallmünz/Regensburg 1963.

Günzel, R.: Freizeitzentren, Teil einer Hamburger Freiflächenkonzeption, in: Stadtbauwelt, 1972, H. 34, S. 114—120.

Habekost, H., Heidemann, C., Stapf, K.-H.: Die Hausfrau in ihrer städtischen Umwelt — Eine empirische Studie zur urbanen Ökologie am Beispiel Braunschweigs, Heft 4 d. Veröff. d. Inst. f. Stadtbauwesen d. TH Braunschweig 1969.

Hägerstrand, T.: What about people in regional science?, in: Papers of the Regional Science Association, 24. Jg., 1970, S. 7—21.

— Aspekte der räumlichen Struktur von sozialen Kommunikationsnetzen und der Informationsausbreitung, in: Wirtschafts- und Sozialgeographie (hrsg. v. D. Bartels), Köln-Berlin 1970, S. 367—379.

Haggett, P. und Chorley, R. J.: Network Analysis in Geography, London 1969.

Hahn, H.: Der Einfluß der Konfessionen auf die Bevölkerungs- und Sozialgeographie des Hunsrücks, in: Bonner Geographische Abhandlungen, H. 4, Bonn 1950.

— Sozialgruppen als Forschungsgegenstand der Geographie, in: Erdkunde, 1957, Bd. 11, S. 40 ff.

Hambloch, H.: Allgemeine Anthropogeographie, Wiesbaden 1972.

Hanson, S. und Marble, D. F.: A prelimary topology of urban travel linkages, in: East lakes Geographer, Vol. 7, 1971, S. 49—59.

Hantschel, R.: Entwicklung, Struktur und Funktion kleiner Städte in einem Ballungsgebiet, dargestellt an Beispielen aus dem südlichen Umland von Frankfurt/M., in: Rhein-Mainische Forsch., H. 71, Frankfurt/M. 1972, S. 85—222.

Hantschk, W.: Die City-Detailstudien zur Standortdifferenzierung von Einzelhandelgeschäften im Geschäftszentrum von München, in: Tagungsber. u. wiss. Abh. d. Dt. Geographentages Bad Godesberg 1967, Wiesbaden 1968, S. 133—138.

Hard, G.: Die Geographie. Eine wissenschaftstheoretische Einführung, Sammlung Göschen, Bd. 9001, Berlin/New York 1973.

Hartenstein, W., Lutz, W.: City München, Eine Untersuchung der wirtschaftlichen Struktur und Dynamik der Münchner Innenstadt, in: Veröffentl. d Inst. f. angewandte Sozialwissenschaft, Bd. 4, Frankfurt/M. 1963.

Hartke, W., Das Arbeits- und Wohnortsgebiet im Rhein-Mainischen Lebensraum, in: Rhein-Mainische Forschungen, H. 18, Frankfurt 1936.

— Pendelwanderung und kulturgeographische Raumbildung im Rhein-Main-Gebiet, in: Petermanns Geographische Mitteilungen, 85. Jg., 1939, H. 6, S. 185—190.

— Gliederung und Grenzen im Kleinen, in: Erdkunde, 1948, Bd. II, S. 174 ff.

— Die Zeitung als Funktion sozialgeographischer Verhältnisse im Rhein-Main-Gebiet, in: Rhein-Mainische Forschungen, H. 32, Frankfurt/M. 1962, S. 7—18 u. S. 26—32.

— Gedanken über die Bestimmung von Räumen gleichen sozialgeographischen Verhaltens, in: Erdkunde, 13. Jg., Bonn 1959, S. 426—436.

— Die Grundprinzipien der sozialgeographischen Forschung, in: Geographical Papers, No. 1, Zagreb 1970, S. 105—110.

Harvey, E.: Explanation in Geography, London 1969.

Hassert, K.: Neuere Beiträge zur Geographie und Kartographie der Eisenbahnen, in: Mitt. d. Vereins d. Eisenbahner Dresden, 1926, S. 94—111.

— Allgemeine Verkehrsgeographie, 2. Aufl., Berlin 1931.

Hassinger, H.: Beiträge zur Siedlungs- und Verkehrsgeographie von Wien, in: Mitt. d. Geograph. Ges. in Wien, 53. Bd., Wien 1910, S. 5—88.

Haufe, H.: Die geographische Struktur des deutschen Eisenbahnverkehrs, in: Veröff. d. Geograph. Seminars d. Universität Leipzig, H. 2, Langensalza 1931.

Haushofer, M.: Eisenbahngeographie. Eine Darstellung des modernen Weltverkehrs mit besonderer Berücksichtigung der Eisenbahnen, Stuttgart 1875.

Haverkampf, H.-E., Lölhöffel, D. v., Trutzel, K.: Umfragen '71 zur Stadtentwicklung, in: Beiträge zum Nürnberg-Plan der Stadt Nürnberg, Reihe C, H. 1, 1971.

Heidemann, C.: Gesetzmäßigkeiten städtischen Fußgängerverkehrs, in: Forschungsarbeiten aus dem Straßenwesen, N. F., H. 68, Bad Godesberg 1967.

Heil, K.: Empirische Erfassung zentraler Orte in großstädtischen Verdichtungsräumen, in: H. 34 d. Münchner Geograph. Hefte, Kallmünz/Regensburg 1969, S. 29—39.

— Kommunikation und Entfremdung, Stuttgart 1971.

Heinze, G. W., und Kypke-Burchardi, B. K.: Regionalstruktur und Verkehrsaufkommen, in: Jahrbuch f. Sozialwissenschaft, 1972, H. 3, S. 321—341.

Helfrich, P.: Verkehrsdienliche ländliche Räume im öffentlichen Straßenpersonenverkehr, in: Forsch. u. Sitz.-ber. d. Akad. f. Raumforschung und Landesplanung, Bd. 57, Hannover 1969, S. 117—128.

Herold, A.: Die Rhön- und Spessartautobahnen, ihre geographischen Grundlagen, verkehrs- und wirtschaftsgeographischen Verflechtungen und kulturlandschaftlichen Auswirkungen, in: Würzburger Geographische Arbeiten, H. 37, Würzburg 1972, S. 233—256.

Hesse, P.: Grundprobleme der Agrarverfassung, dargestellt am Beispiel der Gemeindetypen und Produktionszonen von Württemberg, Hohenzollern und Baden, Stuttgart 1948.

Hettner, A.: Die geographische Verbreitung der Verkehrsmittel des Landverkehrs, in: Zeitschrift d. Ges. f. Erdkunde, Berlin 1894, 29. Jg., S. 271 ff.

— Der gegenwärtige Stand der Verkehrsgeographie, in: Geographische Zeitschrift, Berlin 1897, 3. Jg., S. 624—634 und 695—704.

— Die wirtschaftlichen Typen der Ansiedlungen, in: Geograph. Zeitschrift, 8. Jg., 1902, S. 92—100.

— Allgemeine Geographie des Menschen, Bd. III, Verkehrsgeographie (bearb. von H. Schmidthenner), Stuttgart 1952.

Hochholzer, H.: Geographische Betrachtung zur Bedeutung der Kraftfahrzeuge im Wirtschafts-, Verkehrs- und Kulturleben der Menschheit, in: Zeitschrift f. Wirtschaftsgeographie, 1972, H. 2, S. 41—58.

Höllhuber, D.: Die Perzeption der Distanz im städtischen Verkehrsliniennetz — das Beispiel Karlsruhe-Rintheim, in: Geoforum, 1974, H. 17, S. 43—59.

Hoffmann, H.: Der Ausflugs- und Wochenendausflugsverkehr in der BRD, H. 28 d. DWIF-Schriftenreihe, München 1973.

Hoffmann, R.: Aufgaben und Probleme des Verkehrs in den ländlichen Versorgungsbereichen, in: Forsch.- u. Sitz. berichte d. Akad. f. Raumforschung u. Landesplanung, Bd. 47, Hannover 1969, S. 102 ff.

— Die Bedeutung der Eisenbahnen für den ländlichen Raum, in: Bd. 57 d. Forsch.- u. Sitz. berichte d. Akad. f. Raumforschung u. Landesplanung, Hannover 1969, S. 37—51.

Hohenemser, H.: Hat das städtische Theater ein Zukunft?, in: Die Stadt und ihr Theater, Loccumer Protokolle, 1970, H. 5, S. 53 ff.

Hollmann, H.: Innerstädtische Pendlerstatistik, in: Statist. Monatsberichte Bremen, Bremen 1964, H. 7/8, S. 87 ff.

Homans, G. C.: Funktionalismus, Verhaltenstheorie und sozialer Wandel, in: Theorien des sozialen Wandels, hrsg. v. W. Zapf, 3. Aufl., Köln-Berlin, S. 95—107.

Horn, W.: Die Geschichte der Isorithmenkarten, in: Petermanns Geograph. Mitteilungen, 103. Bd., Gotha 1959, H. 3, S. 225—232.

Horton, E., Reynolds, D. R.: Effects of urban spatial structure on individual behavior, in: Economic Geography, 47. Jg., 1971, No. 1, S. 38—48.

Houghton-Evans, W., und Miles, J. C.: Weekend recreational motoring in the countryside, in: Journal of the Town Planning Institute, Vol. 56, 1970, No. 9, S. 392—397.

Hottes, K. H.: Die zentralen Orte im oberbergischen Land, in: Forsch. z. deutschen Landeskunde, H. 69, Remagen 1954.

— Circulation et transports dans la region Rhin-Ruhr de L'Allemagne, in: acta geographica, 1970, H. 4, S. 261—271.

— Verkehrsgeographischer Strukturwandel im Rhein-Ruhr-Gebiet, in: Geographisches Taschenbuch 1970—1972, Wiesbaden 1972, S. 102—114.

Hottes, K. H., Kühne, D.: Das Verkehrsfeld Lünen/Nord, Eisenbahn- und Busverkehr in ihrem Einfluß auf Lünen am Beispiel des nördlichen Umlandes der Stadt, in: Materialien zur Raumordnung, Bd. I, Bochum 1969.

Hottes, K. H., Meynen, E., Otremba, E.: Wirtschaftsräumliche Gliederung der Bundesrepublik Deutschland, in: Forschungen z. dt. Landeskunde, Bd. 193, Bad Godesberg 1972.

Hundhammer, F.: Die Blumenau — Sozialgeographische Aspekte des Kommunikationsverhaltens in einer Siedlung am Stadtrand, unveröffentl. Zul.-Arbeit am Wirtschaftsgeograph. Inst. d. Universität München unter Leitung von Prof. Dr. F. Schaffer, München 1972.

Hůrský, J.: Thematische Verkehrskarten für den Historischen Atlas der ČSSR, in: Petermanns Geograph. Mitteilungen, 107. Jg., H. 4, 1963, S. 297—303.

Hurst, M. E.: The structure of movement and household travel behavior, in: Urban Studies, Edinburgh 1969, Vol. 6, S. 70 ff.

Hus, E.: Die Einpendler nach München, in: Münchner Statistik, 1972, H. 2, S. 119—124.

— Die Münchner Einpendler nach benutzten Verkehrsmitteln und Zeitaufwand, in: Münchner Statistik, 1973, H. 4, S. 344—364.

IFAS-Institut: Verflechtungen im Raum Hannover, Ergebnisse einer soziologischen Strukturuntersuchung 1962, Bad Godesberg 1963.

— Der Theaterbesuch in Berlin, Bad Godesberg 1971.

Ifo-Institut f. Wirtschaftsforschung: Die voraussichtliche Verkehrsentwicklung in der Bundesrepublik Deutschland im Jahre 1972, in: Ifo-Schnelldienst vom 22. 12. 1971, Nr. 51/52, München 1971, S. 21—25.

— Die voraussichtliche Entwicklung der Personen- und Güterverkehrsnachfrage in Bayern bis zum Jahre 1985, Teil II, Personenverkehr, München 1972.

Illgen, K.: Zum Problem der funktionellen Reichweite zentraler Einkaufsorte, in: Geographische Berichte, 60. Jg., 1971, H. 3, S. 193—202.

Illeris, S., and Pedersen, P. O.: Central Places and Functional Regions in Denmark. Factor Analysis of Tidskrift, 67. Jg., 1968, S. 1—18.

Imhof, E.: Isolinienkarten, in: Internat. Jahrbuch für Kartographie, Bd. I, Gütersloh 1961, S. 64—98.

Infratest: Bestehende Verkehrsverflechtungen und Verhaltensweisen im Pkw-Verkehr, München 1971.

Institut d'Aménagement et d'Urbanisme de la Region Parisienne: Les transports urbains et leurs usagers en région de Paris, Bd. 4/5, T. 2, Paris 1966.

Ipsem, G.: Standort und Wohnort, Fragestellung, in: Bd. 365 d. Forsch.-berichte des Wirtschafts- und Verkehrsministeriums des Landes Nordrhein-Westfalen, Düsseldorf 1957, S. 17 ff.

Isard, W.: Location and Space Economy, New York 1956.

Isbary, G.: Zentrale Orte und Versorgungsnahbereiche, in: H. 56 d. Mitt. a. d. Inst. f. Raumordnung, Bad Godesberg 1965, S. 20 ff.

Isenberg, G.: Bestimmungsgründe für Umfang und Richtung im Personenverkehr, in: Bd. 24 d. Forsch.- u. Sitz.berichte d. Akad. f. Raumforschung u. Landesplanung, Hannover 1963, S. 129—149.

Jacob, G.: Zum Gegenstand der Verkehrsgeographie, in: Geographische Berichte, 1962, H. 1, S. 16—31.

— Verkehr u. sozialistische Stadt, in: Geographische Berichte, 1970, H. 4, S. 289—299.

Janin, B.: Une région alpine originale, Le val d'Aosta, Diss. Grenoble 1968.

— Le trafic aux tunnels du Mont-Blanc et du Grand-Saint-Bernard et sur l'autoroute du Val d'Aosta, in: Revue de Géographie alpine, Grenoble 1971, Bd. LIX, H. 4, S. 503—524.

Jansen, K.: Die Bedingtheit des Verkehrs und der Ansiedlungen der Menschen durch die Gestaltung der Erdoberfläche, nachgewiesen insonderheit an der umbrischen Halbinsel, Kiel 1861.

Jensch, G.: Ein themakartographischer Kommentar zum Atlas von Berlin, in: Internat. Jahrbuch f. Kartographie, 1964, S. 100—119.

Jensen, H. und Mitarbeiter: Fußgängerbereiche München-Altstadt, Bd. I, Braunschweig-München 1965.

Jeršič, M.: Trips to the countryside as recreation of urban population and their spatial effects, in: Geographica slovenica, 1971, H. 1, S. 268—272.

Jochimsen, R., und Treuner, P.: Entwicklungsstrategie für das flache Land, in: Der Volkswirt, 1968, H. 32, S. 27 ff.

Jordan, P.: Wer geht wann und warum in welchen historischen Garten, in: Das Gartenamt, 1972, H. 3, S. 129—135.

Jülg, F.: Die Seilbahnen Österreichs, Nr. 29 d. Veröffentl. d. Österr. Inst. f. Raumplanung, Wien 1966.

Jürgensen, H., Mäcke, P. A.: Das Verkehrsaufkommen in Abhängigkeit von der Wirtschafts-, Siedlungs- und Sozialstruktur (Flächennutzung), Forschungsbericht erstellt im Auftrage des Bundesministers für Verkehr, als Manuskript vervielfältigt, Aachen/Hamburg 1969.

Kaminske, V.: Die Rahmenbedingungen für die Nordseebäder Sylt und Röm im Naherholungsverkehr, in: Zeitschrift für Wirtschaftsgeographie, 1973, H. 4, S. 123—125.

Känel, A. v.: Arbeiterpendelwanderung im östlichen Bezirk Rostock, in: Geographische Berichte, 8. Jg., 1963, H. 1, S. 10—25.

Kaiser, K., Schaewen, M. v.: Stuttgart und die Region Mittlerer Neckar, Stuttgart 1973.

Kansky, K. J.: Travel Patterns of Urban Residents, in: Transportation Science, 1967, H. 1, S. 261—285.

Kant, E.: Zur Frage der inneren Gliederung der Stadt, in Lund-Studies in Geography, Ser. B, Bd. 24, Lund 1962, S. 321 ff.

Kern, K. M.: Sozial- und demographische Studien in den Bayer. Alpen, Diss. TH München 1967.

Kessel, P.: Beitrag zur Beschreibung des werktäglichen Personenverkehrs von Städten und Kreisen durch beobachtete Verhaltensmuster und deren mögliche Entwicklung, Diss. TH Aachen 1971.

Kilchenmann, A., und Moergeli, W.: Typisierung der Gemeinden im Kanton Zürich mit multivarianten statistischen Methoden auf Grund ihrer wirtschaftsgeographischen Struktur, in: Vierteljahresschrift d. Naturforschenden Gesell. in Zürich, 115. Jg., 1970, H. 3, S. 369—394.

Kirchner, W.: Besucherzählung und Besucherbefragung in Wiener Grünanlagen, in: der Aufbau, 1970, H. 7/8, S. 244 ff.

Klages, H.: Der Nachbarschaftsgedanke und die nachbarliche Wirklichkeit in der Großstadt, Köln-Opladen 1958.

Klemmer, P.: Raumbezogene Methoden der wissenschaftlichen Fachbereiche und Möglichkeiten ihrer Integration, in: Integrationsprobleme der Regionalplanung in Verdichtungsräumen, H. 42 d. Schriftenreihe des Siedlungsverbandes Ruhrkohlenbezirk, Essen 1971, S. 52—56.

Klingbeil, D.: Zur Raumbedeutsamkeit von Telefonortsnetzgrenzen, in: Beiträge zur Stadtforschung und Stadtentwicklung München, H. 3, München 1969.

— Zur sozialgeographischen Theorie und Erfassung des täglichen Berufspendelns, in: Geographische Zeitschrift, Bd. 57, 1969, S. 108—131.

Klöpper, R.: Methoden zur Bestimmung der Zentralität von Siedlungen, in: Geographisches Taschenbuch 1953, S. 512—519.

— Die deutsche geographische Stadt-Umland-Forschung, Entwicklung und Erfahrungen, in: Raumforschung und Raumordnung, 14. Jg., 1956, H. 2, S. 92—97.

— Einzugsbereiche großstädtischer Massenveranstaltungen, dargestellt am Beispiel der Kirchentage 1956, in: Raumforschung und Raumordnung, 1958, H. 3, S. 163—168.

— Zur quantitativen Erfassung räumlicher Phänomene der Kurzerholung (Naherholungsverkehr), in: H. 60 d. Göttinger Geograph. Abhandl., Göttingen 1972, S. 539—548.

Klöpper, R., und Rathjens, C.: Die wirtschaftsräumlichen Einheiten im Raum Saar-Nahe-Rhein, in: Berichte z. dt. Landeskunde, Bd. 25, 1960, H. 1, S. 30—69.

Kluczka, G.: Zentrale Orte und zentralörtliche Bereiche mittlerer und höherer Stufe in der Bundesrepublik

Deutschland, in: Forsch. z. dt. Landeskunde, Bd. 194, Bad Godesberg 1970.

Köhl, W.: Standortgefüge und Flächenbedarf von Freizeitanlagen, H. 4 d. Schriftenreihe d. Inst. f. Städtebau u. Landesplanung d. Universität Karlsruhe, Karlsruhe 1973.

König, R.: Grundformen der Gesellschaft: Die Gemeinde, Hamburg 1958.

Köstring, R.: Der Werkomnibusverkehr in Bayern und seine wirtschaftsgeographische Bedeutung für eine funktionsräumliche Gliederung, unveröffentl. Dipl.-Arbeit am Wirtschaftsgeograph. Inst. d. Universität München unter Leitung von Prof. Dr. K. Ruppert, München 1972.

Kofoed, J.: Person Movement Research; A discussion of concepts, in: Papers of the Regional Science Association, 24. Jg., 1970, S. 145 ff.

Kohl, J. G.: Der Verkehr und die Ansiedlung der Menschen in ihrer Abhängigkeit von der Gestaltung der Erdoberfläche, Dresden-Leipzig 1841.

Kranske, M.: Breslaus Stellung im Schnellverkehr, in: Festschrift d. Geograph. Seminars d. Universität Breslau zur Begrüßung des 13. Dt. Geographentages, Breslau, 1901, S. 221—236.

Kraus, Th.: Aufgaben der siedlungsgeographischen Forschung, in: Geograph. Taschenbuch, 1956/57, Wiesbaden 1957, S. 461 ff.

Kreibich, V.: Möglichkeiten und Probleme bei der Konstruktion von Modellen zur Simulation der Wahl des Arbeitsortes, in: Münchner Studien z. Sozial- u. Wirtschaftsgeographie, Bd. 8, Kallmünz/Regensburg 1972, S. 63—69.

Kubat, M., und Schmeiss, L.-R.: Versuch einer Isochronenkarte für den Großraum Innsbruck, in: Berichte z. Raumforschung u. Raumplanung, 16. Jg., 1972, H. 3/4, S. 44—49.

Kühne, R.: Der Zeitungsmarkt 1974, Köln 1974.

Kunze, E., Reichert, O., Wallner, V., Wurzer, R.: Stadtplanung in Baden, Entwicklung, Ziele, Maßnahmen, Bd. 111 d. Schriftenreihe d. Inst. f. Städtebau, Raumplanung und Raumordnung d. TH Wien, Wien 1972.

Kutter, E.: Demographische Determinanten städtischen Personenverkehrs, H. 9 d. Veröff. d. Inst. f. Stadtbauwesen a. d. TU Braunschweig, Braunschweig 1972.

— Aktionsbereiche des Stadtbewohners, Untersuchungen zur Bedeutung der territorialen Komponente im Tagesablauf der städtischen Bevölkerung, in: Archiv f. Kommunalwissenschaft, 12. Jg., 1973, 1. Hj.-Bd., S. 69—85.

Landeshauptstadt München: Stadtplanung in München, Münchner Stadtverkehr, Bericht 1972 des Baureferates, München 1973.

— Stadtentwicklungsreferat, Bausteine für das verkehrspolitische Konzept Münchens, München 1973.

Landesregierung Schleswig-Holstein: Raumordnungsbericht 1970, Kiel 1972.

Lange, S.: Die Verteilung von Geschäftszentren im Verdichtungsraum, in: Forsch.- u. Sitz.berichte d. Akad. f. Raumforschung u. Landesplanung, Bd. 72, Hannover 1972, S. 5—48.

Laumer, H., und Meyerhöfer, H.: Ausstrahlungskraft und Einzugsgebiet des Münchner Einzelhandels, in: Studien zu Handelsfragen des Ifo-Instituts f. Wirtschaftsforschung München, H. 13, München 1968.

Launhardt, W.: Theorie des Trassierens, 2 Bde., Hamburg 1887/88.

Lautensack, H.: Allgemeine Geographie, Gotha 1926.

Law, S.: Surveys of the use of open space, Vol. 1, Greater London Research Paper, No. 2, London 1968.

Lehner, F.: Siedlung, Wohndichte und Verkehr, in: Stadtregion und Verkehr, Köln-Opladen 1961, S. 36 ff.

Lendl, E.: Der Einfluß der Verkehrsentwicklung auf die Kulturlandschaft Salzburgs, in: Mitt. d. Österr. Geograph. Ges. Wien, Bd. 100, Wien 1958, H. III, S. 227—240.

Leng, G.: Zur „Münchner" Konzeption der Sozialgeographie, in: Geographische Zeitschrift, 61. Jg., 1973, H. 2, S. 123—132.

Lenz-Romeiss, F.: Problemstudie Freizeit, Emanzipatorisches Konzept, unveröffentl. Manuskript d. Stadtentwicklungsreferates d. Landeshauptstadt München, München 1970.

Lewin, K.: Feldtheorie in den Sozialwissenschaften, Bern-Stuttgart 1963.

Lewis, P. W.: Measuring spatial interaction, in: Geografiska Annaler, Ser. B., Vol. 5/6, No. 1, 1970, S. 22—39.

Lill, E.: Das Reisegesetz und seine Anwendung auf den Eisenbahnverkehr, Wien 1891.

Lisco, Th. E.: The value of commuter's travel time, a study in urban transportation, Diss. Chikago 1968.

Lösch, A.: The economics of location, (Die räumliche Ordnung der Wirtschaft), New Haven 1954.

Lösch, H.: Die Erwerbstätigen mit anderem Wohn- als Arbeitsort, in: Württ. Jahrbuch f. Statistik und Landeskunde, 1927, S. 237—248.

Loewenstein, L. K.: The Location of Residences and Work Places in urban Areas, New York and London 1965.

Loreth, H.: Das soziale und regionale Bildungsgefälle, in: Baden-Württemberg in Wort und Zahl, 20. Jg., 1972, H. 3, S. 93—99.

Lose, H.: Verkehrsplanung für wirtschaftsschwache Regionen, Bonn/Bad Godesberg 1969.

Mäcke, P. A.: Das Prognose-Verfahren in der Verkehrswegeplanung, Wiesbaden 1964.

— Analyse- und Prognose-Methoden des regionalen

Verkehrs, in: Raumordnung und Verkehr, H. 60 d. Mitt. a. d. Inst. f. Raumordnung, Bad Godesberg 1969, S. 93—113.

Mäcke, P. A., Hölsken, D., Kessel, P.: Wahl des Verkehrsmittels, Verhaltensmuster — Meinung — Motive, in: Stadt, Region, Land, H. 25, RWTH Aachen 1973, S. 1—36

Mäcke, P. A., Hölsken, D., List, P.: Probleme des Verkehrs in ländlichen Räumen, dargestellt am Beispiel des Kreises Monschau, Aachen 1970.

Maier, J.: Die Leistungskraft einer Fremdenverkehrsgemeinde, Modellanalyse des Marktes Hindelang/Allgäu, Bd. 3 d. WGI-Berichte z. Regionalforschung, München 1970.

— Zur Bewertung des landschaftlichen Erholungspotentials aus der Sicht der Wirtschafts- und Sozialgeographie, in: Bd. 76 d. Forsch. und Sitz.berichte d. Akad. f. Raumforschung u. Landesplanung, Hannover 1972, S. 9—20.

— München als Fremdenverkehrsstadt, Geographische Aspekte des Freizeitverhaltens in einer Großstadt, in: Mitt. d. Geograph. Ges. München, 57. Bd., 1972, S. 51—91.

— Vierseithöfe im niederbayer. Tertiärhügelland, in: Luftbildatlas Bayern, München 1973, S. 96 f.

— Dauercamping und Ferienzentren als spezielle Probleme der Freizeitwohnsitze, in: Mitteilungen und Berichte d. Salzburger Instituts f. Raumordnung, 1974, H. 1, S. 36—51.

— Allgäu — eine Landschaft im Wandel, in: Mitt. d. Geograph. Ges. München, 60. Bd., 1975, S. 5—36.

— Die Ferienzentren im Bayer. Wald als neue Prozeßelemente der Kulturlandschaft, in: Mitt. d. Geograph. Ges. München, 59. Bd., 1974, S. 147—162.

Maier, J., Gosar, A.: Gemeindetypisierung als Ausdruck regional differenzierter Struktur- und Prozeßmuster in Slowenien — das Beispiel eines faktoranalytischen Ansatzes, in: Mitteilungen der Geographischen Gesellschaft München, 62. Bd., 1977, im Druck.

Maier, J., Paesler, R., Ruppert, K., Schaffer, F.: Sozialgeographie, Eine Einführung, Westermanns Das Geographische Seminar, Braunschweig 1976 im Druck.

Maier, J. und Ruppert, K., Zur Naherholung der Bevölkerung im Fremdenverkehrsgebiet — ein Beitrag zu einer Allgemeinen Geographie des Freizeitverhaltens, in: Informationen, 23. Jg., 1973, H. 17, S. 383—398.

Maistre, G.: Pour une géographie des communications de masse, in: Revue de Géographie alpine, 1971, Bd. LIX, H. 2, S. 215—227.

Marsden, M.: Transportation in the Canadian North, in: Studies in Canadian Geography, Vol. The North, Toronto 1972, S. 41—70.

Martin, E.: Verkehrswegenetz in städtischen Siedlungen. Ein Versuch, die siedlungsspezifischen und verkehrsplanerischen Forderungen zu erfüllen, Diss. TH Karlsruhe 1970.

Martin, O.: Die Budgets ausgewählter privater Haushalte 1972, in: Wirtschaft und Statistik, 1973, H. 7, S. 397—403.

Matti, W.: Wie verbringt der Hamburger sein Wochenende?, in: Hamburg in Zahlen, 1967, H. 12, S. 288—294.

— Das Einkaufsverhalten der Hamburger Haushalte, in: Hamburg in Zahlen, 1968, H. 3, S. 65—70.

Matznetter, J.: Grundfragen der Verkehrsgeographie, in: Mitt. d. Österr. Geograph. Ges. zu Wien, 95. Jg., 1953, S. 109—124.

Mauerer, R.: Entwicklung und Funktionswandel der Märkte in Altbayern seit 1800, München 1971.

Maurhofer, F. und Leibundgut, H.: Grundlagen zur Berechnung der Basisbevölkerung zentraler Einrichtungen, in: Arbeitsberichte zur Ort-, Regional- und Landesplanung, Nr. 7, Zürich 1969.

Maxfield, D. W.: Spatial Planning of School districts, in: Annals of the Association of American Geographers, Vol. 62, 1972, No. 4, S. 582—589.

Mayr, A.: Ahlen in Westfalen, H. 3 der Bochumer Geographischen Arbeiten, Paderborn 1968.

— Die Ruhr-Universität Bochum in geographischer Sicht, in: Berichte z. dt. Landeskunde, Bd. 64, Bad Godesberg 1970, S. 221—224.

Meine, K. H.: Darstellung verkehrsgeographischer Sachverhalte, in: Forschungen zur dt. Landeskunde, Bd. 136, Bad Godesberg 1967.

Meyer, G.: Die Erlanger Geschäftsstraßen, unveröff. Zul.-Arbeit am Geograph. Institut d. Universität Erlangen unter Leitung von Prof. Dr. E. Wirth, Erlangen 1972.

Meyer, G., und Wirth, E.: Stadtforschung und Stadtplanung, in: das neue Erlangen, H. 23, 1971, S. 1743—1755.

Meynen, E.: Ulm/Neu-Ulm. Ein Bericht über die Auswirkungen der Ländergrenze im Donau-Iller-Mündungsgebiet, in: Ber. z. dt. Landeskunde, 16. Bd., 1956, H. 2, S. 174—193.

Meynen, E., Klöpper, R., und Körber, J.: Rheinland-Pfalz in seiner Gliederung nach zentralörtlichen Bereichen, in: Forsch. z. dt. Landeskunde, Bd. 100, Remagen 1957.

Meynier, A.: La géographie du massiv central, Grenoble 1935.

Mikolajski, J.: Die Entwicklung der Verkehrsgeographie in Mitteleuropa, in: Zeitschrift f. Wirtschaftsgeographie, 1957, S. 137—145.

Mikus, W.: Beispiele zu räumlichen Interaktionssystemen in der Nahrungswirtschaft der Bundesrepublik Deutschland, in: Berichte z. dt. Landeskunde, Bd. 46, 1972, H. 2, S. 223—240.

Moewes, W.: Die Dezentralitätskennziffer, in: Informationen, 17. Jg., 1967, S. 426—434.
— Gemeindetypisierung nach dynamisch-strukturellen Lagetypen, erläutert am Beispiel der nördlichen Vogelsbergabdachung, in: Informationen, 18. Jg., 1968, H. 2, S. 37—55.
— Der Funktionsbereich als Gemeinde modernen Typs, in: Informationen d. Instituts f. Raumordnung, 19. Jg., 1969, S. 603—620.
— Integrierende geographische Betrachtungsweise und Angewandte Geographie, in: Geoforum, 1971, H. 7, S. 55—68.
Monheim, R.: Freizeitaktivitäten beleben Fußgängerbereiche, in: Baumeister, 1974, H. 10, S. 1092—1096.
Mücke, D.: Das Naherholungsverhalten der Bevölkerung im großstadtnahen Bereich, dargestellt am Beispiel Ebersberg, Glonn und Taglaching, unveröff. Zul.-Arbeit am Wirtschaftsgeograph. Inst. d. Universität München unter Leitung von Prof. Dr. K. Ruppert, München 1972.
Müller, U., Neidhardt, J.: Einkaufsort-Orientierungen als Kriterium für die Bestimmung von Größenordnung und Struktur kommunaler Funktionsbereiche, in: Stuttgarter Geograph. Studien, Bd. 84, Stuttgart 1972.
Münchner Verkehrsbund (MVV): Report '72, Der MVV im Startjahr, München 1973.
Murdie, R. A.: Cultural differences in consumer travel, in: Economic Geography, 1965, Vol. 41, S. 211—233.
Nagel, E.: Probleme der Begriffs- und Theoriebildung in den Sozialwissenschaften, in: Hans Albert (hrsg.) Theorie und Realität, 2. Aufl., Tübingen 1972, S. 67—85.
Neef, E.: Topologische und chorologische Arbeitsweisen in der Landschaftsforschung, in: Petermanns Geograph. Mitt., 107. Jg., 1963, H. 4, S. 249—259.
Nellner, W.: Die Pendelwanderung in der Bundesrepublik Deutschland, in: Berichte z. dt. Landeskunde, 7. Bd., H. 2, 1956, S. 229—253.
Neubig, K.-H.: Münchens Beziehungen zu seiner Umgebung, in: Geographische Rundschau, 10. Jg., 1958, H. 6, S. 219—226.
Nystuen, J. D.: Bestimmung einiger fundamentaler Raumbegriffe, in: Wirtschafts- und Sozialgeographie (hrsg. v. D. Bartels), Köln-Berlin 1970, S. 85—94.
Obst, J.: Möglichkeiten zur Ermittlung von Aktionsreichweiten durch Nachrichtenströme im Fernsprechverkehr, in: Münchner Studien z. Sozial- u. Wirtschaftsgeographie, Bd. 8, Kallmünz/Regensburg 1972, S. 83—88.
Obst, E.: Allgemeine Wirtschafts- und Verkehrsgeographie, 3. Aufl., Berlin 1965/67.
Oettle, K.: Grundirrtümer moderner Verkehrspolitik, in: Wirtschaftsdienst, 1967, H. 11, S. 555—560.
— Verkehrspolitik, Stuttgart 1967.
— Thesen zur Frage der Manipulierbarkeit möglicher Entwicklungen, Thesen-Papier, verteilt im Inst. f. Verkehrswissenschaft u. Kommunalwirtschaft der Universität München, München 1968.
— Standortwahl für große Verkehrsflughäfen in verkehrswirtschaftlicher, raumwirtschaftlicher und schutzpolitischer Sicht, Grundsätze und deren Anwendung auf Süddeutschland, insbes. auf das Projekt eines Flughafens Stuttgart II, München 1971.
— Forderungen der Landesplanung an die Verkehrsplanung, in: Raumforschung und Raumordnung, 30. Jg., 1972, H. 3, S. 108—112.
Oi, W. Y., Shuldiner, P. W.: An Analysis of Urban Travel Demands, Evanston/Illinois 1962.
Olsson, G.: Zentralörtliche Systeme, räumliche Interaktion und stochastische Prozesse, in: Wirtschafts- und Sozialgeographie (hrsg. v. D. Bartels), Köln-Berlin 1970, S. 140—146.
Otremba, E.: Weltwirtschaft, Bd. 4, Allgemeine Geographie des Welthandels und Weltverkehrs, 2. Aufl., Stuttgart 1961.
— Verkehrsgeographische Forschung, in: Verkehrswissenschaftliche Arbeit in der Bundesrepublik Deutschland, eine prognostische Bilanz (hrsg. v. F. Voigt), Köln 1969, S. 343—365.
— Die Kölner Innenstadt, Strukturuntersuchung, Köln 1970.
— (hrsg.) Handels- und Verkehrsgeographie, Wege der Forschung, Darmstadt 1975.
Otremba, E., Altrup, H. F.: Der Landkreis Köln, Ein Strukturgutachten, Köln 1967.
o. V., Allgemeinbildende Schulen, in: Münchner Statistik, 1973, H. 1, S. 41 ff.
o. V., Berufs- und Ausbildungspendler, in: Wirtschaft und Statistik, 1971, H. 7, 419—422.
o. V., Schulentwicklungsplan Baden-Württemberg, in: Schriftenreihe d. Kultusministeriums Baden-Württemberg zur Bildungsforschung, Bildungsplanung, Bildungspolitik, Reihe A, Nr. 14, Villingen 1968.
Overbeck, H.: Die Entwicklung der Anthropogeographie (insbes. in Deutschland) seit der Jahrhundertwende und ihre Bedeutung für die geschichtliche Landesforschung, in: Blätter f. dt. Landesgeschichte, 91. Jg., 1954, S. 188—244.
— Die zentralen Orte und ihre Bereiche im nördlichen Baden und seinen Nachbargebieten, in: Berichte z. dt. Landeskunde, Bd. 38, 1967, S. 73—132.
Paesler, R.: Der zentrale Ort Landsberg am Lech, in: Mitt. d. Geograph. Ges. München, 55. Bd., 1970, Teil 2, S. 105—122.
— Urbanisierung als sozialgeographischer Prozeß, dargestellt an ausgewählten Regionen in Südbayern, in: Münchner Studien zur Sozial- und Wirtschaftsgeographie, Bd. 12, Kallmünz 1976, im Druck.

Park, R. E.: Urbanization as measured by newspaper circulation, in: American Journal of Sociology, 35. Jg., 1929, S. 60—79.

Parsons, T.: The Social System, London 1952.

Partzsch, D.: Stichwort Daseinsgrundfunktionen, in: Handwörterbuch für Raumforschung und Raumordnung, 2. Aufl., Hannover 1972, Sp. 424—430.

Petzoldt, H.: Innenstadt-Fußgängerverkehr — Räumliche Verteilung und funktionale Begründung am Beispiel der Nürnberger Altstadt, in: Nürnberger Wirtschafts- und sozialgeographische Arbeiten, H. 21, Nürnberg 1974.

Pfeil, E.: Zur Kritik der Nachbarschaftsidee, in: Archiv für Kommunalwissenschaften, 2. Jg., 1963, S. 39 ff.

— Das Einkaufsverhalten im Hamburger Umland, Hamburg 1968.

Pirath, C.: Die Grundlagen der Verkehrswirtschaft, Berlin-Göttingen-Heidelberg 1949.

Platz, E.: Freizeitverhältnisse und Freizeitverhalten der Jugend auf dem Lande, Diss. TU Stuttgart-Hohenheim 1971.

Polensky, Th.: Entwicklung der Bodenpreise in Stadt und Region München, in: Münchner Studien z. Sozial- und Wirtschaftsgeographie, Bd. 10, München 1974.

Pollog, C. H.: Entwicklung und Geographie des Luftverkehrs, in: Geographische Zeitschrift, 34. Jg., 1928, S. 193—220.

Predöhl, A.: Verkehrspolitik, Göttingen 1958.

— Verkehr, in: Handwörterbuch der Sozialwissenschaften, Bd. 11, Göttingen 1961, S. 102—111.

Prosenć, M.: Intensiv-Studie Hammer-Park, Ein Stadtteil, sein Freizeitpark und seine Bevölkerung, Hamburg 1971.

Radel, R.: Die Bedeutung des öffentlichen Personennahverkehrs für die Raumordnungspolitik in den ländlichen Regionen der BRD, in: Bd. 21 d. Verkehrspolitik der Universität Bonn, Berlin 1970.

Ratzel, F.: Die geographischen Bedingungen und Gesetze des Verkehrs und der Seestrategik, in: Geographische Zeitschrift, 9. Jg., Berlin 1903, S. 489—513.

Ray, D. M.: Cultural Differences in Consumer Travel Behaviour in Eastern Ontario, in: The Canadian Geographer, XI. Jg., 1967, H. 3, S. 143—156.

Reeks Toeristisch-Ekonomisch Dercherzoek: De dagtochten van de Belgen 1969, Studie Nr. 45, Brüssel 1971.

Region Donau-Iller-Blau: Raumordnungsbericht, Ulm 1969.

Richthofen, F. v.: China, Ergebnisse eigener Reisen und darauf begründeter Studien, 2 Bände, Berlin 1877 und 1883.

— Vorlesungen über allgemeine Siedlungs- und Verkehrsgeographie, hrsg. v. O. Schlüter, Berlin 1908.

Riedel, J.: Neue Studien über Isochronenkarten, in: Petermanns Geograph. Mitteilungen, 57. Bd., Gotha 1911, S. 281—284.

Reichel, E.: Naherholungsgewohnheiten und Naherholungsbedürfnisse der Bevölkerung von ausgewählten städtebaulich konstrastierenden Münchner Wohnvierteln, unveröff. Dipl.-Arbeit am Geograph. Inst. d. TH München unter Leitung von Prof. Dr. W. Hartke, München 1969.

Riehl, W. H.: Naturgeschichte des deutschen Volkes, Neuaufl. Leipzig 1935.

Ritter, R.: Übertrittsquoten 1972, Staatsinstitut f. Bildungsforschung und Bildungsplanung unter Leitung von Prof. Dr. A. O. Schorb, München 1973.

Rosenbladt, B. v.: Tagesläufe und Tätigkeitssysteme: Zur Analyse der Daten des internationalen Zeitbudgets-Projekts, in: Soziale Welt, 1969, H. 1, S. 49—62.

Rothgang, E.: Eine sozialgeographische Relativierung des Tragfähigkeitsbegriffes und der Methoden zur Tragfähigkeitsuntersuchung, unveröff. Diplom-Arbeit a. Geograph. Inst. d. TU München unter Leitung von Prof. Dr. W. Hartke, München 1968.

Rühl, A.: Die Typen der Häfen nach ihrer wirtschaftlichen Stellung, in: Zeitschrift d. Ges. für Erdkunde, Berlin 1920, S. 297—302.

Ruppert, K.: Der Wandel der sozialgeographischen Struktur im Bild der Landschaft, in: Die Erde, 1955, H. 1, S. 53—62.

— Spalt — Ein methodischer Beitrag zum Studium der Agrarlandschaft mit Hilfe der kleinräumlichen Nutzflächen — und Sozialkartierung und zur Geographie des Hopfenanbaues, Münchner Geographische Hefte, H. 14, Kallmünz/Regensburg 1958.

— Über einen Index zur Erfassung von Zentralitätsschwankungen in ländlichen Kleinstädten, in Berichte z. dt. Landeskunde, Bd. 24, 1959, S. 80—85.

— Die Bedeutung des Weinbaues und seiner Nachfolgekulturen für die sozialgeographische Differenzierung der Agrarlandschaft in Bayern, in: Münchner Geograph. Hefte, H. 19, Kallmünz/Regensburg 1959.

— Der Lebensunterhalt der bayer. Bevölkerung — Eine wirtschaftsgeographische Planungsgrundlage, in: Erdkunde, Bd. 19, 1965, S. 285—291.

— Stadtgeographische Methoden und Erkenntnisse zur Stadtgliederung, in: Bd. 42 d. Forsch.- u. Sitz.berichte d. Akad. f. Raumforschung und Landesplanung, Hannover 1968, S. 199—217.

— Die gruppentypische Reaktionsweite — Gedanken zu einer sozialgeographischen Arbeitshypothese, in: Münchner Studien z. Sozial- u. Wirtschaftsgeographie, H. 4, Kallmünz/Regensburg 1968, S. 171—176.

Ruppert, K., und Maier, J.: Naherholungsraum und Naherholungsverkehr — Geographische Aspekte eines speziellen Freizeitverhaltens, in: Bd. 6 d. Münchner Studien z. Sozial- u. Wirtschaftsgeographie, Kallmünz/Regensburg 1970, S. 55—78.

— Zum Standort der Fremdenverkehrsgeographie — Versuch eines Konzepts, in: Bd. 6 d. Münchner Studien z. Sozial- und Wirtschaftsgeographie, Kallmünz/ Regensburg 1970, S. 9—36.

— Geographische Aspekte kommunaler Initiativen im Freizeitraum — der „Verein zur Sicherstellung überörtlicher Erholungsgebiete in den Landkreisen um München e. V." als Beispiel, in: Münchner Studien zur Sozial- u. Wirtschaftsgeographie, Bd. 9, Kallmünz/ Regensburg 1974.

Ruppert, K., Maier, J., Philipp, W.: Bergbahnen und Lifte in Bayern — verkehrsgeographische Aspekte spezieller Infrastruktureinrichtungen, Gutachten für das Bayer. Staatsministerium f. Landesentwicklung und Umweltfragen, München 1971.

Ruppert, K., und Mitarbeiter: Planungsregionen Bayerns, Gliederungsvorschlag des Wirtschaftsgeographischen Instituts d. Universität München, Gutachten f. das Bayer. Staatsministerium f. Wirtschaft und Verkehr, München 1969.

Ruppert, K., und Schaffer, F.: Zur Konzeption der Sozialgeographie, in: Geograph. Rundschau, 1969, H. 6, S. 205—216.

— Stichwort Sozialgeographie, in: Handwörterbuch für Raumforschung und Raumordnung, 2. Aufl., Hannover 1972, Sp. 978—984.

— Raumorganisationen der Funktionsgesellschaft, Sozialgeographische Aspekte urbanisierter Lebensformen unter bes. Berücksichtigung von Beispielen aus Bayern, Akademie für Raumforschung und Landesplanung, Hannover 1973.

Rushton, G.: Behavioral Correlates of Urban Spatial Structure, in: Economic Geography, 47. Jg., 1971, S. 49—58.

Ruske, W.: Stochastische und deterministische Modelle zur Errechnung des Verkehrsaufkommens aus Strukturmerkmalen, Diss. RWTH Aachen 1968.

Ruske, W., Stein, A.: Angebot und Nachfrage im Wochenendverkehr, in: Raumforschung und Raumordnung, 31. Jg., 1973, H. 4, S. 192—196.

Rutz, W.: Die Brennerverkehrswege, in: Forschungen z. deutschen Landeskunde, Bd. 186, Bad Godesberg 1970.

— Erreichdauer und Erreichbarkeit als Hilfswerte verkehrsbezogener Raumanalyse, in: Raumforschung und Raumordnung, 29. Jg., 1971, H. 4, S. 145—156.

— Nürnbergs Stellung im öffentlichen Personenverkehr seines weiteren Einflußbereiches, dargestellt mit Hilfe von Isochronen der Reisedauer und der Erreichdauer, H. 5 d. Reihe Stadt- u. Regionalforschung der Stadt Nürnberg, Nürnberg 1971.

Säntti, A. A.: Autobusverkehr als Indikator der zentralen Orte, Einflußgebiete und Verkehrsdichte in Finnland, in: Publ. Instituti Geographici Univ. Turkuensis, H. 31, Turku 1954.

Sapper, K.: Allgemeine Wirtschafts- und Verkehrsgeographie, 2. Aufl., Leipzig 1930.

Saviranta, J.: Der Einpendelverkehr von Turku, in: Fenniae, 100. Jg., 1970, 71, S. 1—136.

Sax, E.: Die Verkehrsmittel in Volks- und Staatswirtschaft, 2. Aufl., 3 Bände, Berlin 1918—1922.

Sedlacek, P.: Zum Problem intraurbaner Zentralorte, dargestellt am Beispiel der Stadt Münster, in: H. 28 d. Westfälischen Geograph. Studien, Münster 1973.

Sendler, G.:- Stichwort Verkehrsgeographie, in: Westermanns Lexikon der Geographie, Bd. 4, Braunschweig 1970, S. 821.

Seger, M.: Sozialgeographische Untersuchungen im Vorfeld von Wien, in: Mitt. d. Österr. Geograph. Ges., Bd. 114, Wien 1972, H. III, S. 291—323.

Seiler, G.: Die Münchner Innenstadt — eine Funktionsanalyse auf der Basis der geschoßweisen Gebäudenutzung und Gedanken zum Einzugsbereich, unveröff. Zul.-Arbeit am Wirtschaftsgeograph. Institut der Universität München unter Leitung von Prof. Dr. K. Ruppert, München 1973.

Sieger, R.: Zur Geographie der Spurweiten, in: Weltwirtschaft, 1929.

Siedentop, J.: Die geographische Struktur des deutschen Eisenbahnverkehrs, in: Erde und Wirtschaft, Braunschweig 1932.

Sillitoe, S.: Planning in Leisure, London 1969.

SIN-Institut: Freizeit und Erholung in neuen Wohngebieten, dargestellt am Beispiel ausgewählter Demonstrativbauvorhaben und bes. zu Vergleichszwecken herangezogener Wohngebiete, Nürnberg 1971.

Sinnhuber, K. A., und Gulley, J. L. M.: Isokartographie. Eine terminologische Studie, in: Kartographische Nachrichten, 10. Jg., Gütersloh 1961, H. 4, S. 89—99.

Spindler, M.: Der Einfluß des Fremdenverkehrs auf ländliche Gemeinden, dargestellt an den Beispielen Hopfen a. S., Schwangau und Trauchgau, unveröff. Zul.-Arbeit am Wirtschaftsgeograph. Inst. d. Universität München unter Leitung von Prof. Dr. K. Ruppert, München 1972.

Sorokin, P. A., Berger, G.: Time-Budgets of Human Behaviour, Harvard 1939.

Szalai, A., (hrsg.) The Use of Time, Paris 1972.

Schaechterle, K., Wermuth, M.: Moderne Methoden zur Ermittlung und Abstimmung des künftigen Stadt- u. Regionalverkehrs, in: Städtebauliche Beiträge, München 1972, H. 1, S. 38—57.

Schaffer, F.: Prozeßhafte Perspektiven sozialgeographischer Stadtforschung — erläutert am Beispiel von Mobilitätserscheinungen, in: Bd. 4 d. Münchner Studien z. Sozial- u. Wirtschaftsgeographie, Kallmünz/ Regensburg 1968, S. 205—226.

— Untersuchungen zur sozialgeographischen Situation und regionalen Mobilität in neuen Großwohngebieten am Beispiel Ulm-Eselsberg, in: Münchner Geograph. Hefte, H. 32, Kallmünz/Regensburg 1968.

— Sozialgeographische Aspekte über Werden und Wandel der Bergwerksstadt Penzberg, in: Mitt. d. Geograph. Ges. München, 55. Bd., 1970, Teil 2, S. 85—104.

— Sozialgeographische Probleme des Strukturwandels einer Bergbaustadt: Beispiel Penzberg/Oberbayern, in: Tagungsber. u. wiss. Abh. d. Dt. Geographentages Kiel 1969, Wiesbaden 1970, S. 313—325.

Schamp, E. W.: Das Instrumentarium zur Beobachtung von wirtschaftlichen Funktionalräumen, in: Kölner Forschungen zur Wirtschafts- und Sozialgeographie, Bd. 16, Wiesbaden 1972.

Scheidl, L. Österreichs Verkehrslage, Verkehrseignung und Verkehrsentwicklung, in: Geographie und Wirtschaftsentwicklung, Teil 1: Beispiel aus Österreich, Wien 1970, S. 9—61.

Scherhorn, G.: Verhaltensforschung und Konsumtheorie, in: Schmollers Jahrbuch, 80. Jg., 1960, H. 1, S. 1—33.

Scheu, E.: Deutschlands wirtschaftsgeographische Harmonie, Stuttgart 1924.

— Des Reiches wirtschaftliche Einheit. Eine Darstellung der inneren Verflechtung des Dt. Reiches in allen seinen Teilen, Berlin 1926.

Scheuch, E. K.: Soziologie der Freizeit, in: Handbuch der empirischen Sozialforschung, hrsg. v. R. König, 2. Bd., Stuttgart 1969.

Schilling, H. v.: Ein Modell zur Schätzung des gegenwärtigen und zukünftigen Bedarfs an Naherholungsräumen, in: Informationen, 22. Jg., 1972, H. 5, S. 119—125.

Schliephake, K.: Die Entwicklung der Verkehrsgeographie in Mitteleuropa in den letzten Jahren, in: Zeitschrift f. Wirtschaftsgeographie, 1972, H. 8, S. 230—237.

— Geographische Erfassung des Verkehrs, Ein Überblick über die Betrachtungsweisen des Verkehrs in der Geographie mit praktischen Beispielen aus dem mittleren Hessen, in Giessener Geographische Schriften, H. 28, Gießen 1973.

Schlüter, O.: Die Ziele der Geographie des Menschen, München-Berlin 1906.

— Über die Aufgaben der Verkehrsgeographie im Rahmen der „reinen Geographie", in: Petermanns Geograph. Mitteilungen, Ergänz.heft Nr. 209, Gotha 1930.

Schmidt, K.: Ein Städtevergleich über das Theaterleben, in: Münchner Statistik, 1966, H. 4, S. 374—388.

— Die Einpendler nach München, in: Münchner Statistik, 1972, H. 2, S. 114—132.

— Bildungswesen und kulturelles Leben, in Münchner Statistik, 1973, H. 1, S. 38—55.

Schmidt, R. E., und Campbell, M. E.: Highway Traffic Estimation, Saugatuck 1956.

Schmidt-Scherzer, R.: Sozialpsychologie des Freizeitverhaltens, in: Freizeit '70, Essen 1971, S. 25—31.

Schneider, A.: Expressive Verkehrskreise, Eine Untersuchung zu freundschaftlichen und verwandtschaftlichen Beziehungen, in: Kölner Zeitschrift für Soziologie und Sozialpsychologie, Sonderheft 14, 1970, S. 443—472.

Schöller, P.: Einheit und Raumbeziehungen des Siegerlandes, Versuche zur funktionalen Abgrenzung, in: Das Siegerland, Münster 1955, S. 75—122.

— Die Pendelwanderung als geographisches Problem, in: Berichte z. dt. Landeskunde, 7. Bd., 2. H., 1956, S. 254—265.

— Die deutschen Städte, H. 17 d. Beihefte d. Geograph. Zeitschrift, Wiesbaden 1967.

Schorb, A. O.: Staatsinstitut f. Bildungsforschung und Bildungsplanung, in: Schulreport d. Bayer. Staatsministeriums f. Unterricht und Kultus, München 1973, H. 3, S. 4.

Schorb, A. O., Schmidbauer, M.: Bildungsbewegung und Raumstruktur, Stuttgart 1969.

Schüler, J.: Die Wohnsiedlung im Ruhrgebiet. Ein Beitrag zur Soziologie des Wohnens im industriestädtischen Ballungsraum, in: Ökologische Forschungen der Universität Bochum, Bd. 1, Bochum 1971.

Schultze, J. H.: Stichwort Landschaft, in: Handwörterbuch f. Raumforschung und Raumordnung, 1. Aufl., Hannover 1966, Sp. 1047—1068.

Schwarz, K.: Demographische Grundlagen der Raumforschung und Landesplanung, in: Bd. 64 d. Abh. d. Akad. f. Raumforschung und Landesplanung, Hannover 1972.

Schwonke, M., Herlyn, U.: Wolfsburg — Soziologische Analyse einer jungen Industriestadt, Stuttgart 1967.

Stadtentwicklungsreferat d. Stadt München: Kurzfassung dse Stadtentwicklungsplanes der Stadt München, München 1960.

— Kurzfassung des Stadtentwicklungsplanes der Landeshauptstadt München, München 1974.

— Verkehrsbericht, München 1972.

Stäblein, G.: Modellbildung als Verfahren zur komplexen Raumerfassung, in: Würzburger Geograph. Arbeiten, H. 37, Würzburg 1972, S. 67—93.

Stangl, W.: Zeitungsverkauf als Indikator für die sozialgeographische Situation ausgewählter Stadtviertel am Beispiel München, unveröff. Zul.-Arbeit am Wirtschaftsgeograph. Inst. d. Universität München unter Leitung von Prof. Dr. K. Ruppert, München 1970.

Stark, D.: Urlaubs- und Erholungsreisen, 1970, in: Wirtschaft und Statistik, 1971, H. 12, S. 765—768.

— Urlaubs- und Erholungsreisen, 1971, in: Wirtschaft und Statistik, 1972, H. 9, S. 517—518.

— Tagesausflugsverkehr 1972, in: Wirtschaft und Statistik, 1973, H. 11, S. 664—666.

Stat. Bundesamt: Reihe 8 Fremdenverkehr, Urlaubs- und Erholungsreisen 1971, Stuttgart-Mainz 1972.

Steinberg, H. G.: Methoden der Sozialgeographie, Münster 1967.

Steiner, D.: Die Faktorenanalyse — Ein modernes statistisches Hilfsmittel des Geographen für die objektive Raumgliederung und Typenbildung, in: Geographica Helvetica, 1965, Bd. 20, S. 20—31.

Stiegler, J.: Räumliche Muster des innerstädtischen Pendelverkehrs, dargestellt an ausgewählten Beispielen in München, unveröff. Zul.-Arbeit am Staatsinstitut f. d. Ausbildung d. Realschullehrer, München 1973.

Stöckmann, W.: Die Wohn- und Arbeitsplatzmobilität der Bevölkerung in ländlichen Räumen, Frankfurt 1971.

Streissler, E.: Verallgemeinerung der mikroökonomischen Konsumtheorie, in: Streissler, E. und M., Konsum und Nachfrage, Köln-Berlin 1966, S. 66—72.

Stutz, F. P.: Distance and Network Effects on urban social travel fields, in: Economic Geography, Vol. 49, No 2, 1973, S. 134—144.

Taubmann, W.: Bayreuth und sein Verflechtungsbereich, in: Forschungen z. dt. Landeskunde, Bd. 163, Bad Godesberg 1968.

Thierer, M.: Die Städte im Württembergischen Allgäu, Stuttgarter Geographische Studien, H. 86, Stuttgart 1973.

Thomale, E.: Sozialgeographie. Eine disziplingeschichtliche Untersuchung zur Entwicklung der Anthropogeographie, in: Marburger Geograph. Schriften, H. 53, Marburg 1972.

Thünen, J. H. v.: Der isolierte Staat in Beziehung auf Landwirtschaft und Nationalökonomie, 4. Aufl., Stuttgart 1966.

Törnqvist, G. E.: Contact requirements and travel facilities, Contact models of Sweden and regional development alternatives in the future, in: Lund studies in geography, Ser. B, No. 38, Lund 1973, S. 85—121.

Toepfer, H.: Fußgängerzählungen als Mittel zur Erfassung der Stadtstruktur und für die Stadtplanung, in: Zeitschrift für Wirtschaftsgeographie, 1972, Nr. 1, S. 14—17.

Tuckermann, W. v.: Die verkehrsgeographischen Änderungen in den europäischen Eisenbahnsystemen seit den politischen Umwälzungen, in: Zeitschrift f. Verkehrswesen, 1. Jg., 1922, S. 37—52.

Tuominen, O.: Das Einflußgebiet (am Beispiel der Stadt Turku), in: Fenniae, 71. Jg., 1949, S. 1—138.

Uhlig, H.: Organisationsplan und Systeme der Geographie, in: Geoforum, 1. Jg., 1970, H. 1, S. 19—52.

Ullman, E. L.: Geography as spatial interaction, in: Annals of the Association of American Geographers, 44. Jg., 1954, S. 283—284.

Uthoff, D.: Der Pendelverkehr im Raum um Hildesheim, eine genetische Untersuchung zu seiner Raumwirksamkeit, in: Göttinger Geograph. Abhandlungen, H. 39, Göttingen 1967.

Vetter, F.: Netztheoretische Studien zum niedersächsischen Eisenbahnnetz, in: Abhandl. d. 1. Geograph. Inst. d. FU Berlin, H. 13, Berlin 1970.

Vidal de la Blache, P.: Les genres de vie dans la géographie humaine, in: Annales de Géographie, 20. Jg., 1911.

Vogel, W.: Wegewahl und Raumwahrnehmung, ein Arbeitsbericht über Untersuchungen an Gymnasiasten der 11. und 12. Klassen von fünf Erlanger Gymnasien, unveröff. Zul.-Arbeit am Geograph. Inst. d. Universität Erlangen unter Leitung von Prof. Dr. E. Wirth, Erlangen 1973.

Voigt, F.: Die gestaltende Kraft der Verkehrsmittel in wirtschaftlichen Wachstumsprozessen, Bielefeld 1959.

— Verkehr, Bd. 2, 2. Hälfte, Berlin 1965.

Vooys, A. C. de.: Die Pendelwanderung, Typologie und Analyse in: Münchner Studien z. Sozial- und Wirtschaftsgeographie, Bd. 4, Kallmünz/Regensburg 1968, S. 99—107.

Vries-Reilingen, H. D. de.: Gedanken über die Konsistenz in der Sozialgeographie, in: Münchner Studien z. Sozial- u. Wirtschaftsgeographie, Bd. 4, Kallmünz/Regensburg 1968, S. 109—117.

Wagner, H. G.: Der Kontaktbereich Sozialgeographie — Historische Geographie als Erkenntnisfeld für eine theoretische Kulturgeographie, in: Würzburger Geographische Arbeiten, H. 37, Würzburg 1972, S. 29—52.

Walther, K.: Die Fußweglänge zur Haltestelle als Aktivitätskriterium im öffentlichen Personennahverkehr, in: Verkehr und Technik, 26. Jg., 1973, H. 11, S. 480—484.

Weber, M. M. v.: Die Geographie des Eisenbahnwesens, in: Vom rollenden Flügelrad, Berlin 1882.

Weber, W.: Die Reisezeit der Fahrgäste öffentlicher Verkehrsmittel in Abhängigkeit von Bahnart und Raumlage, in: Bericht Nr. 3 d. Forschungsarbeiten d. Verkehrswiss. Inst. d. TH Stuttgart 1966.

Wehner, W.: Zur Bewertung potentieller Naherholungsbereiche der Agglomerationen der DDR, in: Wiss. Zeitschrift d. Pädagogischen Hochschule Dresden, 2. Jg., 1968, H. 3, S. 53—61.

Wehner, W.: Zur Bestimmung von Eignungsräumen für die Naherholung, in: Geograph. Berichte, Jg. 64/65 — 1972, H. 3/4, S. 232—242.

Wenk, U.: Die zentralen Orte an der Westküste Schleswig-Holsteins unter besonderer Berücksichtigung der zentralen Orte niederen Grades, in: Schriften des

Geograph. Instituts der Universität Kiel, H. 28, Kiel 1968, S. 135 ff.

Werner, Chr.: Zur Geometrie von Verkehrsnetzen, in: Abhandl. d. l. Geograph. Inst. d. FU Berlin, 1966, H. 10.

Westergaard, J.: Journeys to work in the London Region, in: The Town Planning Review, Vol. 28, 1957/58.

Western, J.: Social groups and activity patterns in Houma, Louisiana, in: The Geographical Review, Vol. LXIII, 1973, No. 3, S. 301—321.

Wheeler, J. O.: Trip purposes and urban activity linkages, in: Annales of the Association of American Geographers, Vol. 62, Nr. 4, 1972, S. 641—654.

Wieczorek, S.: Der Automobilverkehr in Bayern und seine regionale Verflechtung, in: Ifo-Schnelldienst, Nr. 10, S. 14—18.

Wiese, L. v.: Stichwort Sozialer Zwang, in: Handwörterbuch der Sozialwissenschaften, 9. Bd., Göttingen 1956, S. 417.

Wilhelm, H. und Günter, H.: Statistische Analyse des Wochenendverkehrs im Harz, in: Schriftenreihe des Harzer Verkehrsverbandes, H. 5, Goslar 1971.

Winkler, D. und Niewand, G.: Die Länge der Berufswege im Verkehrsgebiet Dresden, in: Deutsche Eisenbahntechnik, 13. Jg., Berlin 1965, H. 10, S. 473—475.

Wirth, E.: Zum Problem einer allgemeinen Kulturgeographie, in: Die Erde, 100. Jg., 1969, H. 2—4, S. 155—193.

— Diskussionsbeitrag zum Vortrag Bartels, in: Tagungsber. u. wiss. Abh. d. Dt. Geographentages Kiel 1969, Wiesbaden 1970, S. 297.

Wolf, K.: Die Konzentration von Versorgungsfuktionen in Frankfurt/Main, Ein Beitrag zum Problem funktionaler Abhängigkeit in Verstädterungsregionen, in: Rhein-Mainische Forschungen, H. 55, Frankfurt/M. 1964.

— Stadtteil-Geschäftsstraßen. Ihre geographische Einordnung, dargestellt am Beispiel der Stadt Frankfurt/Main, in: Rhein-Mainische Forschungen, H. 67, Frankfurt/M. 1969.

Wootton, H. J., und Pick, G. W.: A Model for Trips Generated by Households in: Journal of Transportation, Economy and Policy, 1967, H. 1, S. 137—153.

Zapf, K., Heil, K.: Wohnen im neuen Stadtteil Perlach, München 1972.

Zapf, K., Heil, K., Rudolf, J.: Stadt am Stadtrand, Eine vergleichende Untersuchung in vier Münchner Neubausiedlungen, Frankfurt/M. 1969.

Zeising, O.: Die Stadt Kempten — ein Schulzentrum, Denkschrift Alpenuniversität Kempten, Kempten 1970.

Ziegler, E.: Der Ton- und Fernseh-Rundfunk, Fernsprech-, Telegramm- und Telex-Verkehr in Bayern, Entwicklung 1960 bis 1970, in: Bayern in Zahlen, 1971, H. 3, S. 76—79.

Ziegler, H.: Die Beschäftigten-Einzugsbereiche der Großbetriebe in München, in: Münchner Geographische Hefte, H. 25, Kallmünz/Regensburg 1964.

Zimpel, H. G.: Verkehrsbestimmte Systeme der Kulturraum- bzw. Kulturlandschaftsgliederung. Untersuchungsbeispiele aus Bayern und Graubünden, in: Berichte z. dt. Landeskunde, 21. Bd., Bad Godesberg 1958, H. 2, S. 267—287.

— Der Verkehr als Gestalter der Kulturlandschaft, Eine verkehrsgeographische Untersuchung am Beispiel der Inneren Rhätischen Alpen/Graubünden, Gauting 1958.

— Die Verkehrslage der Gemeinden im System der zentralen Orte, in: Bayer. Planungsatlas 1961, München 1961, Karte 72.

Zipf, G. K.: Human-behaviour and the principle of least effort, Cambridge/Mass. 1949.

WIRTSCHAFTSGEOGRAPHISCHES INSTITUT

UNIVERSITÄT MÜNCHEN

VORSTAND: Prof. Dr. K. RUPPERT

8 MÜNCHEN 22, den **im Juni 1971**
Ludwigstraße 28
Telefon 21 80 / 22 31
Telex 529 860

Arbeitsprogramm "Aktionsräumliche Verhaltensweisen der Bevölkerung in Südbayern",

Bearbeiter: Dr. Jörg Maier

Betrifft: Umfrage in einzelnen Gemeinden des Landkreises ....

Direkte Befragung der Haushalts-Vorstände bzw. ihrer Vertreter durch persönliche Interviews

Gemeinde: ....

I. Sozialökonomische Struktur sowie Ausstattung des Haushalts

1. Zahl der HH-Mitglieder? .... Personen
   davon Kinder unter 14 Jahren .... Personen

2. Geschlecht des HH-Vorstandes?   männlich ○
                                      weiblich ○

3. Alter des HH-Vorstandes?   .... Jahre

4. Wohnen Sie seit Ihrer Geburt hier?   Ja ○   Nein ○
   Wenn N e i n, wann sind Sie hierher zugezogen? ....
   Aus welcher Gemeinde sind Sie zugezogen? ....

5. Haben Sie oder eines Ihrer HH-Mitglieder die Absicht, aus dieser Gemeinde wegzuziehen?   Ja ○   Nein ○
   Wenn J a, welche Person des HH? ....
   Aus welchen Gründen? ....

6. Besitzen Sie einen PKW?   Ja ○   Nein ○

7. Sind im Haushalt vorhanden
   - ein Telefon?   Ja ○   Nein ○
   - ein Fernsehgerät?   Ja ○   Nein ○

8. Ist der HH-Vorstand Mitglied in einem Verein oder Verband?
   Ja ○   Nein ○   Wenn J a, in welchem?
   Berufs-, Bauernverband,
   Gewerkschaft ○   Gesangverein ○
   Kirchlicher Verein ○   Sportverein ○
   Krieger-, Veteranenverein ○   Sonstige ○
   Trachtenverein ○   Welche? ....
   Feuerwehr ○   ....

WIRTSCHAFTSGEOGRAPHISCHES INSTITUT
UNIVERSITÄT MÜNCHEN

VORSTAND: Prof. Dr. K. RUPPERT

8 MÜNCHEN 22, den im Juni 1971
Ludwigstraße 28
Telefon 21 80 / 22 31
Telex 529 860

II. **Arbeits- und Beschäftigungssituation**

1. Zahl der Erwerbstätigen im Haushalt? .... Personen
2. Beruf des HH-Vorstandes (Hauptberuf) ....
3. Stellung im Beruf?

    selbständig ◯   unselbständig ◯
                          Rentner ◯
                          Student ◯

4. Übt der HH-Vorstand noch einen weiteren Beruf aus?

    Ja ◯   Nein ◯

5. In welcher Einkommensgruppe befindet sich Ihr monatliches Brutto-Einkommen?

    bis   600.-- DM ◯   1.200.-- bis u. 1.800.-- DM ◯
    600.-- bis u. 1.200.-- DM ◯   1.800.-- bis u. 2.500.-- DM ◯
                  2.500.-- DM bis u. mehr ◯

6. Arbeiten Sie hier in der Gemeinde?   Ja ◯   Nein ◯

    Wenn <u>N e i n</u>, nach welcher Gemeinde pendeln Sie aus?

    ....

    welches Verkehrsmittel benutzen Sie dabei? ....
    wieviel km beträgt die einfache Strecke? ....km
    wieviel Zeit benötigen Sie für die einfache
    Strecke? ....Min.

    Wenn <u>J a</u>, wieviel Zeit benötigen Sie für die
    einfache Strecke von Ihrer Wohnung
    zu Ihrer Arbeitsstätte? ....Min.

7. Pendeln weitere Mitglieder Ihrer Familie nach außerhalb der Gemeinde?
    Ja ◯   Nein ◯

    Wenn <u>J a</u>, nach welcher Gemeinde? ....
    mit welchem Verkehrsmittel? ....
    wieviel km beträgt die einfache Strecke? .... km
    wieviel Zeit benötigen Sie für die
    einfache Strecke? .... Min.

WIRTSCHAFTSGEOGRAPHISCHES INSTITUT
UNIVERSITÄT MÜNCHEN
VORSTAND: Prof. Dr. K. RUPPERT

8 MÜNCHEN 22, den im Juni 1971
Ludwigstraße 28
Telefon 21 80 / 22 31
Telex 529 860

III. **Versorgungssituation**

1. In welcher Gemeinde kaufen Sie Ihren kurzfristigen Bedarf (z.B. Lebensmittel) überwiegend ein?

   ....

   Entfernung in km? .... km   und in Min.? .... Min.

   Verkehrsmittel? ....

   Wie oft kaufen Sie derartige Artikel ein?

   jeden Tag ○   alle 2 Wochen ○
   2-3mal / Woche ○   1mal / Monat ○
   1mal / Woche ○

2. In welcher Gemeinde kaufen Sie Ihren mittelfristigen Bedarf (z.B. Kleidung, HH-Artikel) überwiegend ein?

   ....

   Entfernung in km? .... km   und in Min.? .... Min.

   Verkehrsmittel? ....

   Wie oft kaufen Sie derartige Artikel ein?

   mehrere Male / Woche ○   1mal / Monat ○
   1mal / Woche ○   alle 2-3 Monate ○
   alle 2 Wochen ○   1mal / Jahr ○

   Oder kaufen Sie diese Gegenstände hauptsächlich bei einem Versandhaus?

   Ja ○   Nein ○

3. In welcher Gemeinde kaufen Sie Ihren längerfristigen Bedarf (z.B. Möbel, PKW) überwiegend ein?

   ....

   Entfernung in km? .... km   und Min.? .... Min.

   Verkehrsmittel? ....

   Wie oft kaufen Sie derartige Artikel ein?

   mehrere Male / Monat ○   1mal / halben Jahr ○
   1mal / Monat ○   1mal / Jahr ○
   alle 2-3 Monate ○   alle 2-3 Jahre ○

   oder kaufen Sie diese Gegenstände hauptsächlich bei einem Versandhaus?

   Ja ○   Nein ○

WIRTSCHAFTSGEOGRAPHISCHES INSTITUT
UNIVERSITÄT MÜNCHEN
VORSTAND: Prof. Dr. K. RUPPERT

8 MÜNCHEN 22, den **im Juni 1971**
Ludwigstraße 28
Telefon 21 80 / 22 31
Telex 529 860

4. In welcher Gemeinde befindet sich der oder die von Ihnen hauptsächlich aufgesuchte
   - Apotheke   - .... -
   - prakt. Arzt   - .... -
   - Spezialarzt   - .... -
   - allg. Krankenhaus   - .... -
   - Spezial-Krankenhaus - .... -

IV. Bildungssituation

(Nur bei Vorhandensein von Kindern im Haushalt)

Gehen Ihre Kinder in die Realschule / Gymnasium?

Ja ◯   Nein ◯

Wenn __Ja__ , in welcher Gemeinde? ....

mit welchem Verkehrsmittel gelangen sie dorthin? ....

wieviel Zeit benötigen sie für die einfache Strecke? .... Min.

V. Freizeitsituation

1. Besuchen Sie Kinovorstellungen?   Ja ◯   Nein ◯
   Wenn __J a__ , mindestens 1mal / pro Woche? ◯
                  mindestens 1mal / Monat?   ◯
                  wenige Male im Jahr?   ◯

   Welche Gemeinde suchen Sie dazu bevorzugt auf? ....
   welches Verkehrsmittel benutzen Sie dabei?   ....
   welche Strecke müssen Sie dabei überwinden?   .... km
                                            und   .... Min.

2. Besuchen Sie Theater-/ Konzertaufführungen? Ja ◯   Nein ◯
   Wenn __J a__ , mindestens 1mal / pro Woche? ◯
                  mindestens 1mal / Monat?   ◯
                  wenige Male im Jahr?   ◯

   welche Gemeinde suchen Sie dazu bevorzugt auf? ....
   welches Verkehrsmittel benutzen Sie dabei?   ....
   welche Strecke müssen Sie dabei überwinden?   .... km
                                            und   .... Min.

WIRTSCHAFTSGEOGRAPHISCHES INSTITUT

UNIVERSITÄT MÜNCHEN

VORSTAND: Prof. Dr. K. RUPPERT

8 MÜNCHEN 22, den im Juni 1971
Ludwigstraße 28
Telefon 21 80 / 22 31
Telex 529 860

3. Benutzen Sie Ihren Urlaub dazu, mehrere Tage (länger als 3 Tage) außerhalb Ihrer Gemeinde zu verbringen?

   Ja ◯   Nein ◯

   Wenn J a , wohin fahren Sie in Ihrem Urlaub?

   .... Gebiet(e)

   welches Verkehrsmittel benutzen Sie dabei? ....

   wieviel km umfaßt dabei die einfache Strecke? ....km

   wieviele Personen Ihrer Familie fahren mit Ihnen in Urlaub?

   ....Personen

4. Fahren Sie am Wochenende nach außerhalb Ihrer Gemeinde?

   n i e   ◯   mehrere Male im Monat ◯
   wenige Male im Jahr ◯   jedes Wochenende   ◯
   einmal im Monat ◯

5. Wenn Sie Ausflugsfahrten unternehmen, wieviel km fahren Sie im allgemeinen (einfache Strecke)?   .... km

   welches Verkehrsmittel benutzen Sie dabei vorwiegend? ....

   welche Gebiete bevorzugen Sie dabei?

   Winter   ....,........................
   Frühjahr/ Herbst ....,........................
   Sommer   ....,........................

   Vielen Dank für Ihre Mitarbeit und Unterstützung!

WIRTSCHAFTSGEOGRAPHISCHES INSTITUT

UNIVERSITÄT MÜNCHEN

VORSTAND: Prof. Dr. K. RUPPERT

8 MÜNCHEN 22, den Juni 1972
Ludwigstraße 28
Telefon 21 80 / 22 31
Telex 529 860

Arbeitsprogramm: "Aktionsräumliche Verhaltensweisen der Bevölkerung in S ü d b a y e r n"
Bearbeiter: Dr. Jörg Maier

Betrifft: Untersuchung von "Reichweiten-Systemen" in S ü d b a y e r n
Beispiel: Einzugsbereich von Kauf- und Warenhäusern

Grüß Gott,

wir führen Untersuchungen über die Kundenstruktur verschiedener Einzelhandelsgeschäfte in München durch, wobei uns vor allem die Einzugsbereiche interessieren. Da sich kein anderer Weg der Erfassung im Augenblick anbietet, müssen wir diese Befragung anstellen. Sie würden mit Ihrer Beteiligung sehr zum Erfolg unserer Befragungen beitragen.

Darf ich Ihnen nun einige Fragen stellen?   Interviewer-Eintrag

1. Wo liegt Ihre Wohnstätte?   .... Gemeinde
   für München   .... Stadtbezirk

2. Welches Verkehrsmittel haben Sie benutzt?
   PKW   ○   Bundes-, S-Bahn ○
   Straßenbahn   ○   Fahrrad   ○
   Omnibus   ○   zu Fuß   ○

3. Welchen Beruf üben Sie derzeit aus? ....

4. Welcher Altersgruppe gehören Sie an?
   bis 20 J.   ○   41 - 50 J.   ○
   21 - 30 J.   ○   51 - 60 J.   ○
   31 - 40 J.   ○   61. J. u. älter ○

5. Wie oft kaufen Sie im allgemeinen in der City Münchens (kurz umschreiben!) pro Monat ein?
   1 mal   ○   9 - 12 mal   ○
   2 - 4 mal   ○   mehr als 12 mal ○
   5 - 8 mal   ○

6. Wieviel Prozent Ihres gesamten Einkaufvolumens decken Sie wohl in der Münchner City?
   bis zu 20 % ○   41 - 60 % ○   81 - 100 % ○
   21 - 40 %   ○   61 - 80 % ○

   Vielen Dank!

WIRTSCHAFTSGEOGRAPHISCHES INSTITUT

UNIVERSITÄT MÜNCHEN

VORSTAND: Prof. Dr. K. RUPPERT

8 MÜNCHEN 22, im Oktober 1972
Ludwigstraße 28
Telefon 21 80 / 22 31
Telex 529 860

Arbeitsprogramm "Aktionsräumliche Verhaltensweisen der Bevölkerung in S ü d b a y e r n "

Bearbeiter: Dr. Jörg Maier

Betrifft: Untersuchung von "Reichweiten-Systemen" in S ü d b a y e r n
Beispiel: Schuleinzugsbereiche und benutzte Verkehrsmittel

1. In welcher Gemeinde befindet sich Dein/Ihr Wohnsitz?

   ....
   (bei Wohnsitz innerhalb der Schulgemeinde auch Straße)

2. Wie lang ist im allgemeinen der Schulweg?

   .... km   .... Min.

3. Welches Verkehrsmittel wird hauptsächlich benutzt? +

Fahrrad	im Winter	im Sommer
Moped/Motorrad	O	O
eigener PKW	O	O
Mitfahrer im PKW	O	O
Bundesbahn/S-Bahn	O	O
Linien-Bus	O	O
Schul-Bus	O	O
zu Fuß	O	O

   + Bei Kombinationen mehrere Verkehrsmittel ankreuzen!

4. Gibt es zur Länge bzw. zum Verkehrsmittel zwischen Wohnstandort und Schule Kritisches zu sagen?

   a. zur Weglänge   b. zum Verkehrsmittel

   ....
   ....
   ....

5. Geschlecht des Schülers: weiblich O
                                 männlich O